Mit der Ente durch Afrika

23 6 2002

GERT DUSON

Mit der Ente durch Afrika

Nach Kapstadt in einem Citroën 2CV

KUNTH

1. Dattelpalmen-Plantage.
2. Blick auf Le Kef.
3. Zelten unter Palmen.

1	2
3	4
5	

1. Überreste einer versandeten Oase.
2. Ein großer Teil der Sahara besteht aus Steinwüsten.
3. Ein einsamer Kamelhirte.
4. Probleme mit der Kühlung.
5. Wer hat behauptet, in der Sahara würde es nie regnen?

1. Bizarre Landschaft auf dem Weg durch Algerien.
2. Das Wüstenschiff kentert, die Ente bleibt auf Kurs.
3. Djanet, eine jahrhundertealte Oase.
4. Chuckie genießt eine erfrischende Dusche.
5. Tee, der traditionelle Durstlöscher in der Sahara.
6. Djanet – das Abenteuer beginnt hier.
7. Mit einem Militärkonvoi nach In-Guezzam.

1	3
2	
4	

1. Sonnenaufgang: Die Tuareg machen sich startklar.
2. Gefangen in einem plötzlich aufkommenden Sandsturm.
3. Chuckie setzt sich in Szene.
4. Durch die Steinwüste von Djanet nach Tamanrasset.

1. Von In-Guezzam nach Arlit. Die große Leere.
2. Festgefahren in pulvrigem Sand.
3. Harte Arbeit in glühender Sonne.

1. Getreidespeicher in der Sahelzone.
2. Agadez: spielende Kinder.
3. Typische Behausungen im ländlichen Niger.
4. Dörfliche Getreidespeicher.

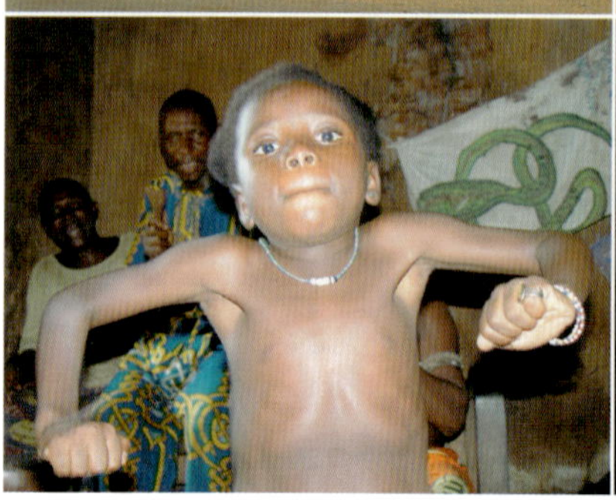

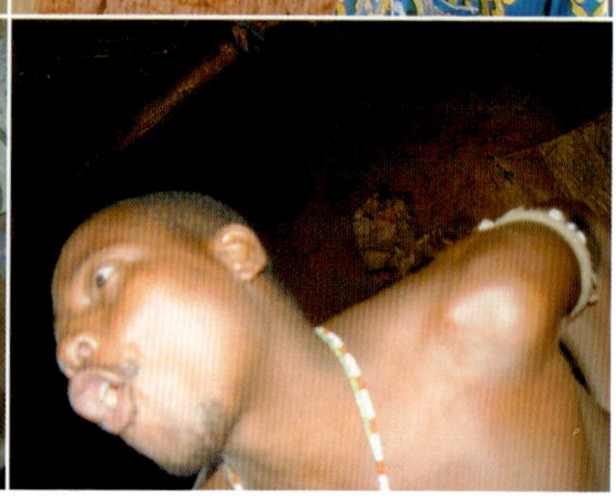

1	
2	3
4	5

1. Empfangskomitee an der nördlichen Grenze.
2. Der geheimnisvolle Niger.
3. Was gibt's denn hier – ein Voodoo-Huhn?
4. Ein Kind tanzt beim Voodoo-Ritual unter dem Einfluss reinen Alkohols.
5. Der Voodoo-Priester beim entfesselten Tanz.

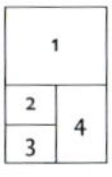

1. Schlammige Straße auf dem Weg zum Fetisch-Dorf.
2. Grand Popo Beach: Christophe macht Frühstück.
3. Grand Popo Beach: ein Heidenspaß mit den Kindern.
4. Grand Popo Beach: unser kleines Paradies.

1. Quer durch Nigeria: 1700 Kilometer Abenteuer.
2. Südnigeria: herrliche tropische Landschaften.
3. Achsenbruch – ein gewohnter Anblick.
4. Ein Inferno entfacht von *Operation Fire-for-Fire*.

1	2
3	4
5	

1. Buschcamping auf einer Waldlichtung.
2. Ein überdimensionaler Tausendfüßler.
3. Eric, *le pied noir*, oder *Mr. 2 CV von Kamerun*.
4. Brüllende Nilpferde in Le Campement des éléphants.
5. Die Rhumsiki-Berge.

1	
2	3
4	5

1. Kamelhirten an einer Wasserstelle.
2. Ich bestaune einen Termitenhügel.
3. Chuckies Vorderachse, irreparabel gebrochen.
4. Nächtliches Abschleppen im Rebellengebiet.
5. Frauen gehören auf einen Esel, meint jedenfalls das Dorfoberhaupt.

1	2
3	4
5	

1. Unterwegs mit dem Fahrrad, einem der populärsten Transportmittel in Afrika.
2. Ful, ein Brei aus gekochten braunen Bohnen.
3. Ein zerbrochener Ventilator nach dem Zusammenstoß mit einem Baumstumpf.
4. Camping neben einem Imbiss am Wegesrand.
5. Sudan – die Rückkehr in den verfluchten Sandkasten.

1. Sorry Mummie, I screwed up again!
2. Gestrandet mit gebrochener Hinterachse.
3. Djamal versucht unser Getriebe wieder in Gang zu bringen.
4. Immerhin schon in Khartum!

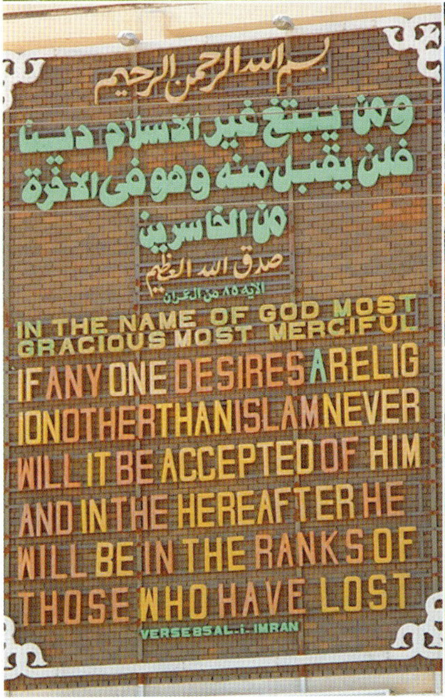

1. Hochzeitsfest des sudanesischen Vizekonsuls in Belgien.
2. Alkohol ist im Sudan auch auf Hochzeiten streng verboten.
3. Fischmarkt in Khartum.
4. Wie tolerant ist der Islam?
5. Ein ganz besonderer Leckerbissen für eine besondere Gelegenheit!
6. Das letzte Abendessen während des Ramadan.

1	3
2	3
4	5
4	6

1. Äthiopien – die grüne Schweiz Afrikas.
2. Metema, das sudanesisch-äthiopische Grenzdorf.
3. Bergdorf auf 3600 Metern Höhe.
4. Reisen mit dem 2 CV. The sky is the limit.
5. Unser Wächter mag keine Fotos.
6. Spektakuläre Erosion.

1	3
2	4
5	7
6	

1. Gebrochene Hinterachse auf dem Weg nach Addis Abeba.
2. Die Lücke zwischen dem Lastwagen und der Straße wird mit Steinen aufgefüllt.
3. Chuckie steht auf dem Chassis.
4. Chuckie: bereit für die Werkstatt.
5. Evolution, aber in welche Richtung?
6. Der Reifen verschleißende äthiopische Straßenbelag.
7. Eine äthiopische Bäuerin.

1 2 3 4

1. Eine Fliegenepidemie scheint die Menschen in Südäthiopien nicht zu stören.
2. Termiten-Schornsteine prägen die südäthiopische Landschaft.
3. Südäthiopien – tropisch und fruchtbar.
4. Eine herrliche Asphaltstraße durch eine prachtvolle Landschaft!

1. Hirte des Samburu-Stamms.
2. Ein Massai-Kind.
3. Massai-Frau auf der Suche nach Touristen an der Grenze zu Tansania.
4. Nordkenias *Highway to Hell.*

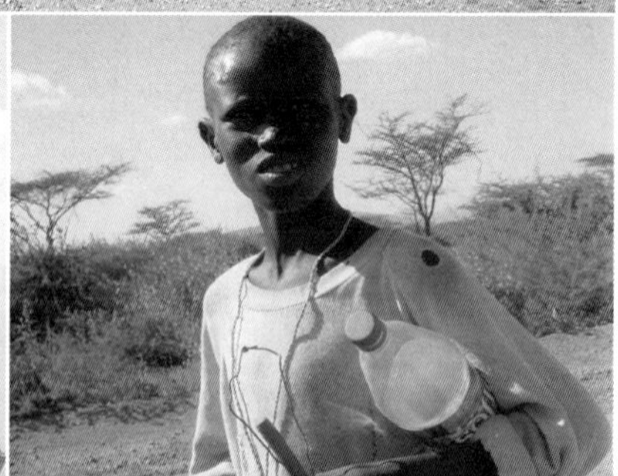

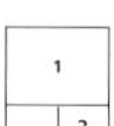

1. Von Marsabit nach Isiolo – eine aufreibende Strecke.
2. Öffentlicher Personennahverkehr im Umland von Isiolo. Kleines Angebot, große Nachfrage!
3. Plastikflaschen waren beim Betteln besonders gefragt.
4. Chuckie atmet auf: endlich wieder Asphalt.

1. Erster Tag auf dem Kilimandscharo: der Regenwald.
2. Vierter und fünfter Tag auf dem Kilimandscharo: Basislager auf 4700 Metern Höhe.
3. Eisgebilde auf dem Gipfel des Kilimandscharo.
4. Dritter Tag auf dem Kilimandscharo: Abstieg vom Lava Tower.
5. Dritter Tag: Lobelien auf dem Kilimandscharo.

1. Fünfter Tag: Victory! Wir beide auf dem Gipfel des Kilimandscharo.
2. Dritter Tag: Unsere Alter Egos Ronny und Johnny.
3. Fünfter Tag auf dem Kilimandscharo: Sonnenaufgang über Stella Point.
4. Der alte Fischerhafen von Daressalam.

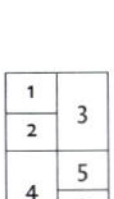

1. Sansibar: wiegende Kokospalmen.
2. Sansibar: Kendwa Rocks Beach – endlich Ruhe.
3. Sansibar: Hier lohnt es sich zu leben, nicht nur für Touristen.
4. Sansibar: Abendsonne in Stone Town.
5. Catherine beim Frühstück in Stone Town.
6. Dhaus und Sonnenuntergang: Sansibars Visitenkarte.

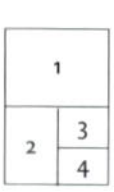

1. Einsamer Fischer auf dem Malawi-See.
2. Eine Gruppe junger 2 CV-Fans in der Nähe von Livingstonia.
3. Chuckie am Ufer des riesigen Sees.
4. Christophe genießt einen Abendspaziergang bei Sonnenuntergang.

1. Tsetse-Kontrolle vor der Einfahrt in die Hauptstadt.
2. Ein Sambier blickt erstaunt dem 2CV nach.
3. Die donnernden Victoria-Fälle in Livingstone.
4. Selbst 100 Meter vom Wasserfall entfernt wird man klatschnass.
5. Der Sambesi, einer der gewaltigsten Flüsse Afrikas.

1. Über den Sambesi von Sambia nach Botswana.
2. Der schwimmende Metallcontainer dient als Fähre.
3. Botswana, das erste Land mit perfekten Straßen.
4. Paviane bilden eine drollige Straßensperre.

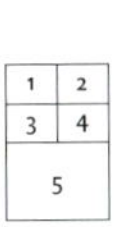

1. Eine Löwin behält misstrauisch die merkwürdige Ente im Blick.
2. Sogar die Elefanten beobachten uns interessiert.
3. Festgefahren im Schlamm.
4. Sonnenuntergang über einem Wasserbassin.
5. Zebras im Etosha-Nationalpark.

1. Chuckie vor der Rezeption der Epacha Lodge.
2. Ein idealer Ort zum Entspannen.
3. Christopher – ein glücklicher Flame in seinem kleinen Paradies.
4. Auf Safari mit den *Quads* von Epacha.
5. An den Luxus muss man sich erst wieder gewöhnen!
6. Ohne Worte.

1. Die allerletzten Kilometer.
2. Das Schild, auf das wir Monate gewartet haben.
3. Kap in Sicht!
4. Mit abgefahrenen Reifen am Ziel!

1. Die Männer, die Ente und das Schild: der ultimative Beweis.

2. Ganz schön gestört, aber was soll's?

3. The End.

Die, die während der Nacht in der staubigen Tiefe ihres Verstandes träumen, wachen am Tage auf, um zu entdecken, daß alles nur Wahn war; aber die Tagträumer sind gefährliche Menschen, denn sie können ihren Tagtraum mit offenen Augen darstellen, um ihn wahr zu machen.

T. E. Lawrence
Aus der Einleitung zu *Die sieben Säulen der Weisheit*

Ich möchte dieses Buch Roland Boulengier widmen.
Ich bewundere ihn für seinen Mut und seine Beharrlichkeit
und danke ihm für die inspirierende Rolle,
die er beim Verfassen dieses Reiseberichts gespielt hat.

INHALT

Ein Wort vorab 35
Dankeswort 36
I. Kneipengespräche und Träume 44
II. Das Vorspiel 52
III. Quer durch Europa Die Feuerprobe 72
IV. Tunesien Erste Schritte auf afrikanischem Boden 77
V. Algerien Der große Sandkasten 83
VI. Niger Das Tor zu Schwarzafrika 121
VII. Benin Voodoo & Barrakudas 143
VIII. Nigeria Welcome to the Jungle, Baby 158
IX. Kamerun Brüllende Elefanten & Pieds Noirs 178
X. Tschad Buschwerkstatt & VIP in der Wildnis 188
XI. Sudan Braune Bohnen und islamische Fundamentalisten 223
XII. Äthiopien You, You, You! Give me, give me, give me! 283
XIII. Kenia Einschusslöcher und Krokodilsteak 314
XIV. Tansania Ferien 327
XV. Malawi Einmal abtauchen & die Kurve kratzen 348
XVI. Sambia Waterworld 354
XVII. Botswana Ein Blitzbesuch 362
XVIII. Namibia Afrika à la Marc Sleen 365
XIX. Südafrika Wer hält uns nun noch auf? 378
Nachwort 386
Bibliographie 389

EIN WORT VORAB

Eines sollten Sie wissen. Ich bin kein Schriftsteller, ich bin nie einer gewesen, und ich habe auch nicht den Ehrgeiz, einer zu werden. Ich erinnere mich noch gut daran, dass mein Lehrer meine Aufsatzversuche immer mit den Worten kommentierte: „eine Sammlung bemerkenswerter Fakten und interessanter Ansichten, denen aber jeglicher Zusammenhang fehlt".

Ob ich sprachlich seither Fortschritte gemacht habe, kann ich nicht sagen. Ich bin kein reisender Sprachkünstler wie Lieve Joris oder Paul Theroux. Dieses Buch betrachte ich als altmodischen Abenteuerroman, den ein Träumer für Träumer geschrieben hat.

Es wurde in erster Linie für all jene geschrieben, die in einem tristen Büro täglich davon träumen, ihren Alltagspflichten zu entfliehen und in fremde Kulturen und Kontinente einzutauchen. Für alle, die das Wort „ABENTEUER" in großen Lettern schreiben.

So träumte ich einst von Afrika als einem Kontinent, in dem primitive Stämme nachts in fremdartigen Masken ausgelassen um große Feuer tanzen; vom Afrika der Medizinmänner, der Trommelwirbel, der brüllenden Löwen und Elefanten; von einem Afrika der Wüsten, Berge und undurchdringlichen Regenwälder; vom Afrika der großen Entdeckungsreisenden Stanley und Dr. Livingstone und ihren Reisen in den „dunklen Kontinent" oder die „schwarze Hölle". Kurz gesagt, ich träumte von Afrika als dem Kontinent, in dem das echte Abenteuer noch möglich ist.

Vielleicht wird dieses Buch den Leser zu einem eigenen Abenteuer, mit dem eigenen 2 CV, Boot, Fahrrad oder Motorrad inspirieren. Meine Träume sind Wirklichkeit geworden. Und glauben Sie mir: Ich bin ein zufriedener Mann!

Gert Duson

DANKESWORT

Danksagungen: Vor Jahren, bei den Examensarbeiten, die ich als Student einreichte, waren sie eine Formalität, ein Kompliment an die Professoren, die mich bei meinen Studien begleitet hatten. Ich hielt nicht viel davon. Sie waren Papierverschwendung und scheinheiliges Getue, aber für eine gute Abschlusszensur unerlässlich.

Dieses Mal fällt es mir nicht schwer, mein Buch mit einem Wort des Dankes zu beginnen. Es ist mir keine Verpflichtung, sondern ein Bedürfnis. Dutzende, vielleicht sogar Hunderte von Menschen haben zu unserem Abenteuer beigetragen: Durch Sponsoring, Reisetipps, Unterstützung bei den Reparaturen unseres 2 CV, Hilfe während der Fahrt und vieles andere mehr. Mein Glaube an die Hilfsbereitschaft und Großherzigkeit meiner Mitmenschen ist dadurch erheblich gewachsen. Es wäre unmöglich, all jene zu nennen, die ihren Teil dazu beigetragen haben. Daher will ich es gar nicht erst versuchen. Einigen gebührt aber gewiss besondere Erwähnung.

Erst kurze Zeit nach unserer Rückkehr – ich schwelgte noch ganz in der Erinnerung an unser Abenteuer – wurde mir klar, wer hier an erster Stelle genannt werden muss. Fast sechs Monate hatte ich vierundzwanzig Stunden am Tag alles mit einem Freund geteilt. Momente der Spannung, des intensiven Glücks und der Freude, aber auch der Furcht, der Rührung, der Einsamkeit und Wehmut. Die dabei entstandene Verbundenheit gab mir ein unbeschreiblich gutes Gefühl. Unser Zusammenhalt und der gleiche Wille zum

Erfolg wurden von der manchmal enormen körperlichen und geistigen Anstrengung, die während der Expedition auf uns lastete, nur noch verstärkt. Nie geriet unsere Kameradschaft auch nur für einen Augenblick ins Wanken. Der tiefe Respekt, den ich für Christophe empfinde, ist seither stetig gewachsen, und unsere zunächst nur oberflächliche Freundschaft besteht heute in der Gewissheit, dass sie ein Leben lang fortbestehen wird. Ohne das Talent und die Beharrlichkeit meines Reisegefährten wäre die Expedition nie gelungen. Und ohne seinen trockenen Humor, seine Coolness und sein Faible für ein kühles Bier wäre sie eine andere gewesen. „Danke, mein Freund!"

An exponierter Stelle möchte ich auch meine Freundin, meine Eltern, meine Schwester und meinen Schwager nennen. Abgesehen davon, dass sie sich – ob zu Recht oder zu Unrecht – Sorgen machten, haben sie mich monatelang logistisch und vor allem moralisch unterstützt. Die langen Telefongespräche mit Catherine, die Mails mit dem neuesten Klatsch von meiner Mutter, der Besuch von Griet und Gunter in Tansania und die E-Mails meines Vaters mit Ratschlägen wie „Nimm genug zu essen mit, wenn du nach Äthiopien fährst" vermittelten mir das Gefühl, nie fern der Heimat zu sein.

Da weder Christophe noch ich je unter die Motorhaube eines Autos geschaut hatten, konnten wir bei der Vorbereitung jede Hilfe gebrauchen. Und wir bekamen diese Hilfe in rauen Mengen. Danke Peet, Dieter, Bjorn, Joachim, Wouter, Marijke und Stijn für die vielen Abende und Wochenenden, die ihr geopfert habt und an denen ihr für eine Tüte Fritten und ein paar Bier mit schmutzigen Händen nach Hause gehen musstet.

Dank auch an Mano, John, Bart, Marino und die anderen Mitglieder des 2-CV-Clubs Huppel für die Beratung, die Hilfe und die Ersatzteile. Ein besonderer Dank geht an Johan Mariën, dessen Heldenstatus in der Welt des 2 CV meiner Meinung nach zu Recht besteht. Er ist der Mann, der den Wagen so auf Vordermann gebracht hat, dass er wahrscheinlich auch eine Weltreise überstanden hätte. „John, danke für all deine Hilfe, für die SMS mit Ratschlägen unterwegs, die Kiste Ersatzteile usw. Kurz gesagt: Ohne dich hätte es nie geklappt!"

Auch auf logistischem Gebiet haben Freunde einen Großteil ihres Wissens und ihrer Freizeit in den Dienst der Expedition gestellt. Dank an Cedric Degruyter und Benny Vranckx für das Erstellen und Updaten unserer großartigen Website, an Sam & Bea Rutherford für ihr Fachwissen und ihre Ratschläge über das Reisen in der Sahara und an Eddy Debruyn für seine Hilfe bei der Bearbeitung des Fotomaterials. „Prost! Auf euch Jungs!"

Und nicht nur im eigenen Land konnten wir auf Hilfe zählen: Die Flamen in aller Welt zeigten sich von ihrer besten Seite. Ob es nun darum ging, nach zwei Wochen endlich wieder einmal zu duschen, in gepflegter Umgebung zu essen, die Waschmaschine zu benutzen oder einfach nur darum, ein Gespräch in der eigenen Sprache zu führen: Stets genossen wir den Besuch bei Landsleuten in Afrika in vollen Zügen. Darum „geht die nächste Runde auf uns", Guy und Inge (Lagos/Nigeria); Ilse (Abeché/Tschad); Alex und Cri-Cri (Khartum/Sudan); Dirk und Chantal (Daressalam/Tansania); Christopher und Paul Van De Vijver (Epacha Lodge/Namibia); Jorick und Winnie (Kapstadt/Südafrika).

Und last but not least danke ich den Sponsoren. Eine ganze Reihe von größeren und kleineren Unternehmen haben sich für unser Projekt engagiert und uns unterstützt. Einige haben unsere Ausrüstung gesponsert, andere einen finanziellen Beitrag geleistet. Ohne sie wäre es nicht möglich gewesen, die Expedition zu finanzieren, und vielleicht wäre sie dann nur ein Traum geblieben.

Daher ein herzliches Dankeschön an (in alphabetischer Reihenfolge):

Albertronic – (Albert de Gier) für die grundsolide elektronische Zündung 123 Ignition
ARC – (Guy Mulders) für das Autoradio bzw. den MP3-Player
A. S. Adventure – (Didier Neyt) für die Campingausrüstung
Boogie Woogie Muziekcafé – (Frank Jacobs) für die Abschiedsfete
Cable & Wireless (Jean Philippe Schepens) für die Übernahme unserer hohen Handyrechnung
Clubber Energy Drink – (Wim Gorts) für den Kauf des Wagens
CMG – (Kris Kerremans) für die Kommunikationsinstrumente

Condijts Toyota Geraardsbergen – (Patrick & Veronique Condijts) für den Ölwannenschutz
De Blauwe Vogel / Citroën Zingem – (Bernard Petre & John De Saegher) für die Ausstattung des 2 CV
Duvel (Eric Martens) für viele Kästen ihres göttlichen Gesöffs, sowohl in Belgien als auch in Südafrika
Epacha Game Lodge & Spa / Namibië – (Paul Van De Vijver) für einen traumhaften Aufenthalt
Garmin – (Benoït) für das GPS (MAP 76)
Goodyear – (Jean-Luc Claessens) für die Autoreifen
KBC St.-Maria Oudenhove – (Katrien Landrie) für die finanzielle Unterstützung
Monroe – (Eric Vanden Bruel) für die Stoßdämpfer
Peeters Bandencentrale – (Guido Peeters) für die Reifen und die Schläuche
Realiz-IT – (Cedric Degruyter) für den Entwurf und das Erstellen einer großartigen Website
Studio Schrever – (Wim Schrever) für die professionellen Reklamefotos
Tradiplan Villabouv, unseren Hauptsponsor – (Jan De Brabant & Lucien Porteman) für die großzügige finanzielle Unterstützung der Expedition. Ein herzliches Dankeschön!
Xamax Paragraphs – (Jim & Christien) für die freundliche finanzielle Unterstützung.

N
ATLANTISCHER OZEAN
Algier
Rabat
Marokko
Le Kef
Tozeur
Tunesien
El-Oued
Ouargla
GROSSER WESTLICHER ERG
GROSSER WESTLICHER ERG
Algerien
In Salah
Bordj Omar Driss
In Amenas
Illizi
TASSILI N'AJJER
Djanet
Westsahara
Tamanrasset
TASSILI DU HOGGAR
Mauretanien
Mali
Niger
In-Quezzam
Assamakka
Arlit
AÏR GEBIRGE
TÉNÉRÉ
Nouakchott
Timbuktu
Agadez
Niger
In-Tahoua
Dakar
Senegal
Gambia
Niamey
Dogondoutchi
Bissau
Ougadougou
Guinea-Bissau
Bamako
Burkina Faso
Gaya
Guinea
Kandi
Nigeria
Conakry
Ghana
Benin
Abuja
Sierra Leone
Niger
Elfenbeinküste
Togo
Save
Freetown
Abomay
Benin City
Niger
Ogoja
Liberia
Yamoussoukro
Enugu
Monrovia
Cotonou
Grand Popo
Lomé
Accra
Porto-Novo
Lagos
Malabo
Golf von Guinea
0 265 530 km
ATLANTISCHER OZEAN
Route Gert & Christophe
Libreville
Gabun

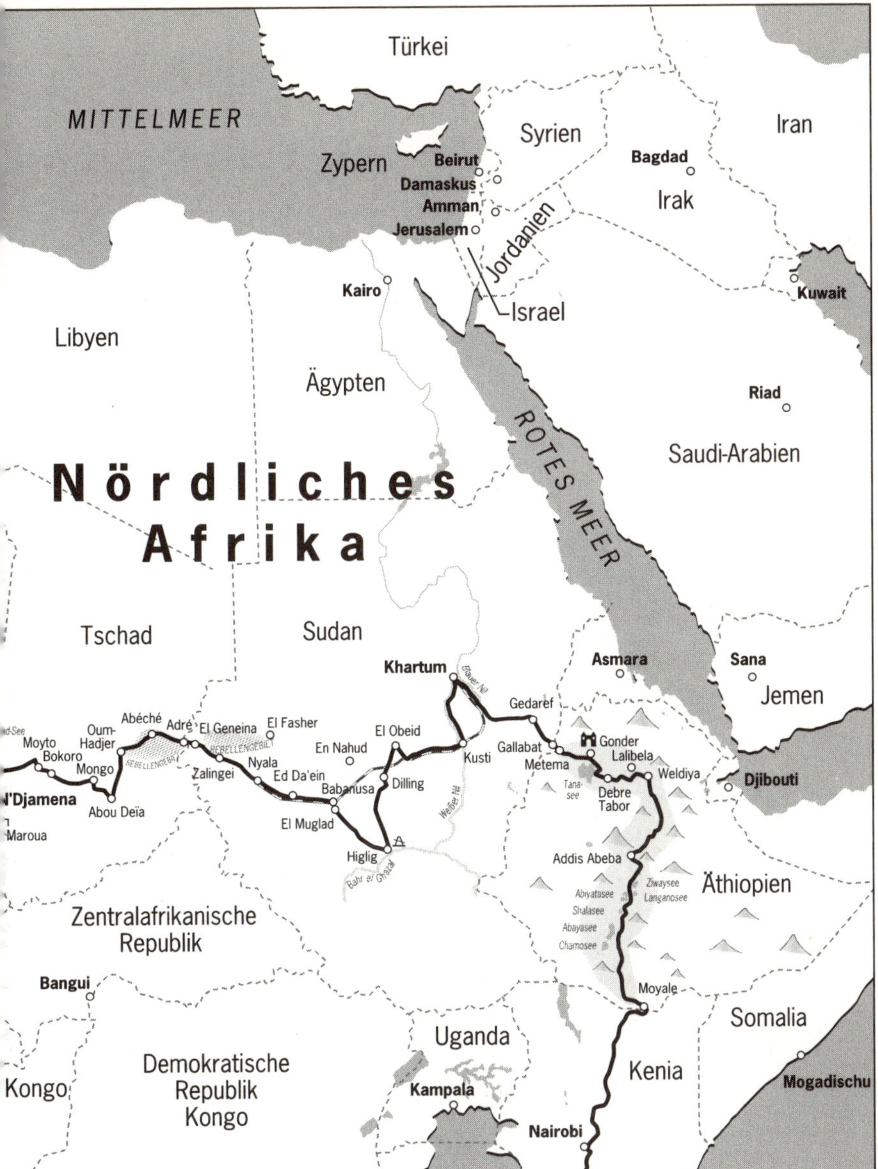
Türkei
MITTELMEER
Zypern
Beirut
Damaskus
Amman
Jerusalem
Syrien
Iran
Bagdad
Irak
Jordanien
Israel
Kairo
Kuwait
Libyen
Ägypten
Riad
ROTES MEER
Saudi-Arabien
Nördliches
Afrika
Tschad
Sudan
Khartum
Blauer Nil
Asmara
Sana
Jemen
Gedaref
Moyto
Bokoro
Oum-Hadjer
Mongo
Abéché
Adré
El Geneina
El Fasher
El Obeid
En Nahud
Kusti
Gallabat
Metema
Gonder
Lalibela
Weldiya
Djibouti
N'Djamena
Abou Deïa
Maroua
Zalingei
Nyala
Ed Da'ein
Babanusa
Dilling
El Muglad
Heglig
Weißer Nil
Bahr el Ghazal
Tanasee
Debre Tabor
Addis Abeba
Äthiopien
Ziwaysee
Langanosee
Abiyatasee
Shalasee
Abayasee
Chamosee
Zentralafrikanische Republik
Bangui
Moyale
Somalia
Uganda
Kenia
Mogadischu
Demokratische Republik Kongo
Kongo
Kampala
Nairobi

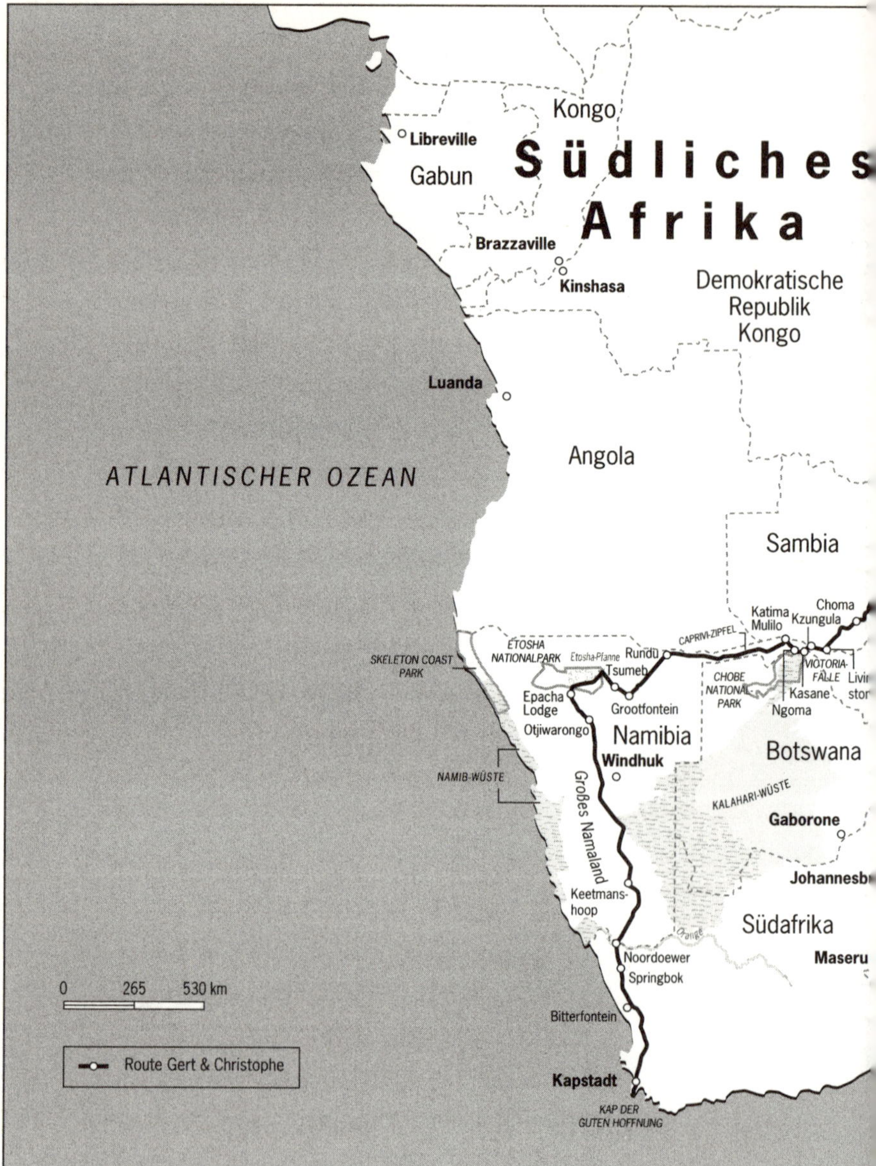
Südliches Afrika
Kongo
Libreville
Gabun
Brazzaville
Kinshasa
Demokratische Republik Kongo
Luanda
Angola
ATLANTISCHER OZEAN
Sambia
Katima Mulilo
Choma
Kzungula
CAPRIVI-ZIPFEL
SKELETON COAST PARK
ETOSHA NATIONALPARK
Etosha-Pfanne
Rundu
Tsumeb
VICTORIA-FÄLLE
Kasane
Ngoma
CHOBE NATIONAL PARK
Epacha Lodge
Grootfontein
Otjiwarongo
Namibia
Windhuk
Botswana
NAMIB-WÜSTE
Großes Namaland
KALAHARI-WÜSTE
Gaborone
Keetmanshoop
Südafrika
Orange
Noordoewer
Springbok
Maseru
0 265 530 km
Bitterfontein
Route Gert & Christophe
Kapstadt
KAP DER GUTEN HOFFNUNG

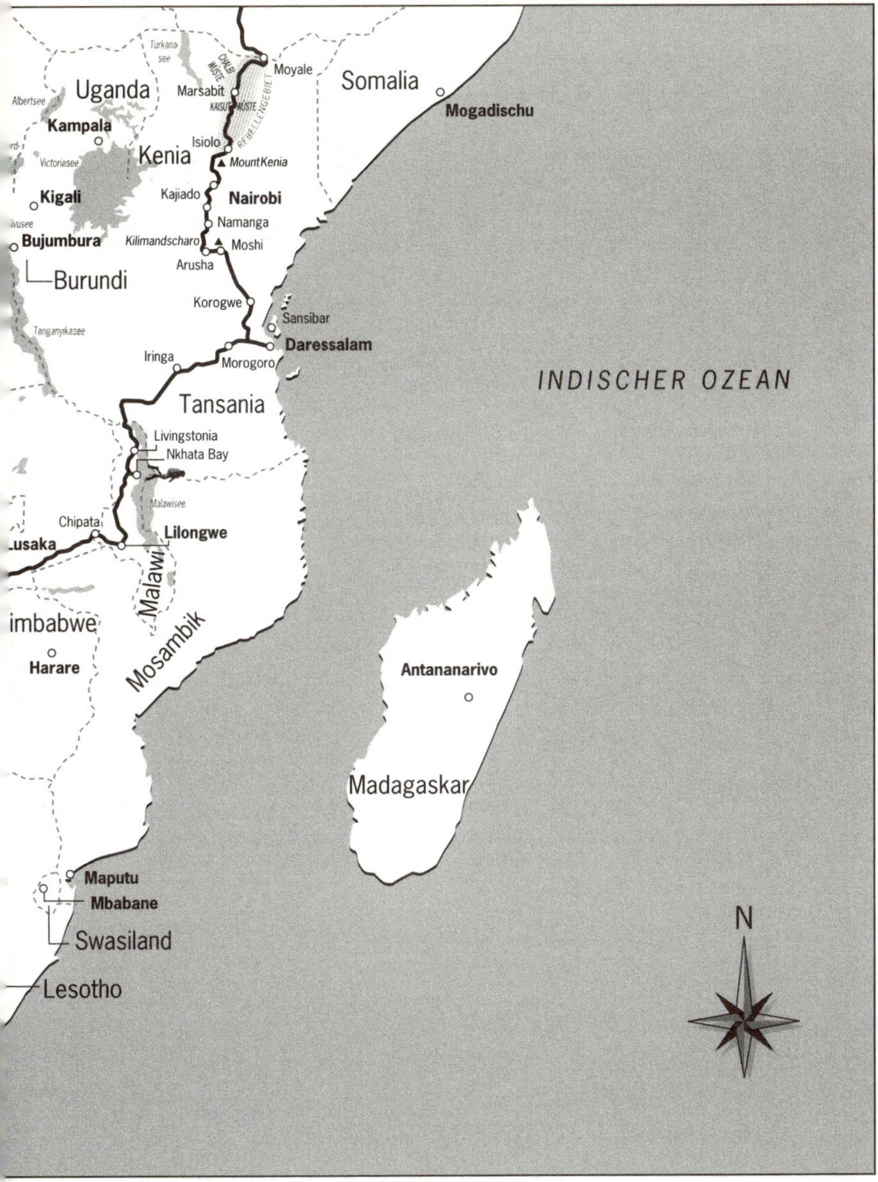
Somalia
Mogadischu
Uganda
Kampala
Kenia
Kigali
Bujumbura
Burundi
Turkanasee
Albertsee
Victoriasee
Tanganyikasee
Moyale
Marsabit
Chalbi Wüste
Kaisut Wüste
Rebellengebiet
Isiolo
Mount Kenia
Kajiado
Nairobi
Namanga
Kilimandscharo
Moshi
Arusha
Korogwe
Sansibar
Daressalam
Iringa
Morogoro
Tansania
Livingstonia
Nkhata Bay
Malawisee
Chipata
Lilongwe
Lusaka
Malawi
imbabwe
Harare
Mosambik
INDISCHER OZEAN
Antananarivo
Madagaskar
Maputu
Mbabane
Swasiland
Lesotho
N

I. KNEIPENGESPRÄCHE UND TRÄUME

In diesem Boot wimmelt es nur so von Kakerlaken, es ist eine alte Rostlaube, und auch der Motor hat seine beste Zeit längst hinter sich."

Ich hörte Christophe am anderen Ende der Leitung seufzen. „Es wird also wieder nichts?", fragte ich ziemlich verzagt.

„Ich fürchte nicht."

Die „Yebisha" war die dritte Segeljacht, die wir ins Auge gefasst hatten. Ein herrlicher 37 Fuß langer Zweimaster, aus 8 mm dickem Stahl, der vor dreißig Jahren für eine deutsche Antarktisexpedition gebaut worden war. Der Kahn rostete in einem kleinen Hafen im nordspanischen Empuriabrava – einem erst kürzlich von Deutschen an der Costa Brava errichteten Dorf – vor sich hin.

Bei einem Hafenspaziergang hatte meine katalanische Exfreundin die „Yeshiba" entdeckt. Sie stach vor allem deshalb heraus, weil sie im krassen Gegensatz zu allen anderen Jachten stand, die perfekt in Schuss in der heißen Mittagssonne glänzten. Miriam meinte, ein neuer Anstrich und eine gründliche Reinigung müssten genügen, um das Boot wieder flott zu kriegen.

Es gab einen guten Grund, einen Blick auf sie zu riskieren. Miriam hatte von anderen Jachtbesitzern erfahren, wer der Eigner war. Ein junger deutscher Abenteurer, der völlig heruntergekommen in der Kneipe am Ort seinen letzten Euro vertrank und dringend Geld brauchte. Der Hafenmeister erzählte uns, der Skipper verkaufe jeden Monat ein oder zwei Bordinstrumente, um seinen Alkoholkonsum zu finanzieren.

Das war doch eine einmalige Gelegenheit. Es war einen Versuch wert, mit ihm ins Gespräch zu kommen. Sein Einstiegspreis sei ursprünglich 25 000 Euro gewesen, sagte der Hafenmeister. Das war viel zu hoch, aber angesichts seiner Situation bestimmt noch verhandelbar.

Mit einem Billigticket von Ryan Air flog ich in das südfranzösische Carcassonne und trampte von dort aus weiter nach Empuriabrava, in der Hoffnung, dass wir dieses Mal – bei unserem dritten Versuch – einen Treffer landen würden.

Mein nächstes Abenteuer sollte ein großer Segeltörn sein. Vor zwei Jahren hatte ich mir einen alten Kindheitstraum erfüllt: Ich war in einem ausrangierten Renault R 4 von Brüssel in die senegalesische Hauptstadt Dakar gefahren und hatte bei dieser Gelegenheit ein erstes Mal die Wüste durchquert. Jedes Jahr zogen mich die herrlichen Fernsehaufnahmen von der Rallye Paris-Dakar von neuem in Bann. Das wilde Atlasgebirge Marokkos, die endlosen Sandmeere der mauretanischen Sahara, der rosafarbene Salzsee kurz vor Dakar – all diese Eindrücke waren inspirierende Zutaten eines afrikanischen Cocktails, den ich möglichst bald kosten wollte.

Da mir klar war, dass man ein solches Abenteuer besser nicht alleine anging, gewann ich drei Freunde für die Idee. Schon damals fanden viele die Wahl meines Fahrzeugs bizarr.

„Warum nimmst du keinen Jeep?", hieß es ständig. Die Antwort war simpel und zweigeteilt. Erstens hatte ich direkt nach dem Studium kein Geld für einen soliden Geländewagen, und zweitens wollte ich auch keinen. Es sollte ein Wagnis sein, eine Reise ohne vorherige Erfolgsgarantie.

Unter dem Motto „Je verrückter, desto besser" verkündete ich meine Idee, mit einer Ente, mit einem „Deux Cheveaux", zu fahren. Zu meiner eigenen Überraschung traf die Idee bei den anderen auf Zustimmung.

Nur bei Wim nicht, der als Renault-Mechaniker in der Werkstatt seines Vaters arbeitete. Er schlug einen R 4 vor. Seine Argumente waren einleuchtend. Der R 4 war wie der 2 CV ein Wagen mit Kultstatus. Der große Unterschied bestand jedoch darin, dass Wim das Modell durch und durch kannte und jede Menge Ersatzteile zur Hand hatte. Er war der Einzige von uns vieren, der etwas von Autos verstand, und deshalb willigten wir ein.

Nach einem Monat hatten wir zwei R 4 aufgetrieben, ausrangierte Exemplare des Sozialamts von Ganshoren. Auf ihren Türen stand die Aufschrift „Fahrender Mittagstisch". Vom TÜV endgültig ausgemustert, erwartete sie eigentlich nur noch die Schrottpresse. Wir bewahrten sie vor diesem Schicksal und kauften sie für je 125 Euro. Monatelang arbeiteten wir jedes Wochenende in Wims Werkstatt, um die Karren wüstentauglich zu machen. An einem regnerischen Herbsttag des Jahres 1998 brachen wir nach Dakar auf.

Unsere erste – wenn auch begrenzte – Sahara-Tour war ein Erfolg. Nach genau 22 Tagen erreichten wir gesund und munter die Hauptstadt des Senegal. Aber wir waren nur noch zu dritt. Wim hatte stark unter den Nebenwirkungen von Lariam, einer Rosskur gegen Malaria, gelitten. Depressionen, Angstpsychosen und Halluzinationen setzten seiner Reise in Marrakesch ein Ende. Das übrige Team hatte in Afrika Feuer gefangen.

Reisefieber ist eine hartnäckige Krankheit: chronisch und unheilbar. Im Herbst 2000 brach es wieder aus. Zwei Jahre hatte ich es geschafft, das Fieber mit Ausflügen in die Türkei, in die Pyrenäen und mit zwei Kurztrips nach Kenia und Guinea niedrig zu halten. Doch schließlich konnte ich dem Lockruf echter Abenteuer nicht länger widerstehen. Es war Zeit für etwas Neues.

Seit einiger Zeit begeisterte ich mich fürs Segeln. Nicht für den Gedanken, Tagesausflüge vor der flämischen Küste aus zu unternehmen und einmal im Jahr den Kanal zu durchqueren wie die meisten belgischen Jachtbesitzer, sondern für die Idee ausgedehnter Segeltörns, für das so genannte „Blue Water Sailing". Ich wollte um die ganze Welt segeln, angetrieben nur von der Kraft der Natur.

Eine meiner größten Stärken – oder vielleicht auch Schwächen, ich bin mir da noch nicht so ganz sicher – ist die Kunst, die Dinge so sehr zu romantisieren, dass die Vernunft völlig außen vor bleibt und ein Traum, auch wenn er sich vielleicht nicht verwirklichen lässt, schnell zur Obsession wird. Wenn mich die Abenteuerlust packt, lässt sie mich nicht mehr los. Von einem Tag auf den anderen wusste ich: Ich musste und ich würde segeln.

An einem Freitagabend besuchte ich Christophe, einen meiner früheren Reisegefährten und Kameraden. Wie jedes Wochenende fand ich ihn leicht angeheitert an der Theke von „Den Barsjok“, unserer Stammkneipe in Zottegem. Ich bestellte zwei Bier und erzählte ihm von meinem Plan. „Denk mal drüber nach“, sagte ich zum Abschied, „und komm am Sonntagmittag zum Hafen von Nieuwpoort!“

Ich wusste, auf ihn konnte ich zählen. Es war ein strahlender Sonntag. Christophe stand parat. Stunden trieben wir uns auf den Kais des Jachthafens Nieuwpoort herum und schauten zu, wie die Segelboote bei der Aus- und Einfahrt im Hafen anmutig durch das Wasser glitten, die Segel prall gefüllt vom frischem Herbstwind. Wir sahen uns selbst am Ruder, kräftige Burschen in Ölzeug, die sich auf den Wellen wiegten und dem fernen Horizont entgegensegelten. Das wäre erst das wirkliche Leben!

Wir beschlossen den Nachmittag mit einem Chimay Blue, belgischem dunklen Bier, in der Kneipe „Die Kroone“ unten am Pier. Hier schmiedeten wir unseren großen Plan. Es war ein langfristiges Projekt, denn wir konnten beide nicht segeln. Ich schlug vor: „Wir geben uns drei Jahre, um alle Kniffe zu lernen, die Segelscheine zu machen, ein altes Boot zu kaufen und es selbst zusammenzuflicken.“ Unser Reiseziel sollte das sagenumwobene Bora Bora sein, eine der idyllischen Inseln Französisch-Polynesiens im Stillen Ozean.

„Was meinst du Capitano Cristobal? Sollen wir es so machen?“, fragte ich lachend, aber es war mir ernst damit.

„Genau so, Commandante!“ Auch er klang überzeugt.

Wir besiegelten das Abkommen mit einem Glas auf „ex“. Denn Matrosen sind schließlich trinkfest.

Eine Woche nachdem wir das Projekt aus der Taufe gehoben hatten, fanden wir einen Privatlehrer, der uns in fünf Monaten durch das staatliche Navigationsexamen pauken würde. In Barcelona, wo ich die meisten Wochenenden verbrachte, wurde ich Mitglied einer Segelschule. Unter der Woche verschlang ich an den Abenden in meinem Pariser Hotelzimmer nach und nach alle Werke der renommierten Weltumsegler. An den wenigen Wochenenden in Belgien fuhr ich mit Christophe nach Nieuwpoort, um auf der Charterjacht „Bon Vivant“ mitzusegeln und das ideale Boot zu suchen. Ein Jahr lang beherrschten die Vorbereitungen für das große Segelabenteuer unser Leben.

Die Enttäuschung war groß, als sich die „Yebisha“ als ungeeignet erwies. Mir war es gelungen, den Preis auf 7000 Euro zu drücken, doch das fachmännische Urteil eines Experten zur Höhe der Sanierungskosten für die Jacht war eine kalte Dusche. Es ging vielleicht noch an, mit einem Auto zu reisen, das nicht perfekt funktionierte, aber den Ozean mit einem Schiff zu überqueren, das nur zu 95 % als seetauglich galt, war einfach unverantwortlich. Zudem hinkte Christophe seinem Zeitplan hinterher: Nach einem Jahr Vorbereitung hatte er das Navigationsexamen immer noch nicht abgelegt und mit dem Segelkurs noch nicht begonnen.

Eine „National Geographic“-Reportage über einen Sturm während des „Volvo Ocean Cup“ gab den Ausschlag. Mir schauderte, als ich die Bilder sah. Wie sollten wir je den gewaltigen Meeren trotzen, wenn selbst diese Typen, professionelle Segler, ausgerüstet mit dem besten Material, mit Mann und Maus untergingen. Das waren harte Fakten, denen wir uns stellen mussten. Das Projekt war in nächster Zukunft nicht realisierbar.

Der Tag verging. Es war Donnerstagabend. Die Bar des Sofitel-Hotels in La Défense, Paris, war wie immer menschenleer, nur ein alter Pianist spielte wie jeden Abend zum Leidwesen des Barkeepers die gleichen ollen Kamellen. Nach einem Bier war ich die Szene leid und zog mich auf mein Zimmer zurück. Das war mein tägliches Ritual, während ich auf die ereignisreicheren Wochenenden in Barcelona oder Flandern wartete.

Ich versank zusehends in Grübelei. Die Erfüllung, die das Berufsleben bot, genügte mir nicht. Der Job – ich war Communication Manager Europe bei dem britischen Telekomriesen Cable & Wireless – war ganz angenehm und abwechslungsreich und ermöglichte mir, viel in Europa zu reisen. Aber er stellte keine Herausforderung mehr dar. Und Herausforderungen, das ständige Erweitern eigener Grenzen – das ist es, was ich brauche. Für mich sind sie unentbehrlich, sie geben dem Leben erst Sinn, ja mehr noch … ich bin süchtig nach ihnen.

Wenn mein Job also nicht dazu taugte und wir den Segeltörn abbliesen, musste – fast notgedrungen – eine Alternative her. Und zwar schnell.

Ich schaltete meinen Laptop ein und aktivierte die Verbindung zum Internet.

„http://www.yahoo.com“ (enter)
search: world map (enter)
save as: „map“ on „desktop“ (enter)

Ich unterbrach die Verbindung und starrte auf die Karte. Da sich das letzte Abenteuer auf afrikanischem Boden abgespielt hatte, dachte ich zunächst an einen anderen Kontinent. Nordamerika: zu zivilisiert! Südamerika: klang zwar gut, aber mein Spanisch hielt sich in Grenzen. Oder galt hier: „Was ich nicht kenne, das lässt mich kalt“? Asien war meine erste Wahl: billig, schön, groß, reich an Kulturschätzen und nach allem, was man so hörte, mit einer meist freundlichen Bevölkerung. Fast hätte die legendäre Seidenstraße oder die Marco-Polo-Route durch all die touristisch noch unverdorbenen „…-stan“-Republiken wie Usbekistan, Tadschikistan etc. das Rennen gemacht. Aber das Attentat vom 11. September 2001 war noch zu frisch in Erinnerung. Die USA hatte gerade ihre Offensive gegen Afghanistan gestartet, die die Beziehungen zwischen der westlichen Welt und dem Islam beeinträchtigte. Da ich nicht wusste, wie lange die Kämpfe noch andauern würden, wurde auch Asien von der Liste gestrichen.

Übrig blieb Afrika. „Dann also doch?“, fragte ich mich laut. Ich zoomte die Weltkarte hoch, bis der schwarze Kontinent den Bildschirm füllte. Ich lehnte mich auf meinem Stuhl zurück und versuchte mir alles, was ich über dieses Stückchen Erde wusste, in Erinnerung zu rufen.

Es war ein seltsames Brainstorming; geprägt von Bildern, nicht von Fakten. Jedem positiven Element stand fast unmittelbar ein negatives Pendant gegenüber: der leeren Weite der Sahara die Überbevölkerung Kairos oder Khartums, der Gastfreundlichkeit Afrikas der Nepp und die Korruption, der Güte der einfachen Bevölkerung die Bürgerkriege und Greueltaten, dem Reichtum an Bodenschätzen die Armut der Bevölkerung.

Aber wie jeder reisende Romantiker beschönigte ich diese Kehrseiten auf meine Weise. Ich träumte mich in die Ferne, und als ich den Computer ausschaltete, hatte ich ein Bild von „meinem Afrika" entworfen: einem Afrika primitiver Stämme, die nachts in fremdartigen Masken ausgelassen um große Feuer tanzten; einem Afrika der Medizinmänner, der Trommelwirbel im Dschungel, der brüllenden Löwen und Elefanten; einem Afrika der Wüsten, Berge und undurchdringlichen Regenwälder, durch die keine makellos asphaltierten Straßen hindurchführten; einem Afrika Stanleys und Livingstones; einem afrikanischen Kontinent, in dem das echte Abenteuer noch möglich war.

Die Entscheidung war gefallen. Es ging nach Afrika. Aber nicht nur zu einer Rundfahrt im Süden, von einer Touristenattraktion zur nächsten. Nein, es sollte eine richtige Afrikadurchquerung werden, von Norden nach Süden, von Brüssel zum legendären Kap der Guten Hoffnung!

Meinem Faible für Herausforderungen war es zu verdanken, dass die Wahl des Wagens schon nach wenigen Minuten getroffen war. Auch diesmal war es kein Jeep, kein perfekter Geländewagen und auch kein Offroad-Motorrad. Ich wollte dem, was Abenteuer und Afrikareisen für mich persönlich bedeutete, eine neue Dimension verleihen. Und das mit Hilfe der Ente! Drei Jahre zuvor war es mir nicht gelungen, diese Idee durchzusetzen, jetzt würde ich es schaffen: „Brüssel–Kapstadt in einem Citroën 2 CV", rief ich dreimal laut. Es klang wie Musik in meinen Ohren.

Nervös und aufgeregt rief ich, trotz der späten Stunde, bei Christophe an.

„Hör mal, ich habe gerade nachgedacht“, begann ich, „und ich glaube, der Segeltörn lässt sich so nicht durchführen.“ Ich zählte ihm die hohen Kosten, unsere fehlende Erfahrung und einige andere Gründe auf, bis Christophe mich unterbrach.

„ Ich bin seit kurzem auch am Zweifeln, eigentlich hast du Recht. Aber dieser Anruf, so spät …, du hast doch schon was anderes in petto, oder?“

Ich lachte. Kannte er mich wirklich so gut, oder hatte meine Begeisterung mich verraten? „Brüssel – Kapstadt mit der Ente. Was hältst du davon?“

„Wann?“

„Am 1. Oktober 2002, also in 10 Monaten!“

„Klingt gut! Machen wir!“

„Super!“

„Warte mal, Gert, eine Frage noch: mit oder ohne Freundinnen?“

„Was denkst du denn? Ohne natürlich!“

„Gut!“

II. DAS VORSPIEL

DIE ENTE VON BIG BROTHER

Fragt doch mal nach der Ente von Big Brother." Katrien, die damalige Freundin von Christophe, hatte – obwohl sie wie festgeklebt vor der Mattscheibe saß – mit einem Ohr unsere erste Planungssitzung verfolgt. Ich sah sie zweifelnd an.

Katrien war ein absoluter Fan dieser Reality Soap. Sie erzählte uns, dass den Bewohnern des *Big-Brother-Hauses* vor einigen Monaten die Aufgabe gestellt worden war, innerhalb einer Woche eine in ihre Bestandteile zerlegte Ente wieder zusammenzubauen.

„Vielleicht würden sie euch ja sponsern."

Uns war von Anfang an klar, dass wir einen Großteil des Budgets durch Sponsoring zusammenbringen mussten. Schon das Material, das Auto, die Visa, die Benzin- und Reisekosten würden eine Menge Geld verschlingen. Als ehemaliger Public Relation Consultant war mir das Spiel von Medien, PR und Business nur allzu vertraut. Wenn wir die Medien für unsere Expedition interessieren konnten, würden wir sicher auch ein paar Unternehmen finden, die ihren Namen mit unserem Projekt verknüpfen würden. Einen Sponsor für Kleinkram wie die Campingausrüstung zu finden, war kein Problem. Aber für den Wagen?

Weit kamen wir nicht bei unserem ersten Meeting. Wir träumten laut von Löwen, die um unser Zelt schlichen, von Mahlzeiten aus Schlangenfleisch, von dem Blick über die nebelverhangenen Hügel Ruandas, der Bestechung korrupter Milizen im Kongo. Und schon damals entschieden wir uns, welchen Song wir bei der Ankunft am Kap der Guten Hoffnung spielen wollten: „We are the champions". Das Projekt war geboren und wurde gleich getauft. Das *Chimay Blue* war das ideale Taufwasser.

Die aufregendste Phase eines Abenteuers ist seine Vorbereitung. Seit der ersten Zusammenkunft drückte die Expedition fast jeden Tag der folgenden zehn Monate ihren Stempel auf. Das Interesse am Job schwand, die Zeit, die wir in unsere Beziehungen investierten, wurde auf ein Minimum reduziert, die Gespräche mit den Freunden und der Familie drehten sich ständig um Afrika – oft zu deren großem Ärgernis. Unsere Tage waren vor allem mit Tagträumen gefüllt. Wir waren einer mächtigen Obsession erlegen, die uns aus dem täglichen Trott herausriss und uns neue Lebensenergie einflößte. Es war das vollkommene Glück.

Nach dem Motto „Einfach ins kalte Wasser springen" rief ich Endemol an, die Produktionsfirma von *Big Brother*. Das Auto gehörte nicht dem belgischen Privatsender VTM, sondern war eine Leihgabe des flämischen Unternehmens Clubber Energy, das durch Produktplacement die Bekanntheit bestimmter Marken steigern wollte. Ich rief den Besitzer an, stellte mich vor und warf mich mit aller Überzeugungskraft in den Ring.

„Herr Gorts, diesen 2 CV, haben Sie den noch?"

„Mhm, ja, der steht noch bei VTM, glaube ich."

„Also, ich will ja nichts gegen Ihren Marketingmanager sagen, aber ich bin sicher, dass die Investition sich nicht gelohnt hat und dass sich kein einziger Big-Brother-Fan mehr an Ihr Logo erinnert. Ich möchte Ihnen deshalb Folgendes vorschlagen: Geben Sie mir den Wagen für sechs Monate und ich mache ihn in ganz Flandern bekannt."

Genervt von meiner Arroganz, aber beeindruckt von meiner Hartnäckigkeit fragte er nach, worauf ich hinaus wolle. Ich ging es etwas diplomatischer an und erklärte ihm das Ganze.

Sein Interesse wuchs von Minute zu Minute. Am Ende des Gesprächs war der Deal perfekt. Für ein paar große Buttons auf der Motorhaube und den Kotflügeln der Ente würde Clubber Energy unser Hauptsponsor werden. Wenn wir an ein paar Werbeveranstaltungen teilnähmen, würde Clubber uns nicht nur den Wagen überlassen, sondern auch alle Kosten für die Umbauten übernehmen.

Ich legte den Hörer auf und wusste nicht, was ich zuerst tun oder denken sollte.

Meine Phantasie ging mit mir durch. Wenn es immer so einfach wäre, könnten wir einen ganzen 2 CV-Konvoi losschicken und eine Rallye veranstalten, oder ... Mir kamen die verrücktesten Ideen. Aber eines war sicher. Wir hatten einen 2 CV. Der erste Schritt war getan.

Der Deal mit Clubber wurde schließlich noch leicht abgeändert. Als Wim Gorts nach Monaten mit dem Produzenten von Big Brother Kontakt aufnahm, war seine Ente schon verschwunden. Bei den Aufnahmen hatte man sie in der Mitte durchtrennen müssen, da die Türen des Hauses zu schmal waren, um das Auto ganz durch zu bekommen. Da ihnen klar war, dass eine zusammengeschweißte Ente keine Zulassung mehr bekäme, hatten sie sie einfach auf dem nächsten Autofriedhof verschrottet.

Wim spürte die große Enttäuschung in meiner Stimme, als er mir diese Nachricht überbrachte. Aber er wusste auch, dass es für ihn aus dieser Angelegenheit keinen ehrenvollen Rückzug mehr gab. Er änderte seine Zusage ab. Wir durften uns einen 2 CV kaufen und er würde ihn bezahlen, wenn er nicht mehr als 1000 Euro kostete. Auch für die Umbaukosten würde er aufkommen, auch hier lag das Limit bei 1000 Euro.

HUPPEL. ENTENLIEBHABER ALLER LÄNDER VEREINIGT EUCH

Wochen gingen ins Land. Wochenende um Wochenende durchstreiften wir die Citroën-Werkstätten, immer auf der Jagd nach der idealen Ente. Zu teuer, zu alt oder zu rostig, immer war etwas anderes. Unglaublich, wie viele 2 CV in Flandern herumkurvten oder zum Verkauf anstanden! Trotzdem war keine geeignete dabei.

In einer Dorfkneipe in Aalst traf sich der Regionalverband des 2 CV-Clubs Huppel. Da wir noch keinen Blick unter die Motorhaube eines Autos – schon gar nicht unter die eines 2 CV – geworfen hatten, konnten wir nützliche Tipps durchaus gebrauchen. Wenn wir die im 2-CV-Club Huppel nicht bekommen konnten, wo dann?

Christophe und Mitglieder des 2-CV-Clubs von Huppel: Bart, Mano und John.

Das Treffen hatte schon begonnen. Vorsichtig öffneten wir die Tür zum Nebenzimmer der Gaststätte. Ein Dutzend Köpfe drehten sich in unsere Richtung. Das Gespräch verstummte und mit fragendem Blick schauten sie uns an. „'n Abend", brummelte ich und setzte mich.

Obwohl mir der Vorsitzende am gleichen Tag noch telefonisch versichert hatte, die Versammlung stände allen Interessierten, auch Nichtmitgliedern, offen, hatte es plötzlich allen die Sprache verschlagen. Es blieb still.

Vielleicht erwarteten sie etwas von mir? Ich wiederholte mein „'n Abend allerseits".

Die Gruppe nickte, und in dem undeutlichen Gemurmel, das von einigen zu vernehmen war, glaubte ich, auch ein „Guten Abend" herauszuhören.

Einer von ihnen, ein älterer Mann, hatte sich offenkundig genug Mut angetrunken. Er stand auf, stellte sich lallend vor und fragte, wer wir seien.

Ich erzählte ihnen unsere Story. Ungläubige Blicke.

„Und äh, welches Baujahr ist euer 2 CV?", fragte ein Typ, der aussah wie ein Umweltschützer.

„Wir haben noch keinen", antwortete Christophe.

„Wir sind eigentlich noch nie 2 CV gefahren", ergänzte ich lachend.

Die Gruppe verstummte wieder und warf sich vielsagende Blicke zu.

„Unverantwortlich", brummte einer.

Wir blieben eine halbe Stunde. Die Atmosphäre war sonderbar. Wir schienen die Gruppe zu spalten. Die eine Hälfte traute sich, offen Kritik zu äußern, und gestand uns nur eine Erfolgschance von 50 Prozent zu. Eine zweite Gruppe war glücklicherweise interessiert und fand unsere Idee anerkennenswert und mutig.

Ente gesucht und gefunden

„Ich hab' eine Ente gefunden!", brüllte Christophe ins Telefon.

„Irgendwo in Westflandern." Endlich! Es war Mai; sechs Monate waren inzwischen vergangen.

Christophes Cousin Wouter hatte ihm die gute Nachricht überbracht.

„1000 Euro will mein Boss dafür. Und die Kiste ist gut in Schuss."

Der Preise der meisten 2 CV, die wir bis dahin gefunden hatten, schwankten zwischen 2000 und 3000 Euro. Das war aberwitzig hoch, aber sie hatten eben Kultstatus. 1000 Euro war nicht nur akzeptabel, es entsprach auch der Summe, die unser Sponsor Clubber beisteuern wollte.

Wir vertrauten blind auf Wouters Urteil. Er war mit dem 2 CV sogar schon Rennen gefahren. Er sollte also eigentlich zwischen einer Ente, die gut in Schuss war, und einem Schrotthaufen unterscheiden können.

Chuckie, unser 2 CV kurz nach dem Kauf.

Unsere Ungeduld war nicht mehr zu bändigen. Am nächsten Tag fuhren wir mit 1000 Euro in der Tasche zu der Werkstatt in Westflandern. Da stand sie. Knallrot, glänzend, kratzerfrei, bezaubernd, sie hatte das gewisse Etwas. Vorsichtig, als sei sie ein Baby, näherten wir uns dieser herrlichen kleinen Kiste. Christophe taufte sie Chuckie. Ich habe keine Ahnung, woher der Name kam.

Wouter gab uns ein paar Instruktionen: Er erklärte uns, wozu all die Knöpfe dienten, und zeigte uns, was unter der Motorhaube saß.

„600 ccm, 2 Zylinder", sagte Wouter.

Ungläubig starrte ich den kleinen Motor an. Selbst mein fünfundzwanzig Jahre altes Motorrad hatte doppelt so viel Hubraum und kam damit schon kaum vom Fleck. Sollte es diese Karre, mit Gepäck und zwei Erwachsenen, wirklich quer durch Afrika schaffen?

Meine Skepsis verflog jedoch rasch, und ich erlag dem Charme des Wägelchens: dem aufrollbaren Verdeck, den ausbaubaren Sitzbänken, die für ein Picknick im Grünen ideal waren, der Kurbel, mit der man den Motor bei zu niedriger Batteriespannung starten konnte, und der drolligen runden Form des kleinen Autos. In Gedanken tuckerte ich schon fröhlich durch die Sahara, über die äthiopischen Bergzüge, die staubigen roten Savannen und die morastigen Pisten Zentralafrikas. Je länger ich mir die Ente ansah, um so mehr verliebte ich mich in sie – ein Gefühl, das sich im Jahr darauf noch verstärkte.

„Für heute genug geträumt", unterbrach Wouter. Er erklärte uns kurz , wie man eine Ente fuhr. „Sie hat eine horizontale Revolverschaltung, aber daran hat man sich nach einer Stunde gewöhnt. Außerdem musst du in scharfen Kurven aufpassen, denn die Aufhängung hat ihre Tücken. Und ihr Aktionsradius ist etwas eingeschränkt: in den Benzintank passen nur gut 20 Liter."

Ungeschickt klemmte ich mich hinter das ziemlich große Lenkrad, startete den Wagen und fuhr los – wenn auch im Schneckentempo. Ich war überglücklich.

Die ersten Sponsoren

Nun, da wir endlich ein Auto besaßen, wuchs auch unsere Glaubwürdigkeit potenziellen Sponsoren gegenüber. Die Monate vor dem Kauf der Ente war ich nicht untätig gewesen. Jeden Tag hatte ich wenigstens ein paar Stunden mit Informationssuche verbracht, hatte Karten studiert, Kontakt zu den Botschaften aufgenommen und Sponsorendossiers erstellt.

Für jedes Dossier brauchte ich mindestens zwei oder drei Abende. Es waren fünfzehn Seiten lange Skripte, in denen wir die Zielsetzung und den erwarteten Investitionsrücklauf darstellten und Möglichkeiten aufzeigten, wie sich die Zielgruppe und die Werte des Unternehmens mit dem Projekt verbinden ließen.

Jedes Dossier enthielt eine Kopie des umfangreichen Interviews, das *Het Laatste Nieuws* veröffentlicht hatte. Als es aufgenommen wurde, hatten wir nicht einmal einen 2 CV – nur ein Modellauto –, aber wir bekamen trotzdem eine ganze Seite. Ich erfuhr später, dass dieses Interview für mindestens zwei der Sponsoren ausschlaggebend war, denn es bewies ihnen, dass wir es mit dem versprochenen Presseecho ernst meinten.

Schon vor der Anschaffung des 2 CV hatten wir außer dem Deal mit Clubber Energy eine Vereinbarung mit Goodyear über acht Reifen, mit Monroe über acht Stoßdämpfer, mit dem niederländischen Unternehmen 123 Ignition über die Erprobung seiner revolutionären Zündung und mit Realize-IT über Entwurf und Gestaltung unserer Website. Einen Monat nach dem Kauf kam CMG, Christophes Arbeitgeber, hinzu, der uns einen Laptop lieh und sich darüber hinaus auch finanziell beteiligte. Cheers!

Das Anwerben von Geldgebern ist immer eine nervenaufreibende Sache, aber zwei unserer Sponsoren werde ich wahrscheinlich nie vergessen. Nachdem der Artikel in *Het Laatste Nieuws* erschienen war, erhielt ich unerwartet einen seltsamen Anruf.

„Hallo, hier spricht Jim. Sind sie der Typ, der mit der Ente quer durch Afrika fahren will?“

„Ähm … ja“, antwortete ich.

„Ich bin ein großer Bewunderer Ihres Projekts und würde Sie gerne sponsern.“

„Okay, wunderbar … welches Unternehmen vertreten Sie?“

„Gar keines, ich bin nur ein gewöhnlicher Angestellter in einem Rechnungsbüro.“

„Und wie soll ihr Sponsoring denn genau aussehen?“, fragte ich verblüfft.

„Ich möchte Ihnen Geld im Austausch für einen Namensschriftzug auf Ihrem Wagen anbieten. Ist das möglich?“

„Was für eine Frage! Natürlich ist das möglich!“

Wir verabredeten uns für den folgenden Tag auf der Rennstrecke von Zolder, wo wir auf die Bitte von CMG hin persönlich anwesend sein sollten.

Jim kam tatsächlich am nächsten Tag. Er war ein netter junger Mann, Anfang dreißig. Gleich nachdem er sich vorgestellt hatte, begann er, viele Bilder von unserer Ente zu schießen.

Jim und Christien, zwei sympathische Mäzene.

„Das war's, leider muss ich schon wieder weg", entschuldigte er sich.

„Hier sind 250 Euro. Viel Vergnügen damit und gute Reise."

Jim war keine fünf Minuten geblieben, aber er war anderthalb Stunden gefahren, um uns zu sehen und das Geld zu überbringen.

Der zweite bemerkenswerte Sponsor war Goodyear. Sie hatten angebissen, nachdem sie das Sponsorendossier gelesen hatten. Zwei Wochen später riefen sie jedoch mit einer schlechten Nachricht an: Weder Goodyear noch Firestone (ihre zweite Marke) stellten seinerzeit Reifen des Formats „15/135" her. Sie hatten per Computer auch die Lager der meisten belgischen Reifenzentralen gesichtet. Offenbar hatte niemand mehr Reifen, die auf die Ente passten. Selbst die Konkurenz nicht.

Nach einiger Herumtelefoniererei zwischen einem Sales Manager von Goodyear, dem 2 CV Club Huppel und mir kamen wir zu einer verrückten Lösung. Huppel wusste, dass eine niederländische Reifenzentrale noch acht neue 2 CV-Reifen auf Lager hatte. Das Unternehmen Goodyear würde diese zu einem sagenhaft hohen Preis von 1000 Euro für uns kaufen und nach Belgien verfrachten. Was die ganze Sache wirklich komisch machte, war die Tatsache, dass es sich dabei um Michelin-Reifen handelte. Zwei Wochen später fuhren wir mit Goodyear-Aufklebern auf dem Wagen und Michelin-Reifen auf unseren Felgen.

Die Sponsorensuche ging recht zügig voran, doch es waren meist kleinere Sponsoren, die wir gewinnen konnten. Um die wirklich „großen Jungs" an Bord zu holen, mussten wir mehr „Return on Investment" bieten. Ich war zwar davon überzeugt, dass die gesamte flämische Tagespresse ebenso wie Funk- und Fernsehen über uns berichten würden, aber große Sponsoren wollen kein Risiko eingehen, sie wollen Garantien. Die Pflege von Pressekontakten musste daher in den nächsten Wochen höchste Priorität haben.

Und die hatte sie auch, außer an den Wochenenden. Denn zur gleichen Zeit erhielt ich einen Anruf vom Inhaber von Clubber. Er bat uns um einige der versprochenen Auftritte. Clubber plante in diesem Sommer eine umfangreiche Werbetour und wollte unser Auto gerne in diese Kampagne einbinden. Geplant waren Auftritte auf Openairfestivals, vor den Eingängen großer Diskotheken und bei allen möglichen Events. Das hatte aber eines zur Folge: die Ente, oder wenigstens Chassis und Karosserie, musste bis zum 1. Juli fertig sein.

Wir kannten uns mit Autotechnik nicht aus und hatten keine Ahnung, welche Umbauten für die Fahrt in unwegsamem Gelände nötig waren. Uns blieben noch fünf Wochen …

Packen wir's an!

Der sonderbare Abend, den wir vor einigen Monaten mit den Mitgliedern vom 2-CV-Club Huppel verbracht hatten, war zum Glück nicht folgenlos geblieben. John, das loyalste Clubmitglied, bastelte in seiner Freizeit hingebungsvoll an den Wagen der anderen Clubmitglieder. Ich hatte gehört, dass er arbeitslos wäre, und fragte ihn am Telefon, ob er die Umbauarbeiten an Chuckie leiten könne. Clubber hatte uns für die Arbeiten noch einmal 1000 Euro zugesagt, und die gaben wir lieber John als irgendeinem Automechaniker, der dreimal so viel Stundenlohn verlangte. John nahm den Auftrag unter zwei Bedingungen an. Er bat um einen Assistenten und einen Kasten Jupiler-Bier pro Arbeitstag. John war nämlich ein ehemaliger Kneipenwirt. Nur zu gerne erklärten wir uns einverstanden.

Die dringlichste und dazu noch zeitintensivste Arbeit war das Stabilisieren des Chassis. Eine Aufgabe, für die der Wagen erst einmal ganz von seiner Verkleidung befreit und demontiert werden musste. Zuerst musste die Karosserie abgenommen werden, und dann mussten wir Lenkung, Motor, Getriebe und zu guter Letzt die Achsen und die gesamte Aufhängung ausbauen.

Zum Glück hatten wir schon vom ersten Tag an Hilfe, und zu viert nahmen wir die Ente unter Johns fachkundiger Anleitung langsam, aber sicher auseinander. Es war unglaublich. In fünf Minuten war der halbe Wagen abgebaut. Türen, Motorhaube und

Kofferraumdeckel ließen sich einfach abheben. Dasselbe galt für die Vorder- und Rücksitze. Der Rest brauchte etwas mehr Zeit. Hunderte von Schrauben und Bolzen wurden in einer schier unendlichen Zahl von Eimern und Konservendosen gesammelt und mehr als einmal stellten wir uns die Frage, ob wir das je wieder zusammenbekommen würden. Nach einer halben Stunde war die Karosserie, die eigentliche Ente, vom Chassis getrennt. John löste die Verkabelung. Zu unserer großen Überraschung waren Motor und Getriebe nur mit vier Bolzen am Fahrgestell befestigt. Noch bevor die Sonne unterging, hatten wir die Ente in Hunderte von Einzelteilen und unzählige Schrauben zerlegt.

Mit einem gewissen Stolz betrachteten wir unser Werk. Morgens hatten wir nicht einmal gewusst, ob man eine Schraube rechts oder links herum festdreht. Ein paar Stunden später hatten wir eine ganze Ente auseinander genommen. Christophe und ich feierten unseren ersten Kurs in Automechanik mit einem kühlen Bier.

John verpasste unserer Feierlaune einen gehörigen Dämpfer. Eine ganze Weile hatte er sich schon Karosserie und Chassis betrachtet, nun verkündete er kopfschüttelnd seine Hiobsbotschaft.

„Das ist alles Schrott, Jungs."

„Wie meinst du das?", fragten wir verständnislos.

„Das Blech ist durchgerostet, aber das ist noch nicht das Schlimmste. Seht euch mal das Chassis an: Damit kommt ihr in Afrika keine 50 Kilometer weit."

„Das ist nicht dein Ernst!"

„Nein? Dann schaut es euch doch mal selbst an."

Wir kippten die Karosserie auf die Seite: Große Rostflecken und Löcher kamen am hinteren Teil zum Vorschein. John nahm einen Hammer und klopfte mit der Schmalseite leicht auf den Boden. Die Hammerspitze ging durch das Metall hindurch.

„Beim Chassis ist es das Gleiche, schaut mal!"

Böse Überraschung: Die Karosserie ist völlig von Rost zerfressen.

Wieder schlug John mit dem Hammer zu. Er ging zwar diesmal nicht durch das Metall, aber es fielen große Roststücke herab.

„Es gibt zwei Möglichkeiten, Jungs. Entweder kauft ihr eine neue Ente, oder ihr macht euch auf eine ganze Menge Schweißarbeit gefasst."

Einen neuen 2 CV zu kaufen war finanziell nicht drin. Clubber hatte als Sponsor zwar zugesagt, zusätzliche 1000 Euro in die Umbauten zu investieren; wenn wir diese Summe aber in den Kauf einer neuen Ente steckten, blieb uns kein Geld für die erforderliche Stabilisierung des Wagens.

Wir baten John, sich etwas einfallen zu lassen und unsere finanzielle Situation dabei im Auge zu behalten.

„Kennst du jemanden, der ein Chassis oder eine Karosserie einzeln verkauft?", fragte ich ihn.

„Moment mal", antwortet er und griff zu seinem Handy.

Eine Viertelstunde hörten wir gespannt jedes Gespräch mit. Dann war eine Lösung gefunden. Bart, der Vorsitzende des Huppel-Clubs, hatte noch eine Karosserie auf Lager, aus der er einen 2-CV-Pick-up bauen wollte. Den hinteren Teil würde er also sowieso abschleifen. Er hatte Verständnis für unsere Situation und schlug vor, die Karosserien zu tauschen.

Das Problem mit dem verrosteten Chassis würde John selbst lösen. Es musste sowieso verstärkt werden, also kam es auf ein paar zusätzliche Stunden Schweiß- und Verstärkungsarbeit auch nicht mehr an.

Fünf Wochenenden haben wir intensiv an unserem 2 CV herumgeschraubt. Während John für Spezialaufgaben (wie Schweißen und Stabilisieren des Rahmens, Überprüfung von Bremsleitung, Motor und Getriebe) zuständig war, führte ich mit ein paar Freunden die einfachen Arbeiten aus: Wir schmirgelten die Farbe ab, um Chuckie auf seinen neuen Anstrich vorzubereiten, reinig-

John schweißt und verstärkt das Chassis.

ten die rostigen Teile, strichen die Stoßstangen, Felgen und Gepäckträger. Stupide, aber mit Blick auf unser großes Abenteuer nicht weniger befriedigende Arbeiten.

Am letzten Juniwochende durfte der 2 CV wieder auf die Straße. Für eine Fahrt von 50 Kilometern zu der leer stehenden Fabrik meines Vaters in Brakel, der neuen Ausgangsbasis für Chuckies Sommertournee.

Eine drastische Verwandlung stand ihm noch bevor. Die Originalfarbe unserer ersten Ente war rot, die neue Karosserie von Bart grün. Diese ausgefallene Farbkombination war zwar ziemlich witzig, aber nicht wirklich das, was wir uns vorstellten. Unser 2 CV sollte anders sein. Er sollte imposant aussehen, abenteuerlich wirken und zu seinen Fahrern passen. Wir gingen in eine Farbenhandlung und ließen eine Farbe mischen, die etwas von dem Ockergelb der Camel Trophy hat. Für 50 Euro kauften wir anderthalb Liter Farbe, einige Liter Verdünnung und Härter. Pete, der Tüftler des örtlichen Jugendcafés, bot uns seine Hilfe beim Spritzen des Wagens an. Wir klebten Fenster und Türklinken ab, breiteten eine große Plastikfolie über den Fußboden, starteten den Kompressor und schauten gespannt zu, wie das Rot und das Grün von Minute zu Minute verschwanden und einer herrlichen gleichmäßigen Wüstenfarbe wichen. Absolut cool!

Vor dem Umspritzen muss der ganze Wagen abgeklebt werden.

Chuckie bekommt ein neues Outfit.

UND ES WAR SOMMER …

Es war ein langer Sommer, ein Sommer, der fast ein ganzes Jahr dauern sollte, denn wir würden in den Tropen überwintern und erst zurückkehren, wenn der Frühling wieder im Land war. Aber so weit waren wir noch nicht. Obwohl der Großteil der Arbeit schon hinter uns lag, arbeiteten wir in diesem Sommer beinah täglich an der Ente. Dabei konnten wir uns immer auf eine Reihe von Freunden verlassen, die gelegentlich mit anpackten, beispielsweise beim Bau eines speziellen Gepäckträgers, dem Zimmern des hölzernen Innenrahmens, der es ermöglichte, mehr Gepäck aufzuladen, oder bei der Installation der Elektronik. Von allem davon hatten wir nicht die geringste Ahnung. ARC und Garmin, zwei unserer Sponsoren, hatten uns einen MP3-Player und ein GPS-System geschenkt, aber der Einbau dieser Geräte war nicht unser Ding. Voller Begeisterung halfen unsere Mitstreiter dabei, wobei der obligatorische Kasten Bier immer für eine gute Atmosphäre sorgte.

Auf Wunsch von Clubber Energy zogen wir in diesem Sommer von einem Festival zum nächsten und von Diskothek zu Diskothek. Für Clubber, das eine Reihe großer Sticker auf unseren Wagen gepappt hatte, brachte das größere Bekanntheit, für uns vor allem Fun, öffentliches Interesse und eine Menge Gratiskonzerte.

Gert auf einer Werbeveranstaltung des Sponsors.

Unsere Marketingmaschinerie lief inzwischen auf vollen Touren, und die gesteigerte Aufmerksamkeit der Presse verhalf uns zu einigen weiteren großen Sponsoren.

A. S. Adventure war der erste Sponsor, der sich daraus ergab. Wir hatten das Unternehmen als größten Akteur auf dem belgischen Outdoormarkt sogleich als Sponsor in Erwägung gezogen. Schon im Mai hatte ich Kontakt zu der PR-Agentin aufgenommen.

„Wir erhalten jede Woche zehn Dossiers, Herr Duson, aber selten bekommen wir den versprochenen Return on Investment."

Damit wollte ich mich nicht geschlagen geben. Gewappnet mit einem Dutzend Presseartikeln und Radiomeldungen sowie der Veröffentlichungszusage einiger anderer Medien nahm ich erneut Kontakt zu A. S. auf. Diesmal hatte ich mehr Erfolg. Wir freuten uns sehr, als wir drei Tage später erfuhren, dass das Unternehmen bereit sei, unsere Campingausrüstung zu sponsern. Wir erhielten zwei Zelte und einen Warengutschein im Wert von 1000 Euro. Damit kauften wir vor unserer Abreise einen Kocher, ein Moskitonetz, eine starke Lampe, einen Schlafsack und zwei Iso-Matten, die sich selbst mit Luft füllten. Im Gegenzug beanspruchte A. S. Adventure das Recht, den Inhalt, also Fotos und Texte, unserer Website zu kopieren und zu publizieren. Was wir ihnen sehr gerne zugestanden.

Die schönste Überraschung bescherte uns Christophes Vater. Lucien, der für ein großes Bauunternehmen in Antwerpen arbeitete, hatte seinem Arbeitgeber voller Stolz von den großen Plänen seines Sohnes berichtet. Jener zeigte überraschend großes Interesse an dem Projekt und lud uns zu einem Gespräch ein.

Drei Tage später standen wir im Antwerpener Hauptsitz von Tradiplan. Wir wurden in einer Art Musterwohnung empfangen, und man bot uns ein kühles Bier an. Der Manager war noch relativ jung. Er lehnte sich in seinem Sessel zurück und ließ uns erzählen.

Begeistert schilderte ich ihm alles von A bis Z. Ich berichtete von unserem Wagen, den Hürden, die uns noch bevorstanden, von der Schönheit Afrikas und kam erst nach einer halben Stunde zum Kern der Sache. Er unterbrach mich nicht ein einziges Mal, stellte keine einzige Frage und hatte auch am Ende meiner Ausführungen nur einen einzigen Kommentar übrig:

„Mit so viel Entschlossenheit kann es nur gelingen. Ich wünsche euch viel Erfolg."

Bis dahin hatte er noch nicht das geringste Interesse an der ein oder anderen Form von Sponsoring bekundet, und ich fing an, mich zu fragen, ob er uns wirklich erst nahm. Einen Augenblick später räumte er jedoch mit einem Satz alle meine Zweifel aus:

„Ihr könnt mir eine Rechnung über einen Betrag von 3000 Euro ausstellen. Nochmals gute Reise wünsch' ich euch."

Christophe und ich schauten uns an und wechselten diskret einen einvernehmlichen Blick. Auf dem Betriebsparkplatz folgte dann der Begeisterungsschrei.

Und wenn der Ball erst mal rollt, dann rollt und rollt er … Allmählich kamen immer mehr kleinere und große Sponsoren dazu. Cable & Wireless, mein damaliger Arbeitgeber, würde unsere Website betreuen. Ich konnte mein Handy mitnehmen und bekam ein monatliches Guthaben von 200 Euro. Der Blauwe Vogel, eine hiesige Citroën-Werkstatt, nahm sich den 2 CV vor und baute statt der stilechten, aber Rückenschmerzen verursachenden Sitze ein paar komfortable Sessel ein. Die Kneipe am Ort, das Musikcafé *Boogie Woogie*, würde unsere Abschiedsparty mit 750 Euro sponsern, und der lokale Duwel-Vertreter schenkte uns 15 Kasten Bier.

Nur noch vier Wochen!

Der Sommer flog nur so dahin, und eh wir uns versahen, war es Anfang September. Ob man nun drei Monate, sechs Monate oder zwei Jahre Zeit hat, eine Reise vorzubereiten, der letzte Monat ist prinzipiell hektisch. Wir hatten noch keine unserer vielen Impfungen, wussten immer noch nichts von „Buschmechanik" und konnten immer noch keine Reifen wechseln.

In den folgenden vier Wochen gab es daher noch eine Unmenge an Kleinkram zu erledigen, dessen Notwendigkeit wir erst in letzter Minute realisierten. Wir mussten einen Erste-Hilfe-Kasten und eine Proviantkiste zusammenstellen, die Visa abholen, CD-Roms im MP3-Format und Ersatzteile für den 2 CV kaufen usw. Je mehr Zeit ins Land ging, um so länger wurde die Liste. Und dann war da ja auch noch eine Abschiedsparty für zweihundert Leute, die organisiert werden wollte …

Noch zwei Wochen!

Ich hatte eben erst einen Pressebericht zusammengestückelt und an zwei Journalisten von *Het Nieuwsblad* verschickt, schon wurde am nächsten Tag ein Interview aufgenommen. Nach dessen Ausstrahlung rief *Het Laatste Nieuws* an; *Radio 2*, *Radio Donna* und *Studio Brussel* schlossen sich an. Alle wollten noch am selben Tag ein Interview. In ihrem Fahrwasser meldeten sich sowohl ein paar Regionalzeitungen wie auch TV Brussel. Sogar VTM fand die Nachricht bedeutend genug, um am Tag vor der Abreise einige Bilder für das 7-Uhr-Journal zu schießen. Es freute die Sponsoren, also freute es uns …

Ein wichtiges Detail blieb noch zu klären: der Ort unserer Abreise sollte etwas ganz Besonderes und möglichst Symbolträchtiges sein. Um die Medienwirksamkeit des Projektes zu erhöhen, hatte ich mich für Brüssel entschieden. Brakel – Kapstadt klang seltsam. Brüssel – Kapstadt hörte sich schon besser an. In Brüssel selbst kamen zwei Plätze in Frage: Das Afrikamuseum in Tervuren und – im Idealfall – der Große Markt.

„Das ist das Allerheiligste von Brüssel, das schaffst du nie", unkte ein Brüsseler Journalist. „Wir werden es ja sehen", hatte ich geantwortet. „Wer nicht wagt, der nicht gewinnt!"

Ich stellte die Anfrage möglichst spät und wartete damit so lange, bis alle großen überregionalen Zeitungen wie auch die Brüsseler Lokalpresse und die lokalen Fernsehsender ihre Reportagen publiziert und gesendet hatten. Tags darauf kontaktierte ich den Amtsleiter des Brüsseler Bürgermeisters und bat ihn um eine Genehmigung für den Großen Markt.

Die Strategie ging auf! Er war tatsächlich über unser Projekt informiert und versprach, sich mit der Polizei in Verbindung zu setzen und uns eine Genehmigung zuzuschicken.

Noch eine Woche!

Der Wagen war nun definitiv fertig, jedenfalls dachten wir das. Da kam ich per Zufall mit einem interessierten Mitglied des Huppel-Clubs ins Plaudern.

„Ich bin doch gespannt, wie schnell wir mit dem Auto vorankommen, wenn es vollgepackt ist; leer bringt es kaum mehr als 90 Kilometer die Stunde."

„Das ist nicht dein Ernst!", brüllte er.

„Doch. Wieso, äh … ist das nicht normal?"

„Nein, das ist eine Katastrophe. Normalerweise fährt ein 2 CV leicht seine 110 Stundenkilometer. Euer Motor hat keine Power mehr. Er ist wahrscheinlich erschöpft. Weißt du was, komm heute Abend doch einfach vorbei und bring Christophe mit. Ich hab' da noch einen gut erhaltenen Motor liegen. Den kannst du haben."

Gesagt, getan. Vier Tage vor der Abfahrt tauschten wir den Motorblock aus und fuhren mit einem Motor los, den wir nur auf 15 Kilometern getestet hatten. Es würde schon gut gehen!

Einpacken und abhauen

11.30 Uhr, Samstag. Noch vierundzwanzig Stunden. Müde und noch leicht beschwipst von der Abschiedsparty letzte Nacht. Zu Hause stieg der Stresspegel auf ungeahnte Höhen. Meine Mutter, die mir das Projekt vom ersten Tag an ausreden und mich „vor dem Wahnsinn retten" wollte, wurde sich erst in der letzten Woche der Tatsache wirklich bewusst, dass ich für ein halbes Jahr im „dunklen Kontinent" verschwinden würde. Sie war wütend, traurig und angespannt zugleich. Mein Vater, ein ruhiger und normalerweise sehr ausgeglichener Mensch, erregte sich darüber, dass wir das Schicksal so sah er das, völlig unvorbereitet herausfordern wollten. Eine übertriebene Reaktion, obwohl ... so ganz Unrecht hatte er damit nicht. Chuckie stand immer noch leer in der Auffahrt meines Elternhauses. Nach zehn Monaten intensiver Vorbereitung hatten wir immer noch nicht unser Gepäck zusammengestellt. Ich rief Christophe an und bat ihn, seine persönlichen Sachen möglichst schnell vorbeizubringen.

Wir hatten die Dinge, die wir vielleicht brauchen könnten, nie aufgelistet, und als ich an diesem letzten Mittag damit anfing, wuchs die Anspannung rasch. Die Liste schien endlos, und wir mussten alles Mögliche, meist Kleinkram, erst noch kaufen.

Ich holte die beiden großen Expeditionskoffer von unserem letzten Afrika-Abenteuer aus dem Keller und kippte ihren Inhalt auf den Garagenboden: ein Buschmesser, Seile, ein Fernglas, Trinkbecher, ein Kompass, ein Schlafsack und das berühmte SAS-Survival-Handbuch. Jahrelang hatten sie unter dem Staub gelegen und auf neue Abenteuer gewartet. Jetzt war es so weit, und das Wiedersehen mit meinen Sachen war ein Erlebnis, das mir zu Herzen ging.

Mit einer Schachtel unterm Arm ging ich in mein Schlafzimmer. Um das Gewicht des Gepäcks gering zu halten, entschieden wir uns für Bananenkisten statt schwerer Metallkoffer. Wir würden vier mitnehmen: eine für Christophes persönliche Dinge, eine für meine, eine für Kochzeug und Lebensmittel und eine für Ersatzteile und alles mögliche Werkzeug.

Die Kiste mit meinen persönlichen Sachen war schnell gefüllt. Ein paar alte T-Shirts, etwas Unterwäsche, eine lange Hose, ein Fleecepullover und eine Regenjacke. Ordentliche Kleidung brauchten wir nicht. „Je abgerissener ihr ausseht, um so niedriger sind die

Preise", hatte uns Sam erklärt. Und Sam musste es wissen: Er hatte gerade eine zweimonatige Hochzeitsreise in die Sahara hinter sich.

Den Rest der Kiste füllte ich mit meiner Mundharmonika, einem schwierigen Wirtschaftslehrbuch und mit Tolstois 1350-Seiten-Wälzer *Krieg und Frieden*, einem Klassiker, der schon seit sechs Jahren in meiner Bibliothek auf den idealen Zeitpunkt – und entsprechend viel Freizeit meinerseits – wartete, um verschlungen zu werden. Zeit, dachten wir, hätten wir jetzt doch wohl in rauen Mengen.

Christophe traf ein. Er hatte sich schnell seine persönlichen Sachen, einen Hammer und ein paar Schraubenzieher gegriffen und bei John unsere Ladung Ersatzteile abgeholt. Es war eine eindrucksvolle Sammlung. Zwei ganze Kisten voll. Wir mussten notgedrungen eine Auswahl treffen und die Hälfte aussortieren, immer in der Hoffnung, dass wir als technische Laien eine gute Wahl treffen würden. Unter den argwöhnischen Blicken meines Vaters verschwanden wir in seinem Keller, um uns dort eine Garnitur von Steck- und Gabelschlüsseln, Zangen und anderem Werkzeug zusammenzusuchen.

„Schreib auf, was du alles mitnimmst und sorg dafür, dass ich alles, aber wirklich alles wiedersehe." Eine nachvollziehbare Reaktion.

16.00 Uhr: Das Kamerateam der VTM-Nachrichten war eingetroffen. Zusätzlich zu den üblichen Interviews wollten sie Bilder von der Ente in Aktion machen. Uns stand eine Feuertaufe bevor. Die Werkstatt Condijts hatte erst vor einigen Tagen die eisernen Schutzplatten für Ölwanne und Benzintank angebracht. Wir waren noch nie querfeldein gefahren.

In der Hoffnung, dass schon alles gut gehen würde, fuhren wir quer über ein gepflügtes Feld zu einem nahe gelegenen Wald und genossen Chuckies Kapriolen. Der neue Motor zog viel besser als der alte, und der Wagen arbeitete sich ohne größere Probleme durch den Schlamm des schwierigen und stark abfallenden Geländes. Drei Stunden später glänzten wir in den 7-Uhr-Nachrichten.

23.00 Uhr: Die Ente war proppenvoll. Die vier Bananenkisten, das Zelt und die Iso-Matten passten perfekt unter die hölzerne Abdeckung; Schlafsäcke, zwei Kissen, Computer, Bücher und Karten bekamen ihren Platz darauf.

Nach dem Motto „So seht ihr den Gorilla wenigstens, wenn er vor euch steht“ hatten zwei Freunde, die sich mit der Elektrik auskannten, zusätzlich Fernlichter und Nebelscheinwerfer installiert. Und zwar während der Zeit, als Christophe immer wieder vergeblich versucht hatte, einen Reifen zu wechseln. Ach, in Afrika würden wir das schon lernen!

24.00 Uhr: Um Mitternacht verabschiedete ich mich kurz von meinen Eltern, die ich am nächsten Morgen auf dem Großen Markt noch einmal sehen würde, und fuhr nach Brüssel. Meine Freundin, ein englisches Hardcore-Partygirl, wollte noch einmal mit mir weggehen, eine Bitte, die ich ihr jetzt, wo ich sie sechs Monate allein ließ, nicht abschlagen konnte. Um 5 Uhr morgens fiel ich endlich ins Bett.

Je suis venu te dire que je m'en vais …

8.00 Uhr, Sonntag, 29. September 2002. Obwohl ich wenig geschlafen hatte, funktionierte meine biologische Uhr. Mit einem Schlag war ich hellwach, sprang aus dem Bett und rannte auf die Terrasse. Ein strahlend blauer Himmel. Herrliches Herbstwetter.

Ich zündete eine Zigarette an. Das war der Tag X! Zehn Monate Vorbereitung, zehn Monate Wartezeit – heute begann das große Abenteuer! Plötzlich stand Catherine hinter mir. Sie küsste mich. „Dein Frühstück wird kalt“, sagte sie. Als Abschiedsessen bekam ich das original englische Frühstück mit Black Pudding, das ich mir gewünscht hatte.

„Mit Liebe gekocht, das schmeckt man“, sagte ich, um Lockerheit bemüht. Sie verstand zwar kein Wort Niederländisch, aber sie lächelte. Sie versuchte, Begeisterung zu zeigen, aber es fiel ihr schwer. Ich hatte sie erst sechs Wochen vor der Abfahrt kennen gelernt. Schon bei unserer ersten Begegnung hatte es zwischen uns geknistert. Nach ein paar Tagen war der Funke übergesprungen, und wir hatten seither beinahe jeden Tag und jede Nacht miteinander verbracht. Jetzt verließ ich sie in einer Zeit großer Verliebtheit. Ich hatte mein Abenteuer zum Ausgleich, sie hatte nur Erinnerungen und ab und zu ein Telefongespräch.

Chuckie startklar auf dem Großen Markt von Brüssel.

10.00 Uhr: Cat und ich fuhren auf den Großen Markt von Brüssel und parkten die Ente direkt vor dem Rathaus. Ein paar Touristen, vor allem Japaner, schossen Fotos und posierten vor dem Wagen. Langsam, aber sicher bildete sich eine Traube um unseren Wagen; es kamen Freunde, Familienmitglieder, Sponsoren und ein paar Fans, die durch einen der Zeitungsartikel oder unsere Website von unserer Abreise erfahren hatten. Ein paar Journalisten vervollständigten das Bild. Alle waren da, nur Christophe fehlte.

„Verdammt, das macht er jetzt schon zum zweiten Mal." Cat schaute mich verständnislos an. Auch bei unserer letzten Fahrt vor vier Jahren nach Dakar war Christophe erst im allerletzten Moment aufgetaucht.

Nach einer Dreiviertelstunde tauchte Christophe auf dem Großen Markt auf. Wir hörten uns noch zehn Minuten die wohlgemeinten Ratschläge an, die von allen Seiten kamen, dann war es Zeit abzuhauen. Noch einmal Hände schütteln, Küsschen verteilen und ein letztes Posieren fürs Pressefoto.

„Fahr'n wir?", fragte ich Christophe.

„Je eher, desto besser!" Er setzte seine Worte in die Tat um und klemmte sich hinter das Steuer.

Ich stieg ein und winkte noch, während Christophe vom Großen Markt fuhr.

Und auf ging's!

In Arlon, der letzten Stadt vor der belgisch-luxemburgischen Grenze, hielten wir noch einmal für ein letztes Glas. Von unseren Freundinnen, die uns mit dem Wagen gefolgt waren, wollten wir uns ein bisschen persönlicher verabschieden. Nach einer halben Stunde, zwei Flaschen *Blauwe Chimay* und einigen heißen Küssen passierten wir die Grenze.

Okay ... Belgien, das war's!

III. QUER DURCH EUROPA
DIE FEUERPROBE

DAS FÄNGT JA GUT AN

Unsere nächste Station sollte der Hafen von Genua sein. Wir wollten so schnell wie möglich afrikanischen Boden betreten, daher würden wir Belgien, Luxemburg, Frankreich, die Schweiz und Norditalien im Eiltempo durchqueren. Die Fähre nach Tunesien legte in genau 24 Stunden ab. Wir wollten es langsam angehen, nicht schneller als 80 Stundenkilometer fahren und stündlich eine viertelstündige Rast einlegen – nicht so sehr unseretwegen, sondern wegen des 2 CV. Wir konnten sein Leistungsvermögen noch nicht einschätzen und gingen deshalb auf Nummer sicher.

Der Motor lief ruhig, das Wetter war gut und die Stimmung ausgezeichnet. Eine Viertelstunde lang verlief alles nach Plan, dann war die Fahrt zu Ende – auf halbem Weg nach Luxemburg. Wir hatten gerade den Tank und unsere beiden Ersatzkanister gefüllt, Christophe wollte den Wagen parken, und ich ging bezahlen. Da fiel mein Blick, gerade als Christophe wegfuhr, auf einen frischen Ölfleck, genau an der Stelle, an der Chuckie eben noch gestanden hatte. Konnte der von uns sein?

Ich lief zum Wagen und öffnete die Motorhaube. Überall waren frische Ölspritzer. Mist!

Christophe schaute unter den Wagen und fand die Ursache.

„Ein Ventildeckel ist undicht“, verkündete er.

Einige Tage zuvor hatte er gemeinsam mit seinem Cousin Chuckie einer letzten großen Inspektion unterzogen und die Ventile eingestellt.

„Wahrscheinlich ist der Dichtungsring kaputt. Jetzt haben wir zwei Möglichkeiten."

Christophe erklärte genauer, was er meinte. Wir hatten die Wahl, entweder weiterzufahren und alle 100 Kilometer einen Schuss Öl nachzufüllen oder die Kiste an Ort und Stelle zu reparieren. Er könne das Leck mit „Silicon Blue" abdichten, einer Paste, die man auf den Ventildeckel aufträgt, um ihn damit gewissermaßen am Zylinder festzukleben. Diese zweite Lösung würde eine Wartezeit von drei Stunden bedeuten. „Der Kleber muss trocknen", erklärte Christophe.

Undichte Ventildeckel – und das schon in Luxemburg!

Wir hatten zeitlich etwas Spielraum und entschieden uns für die zweite Lösung.

Christophe machte sich an die Arbeit, und ich reinigte Chassis und Motorblock, damit man anschließend auch den Unterschied sah.

Die erste Reparatur war einigermaßen erfolgreich. Nach 50 Kilometern hielten wir an und kontrollierten das Ergebnis. Nach fünf Minuten war erst ein einziger Öltropfen herabgefallen, und unter der Motorhaube waren nur wenige Ölspritzer zu sehen. Wir konnten beruhigt weiterfahren.

Die Tour nach Norditalien verlief danach problemlos. Wir hatten ein Ölthermometer eingebaut und konnten sehen, wie verdammt schnell sich die Ente der Umgebungstemperatur anpasste. Irgendwann, als wir kurz vor Sonnenaufgang über einen hohen Schweizer Alpenpass fuhren, lag die Außentemperatur nahe dem Gefrierpunkt, die des Wagens sank auf 45 °C.

Etwa um neun Uhr morgens erreichten wir die italienische Hafenstadt Genua. Die Befürchtung, dass wir es nicht einmal bis Afrika schaffen und uns total blamieren würden, erwies sich als unbegründet. Chuckie hatte seine erste lange Probefahrt glorreich bestanden, und unser Vertrauen in ihn war gewachsen.

Im Terminal kauften wir ein Ticket, und zwei Stunden später waren wir an Bord der „Adrian's Palace", einer nagelneuen gigantischen Fähre, die wöchentlich zweimal von Genua nach Tunis fuhr. Erst sechs Monate zuvor war sie zu Wasser gelassen worden. Alles blinkte und blitzte.

Doch sie glich auch einem Geisterschiff. Es gab fast keine Passagiere an Bord. Als die Schiffssirene ertönte, standen nur fünf Fahrzeuge in den sechs Parkdecks. Die Gänge waren verwaist, das Restaurant, das Kasino und die Dutyfreeshops menschenleer, und sowohl in dem riesigen, mit Liegesesseln bestückten Saal als auch in der Bar waren wir allein. „Merkwürdig, wie kann so ein Unternehmen denn um Himmels willen überleben?", war das Erste, was ich mich logischerweise fragte.

Luxusfähre auf dem Mittelmeer.

Ich erfuhr später vom Barkeeper, dass das Schiff – so unglaublich sich das auch anhörte – während der Sommermonate proppevoll sei und man einen Monat im Voraus reservieren musste, um sich einen Platz zu sichern. Die meisten Passagiere seien nordafrikanische Immigranten, die im Sommer zu Hause ihre Familie besuchten.

An Bord war wenig los, gleichwohl war die Überfahrt ein inspirierendes Erlebnis. Ich ließ meine Gedanken schweifen und stellte mir vor, ich sei ein Entdeckungsreisender auf dem Weg zu einem fernen, unbekannten Kontinent. Stundenlang stand ich an Deck, genoss den warmen Mittelmeerwind und versuchte nachzuvollziehen, wie Stanley und Livingstone sich wohl gefühlt hatten, als sie 1870 den Hafen von Southampton verließen, wie wir auf dem Weg zum schwarzen Kontinent. Es war meine vierte Afrikareise, und ich wusste, dass auch hier die Zeit nicht stillgestanden hatte. In den entlegensten Winkeln des Kontinents waren Hauptstädte zu Metropolen angewachsen, die jeden erdenklichen Komfort boten – wenn auch nur für eine Minderheit. Dennoch romantisierte ich den Kontinent auf meine Weise zu dem Afrika, das ich suchte: dem Afrika der großen Wildnis und der gastfreundlichen Stämme und Völker, mit dem Reiz schwieriger Kommunikation und unwegsamen Geländes, kurz gesagt: zum Abenteuer in Reinform.

Die zwei Flaschen Blauwe Chimay, die Catherine unauffällig in meinen Rucksack geschmuggelt hatte und die ich erst auf dem Schiff entdeckte, halfen mir ganz gewiss dabei

Es wurde Abend. Um die Kosten der Überfahrt gering zu halten, hatten wir die billigste Variante gewählt: Schlafsessel. Wir waren die Einzigen, die in dem riesigen Schlafsaal mit seinen 500 Stühlen kampierten und wählten statt der Sessel, die sich kaum kippen ließen, den weichen Teppich. Etwa um Mitternacht rollte ich meinen Schlafsack aus. Die leichte Dünung, die das Schlafen auf Fähren eigentlich so angenehm macht, zeigte keine Wirkung. Der Gedanke, dass wir morgen afrikanischen Boden betreten würden, ließ mich nicht los.

Die Nacht war kurz. Sobald Licht durch die Bullaugen drang, war ich auf den Beinen. Noch immer war kein Land zu sehen. Es dauerte noch fünf lange Stunden, bevor die tunesische Küste endlich in Sicht kam, und erst um zwei Uhr mittags legte das Schiff an.

Im Laderaum sahen wir zum ersten Mal die Fahrzeuge unserer Mitreisenden. Es waren vier Jeeps, jeder von ihnen so ausgerüstet, als nähme er an der Rallye Paris-Dakar teil: Die Gepäckträger vollgepackt mit Reservereifen, Expeditionskoffern aus Metall, Wagenhebern, Sandleitern. Einer zog alle Blick auf sich: ein Hummer, ein Monsterjeep amerikanischer Bauart. Er brauchte beinahe zwei Parkbuchten und war wie die anderen Geländewagen offenbar für eine lange Expedition ausgerüstet. Ich hielt ein Schwätzchen mit dem Besitzer, einem norwegischen Diplomaten. Er hatte den

Hummer auf einer Mission im Libanon erstanden. So wie wir uns an unserem 2 CV nie satt sehen konnten, bekam auch er nie genug von seinem Ungetüm, und eine einzige Frage dazu verwandelte ihn in eine angeberische Quasselstrippe.

„Meine Maschine fährt nicht über die Dünen, sie durchpflügt sie einfach. Okay, der Verbrauch liegt bei 40 Litern auf 100 Kilometern, aber was soll's ... das ist doch nur Geld."

Als ich ihm erzählte, dass wir mit unserer 1000-Euro-Ente quer durch Afrika fahren wollten, sah er uns ungläubig an.

„Und was haben Sie vor? So wie Sie ausgerüstet sind, sicher eine Fahrt durch die Sahara oder sogar durch ganz Afrika?", fragte ich ihn.

Seine Frau brach das plötzlich eintretende Schweigen.

„Nein, wir machen bloß eine Besichtigungstour in Tunesien", brachte sie beinahe entschuldigend hervor.

Die schwere Schiffsklappe öffnete sich. Wir starteten den 2 CV und fuhren nach draußen. Endlich! Afrika! Mit einem Strahlen im Gesicht fuhren wir zum Zollbüro, genossen unser erstes Quantum afrikanischer Bürokratie und suchten unseren Weg durch das Labyrinth des Hafens von Tunis.

Eine halbe Stunde später fuhren wir ins Zentrum von Tunis. So modern die Stadt auch aussah, sie zu durchqueren war ein Alptraum. Keine Verkehrsschilder, keine Umgehungsstraßen und Polizisten, die widersprüchliche Auskünfte gaben, wenn man sie nach dem Weg fragte. Wir verirrten uns im Handumdrehen, und es dauerte zweieinhalb Stunden, bis wir auf dem richtigen Weg waren. Willkommen in Afrika!

IV. TUNESIEN
ERSTE SCHRITTE AUF AFRIKANISCHEM BODEN

Wir hatten ursprünglich geplant, unsere Afrikatour in Algerien zu beginnen. Das erwies sich jedoch schon bald als unmöglich. Eine Mitarbeiterin der algerischen Botschaft in Brüssel teilte mir mit: „Overland Travellers können nur dann ein Visum bekommen, wenn sie über Tunesien einreisen und im Besitz einer Einladung sind."

„All diese Lynchmorde, die das Land vor ein paar Jahren in den Brennpunkt internationaler Aufmerksamkeit rückten, ereigneten sich in der Nähe der Hauptstadt Algier. Fast alle Fluggesellschaften haben seither ihre Flüge nach Algier eingestellt, und die Fähren zwischen Europa und Algier befördern aus Sicherheitsgründen nur noch die Einheimischen, keine Touristen mehr. Auch über Marokko ist die Einreise nicht möglich. Die marokkanisch-algerische Grenze ist schon längere Zeit wegen eines Disputes um einen umkämpften Landstrich geschlossen. Tunesien ist Ihre einzige Möglichkeit."

Über Tunesien wusste ich nur, dass es als Synonym für billige Strandurlaube galt. Ich dachte an Monastir, an Djerba, an Kamelritte in der Wüste und an dicke, tätowierte Deutsche. Es war zu touristisch und zu leicht erreichbar. Mit einem Wort, Tunesien war etwas für Warmduscher. Wenn es schon auf unserer Reiseroute liegen musste, dann nur als Transitstrecke.

Wir ließen Tunis hinter uns und wählten den kürzesten Weg zur algerischen Grenze, in der Hoffnung, das Land nach zwei Tagen und 500 Kilometern wieder zu verlassen.

Gerade als wir die Haupstraße nach Le Kef erreicht hatten, brach die Dunkelheit herein. Obwohl die tunesischen Straßen in ausgezeichnetem Zustand waren, wagten wir kaum weiterzufahren. Kühe, Schafe, Ziegen und Esel liefen überall frei herum und hatten zudem die fatale Neigung, vom Straßenrand her nach herannahenden Fahrzeugen Ausschau zu halten und sich im letzten Moment mitten auf die Fahrbahn zu stürzen. Tagsüber konnte man ihnen leicht ausweichen; nachts könnte das schon schwieriger sein. Chuckies Safari-Stoßstange wirkte zwar stabil, aber ich hatte meine Zweifel, ob sie den Zusammenstoß mit einer Kuh aushalten würde.

In Téboursouk, einem kleinen Dorf auf dem Weg nach Le Kef, endete unsere erste Tagesetappe, und wir machten uns auf die Suche nach einem Lagerplatz und einem Abendessen. Die Wahl des Lokals war einfach, denn im Dorf gab es nur ein Gasthaus. Wir hielten an und ich ging auf Erkundungstour. Es sah gemütlich aus. Es gab einen großen Innenhof mit zwanzig Tischen, an fast allen saßen betrunken wirkende Muslime. Religiöse Musik erfüllte den leeren Innenraum. Viel zu laut kreischte sie aus den Lautsprechern eines Transistorradios. Aber ich war guter Laune, romantisierte die Szenerie und bat Christophe, den Wagen vor dem Eingang zu parken.

Noch bevor der Motor verstummte, kam ein Mann auf uns zu. Er stellte sich als der Besitzer vor und sagte mit einem drolligen französischen Akzent:

„Ihr solltet diesen Reifen besser in den Wagen legen."

Wir hatten eines der Ersatzräder mit einem Seil auf dem Dach festgezurrt. Er erklärte uns, nicht jedem in seiner Bar könne man über den Weg trauen und die Möglichkeit, dass etwas gestohlen würde, sei ziemlich groß. Wir dankten ihm für den Tipp, legten den Reifen in den Wagen, verstauten Kamera, GPS und Fotoapparat in einem Rucksack und suchten uns einen Platz im Innenhof des Restaurants.

Alle Tische waren besetzt. Hier und da waren zwar noch ein paar Stühle frei, aber wir empfanden es als unpassend, uns einfach irgendwo dazuzusetzen. Noch ein wenig fremd schauten wir uns um und warteten ab. Uns beschlich ein merkwürdiges Gefühl. Wir waren die einzigen Weißen, und fast alle Blicke richteten sich auf uns.

„Nehmen Sie doch Platz, meine Freunde!", rief eine Stimme.

Ein beleibter Mann, der wie alle Besucher des Lokals mit einem weißen muslimischen Gewand und der dazugehörigen Kopfbedeckung bekleidet war, lud uns ein. Schmatzend verschlang er den Rest seiner Hähnchenschenkel, warf die Knochen auf den Tisch und wischte sich mit seinem Ärmel den Mund ab. Dann stellte er sich vor: Abdallah, Muslim, von Beruf Geschichtslehrer in einer weiterführenden Schule in Tunis und Vater von sechs Kindern.

Vor ihm standen zwei Flaschen Rotwein, die eine halb voll, die andere bereits leer.

„Ein Gläschen Wein?“, fragte er.

Ich nickte.

Er rief den Kellner, bestellte eine weitere Flasche und dazu noch eine Portion Hähnchenschenkel.

„Ich dachte, Muslime trinken keinen Alkohol“, setzte ich an.

„Ach, Allah geht auch mit der Zeit und im Dunkeln sieht er es sowieso nicht.“ Abdallah lachte aus vollem Hals über seinen Scherz. „Tunesien ist ein moderner muslimischer Staat. Hier gelten andere Regeln als in Ländern wie etwa Saudi-Arabien. Jeder hat das Recht, den Koran auf seine eigene Art auszulegen. Und wenn man die Disziplin aufbringt, fünfmal am Tag zu beten und ein guter Muslim zu sein, ist ein Gläschen Wein kein Problem.“

„Und eine Flasche oder zwei offenbar auch nicht“, fügte ich lachend hinzu.

„Muslime sind nicht immer so extrem, wie ihr euch das im Westen vorstellt. Der normale Muslim geht auch mit der Zeit.“ Er nahm einen großen Schluck Wein. „Unser letzter Präsident Habib Borguiba hat die Polygamie ebenso verboten wie das Kopftuch für Schülerinnen. Heute trägt fast keine Frau unter dreißig mehr ein Kopftuch.“

Er war sehr erstaunt, als ich ihm erzählte, dass in Belgien eine heftige Diskussion darüber im Gange sei, ob muslimische Mädchen in der Schule das Recht hätten, Kopftücher zu tragen.

„Ach diese Extremisten!“, seufzte Abdallah.

Die dritte Flasche Wein kam auf den Tisch, und da wir sie mit ihm teilen wollten, bestellte ich gleich eine vierte. Unser inzwischen schon ziemlich betrunkener Gastgeber zeigte Anzeichen einer „Déformation professionelle“.

Er durchmaß die gesamte tunesische Geschichte und erläuterte uns, wie sich das Land, anders als seine beiden großen Nachbarländer Algerien und Libyen, politisch zu stabilisieren vermochte. Er machte Ausführungen zu Ökonomie, Klima, Demographie und Babyboom. (Der gewaltige Kinderreichtum war uns schon während der Fahrt aufgefallen. Nach Auskunft des Reiseführers Lonely Planet waren 50 Prozent der fast 10 Millionen zählenden tunesischen Bevölkerung Kinder unter 15 Jahren.) Dabei verglich er die Situation in seinem Heimatland immer wieder mit der in Europa, über die er offenbar besser Bescheid wusste als wir.

Nachts um eins gingen die Lichter aus. Das Gespräch hatte meine Aufmerksamkeit so gefesselt, dass ich gar nicht bemerkt hatte, dass ein Großteil der fast sechzig Gäste das Lokal schon verlassen hatte. Wir bezahlten unsere Rechnung.

Abdallah stand auf, wankte und ließ sich wieder auf seinen Stuhl sinken.

„Das wird wohl eine anstrengende Fahrt heute Nacht. Aber kommt ruhig mit. Ihr seid willkommen."

Wir dankten ihm für seine Gastfreundschaft sowie für den lehrreichen Abend und trugen ihn sternhagelvoll zu seinem Wagen. Zum Glück schlief er ein, bevor er den Motor starten konnte.

Obwohl auch ein kleines Hotel zu dem Restaurant gehörte, beschlossen wir weiterzufahren. Die Warnung des Lokalbesitzers vor den lokalen Dieben hatte nicht gerade unser Vertrauen erweckt. Wir verließen das Dorf, bogen nach zehn Kilometern an einer ruhigen, abgelegenen Stelle auf ein Feld ab und hielten nach hundert Metern an. Es war stockdunkel, und alles schien friedlich. Wir fanden ebenes Gelände, räumten die Steine zur Seite und schlugen unser Zelt auf. Ein Schluck Sambuca und eine Zigarette bildeten den Abschluss des Tages – den Abschluss unseres ersten Tages in Afrika.

Unser erster Lagerplatz auf afrikanischem Boden.

Am nächsten Morgen bekamen wir Besuch. Eigentlich wollten wir sofort nach Sonnenaufgang unseren Lagerplatz räumen, aber der Eigentümer des Feldes war offenbar auch schon früh auf den Beinen. In voller Fahrt brauste er mit seinem Jeep über den Acker auf uns zu. Wahrscheinlich fragte er sich, was wir auf seinem Feld zu suchen hatten. Er hielt ganz in der Nähe, betrachtete neugierig zunächst unseren Wagen, dann unser Zelt und zuletzt uns selbst.

„Und … gut geschlafen?", rief er uns von seinem Auto aus zu.

„Sehr gut, vielen Dank, wir wollten gerade aufbrechen."

„Kein Problem, lasst euch nur Zeit. Gute Reise!", und schon brauste er davon.

Die Burg von Le Kef.

Die weitere Fahrt durch Tunesien verlief problemlos. Am zweiten Tag besichtigten wir die alten Burgruinen von Le Kef, am Tag darauf erreichten wir Tozeur, ein Dorf an der algerischen Grenze. Hier schlugen wir unser Zelt in einem Hain aus Dattelpalmen auf. Ein kräftiger Wind sorgte in der folgenden Nacht dafür, dass wir unser Frühstück am Morgen nur aufzusammeln brauchten. Es war gratis, köstlich und sehr nahrhaft.

Ich erwartete sehnsüchtig den vierten Tag. Endlich würden wir die algerische Grenze passieren und den Schritt ins Unbekannte wagen. Hätte Chuckie nur genauso gedacht!

Schon nach zwei Kilometern zog der Motor nicht mehr. Wir verloren an Fahrt, und die ganze Kiste schepperte. Verdammt! Was war los? Wir stiegen aus und öffneten die Motorhaube. War es die Zündung? Ein verschmutzter Vergaser?

Wir wussten nicht, was wir tun sollten. Schließlich begann Christophe, systematisch alle Kabel zu überprüfen. Als er das Zündkabel berührte, hörte das Geruckel mit einem Mal auf, und das vertraute Motorengeräusch war wieder zu hören. „Aha, Ursache gefunden!". Ein Wackelkontakt zwischen dem Kabel und der Zündkerze. Das hieß also: Kabel ersetzen. Und drei Minuten später konnte es weitergehen.

Tozeur lag am Nordrand der Sahara und war noch relativ grün. Zehn Kilometer hinter der Stadt verschwand jegliche Vegetation, und es wurde heißer. Die Strecke nach Algerien führte durch eine öde Landschaft. Eine schnurgerade Straße, flimmernde Hitze, flirrende, sengende Luft über dem Asphalt, und links und rechts nichts als weite sandige Ebenen. Etwa alle 30 Kilometer bot eine Oase, die meist nur aus ein paar Dattelpalmen bestand, ein wenig Abwechslung. Die Landschaft war trostlos, die Stimmung im Wagen großartig.

Eine Oase mit Dattelpalmen.

Direkt vor der Grenze hielten wir an, um unseren Alkohol, der in Algerien verboten war, sowie einen Teil unserer Devisen zu verstecken. Die offiziellen Wechselmöglichkeiten waren weit weniger verlockend als diejenigen auf dem Schwarzmarkt. Damit man nicht zu viel schwarz tauschen konnte, musste man sowohl bei der Einreise als auch beim Verlassen des Landes sein gesamtes Bargeld angeben.

Den Differenzbetrag musste man mit Bescheinigungen von der Bank oder der Wechselstelle belegen können. Wir versteckten 150 Euro und 150 Dollar unter dem Armaturenbrett und gossen den restlichen Inhalt unserer beiden Flaschen Sambuca in eine leere Mineralwasserflasche. Zum Glück war beides farblos.

Im Handumdrehen füllten wir alle Dokumente aus, die wir für die Ausreise aus Tunesien brauchten, und fuhren in einen sieben Kilometer breiten Streifen Niemandsland.

V. ALGERIEN
DIE GROSSE SANDKISTE

Algerien! Ein Name, der einschlug wie eine Bombe. Eines der größten Länder Afrikas, mit einer großen Geschichte. Die unermessliche Sahara, die großen Karawanenrouten, die endlosen Sandmeere, die Tuareg-Kriege, die Söldnerfilme, die Militärdiktatur – als Wüstenreisender in spe war ich fasziniert. Endlich hatte das Träumen ein Ende: Am Freitag, dem 4. Oktober 2002, überquerten wir bei Nefta die Grenze.

„An ihren Grenzposten kann man eine Regierung erkennen.“, sagte einst ein weiser Mann. Er hatte Recht: Ich sah riesige Antennen, Gitter und Stacheldraht und eine gewaltige Menge Soldaten. Die Botschaft war deutlich: Wir betraten ein Land, in dem die Armee die herrschende Kraft ist und militärischer Terror den Alltag prägt. Wie in Afrika üblich bestand auch dieser Grenzposten aus drei Abteilungen: der Einwanderungsbehörde, dem Zoll und der Polizei. Die Einwanderungsbehörde kontrollierte, ob man einen gültigen Pass und ein Visum besaß, und stempelte das Visum ab.

Mit unseren beiden Pässen in der Hosentasche spazierte ich in den kleinen Wartesaal. Ich sah keine Menschenseele. Also warten. Fünf, zehn, fünfzehn Minuten verstrichen. Noch immer nahm sich niemand meiner an. Angesichts der geringen Zahl von Fahrzeugen, die täglich diesen Grenzposten passierten, fanden die Beamten es wahrscheinlich nicht der Mühe wert, den ganzen Tag hinter dem Schalter zu verbringen. Ich wurde ungeduldig. Nachdem ich ein paar Mal erfolglos „hallo“ gerufen hatte, beschloss ich, mich auf die

Suche nach einem Beamten zu machen. Vorsichtig öffnete ich die Tür, die den Wartesaal von den dahinter liegenden Büros trennte. Keines der Büros war besetzt.

Dennoch hörte ich Stimmen – eine Art Singsang, der von draußen zu kommen schien. Vorsichtig, ohne ein Geräusch zu machen, schlich ich mich zum Fenster. Da waren sie also: zehn Soldaten, die Hälfte davon in weißen Gewändern, die andere Hälfte in Uniform. Sie beteten im Innenhof der Kaserne. Interessiert sah ich ihnen zu. Einer der Soldaten, der Vorbeter, stand eineinhalb Meter vor der Reihe der anderen neun. Alle hatten ihre Gesichter in Richtung Tunis, also nach Osten und damit auch nach Mekka, gewandt. Ihre Gebete wiederholten die Verse des Vorbeters. In gleichmäßigem Rhythmus vollzogen sie immer wieder den Wechsel von Aufrichten, Sitzen, Knien und Niederfallen. Die Choreographie war ihnen vertraut.

„He, toi, qu'est ce que tu fais ici?"

Ich zuckte zusammen und drehte mich um. Vor mir stand einer der Soldaten, der vor dem Gebäude Wache geschoben hatte. Wahrscheinlich hatte er gesehen, dass ich den Warteraum betreten hatte, und mich bei seiner Kontrollrunde vermisst.

„Ich – ich suche den Einwanderungsbeamten", stotterte ich.

„Mitkommen", schnauzte der Soldat mich an. Offensichtlich war er von meiner eigenmächtigen Erkundungstour nicht sonderlich begeistert.

Auf dem Parkplatz vor der Kaserne traf er auf seinen Vorgesetzten. Er war gerade mit Christophe in ein Gespräch verwickelt. Christophe hatte ihm unser Vorhaben geschildert und ihn einen Blick unter die Motorhaube unserer Ente werfen lassen. Der Vorgesetzte war sichtlich beeindruckt. Vergeblich versuchte mein Bewacher seinen Bericht loszuwerden.

„Warum, um Himmels willen, tut ihr so was?", fragte der Vorgesetzte und wandte sich dabei an mich.

„Aus Abenteuerlust", erklärte ich. „Mit einem Jeep ist so eine Reise nichts Besonderes." Ich erzählte ihm auch, dass meines Wissens noch nie jemand mit einer Ente Afrika durchquert hätte, jedenfalls nicht über die Route, die wir geplant hatten.

„Ihr spinnt wohl! Begreift ihr denn nicht, worauf ihr euch da einlasst? Kauft euch doch einen Toyota Landcruiser oder einen Landrover Defender!"

Er kapierte es nicht. Und er war nicht der Einzige. Auch im weiteren Verlauf der Reise bekamen wir in jedem Land, praktisch in jedem Dorf, die gleiche Frage zu hören: „Warum fahrt ihr so ein kleines Auto?“ Schnell begriffen wir, dass eine Erklärung völlig sinnlos war. Mit Begriffen wie *Abenteuer*, *Wagnis*, ja selbst mit dem Begriff *Reisen* kann der durchschnittliche Afrikaner nichts anfangen. Denn sie sind Ausdruck eines luxuriösen Lebensstils, der den Bewohnern eines Kontinents, in dem Armut und der Kampf ums Überleben den Alltag beherrschen, fremd ist. Der durchschnittliche Afrikaner verdient 25 Euro pro Monat. Ein Auto und Benzin kosten jedoch genauso viel wie im reichen Europa. Autos, Pferde, Karren, sogar Fahrräder haben in Afrika eine ausschließlich praktische Funktion. Jedes Auto ist ein Taxi, das Fahrrad ein Transportmittel für Holz, Steine, 25 Hühner oder eine ganze Familie.

Häufig wurden wir von argwöhnischen Soldaten oder Polizisten ins Gebet genommen, die nicht verstehen konnten, dass wir in ihrem Land ohne zwingenden Grund 3000 Kilometer zurücklegten. „Tourismus? Was ist das?“, hörten wir ab und zu.

Schnell beschlossen wir, uns nicht mehr über den wahren Grund unserer Reise – die Lust am Abenteuer – auszulassen. „Warum wir es mit so einem kleinen, alten Auto versuchten? Weil wir kein Geld haben, um einen Landcruiser zu kaufen.“

Mittlerweile hatte sich die Hälfte der Grenzer um unsere Ente versammelt. Als das Gebet vorbei war, folgte die andere Hälfte. Ich fragte nach dem „Immigration Officer“ und wechselte einige Worte mit ihm. Nach einer Minute hatten wir unsere Stempel.

Auch die Zöllner waren entgegenkommend und freundlich. Algerien mag im Ausland als extrem religiöses Land gelten, in diesem Winkel des Landes spürte man nichts davon. Eine junge bildschöne Algerierin erschien hinter dem Schalter. Sie hatte kastanienbraune Augen und langes pechschwarzes Haar, das sie nicht einmal unter einem Kopftuch verbarg. Ihr verschmitztes Lächeln und ihre enge grüne Uniform verliehen ihrer Erscheinung etwas Aufregendes.

„Hier unterschreiben, dieses Formular ausfüllen und dann noch mal hier unterschreiben“, befahl sie bestimmt, aber mit einem schelmischen Lächeln und ohne den Blick abzuwenden.

Ich erwiderte ihr Lächeln freundlich, schaute ihr tief in die Augen und dachte dabei dasselbe wie sie. Das hoffte ich jedenfalls.

Sie bestand weder auf einer Devisenkontrolle noch auf der von uns so gefürchteten Begutachtung des Wagens. „Gute Reise!", rief sie uns zwinkernd nach und verschwand.

Ich seufzte. „Die wäre schon eine Sünde wert", erwiderte Christophe.

Im nächsten Büro erstanden wir den obligatorischen Versicherungsschein. Ein Soldat wechselte uns den Rest unserer tunesischen Dinars zu Schwarzmarktpreisen. Der dritte und letzte Kontrollpunkt war die Polizei. Dort notierte man noch einmal unsere Passnummern. Zwei Minuten später öffnete sich der Schlagbaum. Wir reisten nach Algerien ein.

„Freundliche Typen, diese Grenzer. Ich hoffe, das geht so weiter." Meine Worte waren noch nicht verklungen, als ... Peng!

„What the fuck is this?", schrie Christophe.

Wir schauten uns um. Da standen acht Jugendliche und bewarfen unseren Wagen mit Steinen. Und schon trafen uns wieder zwei Steine.

„Gib Gas!", brüllte ich Christophe zu.

Er kochte vor Wut. Ein letzter Stein flog knapp an der Windschutzscheibe vorbei. Christophe hatte nicht wenig Lust, kehrt zu machen und zumindest einem dieser Rotzlöffel eine Tracht Prügel zu verpassen.

„Lass es! Stell dir mal vor, sie würden uns tatsächlich eine Scheibe einwerfen. Das ist es nicht wert."

Zum Glück lenkte er ein. Die Jugendlichen standen nicht einmal 100 Meter von der Polizeistation entfernt. Aber das schien sie nicht zu kümmern.

„Das fängt ja gut an. Das war's dann wohl mit unserem guten ersten Eindruck."

„Ach, das ist wahrscheinlich nur die Langeweile oder die Mittagshitze", erwiderte ich.

Der Zwischenfall war schnell vergessen. Schon die ersten Kilometer führten uns durch eine traumhafte Landschaft. Die Asphaltstraße schlängelte sich durch schneeweiße Dünen, und immer wieder passierten wir kleine verlassene Oasen oder im Sand versunkene Dörfer. Die Sahara gewann hier noch immer Fläche hinzu. Bei einigen Oasen ragten nur noch die Wipfel der Palmen aus den Dünen, und von manchen der versunkenen Dörfer waren nur noch die Dächer zu sehen. Für die Bewohner der Wüste war es ein harter Kampf, für uns eine einmalige Gelegenheit, Fotos zu schießen. Ab und zu hielten wir an, stiegen auf eine Düne, machten ein paar Fotos und berauschten uns an dem atemberaubenden Panorama: Sand, Sand, Sand … so weit das Auge reichte. Ich kam mit vor wie Lawrence von Arabien und dachte kurz an die anmutige Zöllnerin zurück.

Überreste einer versandeten Oase.

Algerien ist riesig, doch nur ein geringer Teil des Landes ist bewohnbar. Oft liegen die Städte Hunderte von Kilometern auseinander, und zwischen ihnen gibt es nichts als Sand. Wir wollten möglichst schnell nach Süden, denn dort sollte es sicherer und landschaftlich noch schöner sein. Eines klang für uns aber besonders verheißungsvoll: Im Süden endete die Asphaltstraße … und wo der Asphalt endet, da beginnt das Abenteuer.

Wölfe, Skorpione & Captain Einauge

Am ersten Tag fuhren wir nonstop. Kurz nach Sonnenuntergang erreichten wir Ouargla. Wir hatten noch keine Unterkunft für die Nacht und hofften, vielleicht in der kleinen Tankstelle am Stadtrand ein paar Informationen zu bekommen. Ich ging in die Cafeteria. Es war ein hässliches, von Neonröhren beleuchtetes Lokal, voller schmutziger Plastiktische und -stühle. Wie gewöhnlich plärrte im Hintergrund religiöse Musik aus einem winzigen Radio. Ich bestellte zwei Gläser Pfefferminztee.

Plötzlich verstummte die Musik. Der freundliche Kellner, ein schmächtiger pickeliger Typ von gerade mal 18 Jahren wollte uns zeigen, dass man auch in Algerien mit der Zeit ging. Wenig später erklang die Titelmelodie des „Paten".

Ich lachte. Anderthalb Jahre lang war diese Melodie der Klingelton meines Handys gewesen, und sie gehörte immer noch zu meinen Lieblingssongs. Ich schaute den jungen Kellner an und wies mit dem Daumen nach oben. Lachend zeigte er seine faulen Zähne und demonstrierte weiter sein DJ-Talent. Es folgten verkorkste Versionen des Guns 'n Roses-Titels „Don't cry", die Titelmelodie des „A-Teams" und sogar der Soundtrack von „Dallas". Unwirklich und liebenswert, so mitten in der Sahara.

Es wurde neun Uhr. Auf die Fahrt in die Stadt und die Hotelsuche hatten wir eigentlich keine Lust.

„Können wir hier irgendwo zelten?", fragte ich unseren DJ.

„Am besten hinter der Tankstelle", machte er uns wild gestikulierend in gebrochenem Französisch klar. Wir wären dort auch nicht allein. Einer seiner Freunde logiere dort auf der Ladefläche eines Pick-up, und ein alter Tuareg, der Wachmann der Tankstelle, hauste unter dem Chassis eines alten Lkws.

„Das ist ein verdammter Autofriedhof", rief ich Christophe zu, der in aller Ruhe ein zweites Glas Pfefferminztee genoss. Ich hatte mir das Ganze aus der Nähe betrachtet. „Ein Stück unbebautes Gelände mit Autowracks, verrosteten Lkws, Bauschutt und Abfall."

„Aber ist es denn okay?", fragte Christophe.

„Der Sand ist schön weich!", antwortete ich. „Und die Nachbarn wirken sympathisch!"

Eine Viertelstunde später hatten wir unser Zelt aufgebaut und ein Feuer entfacht. Ein kleiner Topf Ravioli brutzelte auf unserem Gasbrenner.

„Salam aleikum. Habt ihr etwas dagegen, wenn ich mich zu euch setze?", kam es in perfektem Französisch aus dem Halbdunkel. „Wir bekommen hier halt nicht so viel Besuch."

Habib war der Freund, den der junge Kellner erwähnt hatte. Er war ein Mann in den besten Jahren, mit freundlichen Gesichtszügen, der es schaffte, glatt rasiert und sauber gekleidet zu sein, obwohl er in einem Pick-up hauste. Er stellt zunächst einige knappe Fragen zu unserer Reise, dann begann er, seine eigene Geschichte zu erzählen: dass er aus einer armen Familie mit 14 Kindern stamme und jahrelang gearbeitet und gespart habe. Dass er nun einen Pick-up und einen alten Tankwagen besitze und Geld verdienen wolle, um endlich eine Frau zu finden.

„Wenn ein Mann in der arabischen Welt heiraten will, muss er viel Geld haben. Er muss die Frau ernähren können, dem Vater einen Brautpreis überreichen und ein Fest ausrichten. Ich bin schon zweimal vom Vater einer Freundin abgelehnt worden. Pas de moyens." Er schwieg einen Moment.

„Ich sitze hier schon zehn Monate fest und warte auf meine Papiere. Die Bürokratie stellt sich quer, aber ich will kein Schmiergeld zahlen, um das Ganze zu beschleunigen. Das ist gegen meine Prinzipien. Ich bin ein guter Muslim: Ich trinke nicht, rauche nicht, stehle nicht und bezahle auch keine Bestechungsgelder."

Anderthalb Stunden hörten wir uns traurige Geschichten aus Habibs Leben an, bis der Kellner des Cafés überraschend mit einer Gießkanne in der Hand auftauchte. Kommentarlos goss er etwas in weiten Kreisen um unser Zelt. Ich erkannte die Flüssigkeit an ihrem beißenden Geruch. „Eau de Javel", rief Habbib, „gegen die Skorpione."

„Hier wimmelt es nur so von Skorpionen, aber mit Javelwasser ist man sicher. Man bekommt zwar ein bisschen Kopfweh davon, aber das ist immer noch besser als der Biss eines Skorpions, das kannst du mir glauben."

Habib erklärte uns, dass ein Skorpion nie irgendwo hochklettern würde. Deshalb schlief er auf der harten Ladefläche des Pick-up statt im weichen Sand. Der Tuareg schlief auf einer fünf Zentimeter dicken Matratze; sie genügte offenbar, um die schwarzen Beißerchen fernzuhalten.

„Gibt es noch etwas, über das wir Bescheid wissen sollten?", fragte ich. „Wölfe und Captain Einauge!" Die Antwort kam so prompt, als hätte sie ihm schon lange auf der Zunge gelegen. Zwei weitere spannende Geschichten folgten. Entgegen Habibs Auffassung hatte ich an der Geschichte von den Wölfen meine Zweifel. Ich hatte schon unzählige Reportagen über die Fauna der Wüste gesehen, aber von einem Tier, das sich „Saharawolf" nannte, hatte ich noch nie etwas gehört. Die Geschichte von Captain Einauge war dagegen beunruhigender.

Einauge war der Spitzname eines Räuberhauptmanns, eine Art Kriegsherr, der hinter dem Geld, den Jeeps und anderen Luxusgütern her war, mit denen reiche westliche Touristen in der algerischen Wüste protzten. Während der letzten 15 Jahre hatte Einauges Bande eine ganze Reihe von blutigen Überfällen verübt. Nie hinterließen sie lebende Zeugen. Das Einzige, was er hinterließ, war seine Visitenkarte: ein Ohrläppchen. Er war lange nur ein Mythos, und die zurückgelassenen Ohrläppchen hielt man für den morbiden Scherz irgendeiner Bande. Vor ein paar Jahren war aus dem Mythos jedoch Realität geworden. Ein Deutscher, Opfer eines Raubüberfalls, war schwer verwundet, aber lebend geborgen worden und behauptete nun, der Anführer der Bande trage tatsächlich eine Augenklappe. Der Mann war felsenfest davon überzeugt, dass die Bande gegen einen Teil der Beute von korrupten Polizisten einen Tipp über seine genaue Route bekommen hatte. Die Untersuchung wurde ergebnislos eingestellt.

Im April 2003 verschwanden in der algerischen Sahara einige westliche Touristen auf mysteriöse Weise. Immer waren es kleine deutsche, englische oder französische Gruppen. Alle Behörden standen vor einem großen Rätsel, und es fehlte jegliche Spur. War Einauge doch mehr als ein Phantom?

Eben aufgewacht. Eine Dusche ist heute nicht drin.

Am nächsten Morgen brachte Habib uns zum Polizeirevier. An den folgenden beiden Tagen würde uns unsere Fahrt an den algerischen Ölfeldern entlang führen – einem heiklen Gebiet. Als Kontrollinstrument hatte der nationale Sicherheitsdienst sich ein „Laissez-passer" ausgedacht, eine

Art lokaler Reisepass, der an jedem Kontrollposten abgestempelt und mit Datum und Uhrzeit versehen werden musste. Wer zum nächsten Kontrollpunkt zu lange brauchte, musste eine gute Ausrede parat haben. Wenn wir nach den Gründen für die vielen Kontrollen fragten, erhielten wir immer dieselbe Antwort: „Pour votre sécurité, Monsieur!" Manchmal musste ich über diese Reaktion lachen, doch als man uns eines Abends nach Einbruch der Dunkelheit aufforderte, zu unserem eigenen Schutz in einem Konvoi von mindestens sechs Autos weiterzufahren, klang das mit einem Mal nicht mehr so lustig. Hing es mit Einauge zusammen? Wir wollten es gar nicht erst herausfinden und zelteten in dieser Nacht lieber in der Nähe einer Gruppe schwer bewaffneter Militärs.

Bei Sonnenaufgang standen wir zum Aufbruch bereit. Die Temperatur stieg im Laufe des Tages so hoch, dass man ständig Gefahr lief, den Reifengummi auf dem beinahe schmelzenden Asphalt zu ruinieren. Deshalb fuhren wir von Sonnenaufgang bis Mittag, pausierten in der größten Hitze und fuhren noch einmal drei Stunden, bevor die Sonne unterging. So sah zumindest unser Plan aus.

Um neun Uhr morgens brannte die Sonne schon mit aller Macht. Die Temperatur im Auto erreichte 40 °C, und um den Motor zu schonen, legten wir stündlich eine Rast ein. Wir hielten am Straßenrand und vertraten uns ein wenig die Füße.

Fünfzig Meter vor uns sah ich etwas, direkt neben der Fahrbahn. Ich beschloss hinzugehen und es mir mal anzusehen. Fäulnisgestank schlug mir entgegen. Erst aus fünf Metern Entfernung erkannte ich den Kadaver eines toten Kamels. Das Tier musste hier schon eine Weile gelegen haben, denn es befand sich in einem fortgeschrittenen Zustand der Zersetzung. Wahrscheinlich war es nachts von einem Lkw angefahren worden. So genannte wilde Kamele laufen frei umher, sind aber mit einem Brandzeichen versehen, damit der Besitzer sie zu gegebener Zeit aufspüren und zum Markt bringen kann.

Ich rief Christophe und bat ihn, den Wagen näher heranzufahren. Das würde ein wunderbares Foto werden, eine echte Komposition. Ich hatte die Bildunterschrift schon vor Augen: „ Das Kamel, das Wüstenschiff, kentert; die Ente bleibt auf Kurs …"

Das Wüstenschiff kentert, die Ente bleibt auf Kurs.

Aber Christophe reagierte nicht. Ich sah, dass er über den Motor gebeugt stand.

„Is' was?“, rief ich.

„Ja, es gibt Probleme!“, antwortete er.

Beim Aussteigen hatte er ein zischendes Geräusch gehört. Er öffnete die Motorhaube und sah, dass die Batterie kochte. Eine ganze Menge Säure tropfte heraus.

„Liegt das an der hohen Außentemperatur?“, fragte ich. Ich hatte keine Ahnung.

Er schüttelte den Kopf „Unmöglich, gestern Mittag war es viel heißer. Wahrscheinlich kriegt die Batterie zu viel Strom.“

Er griff sich den Multimeter. Peet, einer unserer Freunde, hatte ihm ein paar Tage vor unserer Abreise erklärt, wie das Gerät funktioniert. Zwischen dem Wechsler und der Batterie saß ein kleiner schwarzer Behälter – der Stromstärkeregler. Er sorgte dafür, dass die Batterie eine konstante Stromzufuhr von 14 Volt erhielt. Unsere Messung ergab 17 Volt.

„Haben wir dafür ein Ersatzteil mit?“, fragte ich.

„Ich hoffe es“, antwortete Christophe. „John hat uns eine Kiste mit Ersatzteilen mitgegeben, aber ich habe den Inhalt eigentlich nie richtig kontrolliert.“

„Phantastisch“, brummte ich zynisch und zerrte den Pappkarton aufs Geratewohl aus dem Kofferraum.

Wir hatten Glück. Er enthielt einen zusätzlichen Stromstärkeregler. Wir klemmten den alten ab, ersetzten ihn durch den neuen und ließen die kochende Batterie noch ein Stündchen abkühlen. Wir schoben die Ente 50 Meter weiter und ich schoss mein Foto mit dem toten Kamel.

Die Kilometer flogen nur so vorbei – zehn, hundert … Die Wüstenlandschaft war atemberaubend, und ich war erstaunt, wie abwechslungsreich sie war. Wie viele andere hatte ich mir die Wüste als endloses Sandmeer vorgestellt, doch das traf nur zum Teil zu. Die

In Szene gesetzt vor einem grandiosen Hintergrund.

Sandmeere bestimmen nur zu einem geringen Prozentsatz das Bild der Sahara. Zum Großteil besteht sie aus weiten, offenen, manchmal von Steinen übersäten Sandflächen. Andere Gebiete setzen sich ausschließlich aus Felsen und Vulkangestein zusammen, und in wieder anderen Abschnitten haben sich regelrechte Gebirgszüge ausgebildet.

Der sich von Minute zu Minute wandelnde Lichteinfall und das Spiel des Windes mit dem feinen Sand verleihen der Wüste eine unbeschreibliche Schönheit und Magie.

Hinter einer Anhöhe stieg eine Rauchfahne auf. Wir näherten uns einem Dorf. Ich hielt unsere Pässe und Passierscheine zur neuerlichen Kontrolle bereit.

Eine verfallene Tankstelle, fünf Häuser und einige Militärbaracken, mehr gab es nicht.

Ein junger Soldat kam auf uns zu. Christophe streckte die Papiere aus dem Fenster.

„Lasst es gut sein!", sagte der Soldat freundlich. „Es ist sicher alles in Ordnung, sonst wärt ihr nie so weit gekommen." Unsere Papiere interessierten ihn nicht; er war einfach auf ein Schwätzchen aus.

Er stammte aus Algier und beschrieb die Stadt als das Paradies auf Erden. Man merkte, dass er die lebhafte, kühle Hauptstadt am Mittelmeer vermisste. Er war mit einigen anderen jungen Soldaten – er selbst war dreiundzwanzig – für zwei Jahre hier stationiert.

„Wir werden hierhin abgeordnet, um die Sicherheit zu garantieren, heißt es. Wessen Sicherheit? Wer soll hier denn angreifen? Der Sand, die Skorpione oder die verrückten Kamele? Das ist vollkommen lächerlich! In den letzten fünf Jahren ist hier nicht ein Vorfall gemeldet worden!"

Er versuchte nicht, seinen Zynismus zu verbergen, und sprach damit wahrscheinlich für einen Großteil seiner Kollegen. „Der Vorteil, aber wirklich der einzige Vorteil, besteht darin, dass ich meinen ganzen Sold sparen und deshalb heiraten kann, sobald ich wieder nach Algier darf. Habt ihr nicht vielleicht eine alte Zeitung oder Zeitschrift bei euch – irgendwas gegen die Langeweile?"

Wir hatten zwar keinen französischen Lesestoff, dafür aber eine Frage. „Unserer Karte nach müsste man hier Benzin bekommen, aber die Tankstelle scheint mir auch nicht mehr die allerneueste zu sein."

„100 Kilometer weiter findet ihr eine", antwortete der Soldat. Er salutierte, ging zu seinem Unterstand, einer Wellblechkonstruktion, zurück, ließ sich auf einen Stuhl fallen und starrte ins Leere.

„Hoffentlich hat er Recht", murmelte Christophe. „130 Kilometer schaffen wir noch, dann können wir zu Fuß gehen."

Als wir aus dem Dorf fuhren, sahen wir ein Schild mit dem Namen der nächsten Stadt. Entfernung: 240 Kilometer.

Nach 105 Kilometern tauchte ein Gebäude am Horizont auf. Kurz danach fuhren wir an einem riesengroßen umzäunten Gelände mit Fabrikbauten, Pipelines und hohen Schloten vorbei.

Danach kam nichts mehr. So weit das Auge reichte – kein Haus, keine Tankstelle, nur Felsen und Sand.

Außer einem entgegenkommenden Wagen hatten wir an diesem Tag noch kein einziges Fahrzeug gesehen. Es war unverantwortlich, mit unserem fast leeren Benzintank weiterzufahren.

Quer durch Algerien: glühender Asphalt, aber eine herrliche Kulisse.

Wir kehrten um und fuhren auf das umzäunte Gelände zu. An einem Schlagbaum, fünfzig Meter weiter, stieg ich aus.

Ein Mann in militärisch wirkender Uniform kam aus seinem Büro. Ich ging ihm entgegen.

„Wir brauchen Benzin. Wir haben gehört, wir könnten hier welches bekommen."

Der Mann schüttelte den Kopf: „Es tut mir Leid. Hier gibt es zwar Benzin, aber es ist nicht verkäuflich. Das ist eine Erdölraffinerie."

Mit dieser Erklärung konnten wir uns keinesfalls abspeisen lassen. Unmöglich konnten wir mit zwei Litern Benzin in die Wüste fahren und dort darauf hoffen, dass zufällig jemand mit ein paar Reservelitern des kostbaren Stoffs vorbeikam. Ich hakte nach.

Zum Glück hatte der Mann Verständnis für unsere Situation. Es bat uns in das Büro der „Security“, stellte uns seinen Kollegen vor, rief den Direktor der Raffinerie an und schilderte ihm unsere Situation.

Seine Antwort war niederschmetternd: „Das hätten Sie wissen müssen. Das hier ist keine Tankstelle!“, schrie er, bevor er den Hörer auf das Telefon knallte.

„Es tut mir Leid“, sagte unser Mann. „Der Direktor ist heute anscheinend nicht so gut gelaunt.“

„Es tut mir auch Leid“, antwortete ich, „aber Sie müssen verstehen, dass wir hier ohne Benzin nicht wegfahren.“

„Und Recht habt ihr!“, rief einer seiner Kollegen.

Stunden vergingen. Die Wachmannschaft war ein lustiges, durch und durch neugieriges Völkchen. Wie fast alle Algerier hatten sie Onkel oder Neffen in Belgien und bestürmten uns mit Fragen.

„Und wie ist Belgien?“ „Und wie sind die belgischen Frauen?“ „Sind sie hübsch?“ „Sind sie gut im Bett?“ „In Algier chatte ich regelmäßig mit europäischen Frauen im Internet. Kannst du mir die E-Mail-Adresse deiner Freundin geben?“

Plötzlich hielt ein Auto vor dem Büro. Das Gelächter der Männer verstummte, und auf einen Schlag wurden alle todernst. Ein kleiner kahlköpfiger Mann trat ein.

„Bonjour, Monsieur le Directeur“, erschallte es im Chor.

„Ihr seid also diese ausländischen Problemfälle?“, sagte der Mann.

Er hatte scharfe Gesichtszüge, lächelte aber herzlich. „Entschuldigt, aber vorhin hatte ich ein paar Probleme zu lösen. Das hört hier aber auch nie auf! Hier, nehmt die mal. Er drückte jedem einen eiskalten Schokoriegel in die Hand.

„Und das ist eure Karre? Ein 2 CV! Das ist sicher mindestens zehn Jahre her, seit ich so einen zuletzt gesehen habe. Großartig! Wieviel verbraucht er?“

Er wollte den Motor ansehen, legte sich unter das Auto, um das Chassis zu inspizieren, und setzte sich hinter das Steuer.

„Kommt, steigt ein, rief er. Wir tanken. Aber ich fahre."

Wasser in der Wüste

Noch 300 Kilometer bis Djanet, der alten Oase im äußersten Südosten von Algerien. Die Sonne war schon beinahe untergegangen. Auf einem Parkplatz am Straßenrand hatten sich einige Lkw-Fahrer versammelt. Sie saßen Karten spielend um ein Feuer. Als wir langsamer fuhren, winkten sie herzlich. Mit Gesten luden sie uns ein, die Nacht in ihrem Camp zu verbringen.

„Fahrt ihr mit dieser kleinen Karre in den Süden?", fragte der einzige Französischsprachige unter ihnen.

Wir nickten.

Er schüttelte den Kopf. „Dort hat es gerade drei Tage geregnet. Es regnet hier fast nie, das letzte Mal vor fünf Jahren. Aber wenn es dann doch geschieht …"

Er gab weiter, was ihm ein anderer Fahrer eben erst erzählt hatte. Das Wasser war von den Bergen im Süden in das Tal geflossen und hatte dort eine wahre Katastrophe angerichtet. Felder und Bäume am Rande der Oasen und sogar Häuser waren weggespült worden. Gestern war ein Lkw-Fahrer verunglückt, als sein Laster von einem Fluss, der über die Ufer getreten war, mitgerissen wurde. Das Schlimmste wäre jetzt sicherlich vorbei, doch wenn wir nach Djanet wollten, mussten wir durch mehrere Wadis, durch Flusstäler, die normalerweise trocken lagen, sich bei Regen aber in tosende Flüsse verwandelten. Er riet uns, eine Woche zu warten.

Chuckie genießt eine erfrischende Dusche.

Eine Woche warten? Eine ganze Woche? Nur weil es mal geregnet hatte? Wir schlugen seinen Rat aus. Was wissen Saharabewohner schon vom

Regen? Sie hatten selbst gesagt, dass sie schon fünf Jahre keinen Regen mehr gesehen hatten. Welcher Belgier könnte das von sich behaupten!

In dieser Nacht bekamen wir noch einen frischen Regenguss ab, aber am nächsten Morgen war der Himmel strahlend blau. Die Warnung war schnell vergessen. Wir traten unsere letzte Etappe an und hofften, am frühen Nachmittag in Djanet zu sein.

Der südlichste Teil Algeriens ist gebirgig. Im ersten, manchmal auch im zweiten Gang kletterte Chuckie bergauf. Vom Gipfel aus und später auf der Talfahrt sahen wir zum ersten Mal die Folgen der Sturzflut. An vielen Abschnitten des schmalen Pfades, der sich hier den Berg hinabschlängelte, war der Asphalt weggespült worden. Die Fahrbahn war mit großen Felsbrocken übersät, manche so groß wie der 2 CV. Ich wagte kaum daran zu denken, was passiert wäre, wenn wir vorgestern hier vorbeigekommen wären, als diese Ungetüme herabgestürzt waren. Ausweichen wäre unmöglich gewesen – links von uns klaffte der Abgrund.

Von oben sahen wir im Tal den braunen angeschwollenen Fluss, der alles mit sich riss. Weite Bereiche des Tales standen noch unter Wasser. Auf unserem trockenen Pfad etwa 1000 Meter über dem Meeresspiegel und 250 Meter über dem Fluss wähnten wir uns in Sicherheit. Aber wie lange noch? Der Himmel war abermals dicht bewölkt.

„Verdammt!“, schrie Christophe plötzlich. „Schau dir das an, direkt vor uns!“

Wir fuhren in einem weiten Bogen um einen Felsblock herum. Da brach die Straße auf. Vor uns strömte ein gewaltiger, breiter Fluss dahin. Nur 200 Meter weiter sahen wir wieder Asphalt. Wir hielten mit dem Wagen am Ufer. Es begann wieder zu regnen.

Das war also einer dieser Wadis, von denen der Fahrer gesprochen hatte. Lange Stöcke, die ab und an aus dem Wasser ragten, markierten seinen Weg.

Mitten im Fluss, fünfzig Meter stromabwärts, schob sich ein alter Landrover quer gegen einen verwaisten Baum.

Offenbar hatte der Fahrer den Fluss zu überqueren versucht, doch sein Wagen war von der starken Strömung mitgerissen worden. Die Fahrerkabine war offen. Vom Besitzer keine Spur.

Am anderen Ufer standen drei Fahrzeuge und warteten.

Ein Laster und zwei Geländewagen. Vom Versuch des Landrovers entmutigt, wagte niemand die Durchquerung.

Viel konnten wir nicht tun. Ich zog Schuhe und Strümpfe aus und stieg ins Wasser, um die Tiefe des Wassers und die Stärke der Strömung zu kontrollieren. Höher als bis zu den Knien stieg der Wasserpegel nicht, aber ich hatte große Mühe, mich aufrecht zu halten. Wenn selbst ein Landrover der Strömung nicht widerstehen konnte, würde es der Ente sicher nicht gelingen. Wir konnten nichts anderes tun als warten, auf Hilfe oder auf bessere Zeiten.

Der Nachmittag zog sich quälend langsam dahin. Stunde um Stunde kontrollierte ich ebenso wie die Männer am gegenüberliegenden Ufer die Stärke der Strömung. Sie nahm deutlich ab, war aber immer noch zu stark, als dass eine Durchquerung möglich gewesen wäre. Die Sonne sank allmählich tiefer, und es sah so aus, als müssten wir hier die Nacht verbringen.

Christophe begann, am Ufer Holz zu suchen, das in den vergangenen Tagen vom Hochwasser mitgerissen und hier angespült worden war. Ich suchte ein Stück flaches Gelände und fing an, das Zelt aufzubauen.

Als ich gerade damit fertig war, bekamen wir Besuch. Es war das erste Fahrzeug, das in unsere Richtung fuhr. Der Beifahrer stieg aus und rannte auf mich zu.

„Bist du völlig verrückt geworden?“, schrie er, ganz außer Atem von seinem kurzen Spurt. „Sobald ein paar Tropfen Wasser fallen, steht hier alles in einer Viertelstunde unter Wasser und du kannst zu deinem Zelt schwimmen.“

„Aber wir stehen hier doch fünfzig Meter vom Ufer entfernt“, gab ich zurück.

„Glaub mir, Junge. Ich weiß, wovon ich rede. Vor fünf Jahren war dieses Wadi zu manchen Zeiten mehr als 500 Meter breit.“

„Und wo sollen wir dann schlafen?“, fragte ich ihn. „Allein kommen wir doch nie auf die andere Seite.“ Ich zeigte auf unsere Ente.

„Oh, ein 2 CV. Moment mal.“ Er drehte sich um, ging zum Fahrer seines Geländewagens und wechselte ein paar Worte mit ihm. Lächelnd kam er zurück.

„Habt ihr einen starken Strick oder eine Stahltrosse?"

Ich nickte und holte ein Plastikseil aus dem Kofferraum.

„Prima! Wir werden euch durchziehen. Baut euer Zelt ab."

Christophe war inzwischen zurück und erhielt ebenfalls sofort Anweisungen von unserem energischen Retter. „Nimm dir ein paar Plastiktüten und deck damit unter der Motorhaube alle wesentlichen Teile der Elektrik ab." Damit kein Wasser in das Innere des Wagens gelangte, stopften wir schnell noch ein paar Handtücher zwischen Türen und Karosserie. Nach einigen Minuten war alles bereit und wir erhielten unsere letzten Instruktionen.

„Wir werden schnell fahren", erklärte der Mann. „Wenn wir zu langsam sind, riskieren wir, mitgerissen zu werden. Leg den Leerlauf ein, halt dich von der Bremse fern und lenke geradeaus."

Nervös und mit Herzklopfen setzten wir uns in die Ente. Der Fahrer des Geländewagens war zum Glück zuversichtlicher. Er hob den Daumen, startete den Motor und gab Gas. Mit einem Ruck rasten wir los.

Chuckie im Schlepptau durch den Wadi.

Als wir durch den Fluss fuhren, spritzte das Wasser nach allen Seiten. Nach 30 Metern war die Kraft der Strömung schon so gewaltig, dass sie die Ente hin und wieder emporhob. Sobald Chuckie den Kontakt zum festen Untergrund verlor, trieb der Fluss ihn sofort einen Meter stromabwärts aus der Spur des Geländewagens. Doch der umsichtige Fahrer des Jeeps hatte es schon bemerkt und gab Vollgas. Auf einem ruhigeren, etwas höher gelegen Abschnitt in der Flussmitte konnte er die Abweichung korrigieren, und zwanzig Sekunden später standen wir tropfnass, aber sicher und wohlbehalten auf der anderen Seite.

Alle stiegen aus. Ich applaudierte.

„Hier könnt ihr ganz sicher gefahrlos zelten oder sechs Kilometer weiter in meinem Dorf."

Wir entschieden uns für die zweite Möglichkeit und folgten unseren Rettern.

An einer kleinen Tankstelle hielt er an, sprach kurz mit dem Tankwart und kam dann zu uns. „Hier bekommt ihr etwas zu essen und eine Unterkunft. Gute Reise." Er hupte noch ein paar Mal, dann war er verschwunden.

Tee, der traditionelle Durstlöscher in der Sahara.

Wir bauten unser Zelt neben dem kleinen Laden auf. Eine Stunde später bot man uns eine große dampfende Schüssel Couscous und Tee an.

„Ist der Typ, der uns hergebracht hat, hier der Chef?", fragten wir unseren Gastgeber.

„Nein", antwortete er, „ er ist unser Bürgermeister."

Djanet – hier beginnt das Abenteuer

Djanet, ein bezauberndes, jahrhundertealtes Oasendorf, hat sich noch etwas von der vergangenen Pracht Algeriens bewahrt, aus einer Zeit, als noch riesige Salzkarawanen mit Tausenden von Kamelen die Sahara durchstreiften. Eine schmale asphaltierte Straße verband es seit einigen Jahren mit dem Rest des Landes. Doch der Einfluss von außen blieb begrenzt; kaum zehn Wagen fuhren täglich im Dorf ein und aus.

Djanet, eine jahrhundertealte Oase.

Es war noch angenehm kühl, als wir – nach einem frühen Aufbruch um halb neun Uhr – im Zentrum des Städtchens ankamen. In den Seitengässchen waren schon die Markthändler geschäftig zu-

Djanet, wo das große Abenteuer beginnt.

gange. Laufburschen schafften zu Fuß oder mit vollbepackten Eseln ständig frischen Nachschub heran. Überall lagen getrocknete Datteln, Reis, Nüsse und grüne Apfelsinen. Gerade hatte man eine Ziege geschlachtet. Nun drängten die Umstehenden heran und versuchten die besten Stücke zu erhaschen.

Djanet lag wie in einem Vulkankrater. Das Dorf war von Bergen umschlossen, viele Häuser waren direkt aus der Felswand gehauen. In ihren Eingängen saßen, meist von einem Vordach vor der sengenden Wüstensonne beschirmt, ältere Männer in Gruppen zusammen und schwatzten.

Wir fuhren auf den Dorfplatz, hielten vor einer Art Teestube an und suchten uns einen Tisch im Schatten. Endlich etwas Ruhe. Wir waren beide todmüde von den Tausenden von Kilometern, die wir in der vergangenen Woche zurückgelegt hatten. Ich bestellte zwei Gläser Pfefferminztee und lehnte mich zurück. Fast eine Stunde blieb ich stumm und versuchte die Umgebung und die Atmosphäre, so gut es ging, in mich aufzunehmen.

Die Männer waren das Erste, was im Straßenbild auffiel. Sie waren fast ausnahmslos mit Sandalen und dem typischen weißen muslimischen Gewand gekleidet, als Kopfbedeckung trugen sie ein turbanartiges Tuch, den Schesch. Häufig sah man sie zu zweit oder zu dritt, immer Hand in Hand. Auch Christophe fiel es auf, und er fand es absonderlich. „Siehst du hier auch nur eine einzige Frau?"

Er hatte Recht. So sehr ich auch suchte, nirgends war auch nur die Spur einer Frau zu entdecken. Wie seltsam. Lag es am traditionellen und religiösen Charakter des Dorfes, oder war es seiner isolierten Lage zuzuschreiben? Es blieb ein Fragezeichen. In den meisten Städten nördlich von Djanet bildeten Frauen im Straßenbild zwar nur eine Minderheit, sie waren aber vorhanden – wenn auch vollkommen verschleiert. In den vier oder fünf Tagen in Djanet sind wir nur einer einzigen Frau begegnet.

Wir richteten uns auf einem Zeltplatz ein und gaben uns dem hin, was die Italiener „il dolce far niente" nennen. Wir tranken Tee, lasen oder schrieben ein bisschen, tranken Tee, machten einen kleinen Spaziergang, aßen, tranken Tee. Wir mussten uns nur noch nach einem Führer oder Reisegefährten umsehen, bevor wir die große Fahrt durch die Sahara wagen konnten.

Hier begann das Abenteuer. Die nächste Station auf unserer Reiseroute war Tamanrasset, die größte Stadt im zentralen Süden Algeriens und das Tor zur südlichen Sahara und dem Niger. Zwischen Djanet und Tamanrasset wartete auf uns eine fast 600 Kilometer lange Strecke rauer Wüste: Sandebenen, Steinwüsten, Dünen, Berge – mit einem Wort: die echte Wildnis, nach der wir uns schon so lange sehnten.

In den vergangenen Tagen hatte ich schon mit einigen Nomaden gesprochen, und alle hatten mir denselben Rat gegeben: Mach dich auf keinen Fall allein auf den Weg. Die heftigen Regenfälle der letzten Woche hätten das Gelände noch schwieriger gemacht. Große Wadis wären entstanden, und ohne Hilfe gäbe es für uns kein Durchkommen. Außerdem würden wir die Größe des Gebiets stark unterschätzen. Die Orientierungspunkte unseres Navigationssystems seien nutzlos. Sie waren von und für Fahrer schwerer Geländewagen bestimmt worden und würden uns unnötig in die Dünen führen statt um sie herum. Im Übrigen wussten wir immer noch nicht, wie das verflixte GPS-Navigationssystem funktionierte.

Wir brauchten also Hilfe und die schien unauffindbar. Auf dem Zeltplatz von Djanet standen vier Wagen aus dem Ausland, es waren allesamt perfekt präparierte Landcruiser und Landrover aus der Schweiz. Wir zählten auf die Kollegialität der Fahrer und machten den Vorschlag, einen Konvoi zu bilden, aber sie weigerten sich alle. Sie sagten, sie seien in Eile, und wir würden sie nur aufhalten.

Der wirkliche Grund für ihre Ablehnung war sicher ein anderer.

„Demütigung", stellte der Zeltplatzbesitzer fest. „Wie würdest du dich fühlen, wenn du zwei Jahre lang deinen funkelnagelneuen Geländewagen präpariert hättest und dann siehst, wie zwei grüne Jungs dasselbe mit einem zwanzig Jahre alten 2 CV schaffen? Demütigung und Neid, mein Freund. Das ist alles."

Nach vier Tagen gingen mir das Warten und die Perspektivlosigkeit auf die Nerven. Zum dritten Mal an diesem Tag suchte ich mir einen Platz unter der großen Plane des Teehauses und stierte leicht geistesabwesend in die Gegend.

Ich hatte gerade das zweite Glas Tee bestellt, als ein alter Mann ungefragt und ohne sich vorzustellen an meinem Tisch Platz nahm. Mit seinem weiten weißen Gewand, dem grauen Spitzbart und dem Tuch um den Kopf fiel er hier nicht aus dem Rahmen, und doch war etwas in seiner Erscheinung, das ihn von allen anderen unterschied.

„Du bist einer der Jungs, die mit einem 2 CV nach Tamanrasset fahren wollen, nicht wahr?"

Er wartete meine Antwort nicht einmal ab.

„Ich habe heute Morgen gehört, dass ihr Probleme habt. Nun ja, die sind gelöst! Ich habe ein paar Leute eingeschaltet. Du kannst morgen Abend nach Tamanrasset aufbrechen. Du kannst mir danken, ich, Boughdah, habe dir einen Führer besorgt." Zufrieden mit seinem Auftritt schnippte er mit den Fingern und bestellte zwei Gläser Tee.

Ich starrte ihn sprachlos an. Ganz von sich selbst eingenommen, und das nicht zu Unrecht, mit seiner kerzengeraden, würdevollen Haltung, seinen hellblauen Augen, der braungebrannten Haut und einem Antlitz, auf dem ein hartes Leben Spuren und Falten hinterlassen hatte – mit all dem strahlte er gehörig Charisma aus.

„Nicht so schnell", antwortete ich nach kurzem Schweigen.

„Das ist wirklich nett von Ihnen, aber, äh … wir haben kein Geld für einen Führer."

„Habe ich Geld verlangt?", fuhr er theatralisch fort. „Wir Tuareg, die Nomaden der Sahara, sind ein ehrwürdiges, gastfreundliches und hilfsbereites Volk. Niemand sagt, dass du den Führer bezahlen musst, höchstens sein Benzin. Bist du dazu bereit?"

Ich überschlug rasch den Betrag. Algerien gehört zu den Erdöl produzierenden Ländern und der Benzinpreis ist lächerlich niedrig – etwa 25 Cent pro Liter.

„Das müsste hinkommen", antwortete ich cool.

Ich sprach erst einmal meinen Dank aus, wurde aber das Gefühl nicht los, dass noch mehr hinter der ganzen Sache steckte.

„Komm mit deinem Freund heute Abend zu mir nach Hause. Ich sorge für das Abendessen. Danach reden wir weiter." Abermals stand er auf, ohne meine Antwort abzuwarten, bezahlte den Tee und verschwand in der Menschenmenge.

Als wir um acht Uhr bei ihm zu Hause eintrafen, war es bereits stockdunkel. Im Freien, unter einem Vordach, hatten es sich ein paar Männer auf Kissen und Matratzen auf dem Boden bequem gemacht. Ein vielleicht achtjähriger Junge hütete ein Feuer und bereitete Tee zu. Zwei Öllampen sorgten für etwas Licht.

„Nehmt Platz", kam es aus einer finsteren Ecke. Dort saß Boughdah, unser Tuareg, eifrig damit beschäftigt, eine Haschischpfeife zu stopfen. Zwei Männer unterhielten sich leise in einer unverständlichen Sprache. Das war sicher kein Arabisch, eher ein Tuareg-Dialekt. Die anderen schauten stumm vor sich hin und hörten zu. Eine gelöste und doch zugleich befremdliche Atmosphäre bestimmte die Szenerie.

Ich beobachtete den kleinen Burschen bei der Teezubereitung. Eine Präzisionsarbeit, bei der es die Regeln der Kunst der Teezubereitung einzuhalten galt. Eine metallene Teekanne mit kochendem Wasser hatte einige Minuten im Feuer gestanden. Mit einer schnellen Bewegung öffnete nun der Junge den Deckel, ohne sich dabei zu verbrennen, warf eine Hand voll Kräuter und einige große Klumpen Zucker hinein und schloss ihn dann wieder. Nach zwei Minuten, als das Wasser fast übersprudelte, zog er die Kanne aus dem Feuer. Aus einem Beutel nahm er ein Bündel. Es enthielt zwei schmutzige Gläser, in ein Handtuch gewickelt, das selbst eine Wäsche gebrauchen konnte. Er stellte die Gläser hin, nahm die Teekanne und begann einzuschenken, wobei er die Kanne immer höher in die Luft hob. Ohne dass auch nur ein Tropfen danebenging, floss der Strahl aus einem halben Meter Höhe in das Glas. „Pour la mousse", rief plötzlich einer der alten Männer, der sah, wie ich dem Ritual interessiert folgte. Wenn man aus großer Höhe goss, bildete sich eine dünne Schaumschicht auf dem Tee; sie durfte offenbar nicht fehlen. Der Junge kostete den Aufguss, goss den restlichen Inhalt des Glases wieder in den Kessel, gab noch etwas Zucker hinzu und setzte von neuem an. Nach drei Versuchen war der Tee, wie er sein sollte. Er füllte zwei Gläser und reichte sie Christophe und mir. Als wir sie geleert hatten, nahm er sie wieder an sich, füllte sie erneut und gab sie den ältesten Männern der Gruppe, die sie unter lautem Geschlürfe leerten. Nachdem auch das letzte halbe Glas ausgetrunken war, kam die Kanne wieder aufs Feuer. So ging es den ganzen Abend, es gab keinen Alkohol, kein Cola, kein Wasser, aber Tee … so viel man wollte.

Boughdah war mittlerweile aus seiner dunklen Ecke getreten und hatte sich auf der Terrasse an zentraler Stelle niedergesetzt. Er ergriff das Wort und redete zehn Minuten ohne Unterlass. Auch er sprach Tuareg-Dialekt und schien uns dabei völlig zu ignorieren, doch die verstohlenen Blicke, die ständig in unsere Richtung gingen, ließen uns vermuten, dass wir das Gesprächsthema waren. Plötzlich wandte sich Boughdah an uns. „Das ist Brahim. Er wird euch sicher durch die Wüste lotsen."

Ich nickte, sah den Mann an und lächelte reserviert. Brahim antwortete mit einem „Bonjour" und lachte.

Während Boughdah mit uns noch die logistische Vorbereitung der Fahrt besprach – aus Sicherheitsgründen mussten wir die Polizei von unserer Abreise informieren, außerdem brauchten wir eine Genehmigung für den Ankauf größerer Mengen Benzin –, brachte ein anderer Junge das Abendessen. Dampfende Schüsseln mit Couscous, Fleisch und Gemüse wurden aus der Küche herangeschafft. Wahrscheinlich waren sie das Werk von Boughdahs Frau, von der wir jedoch keinen Blick erhaschen konnten. Danach gab es wieder Tee, diesmal von einer Haschischpfeife begleitet. Das Haschisch hatte eine starke Wirkung, und nach und nach fielen allen Anwesenden die Augen zu. Um Mitternacht nahmen auch wir Abschied und gingen zu unserem Zelt zurück.

„Ein gastfreundliches Völkchen!", stellte Christophe fest.

Ich nickte. Und doch konnte ich mich des Eindrucks nicht erwehren, dass etwas nicht mit rechten Dingen zuging. Das Geflüster, der misstrauische Blick eines Besuchers, der um elf Uhr ein Päckchen abgeholt hatte, Boughdahs geheimnisvolles Lächeln, als wir ihm Fragen zu Alkohol, Haschisch oder den Räuberbanden in der Wüste stellten. Etwas gefiel mir nicht, aber ich wusste noch nicht genau was.

DER GROSSE TRECK

Am nächsten Morgen begannen die Vorbereitungen für die lange Wüstenfahrt. Um unsere Erfolgschancen zu erhöhen, luden wir alles schwere Gepäck in Brahims Wagen. Sein Karren, ein alter Nissan-Geländewagen, hatte einiges zu schleppen: 280 Liter Benzin, 60 Liter Wasser, Nahrungsmittel für vier Tage und sechs Personen. Um noch etwas dazuzuverdienen, hatte er sich zum Taxichauffeur aufgeschwungen und fünf Passagiere aufgetrieben. Er selbst war der Meinung, er fahre fast leer – ich begriff erst später wieso.

Zu unserer Sicherheit informierten wir die Polizei von unserer bevorstehenden Abreise. Dafür gab mir Brahim nur widerstrebend seinen Pass und seine Autopapiere.

Bei unserer Ankunft in Tamanrasset würden wir uns bei der Polizei melden. Wenn wir dort in den nächsten fünf Tagen nichts von uns hören ließen, würde man eine Suchaktion starten.

Wir waren ungeduldig und aufgeregt. Der Tag quälte sich dahin, und es bedurfte noch acht Gläser Tee und anderthalb Päckchen Zigaretten, bis es endlich Abend war. Brahim lud das restliche Gepäck in seinen Jeep. Die zehn Benzinkanister standen ungeschützt auf dem Rücksitz, während seine Passagiere daneben saßen und rauchten. War ihnen nicht klar, dass das Zeug brennbar war, oder waren sie einfach lebensmüde?

Als Brahim gerade den Motor starten wollte, kam der Junge, der gestern Abend so geschäftig serviert hatte, angehetzt. „Mein Großvater“ – gemeint war Boughdah – „ist soeben mit dem Flugzeug abgeflogen. Er wünscht euch eine sichere Reise und erwartet euch in Tamanrasset. Er bat mich, euch dies für unterwegs mitzugeben.“ Der Kleine drückte mir eine Tüte in die Hand. Sie enthielt ein Klümpchen Haschisch, etwas Zigarettenpapier und ein Buch mit dem Titel *La Revolution en Algérie*.

Kurz darauf fuhren wir los.

Am nächsten Morgen hing ein leichter Nebelschleier über der Wüstenlandschaft, doch schon nach einer Viertelstunde drangen die ersten Sonnenstrahlen durch den Dunst. Die Tuareg waren alle schon eifrig bei der Arbeit. Einer hatte das Feuer wieder entfacht und kochte Tee. Ein anderer wusch mit einem Glas voll Wasser das

Geschirr. Die Übrigen sammelten das wenige Holz, das hier noch zu finden war, und verstauten es auf dem Dach des Nissan. Um halb sieben setzte sich unser Mini-Konvoi erneut in Bewegung.

Nach weiteren 120 Kilometern verließen wir endgültig die Asphaltstraße. Vor uns lag eine weite sandige und mit Steinen übersäte Ebene. In der Ferne zeichneten sich Berge vor dem Horizont ab.

Ich war ganz in meinem Element. Darauf hatte ich so lange gewartet. Vier Jahre nach der Fahrt von Brüssel nach Dakar spürte ich endlich wieder das Rieseln des Saharasandes unter den Rädern. Ein phantastisches Gefühl. Die Tricks für Sandfahrten waren mir noch vertraut, das Motto lautete: Vollgas. Wir verringerten den Reifendruck von zwei auf ein Bar, gaben Vollgas und achteten darauf, dass wir, vor allem im dritten Gang, immer hochtourig fuhren. Der vierte Gang kam hier nie zum Einsatz.

Wir kamen gut voran. Zunächst war der Sand ziemlich fest und die Steine, mit denen die Strecke übersät war, nicht besonders scharfkantig. Die Tachonadel stieg auf 75 Stundenkilometer. Die Temperatur war in Ordnung, das Radio dröhnte, und die Stimmung war optimal. Was für eine Landschaft!

Chuckie verlässt den Asphalt.

Eine halbe Stunde fuhren wir nonstop, bis Christophe plötzlich rief: „Mist! Dünen!"

Direkt vor uns erhob sich eine ganze Reihe von Dünen. Sie waren nicht besonders hoch, aber aus weichem, lockerem Sand. Nach wenigen Minuten steckten wir fest. Christophe sprang aus dem Wagen um das Gewicht zu verringern, er schob wie ein Verrückter, aber alles war vergebens. Bei jedem Versuch, ihn frei zu bekommen, grub Chuckie sich nur noch tiefer in den weichen Sand ein.

Mit Brahim hatten wir nicht nur abgesprochen, dass er uns sicher nach Tamanrasset brachte, er sollte uns auch bei eventuell auftretenden Problemen behilflich sein. Er fuhr etwa 100 Meter vorneweg und war schon hinter der nächsten Düne verschwunden, als wir uns festgefahren hatten. Ich hoffte, er würde gelegentlich in den Rückspiegel schauen und bald bemerken, dass wir ihm nicht mehr folgten …

Die Ente steckt fest. Die Tuareg kommen zu Hilfe.

Nach zehn Minuten tauchte er auf, zu Fuß und in Begleitung all seiner Passagiere. Er riet uns, den Reifendruck noch weiter zu verringern, auf etwa 0,5 Bar, denn die Dünen und der weiche Sand würden sich noch über die nächsten zehn Kilometer hinziehen. Das Risiko, dass sich der Reifen vom Rad lösen könnte, schien ihm gering. „Ach, dann ziehen wir ihn einfach wieder auf, oder?“

Es klappte. Mit einem Ruck schoben Christophe und die Tuareg die Vorderräder der Ente aus der selbst gegrabenen Spur. Mit hoher Geschwindigkeit pflügten wir nun durch die Dünen. Wir steckten noch zweimal an einem der steilen Hänge fest, aber den Fehler, uns selbst einzugraben, begingen wir kein zweites Mal. Im Gegenteil. Nach etwas Gezerre und Geschiebe ließen wir die Ente zurückrollen, nahmen einen längeren Anlauf und versuchten es wieder von neuem; beim zweiten oder dritten Versuch hatten wir stets Erfolg.

Bei der letzten Düne hielten die Tuareg an und stiegen aus, um mit anzupacken. Sie glaubten nicht, dass wir es alleine schaffen würden, und wir mussten ihnen Recht geben. Ich schlug vor auszusteigen. Christophe, der Leichtere von uns beiden, nahm Anlauf, jagte den Motor im zweiten Gang auf Hochtouren und brauste auf die Düne zu. Kurz vor dem Gipfel schien er zu scheitern. Chuckie kroch langsam vorwärts, ruckelte und schaukelte, gab aber nicht auf. Die Ente schlingerte drauflos. Sand stob unter ihren Rädern hervor, und plötzlich schoss sie – wie durch ein Wunder – vorwärts und verschwand auf der anderen Seite der Düne. Die Tuareg applaudierten.

Die Landschaft wurde flacher, und einige Stunden fuhren wir ohne Unterbrechung. Wir hielten uns immer 200 Meter hinter Brahims Wagen, um der gewaltigen Staubwolke zu entgehen, die er hinter sich herzog.

Um die Mittagszeit hielten wir im Schatten eines riesigen allein stehenden Baumes und machten Mittagspause. Die Passagiere stiegen aus, sammelten ein paar dürre Zweige auf und machten Feuer. Der Älteste der Gruppe, ein langer, dünner Mann, öffnete einen Sack mit Mehl. Er gab eine kleines Häufchen davon in einen Kochtopf, besprengte es mit etwas Wasser und knetete daraus einen Teig. „C'est pour la galette", meinte Brahim und erklärte, dass er Brot buk, ohne Hefe, Eier, Salz, Milch, ja sogar ohne einen Ofen!

Ich sah fasziniert zu. Der alte Mann knetete kräftig. Er glättete die Teigkugel zu einer Art Pizza von 25 cm Durchmesser und 2 cm Dicke. Es gab weder einen Grill noch einen Ofen oder Alufolie. Daher war ich sehr überrascht, als der Tuareg mir erklärte, er würde das Brot im Sand backen.

Mittlerweile brannte das Feuer lichterloh, und mir wurde klar, wie es funktionierte. Mit einem Stock schob einer der Tuareg das Feuer beiseite, erst die brennenden Äste, dann die dünne Schicht Holzkohle. Dort wo die Feuerstelle zunächst war, befand sich jetzt grauer und glühend heißer Sand. Der riesige Fladen wurde darauf gelegt und mit einer weiteren Sandschicht bedeckt. Das Feuer wurde wieder zurückgeschoben und brannte nun über der oberen Sandschicht.

„Das ist der Ofen der Sahara, er ist Teil der Tuareg-Küche", lachte Brahim, als ich fasziniert ein Foto nach dem anderen schoss.

Nach zwanzig Minuten schoben sie das Feuer erneut beiseite. Der Bäcker zog das knusprige hellbraune Brot unter dem Sand hervor, verkündete stolz „la galette" und posierte für die Kamera. „Das wird ganz schön zwischen den Zähnen knirschen", dachte ich, als ich die feine Sandschicht sah, die das Brot überzog. Aber wieder verleitete mich meine Unwissenheit zu einem Trugschluss. Mit einem Teeglas goss der Bäcker Wasser über den heißen Fladen und wusch ihn sorgfältig. Das frisch gebackene Brot schmeckte herrlich zur wässrigen Suppe, die einer der Passagiere schnell gezaubert hatte. Von den befürchteten Sandkörnern zwischen den Zähnen war nichts zu spüren.

Für eine Strecke von 750 Kilometern brauchten wir dreieinhalb Tage. 560 Kilometer fuhren wir durch eine raue, aber atemberaubend schöne Landschaft. Die gemeinsame Reise, die gemeinsamen Mahlzeiten und das Leben mit den ursprünglichen Wüstenbewohnern waren für mich eine Offenbarung. Brahim nahm seine Rolle als Führer ausgesprochen ernst und ließ uns jeden Tag von neuem an der Kultur seines stolzen Tuareg-Volkes teilhaben. Er zeigte uns, wie er in dieser endlosen, staubtrockenen Ebene innerhalb nur einer halben Stunde Wasser finden konnte, als er jäh und unvermittelt nach rechts abbog und vor einer Pfütze von 10 cm Durchmesser anhielt. Er ließ uns zuschauen, wie er ohne Waffen Gazellen jagte. Sobald eine oder mehrere am Horizont auftauchten, brauste er los und setzte zur Verfolgung an. Wenn es ihm gelang, das Tier zehn Minuten lang zu verfolgen, war ihm die Beute sicher. Die ermattete Gazelle blieb abrupt stehen und gab sich geschlagen. Ein kräftiger Stoß mit der vorderen Stoßstange ersetzte den Fangschuss.

Während dieser Fahrt schliefen wir nur in der ersten Nacht in unserem Zelt. In allen übrigen Nächten folgten wir dem Beispiel der Tuareg und schliefen unter dem freien Sternenhimmel, „dans l'hôtel des mille étoiles", im Hotel der tausend Sterne, wie Brahim es nannte. Nachdem die Sonne untergegangen war, sank die Temperatur rasch; nachts stieg sie oft nicht höher als 6 °C. Aber windgeschützt und gut in den Schlafsack vermummt, war es ein fantastisches Erlebnis. Der Sternenhimmel war unvorstellbar. Tausende, Millionen, vielleicht sogar Milliarden kleiner Lichter funkelten am tiefschwarzen Firmament. Hier gab es keinerlei störende Lichteinwirkung. Je länger ich auf eine Stelle starrte und dabei die Augen zusammenkniff – wie jemand, der versucht, einen zu weit entfernten Text zu lesen –, desto mehr Sterne tauchten vor meinen Augen auf. Alle Augenblicke sahen wir die bei uns zu Hause so seltenen Sternschnuppen.

Die Zeit zwischen dem Abendessen und dem Schlafengehen diente uns als „Fragestunde". Brahim unterschied sich stark von seinem ältesten Bruder Boughdah, denn dieser mochte neugierige Menschen nicht. Seiner Meinung nach lernte man durch Beobachtung und nicht durch Fragen, die Dinge zu verstehen. Wer zu viele Fragen stellte, verärgere die Menschen. Vielleicht entsprang das übermäßige Interesse an Einzelheiten ja den falschen Motiven, vielleicht wollte man ihn ausspionieren, um ihm in Zukunft Konkurrenz zu machen. Nein, stille Beobachtung sei das einzig Richtige, sagte Boughdah.

Wie in traditionellen Muslimfamilien üblich, gehorchte Brahim den Anweisungen seines älteren Bruders in dessen Beisein sofort, widerspruchslos, treu und bedingungslos. Wenn er aber auf eigenen Beinen stand und sein Bruder nicht in der Nähe war, kam seine eigene Wesensart zum Vorschein. Brahim war wirklich ein Prachtkerl mit viel Sinn für Humor, eigenen Vorstellungen, was das Geschäft betraf, und mit Theorien, die denen seines Bruders vollkommen widersprachen. „Fragen kostet nichts“, antwortete er, als ich ihn fragte, ob er freimütig über Themen wie Religion, islamistische Gesellschaft und Politik reden wolle.

„Meinst du das ernst?“, fragte ich ihn. Mir war immer noch nicht klar, warum ich Boughdah misstraute.

„Probier es aus.“

„Okay. Dein Bruder wirkt auf mich wie ein mächtiger Mann. Jeder hängt an seinen Lippen. Er nimmt das Flugzeug und nicht den Wagen, daher gehe ich davon aus, dass er vermögend ist. Woher hat er all das Geld? Ich vermute mal, nicht aus dem Verkauf von Datteln? Ich denke, da steckt mehr dahinter.“

Brahim lachte. Statt die Frage direkt zu beantworten, gab er sie an seine Freunde weiter. Ich beobachtete ihre Reaktion.

Die meisten lachten, zwei schauten jedoch todernst. Es gab einen kurzen Disput darüber, ob sie schweigen oder mir alles erklären sollten. Aber letztendlich wandte sich Brahim mir wieder zu.

„Du bist ein schlauer Kerl. Ich werde es dir erklären. Du wirst staunen.“

Meine Vermutungen bestätigten sich, als die Wahrheit zutage trat. Brahim erzählte mir, wie alles zusammenhing. Boughdahs Charisma und die Selbstsicherheit, die er ausstrahlte, hatten ihren Grund. Er war das Oberhaupt einer mächtigen Tuareg-Familie, deren Mitglieder zum überwiegenden Teil als Nomaden in weiten Gebieten der südalgerischen Sahara und im Norden von Niger lebten. Zum Zeitvertreib handelte die Familie illegal mit Alkohol. Ihre Hauptbeschäftigung war aber die Schleusertätigkeit.

„Jeder, der in Schwarzafrika die Hoffnung aufgegeben hat, nach Europa emigrieren zu können, will jetzt nach Libyen. Aus dem ein oder anderen Grund denken diese Dummköpfe, Libyen sei eine Art Paradies, in dem die Jobs auf der Straße liegen. Das Land ist durch seine Ölquellen steinreich geworden, und die wenigen Libyer sind verwöhnt. Eine Zeit lang brauchten sie Arbeitskräfte, und sie öffneten die Grenzen für Gastarbeiter. Aber diese Zeiten sind vorbei, auch wenn das bis in Länder wie Nigeria, Burkina Faso, Ghana, Togo und Mali noch nicht vorgedrungen ist. Jedes Jahr zieht es Zehntausende aus diesen Ländern nach Libyen. Und unsere Familie hilft ihnen ein wenig dabei." Er lachte zynisch. „In einem unserer Camps, an der Nordgrenze zu Niger, sammeln wir sie auf und bieten ihnen eine Mitfahrgelegenheit zur libyschen Grenze. Natürlich benutzen wir keinen offiziellen Grenzübergang. Die Grenze zwischen Algerien und Libyen ist über 1000 Kilometer lang und liegt in einem der unwegsamsten Gebiete der Sahara. Als Gegenleistung für diese Taxifahrt bitten wir um eine kleine Spende."

Erst am letzten Tag, als unser Einvernehmen einige Vertraulichkeiten zuließ, konnte ich Brahim noch ein paar Details entlocken und erhielt so einen tieferen Einblick in das Ausmaß dieses Menschenschmuggels.

In der „Hochsaison" organisierte die Familie Konvois mit acht bis zehn Wagen; meist waren es Toyota-Pick-ups. Auf der offenen Ladefläche pferchten sie bis zu 30 Illegale zusammen. Jeder von ihnen bezahlte 75 Dollar für die Fahrt.

Jetzt war „Nebensaison", aber Brahim hatte in der vergangenen Woche trotzdem genügend Passagiere für eine Tour zusammengebracht. Jetzt befand er sich auf dem Rückweg nach Tamanrasset, auf einer Fahrt, die nichts einbrachte außer einer Kleinigkeit von den fünf zahlenden Passagieren.

Während unseres Aufenthalts in Tamanrasset sprachen wir mit Claudia, einer Schweizerin, die dort den Campingplatz führte, über diese Praktiken. Sie war keineswegs überrascht, und ihr Kommentar war ernüchternd: „Das Leben hier ist hart und das Überleben nicht einfach. Die Menschen verdienen sich ihr Brot oft auf außergewöhnliche Weise. Ich würde sie nicht Menschenschmuggler nennen, sie sind einfach so etwas wie illegale Taxifahrer."

Die Strecke nach Tam, eine Folter für unsere Stoßdämpfer.

„Voilà, nun weißt du Bescheid", sagte Brahim ungerührt. „Noch Fragen?"

„Jede Menge", antwortete ich. Wir unterhielten uns noch viele Stunden. Brahim beantwortete meine Fragen, manchmal begeistert und engagiert, manchmal zögernd und reserviert, wenn es um Themen wie Prostitution in der islamischen Welt, seine Sicht auf das algerische Regime oder die Anschläge vom 11. September 2001 ging. Es entzündete sich eine heftige Diskussion, in der die islamische Heilsfront FIS, Bin Laden und Bush neben Allah die meist gebrauchten Schlagworte waren. Ich verstand kein Wort, kroch in meinen Schlafsack, legte mich auf den Rücken und versank in den Anblick des traumhaften Sternenhimmels.

Für uns war jeder Tag dieser Fahrt eine Bereicherung, für Chuckie hingegen brachte jeder Tag eine ganze Reihe von Stolpersteinen, Qualen und Prüfungen mit sich. Manche überstand er mit Bravour, bei anderen brauchte er etwas Hilfe. Aber nie kam er wirklich in Bedrängnis. Selbst überschwemmtes Gelände, wo gerade ein Jeep im Schlamm feststeckte, war für ihn kein Problem. Chuckie tauchte mit der Nase voraus ins Wasser, spritzte nach allen Seiten und fuhr mit der Eleganz eines Amphibienfahrzeugs ans andere Ufer.

Die Motortemperatur blieb manchmal eine ganze Stunde lang bei 100 °C, sie sank jedoch, sobald wir auf festerem Boden wieder Tempo zulegten. Um dreieinhalb Tage reinen Offroad-Vergnügens reicher und mit einer Überdosis neuer Erfahrungen im Gepäck erreichten wir Tamanrasset.

Nach der obligatorischen Visite bei der ersten Polizeistation, wo wir die erfolgreiche Wüstendurchquerung meldeten, brachte uns Brahim zu Claudias Campingplatz. Sie hatte uns die notwendige offizielle Einladung besorgt. Am nächsten Tag kam Brahim noch einmal vorbei. Sein Bruder könne uns – zu seinem Leidwesen, wie er sagte – nicht empfangen, denn seine Frau sei am Tag zuvor ins

Krankenhaus gekommen. Er habe ihm jedoch wieder etwas für uns mitgegeben. Diesmal war es kein Haschisch, sondern ein Brief, in dem die folgenden rätselhaften Worte standen:

„Man braucht zwei Hände, um einen Knoten zu lösen!

Möge Allah über euch wachen und den guten Verlauf eures Abenteuers segnen.

Lebt wohl, meine belgischen Freunde.

Boughdah."

Tamanrasset

Tamanrasset unterschied sich deutlich von Djanet. Diese Siedlung war keine pittoreske Oase, sondern eine richtige Stadt; die größte und zudem die letzte auf unserer Route zur südalgerischen Grenze. Dennoch gab es zwischen beiden Orten Ähnlichkeiten. Wie in Djanet endete auch in Tamanrasset die Asphaltstraße, der große transalgerische „Highway", und es begann der Sandweg für alle, die noch weiter nach Süden wollten. Beide Orte waren Knotenpunkte für den Handel der Tuareg, der Nomaden und anderer Wüstenbewohner mit den Händlern des kapitalistischeren und industrialisierten Nordens.

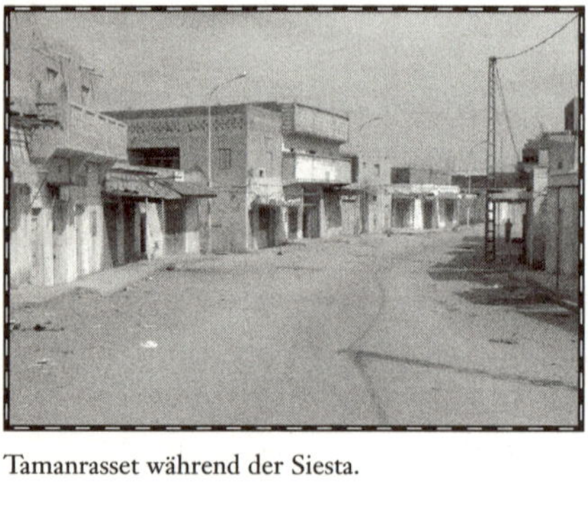

Tamanrasset während der Siesta.

Wir gönnten uns drei Tage in Tam (wie die Stadt in der Kurzform üblicherweise genannt wird): einen Tag zum Ausruhen, und zwei weitere Tage, die Christophe brauchte, um das Auto wieder in Schuss zu bringen. Durch das Gerüttel hatten sich einige Teile gelockert, und Chuckie brauchte eine kleine Inspektion. Ich wollte einen Reisebericht schreiben, um daheim alle auf dem Laufenden zu halten.

Am Nachmittag des dritten Tages fuhren wir ins Stadtzentrum, um nach einem Computer mit E-Mail-Anschluss Ausschau zu halten. Wir fanden eine Art Cybercafé, ein kleines Lokal mit fünf

Computern. Vier wurden nur für Textverarbeitung benutzt, der fünfte hatte ein Modem und Internetanschluss. „Vorausgesetzt, das Telefon funktioniert", erklärte der Junge, der das Café führte, „normalerweise funktioniert es vier Tage die Woche, jetzt, nach der Überschwemmung, zwei."

An diesem Tag funktionierte das Telefon. Doch während Christophe und ich abwechselnd Fotos und Artikel über eine entsetzlich langsame Verbindung sendeten, geschah noch etwas anderes.

Ein kahlköpfiger Mann, nicht größer als einssechzig und mit einem Adidas-Trainingsanzug bekleidet, betrat das Café . Er wandte sich direkt an uns: „Ist das euer Wagen?", fragte er barsch.

„Ja, und er ist nicht zu verkaufen!", antwortete ich ein wenig von oben herab.

„Ich will ihn nicht kaufen", sagte er nun etwas freundlicher. „Ich möchte wissen, ob ihr vorhabt, mit ihm über die Südroute nach Niger zu fahren."

„Äh, ja, das haben wir in der Tat vor."

„Dann meldet euch sofort in der Kaserne. Es ist wichtig!"

Er verschwand. Christophe hatte nicht einmal aufgeschaut, als der Typ mich angesprochen hatte. „Wieder so ein Spezialist, der unsere Daten wahrscheinlich wieder in fünffacher Ausführung eintragen will?"

„Wahrscheinlich", antwortete ich. „Klappt das Versenden noch?"

„Es geht nur langsam, das dauert sicher noch eine halbe Stunde."

„Gut, dann gehe ich mal eben zum Friseur nebenan!"

Zwanzig Minuten später stand ich wieder vor der Tür des Friseurladens, einen Euro ärmer, aber mit einem „coupe arabe", einem arabischen Kurzhaarschnitt. Christophe hatte soeben das letzte Foto gesendet. Wir bezahlten und da wir nichts Besseres zu tun hatten, beschlossen wir, dem Glatzkopf in der Kaserne einen Besuch abzustatten.

„In Allahs Namen, wo bleibt ihr denn?", rief der Soldat, der das Tor bewachte. „Der Kommandant erwartet euch schon seit einer Stunde!"

„Kommandant? Meinst du den kleinen Glatzkopf im Trainingsanzug …"

„Unser Kommandant ist der Oberbefehlshaber aller Truppen in Südalgerien“, fiel mir der Soldat ins Wort. „Kommt, lasst ihn nicht länger warten.“ Er griff sein Maschinengewehr und führte uns weiter.

Christophe und ich sahen uns ungläubig an. „Was will der von uns?“, murmelte ich.

Vor einer großen braunen Tür blieben wir stehen. Von der anderen Seite her war Gebrüll zu hören. Dort war offenbar ein hitziges Gespräch im Gange. Der Soldat zögerte, klopfte aber schließlich doch an die Tür.

„Entrez!“, brüllte jemand von drinnen.

Und wirklich, hinter einem riesigen Schreibtisch saß der kleine Kerl, tief in einen großen Ledersessel versunken. In beiden Händen hielt er einen Telefonhörer. Als er uns sah, sprang er auf und drehte den Lautstärkeregler seiner Stimme noch einmal hoch. Er wollte uns beeindrucken. Am anderen Ende der Leitung kam niemand mehr zu Wort. Der Kommandant schimpfte, was das Zeug hielt, und knallte nach ein paar Minuten den Hörer auf. Erst da bemerkte ich, dass er nicht zwei, sondern sechs Telefone auf seinem Schreibtisch stehen hatte. Eines davon war rot. „Der hat zu viele Hollywoodfilme gesehen“, flüsterte Christophe.

„Setzt euch“, sagte der Kommandant. „Entschuldigt die Lautstärke, aber in meinem Verantwortungsbereich muss ich für Ordnung sorgen. Ihr wisst inzwischen wahrscheinlich, wer ich bin, oder?“

Wir nickten.

„Ich habe ernsthaft nachgedacht“, setzte er an. „Es kommt überhaupt nicht in Frage, dass ihr die Fahrt nach Niger alleine unternehmt. Wenn etwas passiert, bin ich dafür verantwortlich. Dann muss ich wieder Aufklärungsflugzeuge, Wagen und eine ganze Reihe meiner Leute einschalten, nur um leichtsinnige Touristen zu retten. Ihr müsst verstehen, ich bin für die Sicherheit in diesem Gebiet zuständig, und ich werde daher Folgendes zu eurer eigenen Sicherheit in die Wege leiten. Ihr fahrt morgen früh um fünf Uhr los. Ich gebe euch einen Konvoi mit; Männer, die die 400 Kilometer von hier bis zur Grenze wie ihre Westentasche kennen. Morgen Mittag steht ihr an der Grenze und ich kann wieder beruhigt schlafen. Einverstanden?“

Tja, was für eine Frage. Und ob wir einverstanden waren!

Im Eiltempo fuhren wir zu Claudias Campingplatz zurück. Das ganze Gepäck war unter einer Plane ausgebreitet. Mein Job war es, alles wieder in der Ente zu verstauen, während Christophe noch mit Chuckies Reparaturen beschäftigt war.

Nach zweieinhalb Stunden Schlaf meldeten wir uns in der Kaserne. Niemand erwartete uns. Selbst die Nachtwache wusste nichts von einem Konvoi, der an diesem Morgen losfahren sollte. „Um sechs Uhr ist Wecken. Ich schlage vor, dass ihr eine Stunde wartet“, lautete seine Antwort.

Anderthalb Stunden später kam Bewegung in die Sache.

„Meine Männer müssen erst noch etwas essen.“ Der Captain stellte sich vor und entschuldigte sich für die Verspätung. Er hatte den Auftrag bekommen, uns in seine Obhut zu nehmen und „wohlbehalten in der Kaserne von In-Guezzam abzuliefern“. „Kommt, wir gehen in die Stadt frühstücken“, schlug er vor.

Unter den Fittichen des Captain nach In-Guezzam.

Der Captain war ein gestandener Mann, muskulös, mit markanten, strengen Gesichtszügen und einem kräftigen Schnurrbart. Er strahlte Autorität aus, verfügte aber auch über ein gehöriges Maß an Humor und war gastfreundlich, denn er bezahlte unser Frühstück.

Acht Uhr! Endlich ging’s los. Sage und schreibe vier Toyota Landcruiser und 20 Mann standen parat. Sie fuhren mit Vollgas los.

„Was denken die sich eigentlich? Ist das vielleicht die Rallye Paris–Dakar?“

Aber Christophe fand das schon ganz in Ordnung. Er gab Gas und nahm die Verfolgung auf. Die ersten 30 Kilometer waren zwar irgendwann mal asphaltiert worden, aber die Straße war jetzt in so schlechtem Zustand, dass es dreimal schneller ging, wenn man neben ihr fuhr. Der Konvoi fuhr direkt vor uns. Die Staubwolke, die er aufwirbelte, war gewaltig. Wir banden unseren Schesch, unser Turbantuch, vor den Mund und schaukelten mit flotten 80 Stundenkilometern über die Alternativpiste. Eine Stunde fuhren wir so; alles ging gut, aber dann war es vorbei. Unvermittelt war der feste Sand in weichen, tiefen Sand übergegangen. Nach vierzig Metern kamen wir zum Stillstand. Wir ließen Chuckie einfach ausrollen, damit er sich nicht noch tiefer eingrub. Aussteigen und Druck ablassen, hieß die Devise.

Zwei der Toyotas hatten inzwischen bemerkt, dass wir nicht mehr nachkamen und machten kehrt. Ich packte unsere Sandleiter aus.

„Nicht nötig“, rief der Captain aus dem Fenster. „Nicht umsonst sind wir so viele. Männer: aussteigen und schiiiie-ben!“

Nach einem kräftigen Schubs von mindestens sechs kräftigen Männern und mit einem halben Bar Druck in den Reifen brausten wir wieder vorwärts. Nach 300 Metern wurde der Sand wieder fest.

Das Spiel im großen Sandkasten.

Die Unterstützung der Soldaten konnten wir noch öfter gebrauchen. Da wir wussten, dass wir auf ihre Hilfe zählen konnten, fuhren wir für ein Foto geradewegs auf eine große Sanddüne zu. Auf halber Höhe versanken wir vollends im Sand. Nicht nur die Räder, auch das Chassis grub sich in den Sand ein. Die Fotos waren Klasse, aber ohne die Unterstützung von zwölf Männern und ohne deren Abschleppdienst hätten wir uns nie wieder befreien können.

Zum komischsten Zwischenfall kam es kurz darauf. Die Reifen waren durch den niedrigen Druck sehr empfindlich. Ein Stein, der etwas aus dem lockeren Sand herausragte, wurde dem Rad zum Verhängnis. Der Reifen war sofort hinüber. Ich stoppte abrupt. Christophe holte den Wagenheber aus dem Kofferraum.

„Zeitverlust, was für ein Zeitverlust“, rief der Captain, diesmal aber mit einem schelmischen Lausbubenblick in seinem sonst so strengen Gesicht. Mit kurzen energischen Sätzen gab er einen Befehl auf Arabisch. Er rief zunächst Gelächter hervor, wurde dann aber ausgeführt. Zehn Mann verteilten sich um das Auto.

Kurz darauf hing Chuckie in der Luft, 25 Zentimeter über dem Boden.

„Wechselt jetzt mal schnell das Rad", sagte der Captain grinsend.

Um drei Uhr nachmittags erreichten wir die Kaserne. In weniger als sieben Stunden hatten wir 400 Kilometer Sandwüste hinter uns gebracht. Eine Glanzleistung, die ohne die Hilfe der algerischen Armee nicht möglich gewesen wäre. Es lagen zwar kaum höhere Dünen auf unserer Strecke, aber gerade das machte das Gelände so tückisch. Den weiten Ebenen mit tiefem Sand konnte man nicht ausweichen. Diese Erfahrung hatten schon viele andere vor uns machen müssen. Mit ihrer Hilfe konnte man sich auf dieser Strecke durch die Sahara gut orientieren. „Folgt einfach den Autowracks der anderen, die es mit normalen Pkws versucht haben", bekamen wir immer wieder zu hören.

Die Gegend war wirklich von blinkenden Überresten übersät, die von den wenigen Passanten geplündert und vom Wüstensand sandgestrahlt worden waren. Ein Wrack ging uns doch nah: die Überreste eines verrotteten 2 CV.

Schließlich kamen wir in In-Guezzam an. Unser neues Etappenziel bot einen tristen Anblick. Außer Kasernen gab es nur eine Hauptstraße mit aufgeplatztem Asphalt, leer stehende und versandete Häuser und eine Tankstelle, die trostlos und verrostet wirkte. Steine, Eisenträger und anderes Baumaterial, das im ganzen Dorf herumlag, waren sicher seit einigen Jahrzehnten nicht mehr genutzt worden. Ein paar Krähen und ein leichter Wind, der etwas Sand und Papier vor sich hertrieb, waren das Einzige, was Bewegung in das Straßenbild brachte. Der Captain schlug uns vor, die Nacht in der Nähe des Kasernentors zu verbringen.

Es gab nur ein Restaurant im Dorf.

„Was haben Sie auf der Karte?", fragte ich den Mann hinter dem Tresen.

Er sprach kein Wort Französisch, nahm Stift und Papier und zeichnete einen Fisch und ein Ei.

„Fisch? Hier?" Ich sah ihn ungläubig an. Er lachte und nickte.

„Ich nehme doch lieber Eier", entschloss ich mich und schrieb eine 4 vor seine Eierzeichnung.

Die Tankstelle stammte noch aus den Glanzzeiten In-Guezzams. Benzin, das in Ölfässern herangekarrt wurde, war knapp. Niemand wollte uns etwas davon verkaufen. Daher suchten wir notgedrungen noch einmal bei unserem Captain Rat.

Er ließ als eine letzte gute Tat 20 Liter aus einem seiner Landcruiser abzapfen und schenkte sie uns. Ein Zöllner begleitete uns zum eigentlichen Grenzposten, der sieben Kilometer entfernt in der Wüste lag.

In Algerien war bisher alles sehr schnell gegangen, selbst wenn der Militärapparat und die Bürokratie involviert waren. Das sollte am letzten Grenzposten nicht anders sein.

Die Zöllner waren in einem kleinen Betongebäude einquartiert, das kilometerweit nur von Sand umgeben war. Bei einer durchschnittlichen Frequenz von drei Fahrzeugen pro Tag konnte einem hier schnell langweilig werden. Flugs war alles abgestempelt, dennoch bat uns der Beamte der Einwanderungsbehörde, noch ein halbes Stündchen zu bleiben. „Denn wisst ihr, hier passiert so wenig."

Wir blieben, teils aus Mitgefühl, teils aus Notwendigkeit. Uns fehlte noch der Stempel der Devisenkontrolle. Deren Büro war leer. Auf die Frage „Wo kann ich den Beamten finden?", antwortete einer der Zöllner: „Hinter dir." Ich drehte mich um und schaute durch das Fenster nach draußen. Dort stand unser Mann, blutbespritzt und mit einem großen Schlachtermesser in der Hand. Er hatte gerade eine Ziege geschlachtet und war nun eifrig dabei, sie fachkundig zu zerlegen und zu säubern. Anderthalb Stunden später, nach einem guten Mittagessen, fuhren wir weiter. Algerien … „been there, done that!"

Resümee: Ja, in Algerien regiert eine Militärdiktatur. Es ist ein Land, in dem alles kontrolliert wird, was man sagt und was man tut, woher man kommt und wohin man geht und in dem persönliche Freiheit gering geschätzt wird. Doch das Algerien, an das wir uns erinnern, ist ein wunderbares Land, in dem die herzlichsten Menschen leben, denen wir je begegnet sind, und es tat gut zu sehen, dass sich hinter den mürrischen Gesichtszügen eines Polizisten, eines Zöllners oder Soldaten fast immer ein warmherziger Mensch verbarg.

VI. NIGER
DAS TOR ZU SCHWARZAFRIKA

Scheißkerle, gemeine Betrüger, Halsabschneider, ihr könnt mich alle mal. Lieber krepiere ich, als euch auch nur einen Cent zu geben!“ oder „Willkommen in Schwarzafrika!“

Assamanka war ein elendes Loch. Ein typisches Beispiel für Korruption und Rassendiskriminierung in Schwarzafrika. Das herausfordernde und unverhohlen breite Grinsen, mit dem alle herumstanden und auf uns warteten, verhieß nichts Gutes. Kaum dass wir angehalten hatten, waren wir sofort von einer begeisterten Menge umzingelt, die sich an uns festklammerte und uns mit sich schleifte.

Ich schüttelte sie ab und schaute mich um. Assamanka war ein gespenstisches Dorf, das aus wenigen, völlig versandeten Häusern und Blechhütten bestand. Ein Grenzdorf, das seine Existenz einer Bande von Schmugglern, Gaunern, illegalen Geldwechslern und korrupten Zöllnern verdankte, die wie hungrige Geier hier herumlungerten und ahnungslosen Reisenden, die hier die Grenze überqueren mussten, auflauerten.

„Komm“, sagte ein älterer Mann. „Ich werde dir in diesem Hexenkessel ein bisschen helfen.“ Er packte mich am Arm und zog mich mit zu einer Wellblechhütte. „Erst einmal zur Einwanderungsbehörde“, sagte er.

Ich nahm an, dass er zu ihnen gehörte, vor allem als er einen Uniformierten, der im Büro auf einer verrotteten Matratze schlief, grob wachrüttelte.

Es war dunkel und drückend heiß in diesem Loch. Ich ließ meinen Augen Zeit, sich an das Halbdunkel zu gewöhnen. Auf einer zweiten Matratze lagen ein dicker Mann und eine Frau, auch sie schienen zu schlafen. Seine Hose hing neben ihm auf dem Stuhl, die Frau war nur spärlich bekleidet. „C'est la seule femme du village", sagte mein Begleiter lachend, „on la partage" – „Sie ist die einzige Frau im Dorf, wir teilen sie uns."

Man bot mir einen Stuhl an. Ich lehnte ab. „Ich sitze schon im Wagen den ganzen Tag", antwortete ich. Das konnte hier keiner verstehen. Wie konnte man einen Sitzplatz ablehnen? Sie bestanden darauf. Ich gab nach. Der erste Uniformierte verlangte meinen Pass und kopierte die Daten.

„Zehn Dollar Touristengebühr."

„Vergiss es!", raunzte ich zurück. „Darauf fall ich nicht rein."

„Kein Geld, keinen Stempel", antwortete der Zöllner. „Das ist eine offizielle Gebühr. Du bekommst sogar eine Empfangsbestätigung dafür."

Ich weigerte mich trotzdem. „Für das Touristenvisum habe ich schon 50 Dollar bezahlt. Von einer Touristengebühr hat mir nie jemand etwas gesagt, auch die vergangenen drei Male nicht, als ich in Niger war", bluffte ich.

Er gab aber nicht nach. „Kein Geld, keinen Stempel", wiederholte er und gab mir die Pässe zurück, um seinen Worten Nachdruck zu verleihen.

„Okay", antwortet ich, nahm die Pässe, ging nach draußen und steckte mir eine Zigarette an.

Fünf Minuten gingen ins Land. Er rief mich immer noch nicht zurück. Mist. Er hatte gewonnen.

Widerwillig zahlte ich die zehn Dollar. Als Empfangsbestätigung erhielt ich einen handgeschriebenen Zettel, auf dem der Betrag, das Datum und der Ortsname vermerkt waren. Nirgends stand ein Name oder das Wort „Immigration".

Der andere Kerl hatte sich inzwischen angezogen und die Prostituierte weggeschickt. Auch er wollte die Pässe kontrollieren. Er blätterte sie schnell durch und murmelte: „Soweit alles in Ordnung, aber ihr müsst eine Verwaltungsgebühr bezahlen: fünf Dollar."

„Vergiss es", schrie ich, nun mit meiner Geduld am Ende, „ich habe hier schon genug bezahlt."

„Dann eben zwei Dollar oder ein Päckchen Zigaretten."

Ich riss ihm die Pässe aus der Hand und ging wortlos hinaus, den Kerl, der mich hergebracht hatte, weiterhin im Schlepptau.

„Komm“, sagte er, „jetzt zum Zoll.“

Neben der Nachbarhütte ruhten zehn Zöllner unter einer großen Zeltplane, die ihnen Schutz vor der glühenden Mittagssonne bot. Sechs schliefen, vier spielten lustlos Karten.

Es dauerte zwei Minuten, bis einer von ihnen aufsah. „Entschuldigen Sie, ist das hier der Zoll?“, fragte ich höflich.

„Ja, fahren Sie einfach weiter!“, war die Antwort.

„Danke sehr, auf Wiedersehen und entschuldigen Sie die Störung“, sagte ich ironisch. Ich erhielt keine Antwort.

Ich ging zu Christophe zurück, der beim Wagen geblieben war. Er hielt einen Stock in der Hand. „Sie versuchen ihn einfach aufzubrechen, direkt vor meiner Nase.“ Die Ente war von einer Bande Straßenkindern umzingelt. „Ich habe einem schon eins auf die Schnauze geben müssen.“

Während ich Christophe von den Begebenheiten der letzten Minuten berichtete, gesellte sich mein Begleiter wieder zu uns.

„Kann ich jetzt mein Geld bekommen? Zehn Dollar sind in Ordnung.“

„Wie bitte?“ Ich starrte ihn ungläubig an.

Er meinte es ernst, und zum Beweis wedelte er mit einer eingeschweißten Karte, auf der „guide touristique“ stand.

„Was soll das denn jetzt?“, schrie ich. „Du kannst mich mal, du gemeiner Halsabschneider, such dir einen anständigen Job.“ Ich stöhnte auf.

„Wir brauchen noch ein paar Liter Benzin“, sagte Christophe. „Rechnen wir mal: Aus In-Guezzam haben wir 20 Liter mitgenommen. 10 Kilometer sind wir schon gefahren und 200 haben wir noch vor uns. Wir wissen nicht, wie fest auf dieser Strecke der Sand ist. Ich glaube, das reicht nicht ganz.“

Inzwischen stand der dicke Einwanderungsbeamte, dem sein Schmiergeld entgangen war, neben dem angeblichen Fremdenführer.

„Wir brauchen Benzin. Ungefähr fünf Liter. Wo können wir welches kaufen?“, fragte ich ihn.

„Kein Problem, wir werden euch helfen. Gib mir einen Kanister und zehn Dollar und ich besorge Benzin“, antwortete der Zöllner.

„Zwei Dollar pro Liter? Das ist das Vierfache des offiziellen Preises!“

In Assamanka schreckten sie offenbar vor nichts zurück. Wieder mischte sich unser Führer in das Gespräch ein: „Das ist der offizielle Preis für Weiße. Und außerdem habt ihr doch Geld. Ihr braucht also gar nicht so zu jammern."

„Scheißkerle, gemeine Betrüger, Halsabschneider, ihr könnt mich alle mal. Ihr solltet euch schämen. Lieber krepiere ich, als euch auch nur einen Cent zu geben! ..."

Christophe zupfte mich am Ärmel. „Komm Gert, steig ein, wir hauen hier ab."

Von Assamanka nach Arlit: Durst!

„Immer den Ölfässern nach", stand in der Afrikabibel *Sahara Overland (Sahara-Abenteuerhandbuch)* des englischen Sahara-Experten Chris Scott. Christophe war es gelungen, die GPS-Koordinaten von Arlit, der ersten Stadt südlich der Sahara, in das Garmin-GPS einzugeben. Auf dem Bildschirm erschien eine stumme Karte. Ein Punkt zeigte die Lage von Arlit, ein kleiner Pfeil unseren Aufenthaltsort und die Fahrtrichtung an. Wir fuhren geradewegs auf das erste Ölfass zu. Im Sand waren Wagenspuren zu erkennen. Das sollte uns eigentlich beruhigen, aber sie stimmten nicht mit dem GPS überein. Wir fuhren nach Nordosten statt nach Süden.

Nach 10 Kilometern wurden wir langsam nervös. Wohin führten diese Spuren denn um Himmels willen? Entfernten wir uns von Arlit statt uns zu nähern? Ich suchte sowohl auf der Karte wie auf dem GPS nach anderen Dörfern in der Umgebung, zu denen die Spuren möglicherweise führen könnten, aber ich fand nichts. Es wäre wohl am vernünftigsten gewesen, nach Assamanka umzukehren, das Pack dort nach dem Weg zu fragen und seine lachhaft hohen Benzinpreise in Kauf zu nehmen. Aber der Gedanke war mir zuwider. Also weiter, auf gut Glück.

Nach fünf Öltonnen und vier Kilometern war alles wieder in Ordnung. Eine Abzweigung! Weiß der Himmel, wo die anderen Spuren hinführten, die rechte ging jedenfalls nach Südosten. Ein Felsbrocken, auf dem Arlit geschrieben stand, beseitigte unsere letzten Zweifel.

Von In-Guezzam nach Arlit: die große Leere.

Wir fuhren über eine sandige Hochebene, die noch flacher war als die zwischen Tam und In-Guezzam. Am Horizont waren Dünen zu sehen. Auf unbefestigten Streckenabschnitten saßen wir zwar regelmäßig fest, aber doch nie so sehr, dass wir zehn Soldaten gebraucht hätten, um uns wieder aus dem Schlamassel zu befreien. Meist reichte es aus, zehn Minuten zu graben, unter das eine Rad eine Sandleiter und unter das andere eine Fußmatte zu legen, und schon waren wir mit ein wenig Gezerre und Geschiebe von Christophe wieder flott.

Nach dreistündiger Fahrt hatten wir exakt 100 Kilometer zurückgelegt. Wir waren auf halbem Wege nach Arlit. Ich schaute auf die Tankanzeige. Mist! Die Fahrt durch den tiefen Sand forderte ihren Tribut. Der Zeiger stand verdächtig niedrig.

„Was meinst du, wie weit kommen wir damit noch?", fragte ich Christophe.

„Achtzig, höchstens neunzig Kilometer."

Die Aussicht auf einen zehn oder zwanzig Kilometer langen Fußmarsch schien uns alles andere als verlockend. Die Temperatur im Wagen hatte mit 56 °C inzwischen Rekordhöhe erreicht.

Und dann war da noch das Problem mit dem Wasser. Es war das erste Mal, dass wir sowohl Benzin als auch Wasser mit dem restlichen schweren Gepäck transportieren mussten. Wir hatten gehört, die Strecke sei zu schaffen, wenn wir nicht zu schwer geladen hätten. Zehn Liter sollten eigentlich reichen …

Zehn Minuten später bekamen wir die ersten Probleme. Wir mussten eine riesige Düne umfahren. In der Ferne war rechts von der Düne ein Gegenstand zu sehen, er war schwarz, aber seiner Form nach aus unserer Entfernung nicht genauer zu erkennen. „Ist es das nächste Ölfass?", fragte ich Christophe, der schärfere Augen als ich hatte. „Schwer zu sagen", antwortete er.

Wir beschlossen, es zu riskieren, zogen eine neue Spur in den immer tiefer werdenden Sand und fuhren geradewegs auf das

Festgefahren.

schwarze Objekt zu. Nach 200 Metern verloren wir plötzlich an Geschwindigkeit. Es half auch nichts mehr, einen Gang runterzuschalten und Gas zu geben. Wir saßen fest, und zwar richtig!

Ich sprang aus dem Wagen, um den Ernst der Lage abzuschätzen. Das sah gar nicht gut aus: nicht nur die Räder, auch die ganze vordere Hälfte des Fahrgestells steckten im Sand. Leicht nervös kontrollierte ich das Trinkwasser: nur noch vier Liter heißes Wasser, das würde kaum bis zum Abend reichen. Das Außenthermometer zeigte 47 °C an. Als Christophe mit zitternder Stimme sagte: „Das schwarze Ding ist keine Öltonne, das ist ein ausgebranntes Autowrack", gerieten wir erst recht in Panik. Wir waren vom Weg abgekommen!

Gräuliche Berichte spukten mir im Kopf herum. Was würde passieren, wenn wir hier nicht schnell genug wegkamen? Wie lange würde es dauern, bis ein anderer Wagen vorbeikam? Ich erinnerte mich an eine Passage aus dem Buch *Sahara. Reise durch eine unerbittliche Landschaft*, in dem detailliert beschrieben wurde, wie lange es ein Mensch im Extremfall ohne Wasser aushalten kann. Unser Körper besteht zwar größtenteils aus Wasser, aber ohne Wasserzufuhr können wir nicht lange auskommen. In extrem heißen Wüsten verlieren wir – vornehmlich durch Schwitzen – etwa sieben Liter Wasser pro Tag, wenn wir im Schatten sitzen bleiben. Wenn wir uns bewegen, sind es fünfzehn Liter. Wir sind widerstandsfähige Lebewesen. Das Schwitzen hält uns kühl, so dass unser Körper auch in extremer Hitze ausgezeichnet funktioniert, solange wir den Wasserverlust ausgleichen können. Solange genug Wasser vorhanden ist, bleibt unser Wasserhaushalt bei einer maximalen Abweichung von einem viertel Prozent stabil. Aber was passiert, wenn unser Wasservorrat zur Neige geht?

Durst macht sich überhaupt erst bemerkbar, wenn der Körper etwa 0,5 Prozent seines Gewichtes durch Austrocknung verloren hat. Bei einem Mann von 90 Kilo wäre das etwa ein halber Liter. Ab einem Flüssigkeitsverlust von zwei Prozent (ungefähr zwei Litern) ist der Magen nicht mehr groß genug, um den Körper mit ausreichend Wasser zu versorgen. Selbst wenn es genug Wasser gäbe, würde man nicht genug trinken können, um den Wassermangel auszugleichen. Man nennt diesen Prozess „freiwilliges Austrocknen", obwohl von einer bewussten Entscheidung kaum die Rede sein kann. Bei einem Wasserverlust von fünf Prozent (etwa vier Litern) treten folgende Symptome auf: Müdigkeit, Appetitlosigkeit, heißer Kopf, Reizbarkeit, beschleunigter Pulsschlag und leichtes Fieber. Darauf folgen Schwindelgefühle, Kopfschmerzen und Schweratmigkeit, verringerter Speichelfluss, Kreislaufstörungen, eine rötliche Hautverfärbung und Sprechstörungen. Bei einem Flüssigkeitsverlust von 10 Prozent kann man nicht mehr gehen. Bei 12 Prozent (einem Verlust von 11 Litern) gibt es kein Zurück mehr, denn dann schwillt die Zunge an, und man hat kein Gefühl mehr im Mund. Da Schlucken unmöglich ist, kann ein so stark ausgetrockneter Mensch sich ohne medizinische Hilfe nicht mehr erholen. In der Sahara genügt ein halber Tag, um in diesen Zustand zu geraten. Die Haut zieht sich zusammen und spannt über den Gliedmaßen, die Augen liegen tief in den Augenhöhlen, und das Seh- und Hörvermögen nehmen merklich ab. Urinieren wird schmerzhaft, und der Urin ist sehr dunkel. Schließlich fällt man in ein Delirium.

Wenn der Körper im Wüstenklima austrocknet, wird dem Kreislauf eine enorme Menge Wasser entzogen. Das Blut verdickt sich und kann mit der Zeit seiner Funktion, die überschüssige Körperwärme zur Haut abzuleiten, nicht mehr nachkommen. Diese Überhitzung führt letztlich zum Tod. Das Ende setzt mit einem starken Anstieg der Körpertemperatur und mit Krämpfen ein, der Tod wird zur Erlösung.

Genug Schwarzseherei! Wir mussten hier weg, und zwar schnell. Unsere vordringlichste Aufgabe bestand darin, den richtigen Weg wiederzufinden. Wir entschieden uns, Benzin zu sparen und zu Fuß auf Erkundungstour zu gehen, jeder in eine andere Richtung. Ich würde auf der linken Seite der Düne suchen, Christophe rechts. Wir schworen uns, die Ente nicht einen Moment aus den Augen zu lassen. Uns zu verlieren, war jetzt wirklich das Letzte, was wir brauchen konnten.

Jeder nahm einen Schluck Wasser und machte sich auf den Weg. Ich spürte, wie mir flau wurde. Die sengende Hitze und das grelle Sonnenlicht waren unerträglich; in dem tiefen Sand war jeder Schritt eine Qual. Der Schweiß kam nicht einmal dazu, über Arme, Beine oder Rücken zu rinnen. Er verdampfte, sobald er aus den Poren trat.

Meine Gedanken gingen wieder ihre eigenen Wege. Diesmal dachte ich an den traurigen und grausigen Bericht über eine belgische Familie, der vor vielen Jahren die Schlagzeilen gefüllt hatte. Auch sie waren vom Weg abgekommen und hatten sich verirrt. Als Benzin und Trinkwasser schließlich aufgebraucht waren, konnten sie noch eine Weile mit Hilfe des Kühlwassers überleben. Als auch das aufgebraucht war und der Vater der Familie keinen Ausweg mehr sah, beging er Selbstmord. Zuvor hatte er seiner Frau den Schwur abgenommen, dass sie und ihre Kinder sein Blut trinken würden. Ich kann mich nicht mehr erinnern, ob sie es wirklich getan haben, aber letzten Endes sind alle gestorben. Die Frau hatte die ganze Geschichte in ihr Tagebuch gekritzelt. Nur einen Tag nach ihrem Tod entdeckte man sie; drei Kilometer von einem Dorf entfernt.

Nach 20 Minuten entdeckte ich eine Wagenspur. Sie stammte von einem Lkw und war erst ein paar Tage alt. Ein guter Anfang. Ich suchte weiter nach anderen Spuren, fand aber keine mehr. Warum gab es nur eine einzelne Spur? Hatte der Fahrer sich auch verirrt? Wo waren die Spuren der anderen? Wöchentlich fuhren fünf Wagen diese Strecke. Hatte der Wind ihre Spuren verweht, oder verliefen sie woanders?

Mir blieb nicht viel Zeit zum Nachdenken. Ein irrsinniges Durstgefühl hatte mich – im buchstäblichen wie im übertragenen Sinne – an der Gurgel gepackt. Ich musste zurück. Ich lief so schnell ich konnte und fand Christophe schon beim Auto, die Wasserflasche in der Hand.

Eine eigenartige Wut stieg in mir auf. „Wie viel hast du getrunken?“, wollte ich ihn fragen, aber ich konnte mich gerade noch beherrschen. War es die Hitze oder eine Art Überlebensinstinkt, der in solchen Momenten Rivalität erzeugt? … Ich musste hier weg, und zwar schnell.

„Und, hast du Spuren gefunden?“, fragte ich und hoffte auf eine positive Antwort.

„Nein, ich bin bis zu diesem Wrack gelaufen, aber da war keine einzige Spur zu sehen. Und du?“

„Ich habe eine einzige gefunden, die von einem Lkw.“

Wir folgerten – oder besser gesagt: wir hofften –, dass es sich um einen Lkw handeln musste, der die Grenzstation von Assamanka mit Nachschub versorgte. Sicherlich kannte der Fahrer die Strecke. Außerdem war es unsere einzige Spur und damit auch die einzige Chance, wieder auf den richtigen Weg zu finden. Wir würden es riskieren. Zumindest wenn wir den Wagen wieder flott bekämen.

Harte Arbeit in glühender Hitze.

Wir begannen zu graben, ich mit den Händen, Christophe mit der Aluminiumschiene, die wir als Sandleiter benutzten. Die Parole lautete: ruhig weiterarbeiten, ohne dabei außer Atem zu kommen, denn das würde unser ständiges Durstgefühl nur verstärken. Nach einigen Minuten musste ich aufhören. In der heißen Mittagssonne wurde mir auf einmal schwindlig. Schwarze Flecken flimmerten vor meinen Augen, und ich musste mich hinsetzen. Christophe schlug vor, ich solle den Duvel-Sonnenschirm, den wir die ganze Zeit mitgeschlepptt hatten, ohne ihn je benutzt zu haben, als Schattenspender aufspannen.

Christophe selbst arbeitete weiter und trank dabei ab und an winzige Schlucke Wasser. Kurz darauf hatten wir Chassis und Reifen vom aufgewirbelten Sand befreit. Christophe hatte sogar in einem zwei Meter langen Bereich vor dem Wagen die oberen lockeren Sandschichten entfernt. Ich fühlte mich wieder etwas besser und ließ alle Luft aus den Reifen.

Etwa dreißig Meter vor uns befanden sich zehn Quadratmeter festeres Gelände. Wenn wir Chuckie da hinaufbekämen, könnten wir ihn dort starten und ihn mit platten Reifen zur Lkw-Spur fahren.

Ich setzte mich ans Steuer, brachte den Motor auf Touren und gab Vollgas. Christophe mobilisierte seine letzten Kräfte und schob wie verrückt.

Es klappte! Wir schafften es! Ruckelnd kamen wir voran. Meter um Meter kroch Chuckie durch den weichen Sand. Der Motor glühte, die Räder drehten durch, aber es klappte. Zehn Sekunden später hatten wir festen Boden unter den Rädern. Christophe trank, vom Schieben völlig außer Atem, einen halben Liter Wasser. Er sah aus, als würde er dafür auch einen Mord begehen. Ich sagte nichts dazu.

Wir pumpten 0,5 Bar Luft in die Reifen und erreichten schließlich die Wagenspur. Nach einem halben Kilometer kreuzten sich mehrere Spuren; in der Ferne war eine neue Öltonne zu sehen. Wir waren wieder auf dem richtigen Weg!

Doch die Gefahr war noch nicht ausgestanden. Dieser Zwischenfall hatte uns die Hälfte des Wasservorrates gekostet. Uns blieben nur noch zwei Liter. Der Benzinmangel und die Aussicht, dass einer von uns die letzten zehn Kilometer zu Fuß zurücklegen musste, hielten unseren Stresspegel hoch.

Das Gelände war günstig. Der Sand war ziemlich fest und die unbefestigten Abschnitte ließen sich überbrücken. Dem GPS nach waren es noch 30 Kilometer bis Arlit. Unser Benzin reichte noch für 20.

Plötzlich sah Christophe ein Flimmern am Horizont. „Sieh mal da!“

„Ein Lkw“, rief er begeistert. „Wenn der Wasser dabei hätte!“

„Und vielleicht sogar Benzin.“

Wir stiegen aus. Arme schwenkend forderten wir den Fahrer auf anzuhalten.

„Das gibt es doch nicht! Schau dir das Nummernschild an?“, rief Christophe hellauf begeistert. „Ich fasse es nicht, das sind Belgier!“

Ich traute meinen Augen nicht. Auf den 1150 Kilometern, die wir in der Woche zuvor durch die Wüste zurückgelegt hatten, waren wir nicht einem einzigen Wagen begegnet. In der größten Not trafen wir Landsleute.

Die Begrüßung war herzlich. In dem großen Overlandtruck saß ein Paar aus dem wallonischen Louvain-la-Neuve mit seinen beiden kleinen Kindern. Über ein Jahr waren sie in West- und Nordafrika unterwegs gewesen; jetzt waren sie auf dem Heimweg.

„Habt ihr Wasser?“, fragte der Wallone, als könnte er unsere Gedanken lesen.

„Ja“, antwortete ich lachend, „anderthalb Liter, an denen man sich die Lippen verbrennen oder mit denen man Kaffee kochen kann.“

Jeder von uns bekam zwei große Gläser lauwarmes Wasser und zwei Liter für die Weiterfahrt.

„Habt ihr vielleicht Benzin dabei?“, fragte Christophe. „Ihr fahrt mit Diesel, nicht wahr?“

Darauf erhielt er eine wunderbare Antwort: „Wir fahren mit Diesel, aber wir haben einen Liter Benzin für unseren Kocher dabei. Warum? Wollt ihr ihn haben?“

Wir wussten nicht, wie uns geschah. Wir waren wirklich Glückskinder.

Wir tauschten E-Mail-Adressen aus, wünschten einander Hals- und Beinbruch und fuhren weiter. Eine halbe Stunde später, kurz nach Sonnenuntergang, erreichten wir Arlit.

Die erste erfolgreiche belgische Nord-Süd-Durchquerung der Sahara mit einem Citroen 2 CV war Wirklichkeit geworden.

An diesem Abend feierten wir. Das Hotel Sahara war eine nette kleine Pension, in der wir für vier Euro pro Person ein Zimmer bekamen. In der Bar verkauften sie „Bière Niger“, eine angenehme Abwechslung nach all dem Wasser der vergangenen drei Wochen.

Am nächsten Morgen genossen wir unseren ersten Kater auf afrikanischem Boden. Alhamdulilah – „Gott sei Dank“!

Quer durch Niger: Cruising in der Sahelzone

Eine neue, kerzengerade und makellos asphaltierte Straße lag vor uns. Ich gab Gas

„Sto-op“, rief Christophe.

Ich hatte das dünne, quer über die Straße gespannte Seil übersehen. Scharf trat ich auf die Bremse. Das Gepäck von der hinteren Ablage rutschte uns ins Genick. 15 cm vor dem Seil kam Chuckie zum Stillstand.

Polizeikontrolle? Ein Typ, gebaut wie ein Kleiderschrank, kam auf uns zu.

Ich nahm beide Pässe und klappte das Fenster auf.

„Guten Tag! Wohin fahren Sie?“, fragte der Mann höflich.

„Heute? Nach Agadez.“

„80 CFA, bitte."

„Na klar! Und für was dieses Mal, bitteschön?"

„Straßengebühr."

Ich war noch etwas morgenmuffelig. Beim Verlassen der Stadt hatte ein Polizist eine fiktive Verwaltungsgebühr von uns verlangt, der wir erst nach langem Hin und Her entkommen waren. Nun probierte es dieser Typ schon wieder. Langsam wurde es mir zu bunt.

„Denkst du wirklich, dass wir darauf hereinfallen? Steht mir das Wort ‚Idiot' auf der Stirn geschrieben oder was? Hör auf mit dem Quatsch, und lass uns weiterfahren!"

Der Mann schien kurz die Fassung zu verlieren, fing sich aber gleich wieder. „Entweder du bezahlst, oder du bleibst hier stehen."

„Ich hab' dir doch gesagt: Hör auf mit dem Quatsch!"

„Du hast sicher schon mal in Assamanka gearbeitet?", fügte Christophe trocken hinzu.

Keine Antwort. Unser Mann schüttelte den Kopf, machte auf dem Absatz kehrt, ging zu seiner Hütte zurück und schloss die Tür hinter sich.

„Meinst du, man muss hier wirklich Straßengebühr bezahlen?"

„Wie viel sind eigentlich 80 CFA?"

„ Was weiß ich. Ähm ... fünf Belgische Franc."

Ich stieg aus, ging zu der Hütte, klopfte an und öffnete die Tür. Der Mann saß an einem Tisch. Vor ihm lagen verschiedene Bescheinigungen, jede mit einem anderen Preis versehen. Es waren offensichtlich Empfangsbestätigungen. Mir wurde klar, dass wir die Situation diesmal falsch eingeschätzt hatten.

„Ähm ... entschuldigen Sie bitte den Auftritt eben", stammelte ich. „Es ist nur so, dass man überall versucht, uns auszunehmen, verstehen Sie."

„80 CFA!"

„Bitte schön."

Im Wagen lachten wir noch einmal über den Zwischenfall und genossen die Fahrt. Wir befanden uns in der Sahelzone südlich der Sahara. Allmählich kam etwas Abwechslung in die kahle Landschaft. Überall wuchsen Sträucher, an denen sich Ziegen und Kamele gütlich taten. Etwas weiter südlich zeigte sich das erste Gras, und wir sahen Herden, die bestimmt 300 Rinder umfassten.

Es war heiß, aber eine angenehme Brise sorgte von Süden her für etwas Abkühlung.

Endlich konnten wir wieder schneller fahren und sogar den vierten Gang einlegen. Mit 90 Stundenkilometern preschten wir unbekümmert über den Asphalt. Im Radio spielten sie Musik von Moby.

„Chuckie ist heute in Form", brüllte Christophe über die Musik hinweg.

Er hätte besser seinen Mund gehalten.

„Wusch" war Chuckies Antwort – und weg war das Dach!

Es hatte sich wohl schon vorher gelockert und bei unserem rasanten Tempo konnte es dem Druck des Fahrtwindes nicht mehr standhalten. Die kleine Sandleiter, die wir auf das Dach gebunden hatten, steckte quer in der Bespannung.

Wir schauten uns an und lachten uns fast schief.

„Dann fahren wir eben Kabrio, schließlich ist schönes Wetter!"

Drei Stunden später standen wir vor den Toren von Agadez, der größten Handelsstadt im Norden Nigers. Sie war berühmt für ihre Kamelmärkte, die schönen Moscheen und den Sultanspalast. Abenteurern bot sie die ideale Ausgangsbasis für Ausflüge und Expeditionen ins Air-Gebirge und in die Ténéré-Wüste. Aus diesem Grund waren auch wir hier, wenn auch nur indirekt.

„Die Saharapassage kannst du mit ein bisschen Glück noch schaffen. Aber von Niger geradewegs in den Tschad zu fahren, nördlich am Tschad-See vorbei? Vergiss es!" Der französische Saharaexperte, den wir auf dem Zeltplatz in Djanet getroffen hatten, war sich seiner Sache ganz sicher. Während der Regenzeit, die glücklicherweise schon vorbei war, blieben selbst schwerste Lkws auf der schwierigen Strecke stecken. Sie konnten sich zwar wieder befreien, gruben dabei aber tiefe Löcher in die Trasse. An einigen Stellen gäbe es Spurrillen, die mehr als einen Meter tief seien, und zwischen ihnen einen Mittelstreifen ... das sei für einen 2 CV nicht machbar. Neben der Straße zu fahren, sei wegen des lockeren Sandes und der Dornensträucher unmöglich.

Der Franzose hatte uns den Namen eines Mannes genannt, der in Agadez lebte. Ein Italiener, der dort schon seit 15 Jahren die Außenstelle eines großen Reisebüros leitete. „Wenn einer die Situation richtig einschätzen kann, dann ist es Marco."

Wir besuchten Marco in seinem Haus, einem prächtigen Kolonialbau. Auf dem Parkplatz standen sieben für ausgedehnte Wüstenexpeditionen perfekt gerüstete Toyota Landcruiser. Bedienstete liefen geschäftig auf dem Gelände hin und her.

Marco hatte nicht viel Zeit. Er schenkte uns ein Glas Tee ein, hörte sich unsere Fragen an und beantwortete sie knapp: „Unmöglich. Versucht es nicht einmal." Er sah, dass ich eine andere Antwort erhofft hatte und dass mich seine Warnung nicht überzeugte. Er seufzte.

„Hör mal, glaub mir bitte und mach keine Dummheiten. Ich kenne das Gebiet wie meine Westentasche, und ich kann dir sagen, dass du da nie durchkommst. Außerdem kannst du dort ohnehin im Moment nicht hin. Am Nigerufer gibt es heftige Tumulte, und zudem wütet dort zurzeit eine Malaria- und eine Choleraepidemie. Fahrt durch den Süden."

Im Hotel nahm Christophe unsere Michelin-Karte 953 zur Hand und breitete sie vollständig auf dem Boden aus.

Nördlich des Tschad-Sees gab es keine Straßen; eine feine Linie kennzeichnete die Route. Die Straße südlich des Sees war befestigt und in manchen Abschnitten sogar asphaltiert. Was die Entfernung anging, war auf den ersten Blick kaum ein Unterschied zu erkennen.

„Mist, schau dir mal diese Grenzlinien an", bemerkte ich.

Niger und Tschad grenzten auf unserer beabsichtigten südlichen Route nicht direkt aneinander. Ein kleines Stück Nigeria und ein noch kleinerer Zipfel von Kamerun zwängten sich dazwischen. Beide hatten früher offenbar Zugang zum Tschad-See beansprucht, dem großen Binnenmeer, das heute fast völlig ausgetrocknet war und nur noch ein Fünftel seiner ursprünglichen Wasserkapazität enthielt.

„Ich hoffe, wir können die Visa an der Grenze kaufen", bemerkte Christophe.

Die Hauptstädte beider Länder lagen fast 2000 Kilometer weiter südlich, und es klang nicht besonders verlockend, Nigeria zu durchqueren, das als eines der gefährlichsten Länder der Welt galt.

Ich ging noch einmal zu Marco zurück, in der Hoffnung, dass er über die Visabestimmungen Bescheid wusste.

„Tut mir Leid, ich hätte es eben schon erwähnen sollen, aber ich wollte dich nicht gleich entmutigen. An der Grenze werden keine Visa ausgestellt. Für Einheimische schon, aber nicht für Touristen."

Die schlechte Neuigkeit zog eine drastische Änderung unserer Reiseroute nach sich. Niamey, die Hauptstadt von Niger, lag drei oder vier Tagesreisen von Agadez entfernt. Hier mussten wir versuchen, ein Visum für Nigeria zu bekommen. Hätte Kamerun auch ein Konsulat oder eine Botschaft in Niamey unterhalten, hätten wir nur eine kurze Strecke zurückfahren müssen, um dann, nach einer Fahrt durch Nordnigeria und Nordkamerun, südlich des Tschad-Sees in den Tschad einzureisen. Aber leider konnte man in Niger keine Visa für Kamerun bekommen. Das konnte nur eines bedeuten: Wir mussten nicht nur nach Südnigeria und von dort aus wieder nach Norden fahren, wir mussten, um unser Kamerun-Visum zu erstehen, auch noch nach Lagos, dem Betondschungel Nigerias, einer berüchtigten „No-go-Zone". Mist!

Ich berichtete von unseren neuen Plänen nach Hause. Auf unserer Website startete ich einen Leseraufruf und hoffte auf diesem Wege, Unterstützung und eine sichere Unterkunft in Lagos zu finden.

Unsere Reiseroute hatte sich mal eben, von einem Tag auf den anderen, um 4000 Kilometer verlängert. Um unsere Planung nicht allzu sehr durcheinander zu bringen, beschlossen wir, etwas mehr auf die Tube zu drücken. Zum Glück war die Straße in gutem Zustand. Wir schafften im Schnitt 400 bis 500 Kilometer pro Tag und hielten nur an, um etwas zu essen oder gelegentlich ein Foto zu schießen.

Auf der langen Fahrt in Richtung Süden konnte ich beobachten, wie sich Klima, Landschaft und soziale Lebensverhältnisse änderten. Der Wandel von Klima und Landschaft war am auffälligsten. In Agadez war es noch heiß und trocken; die Landschaft des Sahel hatte nichts Einladendes. Schon nach einer Tagesreise sah es anders aus. Es blieb zwar weiterhin heiß, aber die Feuchtigkeit nahm gewaltig zu. Schon nach ein paar anstrengenden Bewegungen schwitzte man enorm. Nach und nach wurde die Landschaft grüner, und wir sahen seit Tunesien das erste Mal wieder Bauern, die ihre Felder bestellten.

Dörfliche Getreidespeicher.

Typische Behausungen im ländlichen Niger.

Die Bevölkerung war aktiver, und in den Dörfern herrschte mehr Leben. Um die Mittagszeit waren die meisten Frauen eifrig damit beschäftigt, eine Wurzel, wahrscheinlich Maniok, zu zerstampfen, indem sie einen dicken Stock in rhythmischem Auf und Ab in einen Holzeimer stießen. Nachmittags sah man dieselben Frauen, meistens mit einem Baby auf dem Rücken, auf dem Feld oder bei den runden Getreidespeichern am Rande eines jeden Dorfes. Und die Männer? Tja, die Männer schauten und sahen, dass es gut war.

Niamey: Der Botschaftsmarathon

Niamey entsprach dem Prototyp einer afrikanischen Hauptstadt. Sie war ziemlich unattraktiv durch den vielen Lärm und den Gestank, verdreckt von den Abgasen alter Taxis, die blaue Qualmwolken ausstießen, mit Müllkippen auf offener Straße, aber reizvoll wegen der Musik, die an jeder Straßenecke aus den Boxen kleiner Radios drang, der Imbissbuden, an denen man sich für einen halben Euro den Bauch vollschlagen konnte, seines lebendigen Nachtlebens und des pulsierenden Lebens der Stadt. An Bars fehlte es hier nicht, und bei stets steigender Luftfeuchtigkeit und brütender Hitze erlagen wir deren Versuchungen. In einer deutschen Non Government Organisation (NGO) bezogen wir Quartier.

Christophe würde sich um den Wagen kümmern, ich mich mit der Logistik befassen. Am nächsten Morgen ging ich zur nigerianischen Botschaft.

An einer gigantischen Pforte unterzog man mich einer strengen Kontrolle. Ein erster Wachposten kopierte meinen Pass, während mich ein zweiter filzte. Danach brachte man mich zu einer Dienststelle, in der ich weiter durchleuchtet wurde. Ich musste den

Metalldetektor passieren, und im Computer wurden meine Ausweisdaten überprüft.

Das Anwesen und das Gebäude selbst waren immens groß. Die Ölquellen im Süden des Landes waren ganz offensichtlich ein lohnendes Geschäft für den Staat.

Ein „Gorilla“ eskortierte mich zu einem Büro. Er klopfte an, ließ mich eintreten und schloss die Tür hinter mir. Eine dicke afrikanische Matrone saß an einem großen Tisch und las Zeitung. Sie schaute auf. Ich lächelte, sie zeigte keinerlei Reaktion.

„Was willst du?“, fragte die Frau kurz angebunden.

„Eine Visum für Ihr Land, wenn Sie erlauben.“

„Wohnst du hier in Niger?“

„Nein, ich bin Tourist.“

„Wir stellen hier nur Visa für Nigerianer oder für Ausländer aus, die sich hier niederlassen, nicht für Touristen. Da ist nichts zu machen! Das Visum hättest du in Belgien beantragen müssen.“

„Aber ich wusste doch vorher nicht, dass ...“

„Regeln sind Regeln. Einen schönen Tag noch.“ Sie senkte den Kopf und las weiter in ihrer Zeitung.

Blöde Kuh. Wahrscheinlich war sie bloß die Assistentin eines Konsuls, der gerade außer Haus war.

Ich blieb hartnäckig. „Vielleicht können Sie ja eine Ausnahme machen. Wir hatten ursprünglich nicht vor, durch Nigeria zu fahren, es ist ein Fall höherer Gewalt.“

Aber sie schüttelte bereits verneinend den Kopf, bevor ich meinen Satz beendet hatte. Sie erhob sich und machte Anstalten, mich vor die Tür zu setzen.

Ich musste meine Strategie ändern, und zwar schnell!

„Bitte, hören Sie doch ... Sie müssen mir helfen. Wir sind seit sechs Monaten unterwegs und wenn ich dieses Visum nicht bekomme, geht unser ganzer Traum baden. Wir haben nicht vor, in Ihrem Land zu bleiben. Wir wollen einfach nur schnell durchfahren, um nach Kamerun zu kommen. Alles hängt von Ihnen ab, also ... wollen Sie, dass ich Sie anflehe oder vor Ihnen auf die Knie falle? Ich tue alles, aber Sie müssen mir helfen! ... Sonst kriegen Sie mich hier nicht raus“, murmelte ich noch hinterher.

Ob es nun an der Betonung ihrer einflussreichen Stellung oder an meinem traurigen Blick lag, weiß ich nicht, jedenfalls wendete sich das Blatt.

„Warte hier", sagte sie und verschwand die Treppe hinauf. Zehn lange Minuten vergingen.

Deutlich besser gelaunt watschelte sie wieder in den Raum.

„Deine Charmeoffensive hat gewirkt", lachte sie. „Ich habe mit dem Botschafter gesprochen, und er ist bereit, eine Ausnahme zu machen."

Ich lachte. „Thanks! I am so happy, I could kiss you!"

„Don't push it", antwortete sie geschmeichelt. „Und es gibt noch eine Bedingung. Du musst ein Schreiben der belgischen Botschaft mit einer offiziellen Anfrage vorlegen."

Das dürfte nicht so schwierig sein, dachte ich mir. „Wissen Sie vielleicht, wo sich unsere Botschaft befindet?"

„Es gibt hier keine belgische Botschaft. Aber ich denke, der französische Konsul wird sich der ‚petits Belges' wohl annehmen."

Zum Abschied gab ich ihr höflich die Hand.

„Taxi, zum französischen Konsulat, bitte."

Das Taxisystem in Niamey ist revolutionär. Wie Busse fahren die Taxis immer dieselbe Strecke. Man steigt ein, bezahlt einen festen Betrag von 200 CFA, etwa 25 Cent, und steigt aus, wann immer man will. Ob man nun 400 Meter oder 5 Kilometer mitfährt, der Preis bleibt gleich, und man wird sogar vor der Tür abgesetzt. Einem Weißen versuchen die Fahrer zwar am Beginn oder am Ende der Fahrt immer etwas mehr abzuknöpfen, aber wenn man standhaft bleibt, hat das keine Konsequenzen. Ein gutes Prinzip.

Freundlicher Empfang bei den Franzosen. Die junge Frau hinter dem Schalter wollte, aber konnte mir nicht helfen. „Sie haben hier ein eigenes Konsulat. In der Mülltonnenstraße, Monsieur. Darf ich Ihnen erklären, wie Sie dorthin kommen?"

Ich nahm wieder ein Taxi. „Zum belgischen Konsulat, bitte."

Der vielsagende Name „la rue des poubelles" war kein Zufall. Dieser kleine Teil Belgiens lag auf einer Müllhalde. Das Brachgelände neben dem Konsulat wurde als Müllkippe genutzt. Ziegen stöberten im Abfall, Ratten spielten Verstecken. Innerhalb der

Mauern galten wieder europäische Standards. Ich war erleichtert, hoffte ein paar Belgiern zu begegnen und rechnete mit einem freundlichen Empfang.

Welch eine Enttäuschung! Neben dem Warteraum lag das Geschäftszimmer eines Typen, der für den Entwicklungsdienst zuständig war. An der Wand hing ein Poster mit Kühen. Vermutlich unterstützte Belgien die Bauern im Niger bei der genetischen Manipulation ihrer Rinderrassen. Der Mann im Büro sah mich herumstehen, stand auf, ging in meine Richtung und knallte mir die Tür vor der Nase zu. Ein simples „Guten Tag" schien zu viel verlangt.

Doch es kam noch schlimmer. Nach einer Viertelstunde öffnete sich der Schalter zum Warteraum, und eine dunkelhäutige junge Frau erschien.

„Was wollen Sie?", raunzte sie.

Ich stellte mich vor mit „Gert, ein gestrandeter belgischer Tourist, der Hilfe braucht" und erzählte ihr die ganze Geschichte.

Ihre Reaktion war unerhört: „Wie bitte? Sie kommen einfach hierher und behaupten, Sie bräuchten Hilfe? Als ob ich nichts anderes zu tun hätte! Und warum sollte ich Ihnen denn helfen, ich kenne Sie doch nicht einmal!"

Der Konsul war im Urlaub, und diese Dame, seine Sekretärin, glaubte, sie sei der Vizekonsul.

Ein heikler Moment. Nach all dem Hin-und-her-Gerenne zwischen den Botschaften und all den anderen Problemen war die Lösung endlich zum Greifen nahe, und nun stellte sich mir diese eingebildete Gans in den Weg und wollte Schwierigkeiten machen. Ich hatte nicht übel Lust zu antworten: „Schon die Tatsache, dass ich Belgier bin, ist Grund genug, mir zu helfen. Aus welchem Grund sitzt du denn sonst hier?" und darauf eine Schimpfkanonade folgen zu lassen, aber ich hielt mich zurück und ließ es ihr durchgehen.

„Sind Sie die Konsulin?", fragte ich stattdessen bewusst naiv.

Zum Glück kam das bei ihr an. Sie griff zum Hörer, telefonierte und erläuterte der Person am anderen Ende der Leitung meine

Geschichte. Ich hörte, dass sie Instruktionen erhielt. Sie nickte und kritzelte ein paar Worte auf einen Notizzettel.

„Ich habe mit dem belgischen Konsulat in Burkina Faso telefoniert. Es tut mir Leid, aber wir können Ihnen nicht helfen. Der Konsul will dieses Schreiben nicht aufsetzen."

Ich konnte es nicht fassen. Sie legte es mir folgendermaßen dar: „Wenn er die Botschaft in einer offiziellen Anfrage bittet, sich über ihre Visaregelungen hinwegzusetzen, können Sie sicher sein, dass wir hier spätestens nach einer Woche eine Anfrage von Nigeria auf dem Tisch haben, in der wir gebeten werden, ebenfalls eine Ausnahme zu machen und jemandem ein Visum für Belgien auszustellen. Nun bleibt zwar kein Belgier auch nur einen Tag länger in Nigeria als nötig, aber ein Nigerianer verlässt Belgien nicht mehr, selbst wenn er nur ein einwöchiges Visum hat, ist Ihnen das klar? Ich werde versuchen, die Sache telefonisch zu regeln. Kommen Sie morgen wieder."

Wieder in der NGO angekommen, machte ich die Bekanntschaft von Dr. Emmanuel Njok, einem Arzt aus Kamerun, der sich auf Malariabekämpfung spezialisiert hatte. Wir kamen ins Gespräch.

„Sie schwitzen ziemlich stark", bemerkte ich und bestellte zwei Bier. „Es wundert mich, dass Sie das Klima nicht besser vertragen."

„Ich habe Malaria", antwortete er lachend. Er meinte es ernst. „Ich habe gerade eine Tablette genommen. Morgen geht es mir wieder gut. Wenn ein Europäer Malaria bekommt, liegt er eine Woche kotzend und scheißend flach. Ein Schwarzer ist mit der gleichen Medikation nach ein, zwei Tagen wieder auf dem Damm. Wir haben einfach bessere Abwehrkräfte dagegen."

Er bestellte noch zwei Bier und wir unterhielten uns eine Weile, zunächst über seinen Auftrag in Niger, dann über unsere Tour. Ich erzählte ihm von der Änderung unserer Reisepläne.

„Nigeria? Ich bin froh, dass *ich* da nicht hin muss! Aber vielleicht kann ich euren Aufenthalt in Lagos verkürzen."

Kaum zu glauben, wie klein doch die Welt ist. Dr. Njoks Cousin war der Botschafter Kameruns in Lagos. Ein Empfehlungsbrief wäre da vielleicht ganz hilfreich.

Am nächsten Morgen stand ich schon vor den Öffnungszeiten an der Pforte des belgischen Konsulats. Ob die Tussi es wohl geschafft hatte, die Nigerianer zu überzeugen?

„Schlechte Nachrichten", rief sie mir ohne jedes Mitgefühl entgegen. „Ich habe die nigerianische Botschaft angerufen, aber sie bestehen auf einer schriftlichen Anfrage."

„Dann schreib doch eine!", hätte ich ihr am liebsten zurückgebrüllt.

„Ich werde den Konsul in Burkina Faso noch einmal anrufen. Kommen Sie morgen früh noch mal."

„Können Sie das nicht sofort tun? Ich habe wirklich keine Lust mehr, noch länger in Niamey zu bleiben", antwortete ich aufgebracht.

Die Mitarbeiterin warf mir einen Blick zu, der besagte: „Halt besser deine Klappe, sonst passiert hier gar nichts."

Ich trollte mich.

Der Niger – Blick vom Grand Hotel.

Den Rest des Tages bummelte ich durch die Straßen der Hauptstadt. Am frühen Abend traf ich Christophe auf der Dachterrasse des Grand Hotels. Sie war für ihren herrlichen Blick auf das Wasser des Niger bei Sonnenuntergang berühmt. Doch wie sich zeigen sollte, war das nur eine Mär, um Touristen anzulocken, denn hinter dem dichten Abgasnebel war die untergehende Sonne kaum auszumachen. Aber was soll's – das Bier war kühl, und wir hatten unsere Ruhe.

Mit dem Mut der Verzweiflung fuhr ich am nächsten Morgen zum dritten Mal zum belgischen Konsulat. Wenn dort kein Schreiben lag, würde das wahrscheinlich das Ende unserer Fahrt bedeuten. „Mit einem 2 CV von Brüssel nach Niamey" klang lange nicht so gut wie „Von Brüssel nach Kapstadt".

Aber zu guter Letzt kam es doch anders. Obwohl die schwarze Sekretärin noch übler gelaunt war als an den Tagen zuvor, überreichte sie mir wortlos einen Umschlag. Ich öffnete ihn und las:

„Sehr geehrte Damen und Herren,

ich möchte Sie nachdrücklich darum ersuchen, die besondere Situation dieser beiden Touristen zu berücksichtigen und Ihnen einen positiven Bescheid für ihr Transitvisum durch Nigeria auszustellen.

Mit aufrichtigem Dank
Hochachtungsvoll
Mr. xxxxx
Konsul des Königreichs Belgien“

Das war nur ein nichtssagendes Stück Papier, und ich bezweifelte, ob es die Nigerianer überzeugen würde. Das Herz schlug mir bis zum Hals und ich nahm, nervöser denn je, ein Taxi zur nigerianischen Botschaft.

„Warum ist das Dokument in Französisch abgefasst? Ist Ihrem Konsul denn nicht bekannt, dass die offizielle Sprache Nigerias Englisch ist?“, blaffte die Matrone mich an.

Kommentarlos verließ sie den Raum, um abermals nach oben in das Büro des Botschafters zu verschwinden.

Nach fünf Minuten kehrte sie zurück, wies mit dem Daumen nach oben und zwinkerte mir zu. Das Brüssel-Kapstadt-Abenteuer fand sein Ende also doch nicht in Niger.

VII. BENIN
VOODOO & BARRAKUDAS

Um die Zahl der Tage und Kilometer in Nigeria so weit wie möglich zu beschränken, erstanden wir ein Visum für Benin, ein kleines Land südlich von Niger und westlich von Nigeria. Cotonou, die Hauptstadt Benins, lag nur anderthalb Stunden von Lagos entfernt. Für 20 Euro bekamen wir ein Transitvisum für sieben Tage. Zwischen unserer ersten Anfrage und der Ausfertigung lagen nur 20 Minuten.

Ode an einen Helden

Erneut überquerten wir den legendären Flusslauf des Niger. Zunächst waren uns seine Mäander in Niamby begegnet, wo er die Stadt teilte. Hier trafen wir ihn wieder, als Grenzfluss zwischen Niger und Benin. Der Nil und der Kongo mögen die längsten Flüsse Afrikas sein. Der Niger, dem der dritte Rang gebührt, ist sicherlich der fantasieanregendste Fluss. Jahrhundertelang war man im Zweifel, ob er nun nach Osten oder nach Westen fließt. Dutzende von Expeditionen haben ihn befahren, immer auf der Suche nach der „goldenen Stadt“ Timbuktu, der sagenhaften Wüstenstadt, deren Mythos sich schon vor mehr als zweitausend Jahren nach Europa verbreitet hat. Alle sind gescheitert. Einige wurden von tropischen Krankheiten heimgesucht und verloren drei Viertel ihrer Mannschaft, bevor sie überhaupt in die Nähe von Timbuktu kamen, andere Entdeckungsreisende fanden den Tod, als ihre Boote von Nilpferden angriffen wurden.

Letztendlich stand auch das Zusammentreffen mit den Ureinwohnern dieses Landstrichs, den Tuareg, dem Erfolg des Unternehmens im Weg. Die Tuareg waren von jeher ein gefürchtetes räuberisches Volk mit einer tief sitzenden Abneigung gegen die Christen. Gordon Laing, ein Brite, war der Erste, dem es gelungen war, die Stadt zu erreichen. Nachdem eine Gruppe von Tuareg alle anderen Expeditionsmitglieder ermordet und ihn selbst totgeglaubt zurückgelassen hatte, traf er am 13. August 1826 schwer verwundet in Timbuktu ein. Schon nach kurzer Zeit wurde er vom Sultan aus der Stadt geworfen. 50 Kilometer vor der Stadt wurde er abermals überfallen. Dieses Mal enthauptete man ihn.

Der internationale Wettlauf auf Timbuktu ging weiter. Die Geographische Gesellschaft Frankreichs hatte einen Preis von 10 000 Francs für den ersten Mann ausgelobt, dem es gelänge, die goldene Stadt zu erreichen und wieder lebend zurückzukehren.

Das war Musik in den Ohren von René Caillié, einem sechzehnjährigen Waisenjungen, der bei einem Schuhmacher im kleinen französischen Dorf Mauzé in die Lehre ging. Afrika hatte ihn ganz in seinen Bann geschlagen. Er nahm seine Ersparnisse von 60 Francs, gab seiner gelähmten Schwester einen Abschiedskuss und machte sich auf zum schwarzen Kontinent.

Caillié war ein kluger junger Mann. Seiner Meinung nach gab es nur einen sicheren Weg, ins Innere Afrikas vorzudringen: allein, ohne allzu viel Gepäck und mit Kenntnis der lokalen Sprache, Kultur und Religion. Die Engländer marschierten in Samtjacken und leinenen Kniebundhosen durch Afrika und schossen um sich, während sie gleichzeitig aus der Bibel zitierten. Kein Wunder, dass sie nicht mit dem Leben davonkamen. Caillié begab sich direkt in die sengende Saharahitze und schloss sich dort den Brakna-Nomaden, einem fanatischen muslimischen Stamm, an. Die Brakna waren wegen ihrer Grausamkeit, ihres Schmutzes und ihres intensiven Christenhasses gefürchtet. Caillié gab sich als Abtrünniger aus, der gewissenhaft in der Lehre des Islam unterwiesen werden wollte.

Er lebte ein Jahr mit ihnen, lief auf dünnen Ledersandalen durch Dornen und verbrannte Einöde. Er schlief in seiner Dschellaba, dem weiten Männergewand, und rollte sich wie ein Tier zusammen, während Sandstürme über ihn hinwegtobten. Brei und saure Milch waren seine einzigen Nahrungsmittel. Mit Selbstdisziplin

Frauen waschen am Ufer des legendären Niger.

lernte er, die Entbehrungen zu ertragen. Und er lernte Arabisch.

Von der Sonne schwarz gebrannt kam er aus der Wüste zurück; nun war er bereit. Caillié begann seine Reise in Guinea. Er fuhr mit dem Boot den Nunez hinauf und schloss sich einer kleinen landeinwärts reisenden Karawane an. Nach drei Monaten erreichte er den Niger. Obwohl Einbäume den Fluss befuhren, setzte er seine Reise barfuß auf dem Landweg fort. Nach einem Monat taumelte er in ein Dorf. Er litt an akuter Malaria, konnte nichts zu sich nehmen und hatte Geschwüre an seinem linken Fuß. Ohne die Fürsorge eines verschrumpelten zahnlosen Mütterchens, das Mitleid mit ihm hatte, wäre er sicherlich gestorben. Nach vier Monaten hatte er die Malaria mit Hilfe starker Dosen Chinin überstanden, und auch sein Fuß war auf dem Wege der Besserung, doch nun bekam er Skorbut.

„Ich spürte, dass mein Geist von den schrecklichen Schmerzen in meinem Kopf angegriffen wurde, und ich hatte schon mehr als 14 Tage nicht mehr geschlafen. Die Wunde an meinem Fuß begann wieder zu eitern [...]. Ich war nur noch ein Skelett. Nur ein einziger Gedanke beschäftigte mich, der an den Tod. Ich sehnte mich danach und bat Gott darum."

Doch unter der Fürsorge der alten Frau genas er abermals. Im Januar, fast ein halbes Jahr nach seiner Ankunft im Dorf, zog er in Begleitung einer Handelskarawane weiter. In Djenné, einer mitten im Niger gelegenen Festungsstadt im Tuareg-Gebiet, ging er an Bord eines riesigen Einbaums von 27 Meter Länge. Man wies ihm unter Deck zwischen den Sklaven eine Planke zu, die so wenig Raum bot, dass er sich nicht einmal darauf ausstrecken konnte.

Von Djenné nach Kabara, der „Hafenvorstadt" von Timbuktu, waren es 800 Kilometer stromabwärts. Tuareg-Piraten zwangen sie regelmäßig dazu, das Boot zu verlassen und einen Wegzoll zu entrichten. Aus Angst, dass er getötet würde, wenn sie ihn zu Gesicht bekämen, verbargen die Sklaven Caillié unter Matten und Decken.

Einen Monat nach seiner Abreise aus Djenné, am 25. April 1828, erreichte Caillié Timbuktu. Die Reise hatte ein Jahr gedauert.

„Die Stadt war auf den ersten Blick nicht mehr als eine Ansammlung hässlicher Lehmhütten. Wohin man auch schaute, es gab nichts zu sehen als gewaltige Ebenen weißgelben Treibsandes. Bis zum Horizont war der Himmel hellrot."

Als er nach zehn Tagen mit einer Karawane Timbuktu verließ, dachte er, das ärgste Leid läge hinter ihm. Er sollte nicht Recht behalten. Er durchquerte die Sahara mitten im Sommer, einer Jahreszeit, in der die Temperatur bis auf 70 °C steigen kann. Die Route nach Nordmarokko betrug mehr als 1600 Kilometer und führte an weniger als 20 Wasserstellen vorbei. Schon nach wenigen Tagen litt Caillié an extremem Durst. Er musste sich auf eine Ration von weniger als einem achtel Liter schmutzigen, schwarzen Wassers pro Tag beschränken. Er brauchte drei Monate, um Marokko zu erreichen. Er kam dort wohl lebend an, aber viel war nicht mehr von ihm übrig. Er war so ausgemergelt, dass seine Knochen durch seine Haut stachen.

Als René Caillié nach Frankreich zurückkehrte, war er ein Nationalheld. Er erhielt seine 10 000 Francs und wurde von König Karl X. zum Ritter der Ehrenlegion ernannt. Danach zog er nach Mauzé, in die Region, wo er seine Jugend verbracht hatte, und schrieb dort seine eigene Abenteuergeschichte *Journal d'un voyage à Tombouctou et à Jenné*. Sechs Jahre danach starb er, von Krankheiten gequält, die er sich in Afrika zugezogen hatte.

Leider war René Caillié kein begnadeter Schriftsteller wie Daniel Defoe. Er war ein außergewöhnlicher Mann mit einem gewöhnlichen Schreibstil. Seine Beschreibung Timbuktus passte überhaupt nicht in das Bild, das sich seine französischen Leser ausgemalt hatten. Die sagenumwobene, historische Stadt sollte nur aus ein paar Lehmhütten in der Wüste bestehen? Unmöglich. René Caillié wurde als Scharlatan angesehen und geriet schnell in Vergessenheit. Der Mythos ist immer stärker als die Wahrheit …

Über eine große Brücke überquerten wir den gewaltigen Strom. Am anderen Ufer lag Benin. Dieses Land hatte schon etwas Besonderes. Die Zöllner hießen uns willkommen, und niemand erwartete Schmiergelder oder Geschenke. Wir begegneten nur freundlichen,

Immer und überall lachende Gesichter.

offenherzigen und lachenden Menschen. Männer, Frauen und Kinder, alle waren farbenprächtig ausstaffiert und unterbrachen ihre Tätigkeit, um unserem Wagen zuzuwinken, sobald wir uns näherten. Kinder kamen auf uns zu, nicht weil sie uns anbetteln wollten, sondern einfach um uns die Hand zu geben. Ihre Eltern sahen fröhlich lächelnd zu. War dies das Paradies?

Wir waren in den Tropen angekommen. Die Landschaft war flach, Felder und Straßen waren mit einer rotbraunen, fruchtbaren Schlammschicht bedeckt, und dort, wo nichts angebaut wurde, wuchsen wilde Bananenbäume. An Nahrungsmitteln herrschte hier offenbar kein Mangel, die Menschen wirkten glücklich. Unsere Woche in Benin begann vielversprechend.

Auf der Landkarte ist Benin ein schmaler, langer, vertikaler Streifen. Der Norden schien nicht so interessant zu sein. Und selbst wenn es anders gewesen wäre – wir wollten so schnell wie möglich nach Süden. Unser Transitvisum war nur sieben Tage gültig, und nachdem wir uns so lange in Sand und Hitze abgerackert hatten, wünschten wir uns nur noch eines: einzutauchen in die kühlen Wellen des atlantischen Ozeans.

Voodoo People

Das Wetter war herrlich. Chuckie war in Stimmung und wir ebenso. Zwei lange Tage fuhren wir von Norden nach Süden. Die Nacht darauf verbrachten wir in Abomey, einer kleinen Stadt, 80 Kilometer vom Ozean entfernt. Hier trafen sich alle bei „Chez Monique“, einem kleinen Hotel für die Geschäftsleute der Umgebung mit einem Campingplatz und einem Tierpark auf der Rückseite. In der Bar wurden wir Zeugen einer Unterhaltung zwischen einem Arzt und einem amerikanischen Entwicklungshelfer.

„Die Malariaepidemie ist eine wahre Katastrophe", sagte der Amerikaner verbittert. „Mehr als 50 Prozent der Dorfbewohner sind schwer erkrankt. Jeden Tag sterben ein paar Kinder und ein oder zwei Erwachsene. Es gibt fast nichts mehr zu essen."

„Und die neue Ernte?", fragte der Arzt.

„Die Felder liegen am anderen Flussufer. Vor zwei Wochen hat ein Krokodil jemanden ins Wasser gezerrt. Der Voodoo-Priester hat daraufhin ein Ritual durchgeführt und den Dorfbewohnern für vier Wochen verboten, zu fischen oder den Fluss zu überqueren."

Vom Gesprächsthema gefesselt, schlug ich im Lonely Planet nach und las das Kapitel über Benin. „Voodoo stammt ursprünglich nicht aus Haiti, sondern aus Benin. Die Religion wurde von Sklaven nach Haiti exportiert. Hier ist Voodoo eine normale, tagtäglich praktizierte Religion wie das Christentum und der Islam."

Normal? Das kam darauf an, wie man es betrachtete. Ich fand das Adjektiv nicht gerade passend. Ich erinnerte mich an eine Reportage über die „übernatürlichen" Kräfte der Voodoo-Priester, die in dem belgischen Jahrbuch *Snoecks* erschienen war: In Trance seien sie dazu imstande, barfuß über heiße Kohlen zu laufen und sogar bei Hühnern einen Herzinfarkt zu verursachen. Das soll ihnen unser Geraadsberger Dorfpfarrer erst einmal nachmachen!

Später am Abend sprach ich den Arzt darauf an, ob es wohl möglich sei, an einem echten Voodoo-Ritual teilzunehmen.

Er wies auf einen jungen korpulenten Mann an der Theke. „Das ist William! Sein Onkel ist ein großer Voodoo-Priester. Manchmal nimmt er gegen geringe Bezahlung neugierige Ausländer zu einer Seance mit. Sprich mal mit ihm."

William war ein seltsamer Typ. Ich mochte ihn nicht. Er behauptete, erst 15 zu sein, wirkte aber wie 25. Er sprach perfekt Englisch und Französisch, kleidete sich in westlichem Stil, mit einer klassischen Hose, einem farbigen Hemd, alles ordentlich gebügelt. „Das ist eine Investition in meine Zukunft", erklärte er todernst, als ich mich nach seiner ungewöhnlichen Kleidung erkundigte. „Manchmal kommen hier europäische Geschäftsleute vorbei – vielleicht brauchen sie einen Dolmetscher oder einen Kontaktmann oder, wer weiß, vielleicht auch einen Manager für eine Filiale, die sie hier errichten wollen. Nun ja, sollte das je passieren, stehe ich hier bereit!"

Ich war beeindruckt. Er war eindeutig der ehrgeizigste Schwarze, dem ich bisher in Afrika begegnet war. Seine Geldgier entsprach westlichen Maßstäben. Wir brauchten eine halbe Stunde, um einen vernünftigen Preis auszuhandeln. Zu guter Letzt zahlten wir ihm zehn Euro, ein stolzer Preis für afrikanische Verhältnisse, aber er versprach uns Qualität.

Fünf Minuten später sprang er auf sein Fahrrad und verschwand im Dunkel der Nacht. Wir tranken noch ein paar Bierchen und gingen dann schlafen.

Um Mitternacht wachte ich auf. Jemand rüttelte an meinem Zelt. Ich erschrak zu Tode. Es war William. Er hatte gute Neuigkeiten. Morgen Mittag würde uns der Voodoo-Priester empfangen.

Ein paar Minuten später fiel ich in einen unruhigen Schlaf. Ich träumte von Totenköpfen, kopflosen Hühnern und tanzenden Skeletten. Aber Donner, Blitz und tropische Regengüsse waren alles andere als ein Traum. Ich stand auf und genoss das herrliche Schauspiel.

Am folgenden Morgen quetschten wir uns zu dritt in den 2 CV. Mit dem dicken William in der Mitte verdreifachte sich das Gewicht unseres „Gepäcks". Chuckie ließ sich nur schwer lenken.

Je mehr wir uns vom Stadtzentrum entfernten, desto spärlicher wurde der Asphalt. Der Straßenzustand verschlechterte sich mit jedem Kilometer. Nach einer Viertelstunde fuhren wir auf schmalen Pfaden durch den Dschungel. Ein Regenguss hatte sie in der Nacht zuvor in richtige Schlammpfützen verwandelt. Dreimal rutschten wir von der Straße in den Graben. Aus purem Frust hielten wir William vor, dass alles nur seine Schuld sei. Doch schiebend und zerrend schafften wir es mit einiger Anstrengung immer wieder zurück auf den Weg. Eine Dreiviertelstunde später kamen wir schlammbedeckt im Reich des Voodoo-Priesters an.

Es wurde im Volksmund „Fetischdorf" genannt. Mehr als zehn Häuser in drei matschigen Gässchen gab es nicht zu sehen. Überall liefen Ziegen und Hühner herum, und junge füllige Frauen lagen halbnackt da und schliefen. Ihre Kinder scharten sich um uns, sobald wir aus dem Wagen stiegen.

Es war beklemmend: Niemand sprach ein Wort! Die Kinder lachten nicht, sprachen uns nicht an, nahmen nur unsere Hand und zogen uns mit zu einem Ort, der sich als das Haus des Oberpriesters herausstellte. William, der uns inzwischen schon maßlos auf die Nerven ging, da er ständig betonte, dass andere Touristen ihm mehr bezahlten, trat ein und ließ uns zwischen den sonderbaren Dorfbewohnern zurück.

Schon kurz darauf kam er wieder heraus. „Der große Voodoo-Priester führt in einem Nachbardorf gerade eine Geisteraustreibung durch. Wir müssen kurz warten." Wir hatten keine andere Wahl.

Ich setzte mich, steckte eine Zigarette an und betrachtete das unheimliche Völkchen. Überall auf den Treppenabsätzen lagen Schädel; sie stammten wahrscheinlich von Ziegen. Jeder hatte eine Hühnerkralle, einen Vogelschnabel oder einfach ein Stück Knochen um den Hals hängen.

Unsere Geduld wurde auf keine harte Probe gestellt. Da stand er also, der Hohepriester, ganz anders, als ich ihn mir vorgestellt hatte. Ein junger Kerl – ich schätzte ihn auf ungefähr dreißig – in einer viel zu großen Hawaiihose und mit einem Baseball-Cap auf dem Kopf. Er versuchte sein fehlendes Charisma durch eine ganze Ansammlung von Krimskrams, den er um den Hals trug, zu kompensieren: Es war alles da, vom Papageienschnabel bis zum Vorhängeschloss einschließlich Schlüssel.

Eigentlich wirkte er auf uns merkwürdig verspielt, vor allem als er uns unvermittelt vier laut schmatzende Küsse gab. Er roch stark nach Alkohol. Mittlerweile hatte sich das ganze Dorf um uns geschart, und alle begannen, in einer unverständlichen Sprache zu plappern.

Da ertönte ein lauter Schrei. Alle Geräusche verstummten. Es herrschte Grabesstille; unser Magier war todernst. Mit fast hervorquellenden Augen, aufgeblähtem Brustkorb und einer lauten, aggressiven Stimme setzte er zu einer Rede an. William, der alles übersetzte, hielt es für einen Willkommensgruß. Ich glaubte ihm nicht.

Nach der theatralischen Einleitung wurden wir herumgeführt. Im Fetischdorf dienten viele Hütten als Miniaturtempel. William übersetzte: „Für jedes Problem gibt es einen Tempel. Wenn eine Frau ein Fruchtbarkeitsproblem hat, wird sie für 24 Stunden zusammen mit dem Voodoo-Priester in dieser Hütte eingeschlossen, um darin zu beten."

Ich sah hinein. Es war dunkel und feucht, und es stank darin. In einer Ecke lagen auf dem Boden Ziegenschädel und hölzerne Penis-Imitationen.

„Wenn die Frau und der Priester nach 24 Stunden herauskommen, sollte ihr Problem gelöst sein", sagte er lachend und zwinkerte. Es war wirklich auffallend, dass fast alle Kinder im Dorf gleichaltrig waren und einander glichen.

Wir besuchten noch fünf weitere Tempel. Einen gegen Magenbeschwerden, einen gegen Migräne, einen gegen charakterliche Mängel und zwei, in denen man mit verstorbenen Familienmitgliedern in Kontakt treten konnte. So wie der Fruchtbarkeitstempel über hölzerne Dildos verfügte, besaß jeder der anderen kleinen Tempel seinen eigenen Fetisch. Schädel lagen in jedem von ihnen. Dieses Voodoo war doch ganz schön unheimlich.

„Cinq Dollar", rief der Hohepriester plötzlich. Sprach er auf einmal Französisch? William hatte ihm mitgeteilt, dass wir ein echtes Voodoo-Ritual sehen wollten. Er war einverstanden, aber wir mussten dafür bezahlen: zunächst fünf Dollar, später weitere zwei Dollar für einen Liter hochprozentigen selbst gebrannten Alkohol.

„Den braucht man, um mit der Geisterwelt Kontakt aufzunehmen", ließ uns der Magier wissen.

Alle Beteiligten mussten von diesem starken, widerlich schmeckenden Gebräu trinken; es war offenbar reines Methanol. Alle, das hieß wir selbst sowie alle anwesenden Kinder, ganz gleich ob sie nun drei oder zehn Jahre alt waren. Alle tranken ein großes Schnapsglas – und das ex.

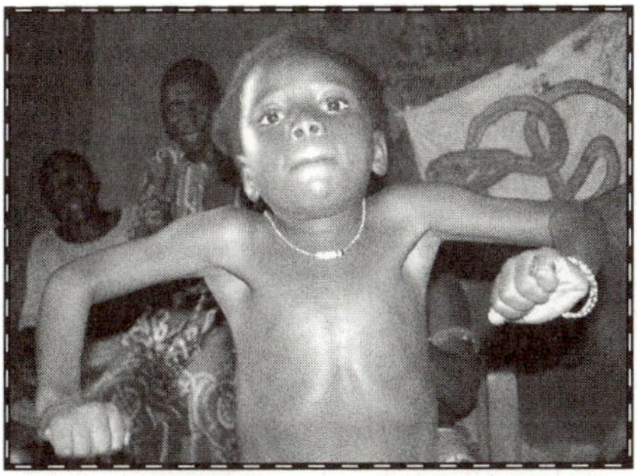

Nach einem Glas starken Alkohols fällt jeder in Trance.

Nun folgte eine Reihe von Tänzen und Beschwörungen, manchmal leise, fast flüsternd, dann wieder lauthals kreischend. Jeder der Anwesenden sprang mindestens einmal in die Mitte des Kreises, der sich inzwischen gebildet hatte, und tanzte dort eine Weile.

So entstanden eindrucksvolle Aufnahmen mit der Videokamera. Aber eigentlich waren wir hier, um den Voodoo-Priester wirklich in Aktion zu sehen. Würde er uns eine Demonstration seiner übernatürlichen Kräfte geben? Er nickte.

Er wollte uns zeigen, wie er durch Beschwörungen ein Huhn töten konnte, aber natürlich nicht kostenlos.

„Nur wenn du das Huhn bezahlst! Fünf Dollar!"

„Das ist ein teures Huhn", antwortete ich. „Auf dem Markt kostet es nicht einmal einen Dollar." Er hatte keine Lust zu handeln und starrte mich böse an.

„Okay, okay." Ich zog einen Fünfdollarschein hervor. Ein zehnjähriges Kind, das neben mir stand, riss ihn mir aus der Hand und übergab ihn dem Priester.

Er lachte, gab die Anweisung, ein Huhn herzubringen, setzte sich und schloss die Augen.

„Das ist seine mentale Vorbereitung auf die Beschwörung", erklärte uns William.

„Er schläft wahrscheinlich seinen Rausch aus", vermutete Christophe.

Das Spektakel begann. Jemand sollte das Huhn an den Nackenfedern festhalten und sich in genau fünf Schritten Entfernung vor den Priester stellen. Um sicherzugehen, dass niemand das Huhn heimlich erwürgte, bat ich Christophe darum, das Huhn festzuhalten. Ich würde das ganze Spektakel filmen.

Man drückte Christophe das Huhn in die Hand, er packte es bei den Nackenfedern.

Der Priester begann zu kreischen und mit den Armen herumzufuchteln. Das Huhn war davon beeindruckter als wir. Es flatterte wie verrückt, riss sich von Christophe los und lief davon. Christophe blieb mit einer Handvoll Federn zurück.

Eine Gruppe Kinder jagte ihm nach und brachte es kurz darauf zurück. Der ältere Bruder des Voodoo-Priesters griff sich das Huhn und hielt es nun selbst fest.

Das Singen, Schreien und Beschwören setzte aufs Neue ein.

Und dann passierte es. Das Huhn, das fünf Minuten lang starr geblieben war, bekam plötzlich einen Krampf. Das war das Signal. Der Bruder des Zauberers warf es ein paar Meter in die Luft. Es schlug reglos auf und war mausetot.

Psycho Chicken, qu'est que c'est?

Ich hatte das ganze Geschehen in Nahaufnahme gefilmt. Aber dennoch blieb es mir ein großes Rätsel. Hatte man dem Huhn zehn Minuten zuvor Gift gegeben, ihm heimlich den Hals umgedreht, oder ihm die Schlagader zugedrückt, oder … war der Voodoo-Priester wirklich ein großer Magier? Wir würden die Wahrheit nie erfahren.

Barrakudas und Kokosnüsse

Am nächsten Morgen erreichten wir den Strand von Grand Popo, einer alten Hafenstadt im Südwesten Benins. Vor uns lag der atlantische Ozean in all seiner Pracht. Azurblaues Wasser, fantastisch hohe Wellen, die sich in der Brandung brachen, sich in weiße Schaumkronen verwandelten und über den hellen Strand rollten. Endlich! Nach Tausenden von Kilometern Sand und nach den staubigen Straßen südlich der Sahara, nach drei Tagen, in denen wir schweißgebadet durch die feuchte tropische Hitze gefahren waren, kamen wir ans Meer ... was für ein Gefühl!

Am Strand von Grand Popo gab es nur ein Hotel, auf dem Parkplatz davor standen fünf neue Mercedes-Mietwagen. Wir ließen den Haupteingang links liegen und gingen gleich zur Strandseite des Hotels. Ein Schwimmbad, sauber geharkter Sand und Sonnenschirme aus Stroh; darunter sonnengerötete Touristen. Kellner, in tadellosem schwarzen Anzug, weißem Hemd und Fliege liefen umher und servierten erfrischende Cocktails.

Ich schlenderte an den Liegestühlen vorbei und nahm mit einigen Hotelgästen Augenkontakt auf, da ich Lust auf einen netten Plausch hatte. Keine Reaktion. Ich weiß nicht, ob es an meinen zerschlissenen Shorts und meinem schmutzigen T-Shirt oder an ihrer Arroganz lag, jedenfalls würdigten sie mich keines Blickes. Der schwarze Empfangschef hob nicht einmal den Blick, als ich mich zwei Minuten später nach dem Preis für ein Zimmer erkundigte. „Aufgeblasener Mistkerl“, rief ich und ging weg.

500 Meter vor dem Hotel hatten wir ein Schild gesehen. „Soyez bienvenus au camping: Coin des Amis.“ Dieser Campingplatz gehörte eindeutig einem Einheimischen. Ich ging erst mal zu ihm und unterhielt mich mit ihm. Er hatte am Strand drei Strohhütten errichtet. Aber seine Geschäfte liefen nicht so besonders; sein letzter Kunde war vor zwei Monaten abgereist. Er zeigte mir die Hütten. Eine von ihnen war doppelt so groß wie die anderen, hatte einen Schreibtisch, Elektrizität und eine ummauerte Ecke, die als Dusche diente. Er würde uns einen Eimer bringen. Wasser gab es im Ozean genug. Ich handelte einen Preis aus und bestellte zwei kühle Bier. Christophe fuhr Chuckie zum Strand.

Grand Popo Beach wurde für drei Tage unser eigenes kleines Paradies. Unsere Strohhütte stand direkt am Wasser unter den obligatorischen, sich im Wind wiegenden Palmen. Die drei kleinen Söhne des Besitzers wussten nicht, wohin mit ihrer Energie und ihrem Tatendrang. Morgens brachten sie uns frische Ananas, die sie vor Tau und Tag heimlich aus dem Obstgarten des Nachbarn stibitzt hatten. Sie zeigten uns, wie man Kokosnüsse pflückt. Behände wie ein kleiner Affe kletterte der älteste, ein Bürschchen von vielleicht zehn Jahren, im Eiltempo in die Krone einer Kokospalme. An seinem Gürtel hing unsere Machete, ein Hackmesser, das beinahe so groß war wie er selbst. Oben angekommen schlug er wie ein Besessener drauflos. Drei frische Kokosnüsse fielen mit einem lauten Plumps in den weichen Sand. Als er wieder unten war, zeigte uns sein jüngerer Bruder, wie es weiterging. In einer Hand hielt er die Kokosnuss, in der anderen die Machete. Mit ein paar gezielten Hieben kappte er die Spitze. Eine Nuss ergab zwei große Gläser Saft. Das noch weiche Fruchtfleisch war ein erfrischender Snack.

Lärm. Rufe und Gezeter, direkt vor unserer Tür. Dutzende Stimmen waren zu hören. Was ging hier vor? Ich sah auf die Uhr. Es war halb sieben in der Früh. Die Sonne war gerade aufgegangen. Ich stand auf und öffnete die Tür. Eine Gruppe von mindestens dreißig Männern und Frauen stand vor unserer Hütte und schaute aufs Meer. Einige von ihnen hielten ein dickes Seil in Händen. Alle halbe Minute packte der ganze Trupp das Seil, zog aus Leibeskräf-

Wieder einmal Zeit für einen gesunden Snack.

ten daran, holte es, angefeuert vom eigenen Geschrei, drei Meter ein und ließ dann wieder locker.

„Bonjour, Monsieur Gert", hörte ich eine junge Stimme neben mir.

„Bonjour, André", antwortete ich. André war der älteste Sohn unseres Gastgebers, der flinke Baumkletterer. „Was geht hier vor?"

„Das Meer ist heute Morgen ruhig; endlich kann wieder gefischt werden. Schau mal, siehst du die andere Gruppe dort hinten?"

In 200 Meter Entfernung stand am Strand tatsächlich eine zweite Gruppe, die offenbar mit derselben Aufgabe beschäftigt war.

„Früh heute morgen, noch bevor die Sonne aufgegangen war, haben die Fischer aus ihren Pirogen ein großes, 300 Meter langes Netz parallel zur Brandung ins Meer geworfen. Nun holen sie es wieder ein, indem sie beide Enden auf den Strand ziehen. Dann können die Fische nicht mehr entkommen. Komm, wir helfen ihnen ein bisschen."

Ich lief in die Brandung und griff mir das Seil. Die Fischer lächelten.

Jemand gab das Zeichen. Der Anführer brüllte, und ein paar Frauen, die im Eifer des Gefechts fast umgerannt worden waren, kreischten. Jeder zog mit aller Kraft. Ich betrachtete die Körper der Fischer voller Bewunderung. Alle, Junge wie Alte, waren ausgesprochen muskulös. Es kam nicht gerade jeden Tag vor, dass man einen alten Opa sah, der seinen Bauch zum „Six pack" trainiert hatte, oder einen vierzehnjährigen Jungen mit einem Bizeps, der doppelt so groß war wie mein eigener.

Erst nach zwei Stunden kam der Fang in Sicht. Um das Netz nicht zu zerreißen, als es schon halb aus dem Wasser hing, legten sie immer wieder Pausen ein. Jede zehnte Welle, die offenbar höher war als die anderen, überspülte den Strand. Genau in dem Moment zogen alle mit ganzer Kraft. Nach fünf Versuchen lag ein Netz von der Größe unseres 2 CV am Strand.

Ein älterer Mann löste den Knoten und Hunderte Kilo Fisch – tote und lebende – glitten heraus. Eimer, Plastiktüten und sogar ein halbes Ölfass wurden bis zum Rand gefüllt und dann meist auf dem Kopf weggetragen. Kein einziger noch so kleiner Fisch wurde zurückgelassen.

„Möchtest du heute Abend Fisch essen?“, fragte André.

„Gern“, antwortete ich. André lief zu einer Gruppe älterer Fischer, zu den Männern, die bei dem Einholen der Netze die Kommandos gegeben hatten. Er wechselte ein paar Worte mit ihnen, und sofort richteten sich alle Augen auf mich. Ich ging zu ihnen hin.

„Für zwei Dollar kannst du einen haben“, sagte André, „weil du geholfen hast; normalerweise verkaufen sie die Fische für mehr als das Doppelte an ein Restaurant.“

Vor mir im Sand lagen zwei gigantische Barrakudas. Der größere war ungefähr 80 cm lang und 12 cm dick. Der andere war etwa 10 cm kleiner. „Ich nehme sie alle beide“, antwortete ich.

André fragte, ob er den Fisch mit seinem Bruder säubern und zubereiten dürfe, um sich ein paar Cent dazuzuverdienen. „Mit Reis, Gemüse und einer leckeren Soße“, sagte er fast flehend. Ich hatte meine Zweifel, ob ein kleiner Junge von zehn Jahren hierzu in der Lage wäre, aber ich musste zugeben, dass er älter und erwachsener wirkte als seine Altersgenossen, die am Strand spielten. Und zu diesem Preis – er schlug alles in allem zwei Euro vor – konnte ich schon gar nicht nein sagen. Er strahlte vor Freude, packte den Fisch und rannte damit nach Hause.

Nach ein paar Stunden tauchte er in Begleitung seiner beiden Brüder wieder auf. Sie hatten einen Verwandten, der in der Stadt wohnte, gebeten, ihnen ein paar Sachen zu leihen. Wie vollendete Kellner säuberten sie den kleinen Tisch vor der Hütte und servierten Reis, eine Schale Soße und einen herrlichen Fisch. Stolz wie Oskar präsentierten sie die Prunkstücke der Familie: zwei schöne Teller mit passendem Besteck. Sie sahen uns beim Essen zu. „Also so essen die Weißen ...!“

Aber so lecker es auch war, mehr als einen halben Barrakuda schafften wir nicht. Ich schlug den Jungs vor, dass sie den Rest selber essen. Sie dankten uns, packten alles ein und verschwanden.

Zehn Minuten später ging ich zur Rezeption an der Straße, um uns zwei kühle Bier zu holen. Nicht nur André und sein Bruder, sondern die ganze Familie, insgesamt etwa zehn Personen, ließen sich unsere Reste schmecken. Sie lächelten und riefen „Vielen Dank!". Ich hatte Schuldgefühle.

Die Kinder von Le Coin des Amis.

Drei Tage blieben wir in diesem Paradies. Wir schlossen enge Freundschaft mit Andrés gesamter Familie und einigen Fischern. Wir gingen zusammen fischen oder schwimmen und schlenderten den Strand entlang, während wir uns Geschichten erzählten. Wir wollten hier nicht weg, denn uns war bewusst, dass wir uns auf Nigeria – unser nächstes Ziel – nicht wirklich freuten. Aber am nächsten Abend lief unser Transitvisum ab.

Wir fuhren an der Küste entlang nach Cotonou, Benins Hauptstadt, die direkt an der Grenze zu Nigeria liegt. In einem billigen Hotel, in dem die Gäste mehr nächtliche Zerstreuung als Nachtruhe suchten, verbrachten wir unsere letzten Stunden in Benin. Wir hatten den ganzen Vorabend auf einer Veranda zugebracht und waren dort mit ein paar Beninern ins Gespräch gekommen.

„Le Nigeria, c'est pas bon, Messieurs! Letzte Woche hat die Polizei sieben Diplomaten erschossen. Die Polizei hat seit Monaten kein Gehalt mehr bekommen und verlangt bei Routinekontrollen immer etwas Schmiergeld. Die Diplomaten, die mit einem Bus unterwegs waren, wollten dem Polizisten zwar etwas zustecken, aber als dieser sah, wie viel Geld sie dabeihatten, wollte er alles haben. Der korrupte Polizist zog seinen Revolver und schoss alle nieder. Nur zwei Diplomaten haben es überlebt."

An diesem Abend kreisten alle Geschichten um dasselbe Thema, und sie hatten oft denselben Ausgang. Ich telefonierte ein letztes Mal mit meiner Freundin.

VIII. NIGERIA
WELCOME TO THE JUNGLE, BABY

Auch unsere Reiseführer machten uns wenig Mut. „Nigeria ist ein chaotisches, leicht entflammbares Land voller ‚No-Go-Gebiete'. Straßenkriminalität und gewalttätige Überfälle gibt es überall im Land, oftmals am helllichten Tag. Übergriffe der Polizei sind an der Tagesordnung, vor allem bei Straßensperren."

„Im Süden des Landes kommt es häufig zu Entführungen mit Lösegeldforderungen."

„Unlängst kam es zu schweren gewaltsamen Zwischenfällen in Lagos."

„Aus Sicherheitsgründen sollten Sie sich nur für Hotels der höheren Preisklasse entscheiden, klemmen Sie immer einen Holzkeil unter die Zimmertür."

„Es droht die Gefahr, dass im ganzen Land Chaos und Gewalt ausbrechen."

„Nigeria ist eine tickende Zeitbombe."

Wir fuhren auf den Parkplatz der Zollstation. Es regnete in Strömen. Den Oberkörper nach vorne gebeugt, um alle Dokumente vor Feuchtigkeit zu schützen, lief ich zu den Büros. Diesmal waren es fünf an der Zahl. Nummer 1: Gelbfieberimpfkontrolle. Ich zeigte beide Impfbücher vor und konnte sofort passieren. Nummer 2: Einwanderungsbehörde. Sympathische Leute, schnelle Abfertigung. Ich füllte die Anmeldebescheinigung aus, ließ beide Pässe abstempeln und ging weiter. Nummer 3: Zoll. Ich wies unser Fahrtenbuch vor. Und als ob er den ganzen Tag nichts anderes täte, füllte der Beamte es im Eiltempo aus und stempelte es ab. „Haben Sie etwas zu verzollen?“, fragte ein zweiter Zöllner freundlich. Ich schüttelte den Kopf. „Na, dann wünsche ich Ihnen eine gute Reise.“ Nummer 4: Polizei. „Und, alles in Ordnung?“, fragte er. Ich nickte. „Okay, dann wollen wir Sie auch nicht länger aufhalten, mein Freund.“ Er schüttelte mir die Hand und wünschte mir ebenfalls eine gute und vor allem sichere Reise. Ich verstand die Welt nicht mehr. Ich hatte so viel Kritisches über Nigeria und seine Kontrollorgane gehört, aber das war verflixt noch mal der freundlichste, korrekteste und effizienteste Grenzposten ganz Afrikas. Ich fragte mich, worauf diese Gerüchte wohl beruhten, und ging zum fünften und letzten Büro. Ich trat ein.

„Guten Tag, die Herren“, grüßte ich. „Wie ich sehe, muss ich mich hier ebenfalls vorstellen. Zu welcher Abteilung gehören Sie?“

„Rauschgift!“, antwortete einer der Männer. „Drogendezernat“. Haben Sie Drogen bei sich? Kokain, Heroin, Haschisch, Marihuana?“ Ich war wie vom Blitz getroffen. Das hätte ich wirklich als Letztes erwartet. Ein Drogendezernat in Afrika. Normalerweise wäre das auch alles kein Problem gewesen, hätte mir nicht einer der Fischer am Strand von Benin ein Säckchen Marihuana mitgegeben. Was er selbst eine Kleinigkeit nannte, füllte in Wirklichkeit eine ganze Cola-Dose.

Ich schluckte. „Natürlich nicht!“

Der Beamte warf einen Blick nach draußen. „Ist das euer Auto?“

Es regnete noch immer Bindfäden. Und das war unser Glück. Denn er hatte offensichtlich keine Lust, bei einem solchen Wetter unseren Wagen zu inspizieren, und fragte daher: „Habt ihr einen Verbandskasten dabei? Einen Erste-Hilfe-Koffer? Ja? Kannst du ihn bitte holen?“

„Verdammt! Warum gerade den Verbandskasten?“ Das Gras war zwar im Gebläse der Heizung versteckt, aber ich hatte mein Tränengasspray, das ebenfalls illegal war, in die Pappschachtel des Nasensprays gepackt.

Ich brachte den Kasten mit, stellte ihn auf seinen Schreibtisch, versuchte ihn dann aber abzulenken. „Was für ein Sauwetter da draußen. Ist das normal für diese Jahreszeit?“ Es wirkte. Er kramte zwar kurz im Erste-Hilfe-Koffer, hielt es aber nicht für nötig, die Schächtelchen zu öffnen. Schon nach wenigen Sekunden schloss er den Deckel wieder und antwortete: „Ja, wir befinden uns in der Regenzeit.“

„Ich kann das überhaupt nicht verstehen", sagte ich. „Lesen Sie doch mal diesen Abschnitt über Nigeria in meinem Reiseführer." Ich legte den Lonely Planet auf seinen Schreibtisch.

„Nur Negativnachrichten, wenn man den Journalisten glauben darf. Und doch war die Grenzkontrolle hier die disziplinierteste und zivilisierteste in ganz Afrika. Niemand hat hier auch nur einen Cent Schmiergeld verlangt."

Der Mann war stolz wie ein König. „Glaubt nicht, was ihr über Nigeria lest oder im Fernsehen seht. Es hat hier zwar früher mal ein paar Vorfälle gegeben, aber das ist lange her. Genießt hier mal schön euren Urlaub."

Ich verabschiedete mich und ging einigermaßen beruhigt zurück zum Auto. Ich habe noch oft an diesen Typen zurückgedacht. Er gehört hinter Gitter für seine Lügenmärchen.

Der Schlagbaum auf der anderen Seite ging hoch. Im Schritttempo fuhren wir in Nigeria ein. Es war der reinste Hexenkessel. Hunderte von Fußgängern liefen kreuz und quer über die Straße. Bettler, Straßenhändler und Prostituierte warfen sich vor unseren 2 CV. Wir versuchten, jeglichen Blickkontakt zu vermeiden und so schnell wie möglich weiterzufahren. Vergebens. Ein Mann, der schon mehr als eine Minute an der Fahrerseite unseres Wagens mitgelaufen war und uns die ganze Zeit über ein Handybatterieaufladegerät andrehen wollte, stieß plötzlich einen lauten Schrei aus und sackte in sich zusammen. Daraufhin setzte Gekreische und Chaos ein, und all unsere Belagerer nahmen Reißaus.

„Was geht da vor sich?", fragte ich Christophe hastig.

Die Antwort auf diese Frage kam prompt in Form einer Plakette, die gegen das Fenster gedrückt wurde. „Polizei", stand darauf. Ein Mann in Zivil, der aber den Gummiknüppel, mit dem er dem Straßenhändler hart auf den Rücken geschlagen hatte, noch in der Hand hielt, gab uns ein Zeichen anzuhalten.„Polizei. Ihren Pass bitte", befahl er schroff.

„Aber wir kommen doch gerade von der Polizei, keine 100 Meter von hier entfernt. Sind Sie wirklich Polizist? Warum tragen Sie keine Uniform?"

„Weil niemand mir das vorzuschreiben hat. Das entscheide ich selbst!", antwortete er und riss Christophe beide Pässe aus der Hand.

Flüchtig begutachtete er das abgestempelte Visum, warf die Pässe wieder in den Wagen und rief: „Weiterfahren".

Christophe fuhr weiter, aber noch bevor er den zweiten Gang einlegen konnte, sprang ihm ein anderer Kerl – diesmal in Uniform – vor den Wagen. „Stopp!"

„Rauschgiftdezernat! Haben Sie einen Beleg dafür, dass Sie an der Grenze auf Drogen kontrolliert wurden? Nein? Das ist ein Verstoß. Das kostet Sie 20 Dollar!"

„Dieser verdammte Scheißkerl!" Ich stieg aus dem Wagen aus. „Pass mal auf, du weißt selbst ganz genau, dass niemand unkontrolliert über die Grenze kommt. Wenn deine Kollegen es nicht für notwendig gehalten haben, mir nach der Kontrolle einen Beleg auszustellen, dann ist das ihr Fehler, nicht meiner."

„Ohne Beleg kommst du hier nicht durch", antwortete er stur.

„Okay, wenn das so ist, dann gehe ich ihn holen. Aber die 20 Dollar kannst du vergessen!" Ich griff mir all unsere Dokumente und ging zu Fuß zur Grenzstation zurück.

Keine gute Idee. Schon nach zehn Sekunden war ich von zwanzig Händlern umzingelt, von Müttern mit Kindern auf dem Arm, die sich prostituierten, und von Typen à la „I am your friend, you need help?" Ein Gefühl der Unsicherheit überkam mich. Wenn einer von ihnen sich mit unseren Papieren aus dem Staub machen würde, hätten wir wirklich ein Problem. Zum Glück waren es nur 80 Meter.

Mit schnellen Schritten betrat ich das Gebäude.

Als ich mich der Tür des „Rauschgiftdezernats" näherte, hörte ich Lärm. „No, it was not me!" „Please, I beg you, let me go!" Beide Sätze wurden von Schmerzensschreien unterbrochen.

Die Tür des Büros stand offen. Ich streckte meinen Kopf hinein. Auf dem Boden lag ein Mann. Zwei Beamte – einer davon war der Typ, mit dem ich gesprochen hatte – waren dabei, ihn zu verprügeln.

Der Zöllner sah mich, gab seinem Opfer mit der Fußspitze einen letzten Tritt in die Magengegend und brüllte: „Und nun mach, dass du wegkommst!"

Dann wandte er sich an mich und lächelte, als sei nichts geschehen: „Hallo, wen haben wir denn da. Probleme?"

Ich tat so, als hätte ich von dem Vorfall nichts bemerkt, und erklärte ihm, warum ich hier war. „Oh ja, diesen Beleg, den habe ich wirklich vergessen. Einen Augenblick."

Eine Minute später händigte er mir ein Standardformular aus, das er unterzeichnet und abstempelt hatte. Ich spurtete zum Wagen zurück.

Auf den 150 Metern hinter der Grenze wurden wir letztendlich fünfmal kontrolliert. Dann ging es endlich voran. Es wurde auch Zeit. Es waren noch 70 Kilometer bis Lagos, und wenn wir die Stadt möglichst schnell wieder verlassen wollten, mussten wir heute noch zur Botschaft von Kamerun.

Die Straße war gut: Asphalt, zwei Fahrspuren in jede Richtung und kaum Verkehr. Wir kamen gut voran, bis Christophe plötzlich rief:

„Mist, Polizeikontrolle!“ Wir hielten an. Vier Polizisten, mit Maschinengewehren im Anschlag, versperrten die Fahrbahn. „Motor aus und aussteigen“, herrschte ein Kerl Christophe an, während er den Lauf seines Maschinengewehrs durch das Seitenfenster auf seine Brust drückte. „Ich will die Papiere sehen!“

Die Geschichte von den sieben Diplomaten spukte noch in meinem Kopf herum, als ich ihm die Dokumente reichte.

„Bitte, wir sind in der letzten Stunde schon fünfmal kontrolliert worden. Glauben Sie mir, unsere Papiere sind wirklich in Ordnung.“

„Halt die Klappe! Dich habe ich nicht gefragt! Ich spreche nur mit dem Fahrer!“, raunzte mich der Mann an und richtete dabei seine Waffe auf mich. Akribisch kontrollierte er Pässe und Wagenpapiere und verglich sie mit der Fahrgestellnummer, ohne einen Fehler finden zu können.

„Hast du einen Feuerlöscher?“, fragte er plötzlich. „Zeig mir den Feuerlöscher. Sofort!“ In dem Moment wurde mir klar, was sie vorhatten. Die Typen wollten Schmiergeld. Ich zeigte Ihnen den Feuerlöscher und erwartete, dass als Nächstes kommen würde: „Zeig mir den Verbandskasten, das Warndreieck, das Reserverad.“

Aber ihre nächste Anschuldigung war origineller.

„Das ist in Nigeria nicht gestattet.“ Er zeigte auf unsere beiden Nebelscheinwerfer.

„Ich könnte wetten, dass er gleich ein Bußgeld in US-Dollars fordert“, flüsterte ich Christophe zu.

Wenn es doch nur so gewesen wäre. „Euer Auto wird beschlagnahmt!“, sagte der Älteste von den vieren. Es traf uns wie ein Blitz aus heiterem Himmel.

Wir waren sprachlos. War das nun ein Bluff, oder meinten sie es ernst?

Sie schienen es wirklich ernst zu meinen. Um seinen Worten Nachdruck zu verleihen, öffnete einer von ihnen die Wagentür und klemmte sich hinters Steuer. Zum Glück hatte Christophe den Zündschlüssel in seiner Tasche.

Hier trieb man ganz offensichtlich ein Spiel mit uns. Selbst wenn es ein Gesetz gab, das Nebelscheinwerfer verbot, war das noch lange kein Grund, das Auto zu beschlagnahmen. Wenn wir zur Kaserne fuhren und ihren Vorgesetzten den Fall schilderten, würden wir vielleicht zu unserem Recht kommen.

„Ich nehme mal an, dass Sie den Wagen zur Kaserne bringen wollen. Wo liegt die?"

„Eine Stunde von hier entfernt", antwortete er.

Eine Stunde war zu viel. Bei den ganzen Diskussionen und dem enormen Verwaltungsaufwand würden wir Lagos niemals vor Einbruch der Dunkelheit erreichen. Und nach Sonnenuntergang wagt sich kein Weißer mehr auf die Straßen von Lagos.

„Kann man da nichts machen?", fragte ich.

„Zwanzig US-Dollar", kam es wie aus der Pistole geschossen, als habe er nur auf diese Frage gewartet.

„Zehn", antwortete ich.

„Fünfzehn, oder wir fahren zu Kaserne."

„Okay, fünfzehn." Ich berappte die fünfzehn Dollar.

Bevor wir aufbrachen, schüttelte er uns die Hand und lachte zynisch: „Eine sichere Weiterreise wünsche ich noch!"

Lagos kam in Sicht. Am Horizont zeichneten sich als Symbole des Reichtums Nigerias die Konturen riesiger Hochhäuser ab. Nigeria ist der fünftgrößte Ölproduzent der Welt, doch von seinem Reichtum profitiert nur ein Prozent der Bevölkerung. 99 Prozent der Nigerianer sind bettelarm.

Wir waren noch 15 Kilometer vom eigentlichen Zentrum entfernt, als sich plötzlich der Verkehr verlangsamte und wenig später ganz zum Stillstand kam. Horden von Straßenverkäufern überfielen die Autoschlangen. Sie versuchten mit allen möglichen Produkten ihr Brot zu verdienen. Die Hälfte von ihnen verkaufte Batterieaufladegeräte für Handys, die andere Schraubenzieher, Taschenlampen, Handtaschen oder anderen Plunder. Nicht einer bot eine kalte Cola, eine Flasche Wasser oder ein Päckchen Kekse an. Nur ein einziges Mal erstand Christophe ein Päckchen Nüsse, aber sobald die anderen Verkäufer bemerkt hatten, dass wir etwas gekauft hatten, stürmten sie mit 25 Mann auf unseren Chuckie ein und warfen die Hälfte ihres Sortiments durch unser Fenster.

Erst nach zwei Stunden im Stau erreichten wir das Zentrum. Dort herrschte Chaos. Ein Gewirr von Autos, Motorrädern, Fußgängern, die die Straße überquerten, und ein ohrenbetäubendes Gehupe, das einen wahnsinnig machte. An einer roten Ampel hielten wir an.

Christophe hatte es zuerst gesehen: „Guck mal da, eine Leiche auf der Kreuzung!“ Auf dem Beton lag ein nackter Mann, er war tot. Eine große Blutpfütze breitete sich unter seinem Kopf aus. War er überfahren worden? Hatte man ihn beraubt und erschossen? Würde die Polizei ihn wegschaffen oder ihn wie die überfahrenen Tiere mitten auf der Straße liegen lassen? Noch bevor ich eine Antwort bekam, wurde mir schlecht. Wir standen zu dritt an der roten Ampel. Unser kleiner 2 CV und zwei riesige alte Armeelastwagen. Es wurde grün. Beide Lastwagen gaben Gas.

„Würde er wirklich ...? Oh, mein Gott!“

Einer der Lastwagen fuhr quer über den toten Körper. Als wir daran vorbeifuhren, schaute ich voll Grausen aus dem Fenster. Was übrig blieb, war ein platter und fast zerteilter Körper. Die Eingeweide des Mannes lagen zwischen seinen Beinen. Der Wagen hatte alles durch seinen Anus herausgepresst. Ich öffnete die Tür und kotzte.

Drei Uhr nachmittags: Botschaft von Kamerun, Victoria Island, Lagos. Am Empfang zog ich unser Empfehlungsschreiben für den Botschafter aus der Tasche und bat um eine Unterredung. Zehn Minuten später saß ich vor seinem Schreibtisch.

Er war gut gelaunt. „Visa werden nur zweimal die Woche ausgestellt, aber ihr hofft natürlich, dass wir aufgrund dieses Schreibens eine Ausnahme machen, nicht wahr?“

„Äh … ja“, sagte ich lachend.

„Ich werde sehen, was ich tun kann.“

Während seine Assistentin sich um unsere Visa kümmerte, checkte ich unsere E-Mails. In Cotonou, Benin, hatte man uns ein paar Telefonnummern von Organisationen und Personen gegeben, die wir in Lagos vielleicht um Hilfe oder Unterkunft bitten konnten, aber wir hatten nichts wirklich Konkretes. Nun hatten wir mehr Glück. Guy Haveneers, ein Flame, der als Business Administration Manager bei Siemens in Lagos arbeitete, hatte uns eine Mail geschickt und uns darin mitgeteilt, wie wir ihn erreichen könnten. Er schrieb, wir seien bei ihm und seiner Familie willkommen. Ich rief ihn an.

„Endlich! Welcome to hell!", rief er ganz begeistert.

Der Chauffeur des Botschafters fuhr vor uns her. Nach einer halben Stunde erreichten wir das Gelände von Siemens.

„Respekt, Jungs", sagte Guy. „Ich würde mich das nie trauen, was ihr da versucht. Ihr wollt also wirklich durch Nigeria fahren?"

Stundenlang erzählte Guy von seinem Leben und seiner Arbeit als weißer Immigrant in Nigeria: Stories von Todesdrohungen, entführten Kollegen, Gewalt, Morden und von seinen Bemühungen, in diesem Betondschungel für sich, seine Frau und seine beiden Kinder eine Existenz aufzubauen.

„Eines tun wir hier viel zu viel wegen des permanenten Drucks und der bedrohlichen Lebensumstände: Wir saufen zu viel!" Er öffnete eine weitere Flasche Heineken.

„Du wirst es morgen merken. Der Kater ist unvermeidlich."

Am nächsten Morgen brachen wir um halb sechs auf. Wir nahmen von der Familie Haveneers Abschied, dankten Guys Frau noch einmal besonders für die herrliche belgische Mahlzeit und verließen das schwer bewachte Areal.

Nach einer Viertelstunde hatten wir uns verfahren und irrten in einem Labyrinth von Asphalt und Beton umher. Wir gerieten in chaotische Staus und mussten fünfmal vor Geisterfahrern abbremsen und ausweichen. Es dauerte vier Stunden, bis wir die Stadt hinter uns hatten.

Fire-for-Fire

Eine Autobahn! Ich war gespannt. Auf der Michelin-Karte von Nord- und Westafrika sind nur drei Autobahnen verzeichnet. Eine davon führt durch Nigeria und verbindet über 333 Kilometer Lagos mit Benin City.

„Bist du sicher, dass du diese Straße nehmen willst?“, hatte Guy am Abend zuvor noch gefragt. „Das ist lebensgefährlich. Die Strecke besteht nur aus Schlaglöchern und Gräben. Lkws brettern mit Höchstgeschwindigkeit über sie hinweg, um die Auswirkungen zu minimieren. Aber manchmal ist das Schlagloch so groß, dass die zu schwer und zu hoch beladenen Wagen umkippen. Wenn du da gerade neben ihnen fährst, wirst du platt gedrückt.“

Aber seine Informationen beruhten nur auf Hörensagen. Eine Autobahn wurde doch sicher regelmäßig gewartet – davon gingen wir jedenfalls aus.

Direkt vor der Autobahnauffahrt trat Christophe plötzlich hart auf die Bremse. Eine Straßensperre! So wie es aussah, hatten Polizisten die Autobahnauffahrt mit ein paar Baumstümpfen blockiert. Sechs Mann standen in drei Zweiergruppen an einem engen Durchlass.

„Die haben zu viel Fernsehen geschaut“, sagte ich. „Das Outfit dieser Typen musst du dir mal betrachten.“

Sie trugen alle eine schwarze Uniform, jeder mit einem besonderen Touch. Einer hatte die Hosenbeine hochgekrempelt, ein anderer hatte seinen Oberkörper entblößt und präsentierte stolz seinen muskulösen und großflächig tätowierten Brustkorb. Sie trugen scharfe Sonnenbrillen, blickten streng und pflegten ihr Macho-Gehabe. Eines war sicher: Mit den Typen war nicht zu spaßen.

Kurz darauf erfuhren wir etwas darüber, wer sie waren und worin ihre Aufgabe bestand. „Operation Fire-for-Fire“, erklärte uns der Tankwart. „Die Regierung hat ein Spezialkommando ins Leben gerufen, um Gewalt mit Gewalt zu bekämpfen. Sie sorgen mit eiserner Hand für die Sicherheit auf den Straßen. Ihre ultimative Waffe und die Garantie für ihren Erfolg ist ihre *licence to kill*. Sie operieren stets in Sechsergruppen. Die ersten beiden halten die Autos an, die nächsten beiden führen die Kontrollen durch. Was meistens heißt, dass sie Schmiergeld kassieren. Jeder gibt ihnen ohne große Diskussion eine Kleinigkeit, meist nur ein paar Cent. Am Ende der Reihe stehen immer schwer bewaffnete Männer, die eingreifen, wenn etwas schief läuft.“ Und in der Tat hatten vor allem die letzten beiden unsere Aufmerksamkeit auf sich gezogen. Denn sie sahen aus, als wären sie dem Film „Man in Black“ entsprungen. An ihrer Schulter hing eine Art futuristischer Waffe, eine völlig verchromte Kombination aus Maschinengewehr und Raketenwerfer.

„Und denkt daran", sagte der Tankwart, „nicht alle Polizisten tragen in diesem Land eine Uniform, aber wenn man nicht anhält, schießen sie den Wagen einfach zu Schrott. Und rechne nicht mit einem Prozess; sie werfen deine Leiche einfach in den Dschungel!"

„Schöne Aussichten", antwortete ich. Wir fuhren weiter.

Aber die schöne Geschichte schien zu stimmen. Alle, die angehalten wurden, streckten ihre Hand aus dem Fahrzeug und gaben den beiden mittleren Polizisten ein paar Münzen, noch bevor ihr Wagen völlig zum Stillstand kam. Wieder eine Leiche! Diesmal lag sie am Straßenrand, neben einem ausgebrannten Autowrack. Es stank bestialisch. Nie zuvor hatte ich den Geruch des Todes gerochen, den Gestank verwesenden Menschenfleisches, und nie werde ich diesen Geruch wieder vergessen.

Auf 200 Kilometern trafen wir noch dreimal auf diesen Geruch. Dutzende ausgebrannter Autowracks lagen am Straßenrand. Einmal wurden wir fast Zeuge eines Zwischenfalls. Von weitem sahen wir eine gewaltige Rauchsäule über den Baumwipfeln aufsteigen. Keine 200 Meter vom Feuerherd entfernt stand abermals ein Kontrollposten. Schon der 28. auf dieser Autobahn. Wieder war es „Fire-for-Fire".

Die neugierigen Polizisten kamen zu unserem Wagen, stellten ein paar Fragen über unser Reiseziel, schüttelten uns gut gelaunt die Hand und wünschten uns eine sichere Reise. „Oh ja, da hinten liegt einer, der nicht anhalten wollte. Fahrt links an ihm vorbei!"

Im Graben lag ein Tankwagen, sein Diesel brannte noch auf dem Asphalt. Eine Gruppe Schaulustiger stand um ihn herum und gaffte. Ich bat Christophe anzuhalten, machte ein Foto und stieg wieder ein.

Unsanft zum Stillstand gebracht von *Fire-for-Fire*.

Für die Autofahrt von Lagos nach Benin City brauchten wir letztendlich einen ganzen Tag. Das Schneckentempo war nicht nur den 30 Kontrollen zu verdanken, sondern auch dem katastrophalen Straßenzustand, vor dem Guy uns gewarnt hatte. Ein Schlagloch reihte sich ans andere. Einige waren nur klein, aber andere groß genug, um unseren ganzen 2 CV darin verschwinden zu lassen. Es hätte das Ende unserer Reise sein können, wenn wir in vollem Tempo in so ein Loch gerast wären. 50 Stundenkilometer – mehr war nicht drin.

In einem Dorf etwas außerhalb von Benin City verbrachten wir die Nacht. Wir mussten eine Weile nach einem Hotel suchen, das einigermaßen vertrauenswürdig wirkte. Die Berichte, die wir im Lonely Planet über nächtliche Überfälle in Hotelzimmern gelesen hatten, bewogen uns, fast den gesamten Inhalt des 2 CV mit hineinzuschleppen und die Tür die Nacht über mit dem Schreibtisch und dem Fernseher zu verbarrikadieren. Die Kakerlaken in der Dusche waren vorerst unsere geringste Sorge.

Um fünf Uhr morgens klingelte der Wecker. Auf unserem Gaskocher machte ich Wasser heiß. Erst einen halben Liter für den Kaffee, danach noch mal drei Liter Trinkwasser für später. Wir hatten fast unseren gesamten Vorrat an Wasserdesinfektionstabletten aufgebraucht, und auch unser Wasserfilter war von den Algen im Wasser von Benin hoffnungslos verstopft. Christophe lud das Gepäck in die Ente. Um sechs Uhr waren wir wieder unterwegs.

Es war ein herrlicher Morgen. Wir fuhren auf einer relativ guten Straße quer durch den Dschungel. Über dem Urwald lag leichter Nebel, die Gegend war hügelig, und an den höher gelegenen Stellen war die Aussicht atemberaubend. Erst sah man das Grün, dann eine weiße Nebelschicht und darüber feuerrot die aufgehende Sonne. Niemand war auf der Straße, und wir kamen gut voran.

Das Tagespensum betrug 450 Kilometer. Die Ente war in Topform. Wir fuhren sieben Stunden und erreichten Ogaja am frühen Nachmittag. Chuckie verblüffte uns immer wieder. Mit einer einzigen Tankfüllung, etwa 23 Litern, hatte er 402 Kilometer zurückgelegt. Und das mit Benzin von minderer Qualität, was man am so genannten *Nachdieseln* erkannte: Der Motor rüttelt nach dem Ausschalten noch weiter, als arbeite die Zündung noch.

Wir waren nun an einem Punkt angekommen, an dem wir uns entscheiden mussten. Wir konnten entweder nach Südosten fahren und nach 95 Kilometern die Grenze zu Kamerun passieren oder parallel zur Grenze auf nigerianischem Boden weiter nach Norden fahren. Die erste Alternative hatte den Vorteil, dass wir das Land nach zwei Stunden verlassen konnten, aber den Nachteil, dass uns eine Fahrt über die schlechten Straßen des Hochgebirges von Nordkamerun bevorstand. Wir begutachteten die zweite Alternative. Die Straßen im Osten Nigerias waren offenbar relativ gut, das Gros der Polizeikontrollen lag wohl hinter uns, und der Treibstoff kostete nur ein Drittel des in Kamerun üblichen Preises. Der Nachteil war, dass wir zwei Tage länger in Nigeria bleiben mussten, mit allen Konsequenzen, die das haben könnte.

Doch das schreckte uns nicht mehr. Wir hatten zwar in den letzten beiden Tagen einiges an Verrücktheiten gesehen, aber hier war alles ruhiger, so schien es jedenfalls. Wir hatten die ganze Zeit schon viel Glück gehabt – warum sollte das Blatt sich nun plötzlich wenden? Wir tankten den Wagen voll, kauften ein Brot und zwei Ananas. Und abermals kamen wir zügig voran.

Während unserer kurzen Stopps schwatzten wir mit den Einheimischen, die manchmal begeistert wie eine Horde losgelassener Wilder auf unseren Wagen losstürmten. In Nigeria schienen alle ein bisschen verrückt zu sein. Einmal lief sogar ein Soldat an der Spitze einer Gruppe Einheimischer, die uns bestürmte. Er rannte wie ein Besessener auf uns zu, grinste breit und kreischte. Zehn Meter vor der Ente stolperte er. Er schaute auf, klopfte sich den Staub von der Hose und beschloss, die letzten Meter auf Händen und Füßen zurückzulegen.

Quer durch Nigeria: 1700 Kilometer Abenteuer.

Nach 463 Kilometern strandeten wir in Jalingo. Das einzige Motel am Ort hatte noch ein Zimmer frei. Es kostete anderthalb Euro, bewachter Parkplatz inbegriffen. Der Besitzer, ein gesetzter Mann in den Fünfzigern, hatte blendende Laune. In der folgenden Woche sollten hier Wahlen stattfinden. Er selbst war der neue aussichtsreiche Kandidat für den Posten des Provinzgouverneurs. Nach seinen Angaben war der Thron in greifbarer Nähe. Die Wahlkampagne hatte ihren Höhepunkt erreicht, und er wusste nicht mehr, wohin mit seiner Begeisterung. Traktoren und Pferde zogen Anhänger mit Wahlplakaten und einer ausgelassenen Gruppe seiner Sympathisanten durchs Dorf. Die Musik plärrte, die Trommeln tönten aus allen Richtungen. Alle freuten sich, denn in ein paar Tagen würde ihr Kandidat, ihr Held, für sie in den Ring steigen. „Die Korruption hat ein Ende", riefen fast alle. „Und sie glauben sogar daran", flüsterte Charles, der Sohn des Kandidaten.

Charles sah aus wie eine afrikanische Version von Prince, dem Popstar der 1980er-Jahre: Er war klein und mager, hatte eine Art Bürstenhaarschnitt und trug hohe Absätze, um seine geringe Größe wettzumachen. Er hatte einen etwas zu engen Anzug an. Sein Vater hatte ihn gebeten, das Hotel während der Wahlkampagne zu managen.

Wir kamen mit ihm ins Gespräch, als wir jemanden zum Geldwechseln suchten. Als Sohn eines erfolgreichen Geschäftsmannes war er der Einzige im Dorf, der in Lagos studiert hatte. Marketing war sein Spezialgebiet, aber nach dem Studium hatte sein Vater ihn gezwungen, in seinen Geburtsort zurückzukehren. Charles war davon nicht gerade begeistert gewesen.

Er schlug vor, kurz etwas trinken zu gehen. „Der IQ und das Bildungsniveau in Jalingo sind viel zu niedrig. Man trifft hier keine interessanten Leute und erst recht keine Touristen. Das hohe Maß an Gewalt, die Religionskriege, die Korruption und die Entführungen haben in Nigeria jede Form des Tourismus vollkommen zum Erliegen gebracht. Die Hälfte der Kinder unter zehn Jahren haben in diesem Dorf noch nie einen Weißen gesehen", seufzte er. „Wie soll ich mich da intellektuell ausleben?"

Er musste noch eine halbe Stunde arbeiten. In der Zwischenzeit bereiteten Christophe und ich unser Zimmer für die Nacht vor. Das einzige kleine Fenster unserer Bude ging zum Innenhof. Es war nicht verglast und das Fliegengitter war löchrig. Wir schoben unsere Betten zusammen und holten unser eigenes Moskitonetz aus dem Wagen. Über dem Bett gab es keinen Haken. Wir spannten ein Seil zwischen der Lampe an der Wand und der Türklinke und hingen unser Netz daran auf. Dann entrollten wir unsere Schlafsäcke – denn die Laken waren schon seit längerem nicht mehr ausgewechselt worden –, aßen schnell eine Dose Cornedbeef und begleiteten Charles zu einem Lokal auf der gegenüberliegenden Straßenseite.

Mit den Nigerianern ist es so eine Sache. Die meisten sind robuste Kerle, oft einen Meter neunzig groß und supermuskulös. Guy hatte uns erzählt, dass sie in England als die besten und am härtesten arbeitenden Sklaven galten, aber auch als schwer zu bändigen. Das wunderte mich nicht in diesem Land voller Mike Tysons. Wir betraten ein Lokal. Es war stockdunkel. Das wenige Licht kam von den zwei rotgefärbten Glühlampen, die über der Bar hingen. Nachdem sich meine Augen an das Halbdunkel gewöhnt hatten, schaute ich mich um. Die Gespräche der Anwesenden verstummten. Alle sahen sie in unsere Richtung. Große weiße Augen starrten uns an.

„Wir setzen uns in den Garten", schlug Charles vor. Auch er fühlte sich in seinem Maßanzug und in Begleitung zweier Weißer nicht besonders wohl. Der Garten, eigentlich ein Innenhof mit ein paar Bäumen, war angenehmer. Hier brannte ein großes Lagerfeuer, auf den Tischen standen Kerzen, und das Publikum bestand überwiegend aus verliebten Pärchen, die hier den Abend lang rumschmusten und zusammen eine Cola tranken.

Auch Charles trank eine Cola. Wir waren im Norden Nigerias, und die Mehrheit der Bevölkerung war muslimisch. Zum Glück gab es auch Bier. Im Hintergrund hörte man immer noch das Wahlkampfgetrommel. Es hatte etwas Exotisches.

„Bald kann ich hier keinen Fuß mehr hineinsetzen", begann Charles. „Heute vertrauen sie noch meinem Vater. Sie glauben, dass er mit der Korruption, die diese Provinz plagt, kurzen Prozess macht. Wer's glaubt, wird selig. Wenn er erst einmal gewählt ist, tut er nichts dergleichen. Das ist Afrika. Idealismus gibt es hier nicht." Er seufzte und fuhr fort. „Die beiden Söhne des derzeitigen Gouverneurs studieren jetzt in England. Nicht nur ihr Studium, sondern auch ihr Appartement im Zentrum Londons wird durch Schmiergelder oder Steuergelder finanziert. Es ist nicht gemietet, sondern gekauft! Zu Hause träumt Vater schon laut von einem Haus in Paris und von Schweizer Bankkonten. Wenn's nach ihm geht, kann ich nach Amerika oder England gehen, um dort weiterzustudieren. Es ist ekelhaft, aber ich muss darauf eingehen. Wenn ich hier bleibe und Vaters Betrügereien ans Licht kommen, dann lynchen sie mich. Wenn er gewählt wird, muss ich hier weg! Korruption ist ein fester Bestandteil der afrikanischen Gesellschaft, oder besser gesagt: der afrikanischen Kultur", klagte Charles. „Es gibt sie überall, wo man auch hinschaut, und auf allen Ebenen. Sie breitet sich aus wie eine Öllache. Wenn die Machthaber so handeln, dann denkt der Rest der Bevölkerung, er dürfe das auch. Nehmt nur einmal unser Krankenhaus als Beispiel. Eine britische Wohlfahrtsorganisation hatte hier eine moderne Klinik errichtet, sie war die einzige am Ort. Statt dieses Projekt zu begrüßen, hatten es die örtlichen Behörden in ihrer Arroganz noch für nötig befunden, den Briten Bedingungen zu stellen. Der Direktor sollte ein Nigerianer sein. Letztendlich hatte man sich darauf geeinigt, dass in den ersten zehn Jahren ein weißer Arzt die Geschäftsführung der Klinik übernimmt. Er sollte dafür sorgen, dass das Krankenhaus wirklich funktioniert und das Geld nicht von irgendeinem Bürgermeister oder Gouverneur eingestrichen wird. Während dieser zehn Jahre funktionierte das Krankenhaus reibungslos. Das Personal konnte sogar Praktika in Großbritannien absolvieren, es kamen Weiße als freiwillige Helfer für die Ärzte und das Pflegepersonal. Diese Klinik war vorbildlich für die ganze Provinz. Schließlich wurde ein einheimischer Arzt zum Direktor ausgebildet und darauf vorbereitet, die Geschäfte zu übernehmen. Du kannst dir schon denken, was dann passierte.“ Charles war nun in Fahrt und fuhr fort: „Das Krankenhaus bestand genau zehn Jahre und zwölf Tage. Sobald der weiße Direktor das Dorf verlassen hatte, hat sich der neue Direktor mit der Kasse und allen teuren medizinischen elektrischen Geräten bei Nacht und Nebel aus dem Staub gemacht. An den folgenden Tagen plünderte das Pflegepersonal das ganze Krankenhaus. Sie verkauften die Betten vor der Tür, schleppten die Matratzen mit nach Hause; sie ließen alles mitgehen, was nicht niet- und nagelfest war. Nun stehen nur noch die Mauern. Es ist mehr als traurig, aber ich sage es noch einmal: Das ist Afrika.“

Gebrochene Achsen – in Nigeria ein gewohnter Anblick.

Ich hätte Charles' Analysen noch stundenlang zuhören können, aber als einer seiner Bekannten sich ungebeten zu uns an den Tisch setzte, wechselte er prompt das Thema. Wir tranken noch ein letztes Bier, gaben ihm noch eine Cola aus und nahmen Abschied. Wir wollten bei Sonnenaufgang aufbrechen und gegen Abend das Land verlassen haben.

Chicago Bulls

„Tut mir Leid Jungs, das hättet ihr aber wissen können."

Am nächsten Morgen verdarben wir mindestens vier Männern die Laune. Wir hatten die Erlaubnis erhalten, Chuckie direkt vor unserem Zimmer auf dem kleinen Innenhof des Motels zu parken. Uns war aber nicht klar gewesen, dass die anderen Gäste sich ebenso viele Sorgen um die Sicherheit ihrer Wagen machten und daher alle unserem Beispiel gefolgt waren. Das hatte dazu geführt, dass die Durchfahrt versperrt war. Es war viertel vor sechs. In ein paar Minuten würde die Sonne aufgehen, und wir wollten weiter. Dem Nachtwächter fiel die undankbare Aufgabe zu, die anderen Gäste zu wecken und sie zu bitten, ihre Wagen wegzufahren.

Vorsichtig klopfte er an vier Zimmertüren, wechselte ein paar Worte mit den Gästen und kam zu uns zurück. Er berichtete, dass zwei der Herren mit einer Prostituierten „voll in Aktion waren". Einer hatte sich widerwillig dazu bereit erklärt, sich anzuziehen, der andere bat um eine halbe Stunde Geduld.

Wir ließen nicht locker. Der arme Nachtwächter klopfte ein zweites Mal an die Tür und bekam eine Kanonade von Schimpfwörtern ab. Zwei Minuten später flog die Tür auf. Noch in der Unterwäsche lief der Mann zu seinem Wagen, warf uns einen vernichtenden Blick zu und startete sein Auto. Die anderen drei folgten seinem Beispiel.

Wieder war es ein herrlicher Tag. Die Landschaft war grün, hügelig und pittoresk. Immer wieder sahen wir Männer mit Gewehren im Dschungel verschwinden und wieder auftauchen, es waren offenbar Jäger. Sie schossen auf alles, was sich bewegte, und boten dann ihre Beute am Straßenrand zum Kauf an. Papageienartige Vögel, Affen, ja sogar ein Schuppentier. *Bushmeat*, für das man in einigen Restaurants ein Vermögen bezahlte, war hier billiger als Rindfleisch. Ich hätte es gerne gekostet, aber die Tiere wurden mit Haut und Haar verkauft. Und wie bereitet man in Gottes Namen ein Schuppentier zu? Wir waren schließlich nicht Crocodile Dundee.

„Noch 150 Kilometer." Ich studierte gerade die Landkarte, als Christophe plötzlich schrie: „Was macht dieser Idiot denn da?"

Mitten auf der Straße, etwa 100 Meter vor uns, stand ein Mann; er wedelte mit den Armen und machte uns Stoppzeichen.

„Polizei vielleicht?", mutmaßte ich. Am Morgen zuvor hatten wir das letzte Mal eine Polizeikontrolle passiert.

„Er trägt keine Uniform", gab Christophe zu bedenken.

„Ja, aber das wäre nicht das erste Mal." Ich erinnerte ihn an die Polizisten an der Grenze und an einige Typen von der „Fire-for-Fire"-Brigade.

Wir näherten uns dem Mann und fuhren langsamer. Aus 20 Metern Entfernung erkannten wir, dass er ein Brett bei sich trug, aus dem lange Nägel herausstanden. Diese Bretter konnte man unter ein Auto werfen oder darunter schieben, wenn sich der Fahrer weigerte anzuhalten.

„‚Fire-for-Fire' benutzt diese Dinger auch", meinte Christophe.

„Das sieht aber ziemlich merkwürdig aus", brummte ich, „an einem so verlassenen Ort, 25 Kilometer vom nächsten Dorf entfernt!"

Wir fuhren nun im Schritttempo auf den Mann zu. Er bedeutete uns, am Straßenrand anzuhalten. Weiterfahren hieß zu riskieren, dass wir abgeknallt würden. Wir hielten an.

Ich traute der Sache nicht. Er war ganz allein, und das Nagelbrett war amateurhaft gemacht. Es wirkte längst nicht so professionell wie bei den anderen Ordnungshütern. Ich schaute mir den Mann an, sah keine Pistole an seinem Gürtel und brüllte – überzeugt davon, dass hier etwas nicht mit rechten Dingen zuging – Christophe zu: „Gib Gas, wir hauen hier ab, das ist kein echter Bulle."

Zu spät!

An unserem Gesichtsausdruck erkannte der Mann, was wir vorhatten, und noch bevor Christophe Gas geben konnte, warf er das Nagelbrett vor unsere Vorderräder.

„Zurück!", rief ich panisch.

„Auch zu spät!“, rief Christophe. In seinem Seitenspiegel hatte er gesehen, dass ein zweiter Kerl aufgetaucht war und ebenfalls ein Nagelbrett hinter die Hinterräder geworfen hatte. Wir saßen fest.

„Stell den Motor ab“, rief der erste durch unser offenes Fenster.

Christophe sah mich an. „Sie sind zu zweit, aber wir auch. Glaubst du, dass sie bewaffnet sind?“

Ich kam nicht dazu, ihm zu antworten. Denn im nächsten Moment traten mehrere Männer aus dem Wald hervor. Es waren unheimliche Typen, alle zwischen dreißig und vierzig, zerlumpt gekleidet, und schwarze Mützen mit dem „Chicago Bulls“-Logo auf dem Kopf. Sie wirkten, als seien sie direkt der Bronx oder einem amerikanischen Gangsterfilm entsprungen. „Was denkst du?“, fragte ich Christophe. „Passkontrolle?“ Meine Stimme zitterte.

„Ich hoffe, dass wir hier lebend rauskommen“, antwortete er und blickte dabei starr geradeaus.

Ob es nun an dem Glücksbringer lag, den Catherine mir bei der Abreise mitgegeben hatte? Oder an den Unmengen von Kerzen, die meine Großmutter seit Beginn der Reise in der Marienkirche von Halle angezündet hatte? War es Zufall, oder hatten wir wirklich einen Schutzengel? Ich bin mir darüber immer noch nicht im Klaren, aber was in dem Augenblick passierte, war einfach surrealistisch.

Genau in dem Moment, als zwei der Gangster die rechte Tür öffnen wollten – was ihnen übrigens nicht gelang, weil die Tür abgeschlossen war und sich nur von innen öffnen ließ –, wandten sich die Köpfe der sechs anderen Gauner der Straße zu.

Ich schaute nach links und sah durch Christophes Fenster einen großen schwarzen Mercedes mit gepanzerten Scheiben.

„Wo kommt der denn plötzlich her?“ Den ganzen Tag waren wir kaum einem Wagen begegnet.

Das hintere Seitenfenster des Mercedes öffnete sich. Alle schauten erstaunt, als der dicke Kopf und der schwer dekorierte Oberkörper eines Militärs dahinter zum Vorschein kam.

„Was geht hier vor?“, raunzte er mit lauter Stimme.

Alles blieb still.

„Wer seid ihr, und warum habt ihr diese Leute angehalten“, brüllte er einen der Gangster an. „Antworte!“

Aber es kam keine Antwort. Stattdessen rief der Erste, der uns angehalten hatte, seinen Kumpanen etwas zu, und im nächsten Augenblick rannte die ganze Bande in den Dschungel.

Wir waren gerettet! Das war haarscharf!

„Warum lasst ihr euch von solchen Typen anhalten?“, fragte der Oberst oder General oder was immer er auch war. „Begreift ihr nicht, wie gefährlich es hier ist?“

Ohne unsere Antwort abzuwarten, befahl er uns, hinter ihm herzufahren. Nach einer Stunde und 75 Kilometern erreichten wir – dank unserer Privateskorte – Numan. Kurz vor der Stadtgrenze gab der Chauffeur des Mercedes uns ein Zeichen, geradeaus weiterzufahren. Er bog in eine Seitenstraße ab. Wir haben uns nie bei ihm bedanken können.

Von Numan aus führte uns unser Weg ostwärts nach Yola, zur letzten Stadt vor der Grenze zu Kamerun. Hier mussten wir unsere letzten Nairas, so heißt die nigerianische Währung, ausgeben. Am besten investierten wir sie in Benzin. Am Stadtrand entdeckten wir drei Tankstellen. An der ersten gab es schlechte Neuigkeiten: Sie hatte kein Benzin mehr. Wir fuhren weiter zur zweiten. Dort dasselbe Lied. Vor der dritten stand eine Schlange von 20 Autos, es waren vor allem Taxis. Christophe reihte sich ein und rückte langsam vor. Ich ging mich ein wenig umsehen.

„Wenn dieser Tank leer ist, dann gibt’s hier auch nichts mehr“, sagte der hilfsbereite Tankwart. „Dann müssen Sie drei oder vier Tage warten.“

„Mist,“ antwortete ich, „unser Visum läuft morgen aus.“

„Dann gehen Sie mal Ihr Auto holen. Fahren Sie durch die Ausfahrt herein!“

Zwei Minuten später tankten wir – unter den strafenden Blicken der Wartenden – Chuckies Tank, die beiden großen und den kleinen Ersatzkanister voll.

Wir dankten dem Tankwart, gaben ihm unsere restlichen Nairas als Trinkgeld und fuhren auf einem grässlichen, ausgetrockneten Schlammweg zur Grenze. Für die letzten 60 Kilometer brauchten wir drei Stunden. In Nigeria hatten wir 1700 Kilometer zurückgelegt. Wir hatten es von Südwesten nach Nordosten durchquert und hatten überlebt.

Die allerletzten Kilometer bis zur Grenze führten uns über einen Serpentinenpfad durch den Dschungel. Die Grenzstation konnte mit dem Zollbüro, das wir bei unserer Ankunft in Nigeria gesehen hatten, nicht mithalten. Sie bestand nur aus einer Holzbaracke mitten im Dschungel. Vor ihrer Tür lag eine schmutzige Matratze auf dem Boden. Es war niemand zu sehen, und es gab auch keinen Schlagbaum, der die Grenze markierte.

Da wir für unser Carnet de Passage, quasi den Reisepass unserer Ente, auf jeden Fall einen Ausreisestempel brauchten, machte Christophe sich in der Baracke auf die Suche. Er fand den Zöllner schlafend und laut schnarchend auf seinem Schreibtisch liegen. Vorsichtig weckten wir ihn.

Bekifft und mit blutunterlaufenen Augen sah er Christophe an. „Papiere!“, murmelte er. Christophe drückte ihm unsere Pässe und das Fahrtenbuch in die Hand.

„Hast du einen Stift dabei?“

Widerwillig füllte er den Ausreiseabschnitt aus.

„Ich brauche meinen Stempel. Wo habe ich ihn denn nur gelassen?“ Er schaute sich um und griff hinter sich. Plötzlich erblickte er den Stempel, aber dass er sein komfortables Bürobett verlassen sollte, war zu viel verlangt.

„Kannst du ihn mir bitte mal bringen?“, fragte er ein wenig verschämt.

„Das Auto steht vor der Tür. Müssen Sie es sich nicht ansehen?“, fragte Christophe.

„Nein, das ist schon okay. Gute Weiterfahrt“, antwortete der Zöllner und schloss die Augen.

IX. KAMERUN
BRÜLLENDE ELEFANTEN & PIEDS NOIRS

Zwischen den Grenzposten von Nigeria und Kamerun lagen sechs Kilometer Waldstrecke. Das Niemandsland war ein wahres Labyrinth. Schlammpfade führten in alle Richtungen. Auf gut Glück und mit Hilfe von Kompass und GPS waren wir ungefähr drei Kilometer gefahren, als wir plötzlich vor einem etwa 100 Meter breiten Fluss standen.

„Wo ist die Brücke?“, fragte ich einen der Umstehenden.

„Die Brücke?“, war seine überraschte Reaktion. „Eine Brücke hat es hier noch nie gegeben. Hier kommen normalerweise keine Autos vorbei. Nigerianische Buschtaxis setzen ihre Kunden auf dieser Seite ab. Die müssen dann sehen, wie sie auf eigene Faust an das andere Ufer kommen. Von dort nehmen sie dann ein Kameruner Urwaldtaxi.“

„Haben Sie vielleicht eine Idee, wie wir ans andere Ufer kommen?“, fragte ich ihn. „Versuch es da mal“, sagte er und zeigte mit seinem Finger auf eine bestimmte Stelle. „Da ist der Fluss am niedrigsten und der Boden am besten.“

Wir hatten kaum eine andere Wahl. Christophe stieg aus, watete durch den Fluss und kontrollierte den Untergrund. Als er auf der anderen Seite ankam, gab er ein Okay-Zeichen

Mit einem mulmigen Gefühl fuhr ich ins Wasser. Im Schritttempo und im ersten Gang tastete ich mich Meter um Meter vor. Ich spürte, dass der Boden von großen Kieselsteinen übersät war. Chuckie suchte sich seinen Weg: darüber hinweg, daran vorbei und zwischen ihnen hindurch.

Noch fünfzehn Meter ... noch zehn ... noch fünf ... und plötzlich: Peng! Es gab einen Schlag, und dann war nichts Besonderes mehr zu hören. Der Motor lief normal, aber trotzdem ging es nicht mehr vorwärts, keinen einzigen Meter. Ich versuchte einen anderen Gang einzulegen: den zweiten, den dritten, den vierten ... nichts. Ich schaltete in den Rückwärtsgang, gab Gas und ... nichts. Wie konnte das sein?

Christophe kam zum Wagen. Ich schilderte ihm das Problem.

„Das ist wahrscheinlich das Getriebe! Und das gerade hier! Wir sind immer noch im Niemandsland. Der Taxifahrer meinte, hier sei es noch unsicherer als in Nigeria selbst. Letzte Nacht hat man hier am Fluss sechs Taxifahrer und ihre Kunden überfallen."

Der Taxifahrer, über den Christophe sprach, kam uns zu Hilfe.

„Habt ihr ein Seil?", fragte er. „Ich ziehe euch an Land."

Am Ufer öffneten wir die Motorhaube, aber selbst bei genauester Untersuchung konnten wir nichts Ungewöhnliches entdecken.

„Hast du bei der Fahrt durch den Fluss etwas Besonderes bemerkt?", fragte der Taxifahrer.

„Nein, eigentlich nicht. Na ja, ich bin über einen großen Kieselstein gefahren und dann mit meinem linken Vorderrad abgerutscht, aber mehr nicht." „Dann ist wahrscheinlich die Kardanwelle gebrochen." Er legte sich unter den Wagen, besah sich den Schaden, fummelte daran herum und sah seine Vermutung bestätigt. „Hab ich's nicht gesagt! Eine gebrochene Kardanwelle."

Tausende von Kilometern von zu Hause entfernt überkam mich ein Schamgefühl. Monatelang hatte mein Vater mir ans Herz gelegt: „Nimm eine zusätzliche Kardanwelle mit." Zwei seiner Freunde waren der Meinung, die Kardanwelle sei der schwächste Punkt der Ente. Aber im 2-CV-Club Huppel teilte niemand diese Meinung. Und da jedes Kilo zählte, hatten wir den Rat meines Vaters in den Wind geschlagen.

Hier standen wir also vor unserem ersten ernst zu nehmenden technischen Problem. Wir hatten weder Ersatzteile, noch konnten wir den Bruch schweißen. Die Kardanwelle war an ihrem kritischsten Punkt gebrochen: dem Kugellager.

„Keine Panik!", sagte der Fahrer. „In Afrika lösen sich Probleme von selbst."

„Ich kenne jemanden, der einen 2 CV besitzt. Ein Weißer, „un pied noir“ – so nennt man hier die Weißen, die in Afrika geboren sind. Er wohnt in Garua, etwa 30 Kilometer von hier. Vielleicht kann er euch helfen. Ich kann euch hinbringen.“

Wir gingen auf seinen Vorschlag ein.

Kurz danach brach Christophe auf; ich blieb bei Chuckie, um zu verhindern, dass er ausgeplündert wurde. Es war schon spät am Nachmittag, aber es war immer noch heiß. Ich schob die Ente unter einen Baum und machte in seinem Schatten ein Nickerchen.

Als ich eine halbe Stunde später aufwachte, standen Christophe und der Taxifahrer wieder neben mir. Sie hatten einen alten Mann und ein Dutzend Kinder im Schlepptau.

„Wegen der gestrigen Überfälle hielt dieser Typ es für keine so gute Idee, dich hier mit der Ente allein zurückzulassen. Etwa zwei Kilometer von hier liegt ein Dorf. Schieb die Ente dort hin. Wir haben dir ein bisschen Verstärkung mitgebracht. Bis gleich.“ Er stieg wieder ein und verschwand.

Die Kinder waren hellauf begeistert und fingen sofort an zu schieben. Ich hoffte aus tiefstem Herzen, dass ihre Begeisterung ehrlich gemeint war und sie nicht auf eine Bezahlung spekulierten. Ich steuerte Chuckie auf den Weg zurück. Neben ihm hergehend lenkte ich ihn durchs geöffnete Fenster und schob ihn gemeinsam mit den Kindern, als hinge unser Leben davon ab. Nach 20 Minuten erreichten wir das Dorf.

Es bestand nur aus wenigen Strohhütten. Es gab weder fließendes Wasser noch Elektrizität – kurz: gar nichts. Das feuchtheiße tropische Klima und die physische Anstrengung hatten mir schwer zugesetzt. Ich hatte Durst, großen Durst, riesigen Durst! Unser Wasservorrat war praktisch aufgebraucht. Ich bat um ein wenig Wasser.

Einer meiner kleinen Gehilfen, der etwas Französisch sprach, brachte mich zu einem offenen ummauerten Reservoir. Darin befand sich das Trinkwasser des Ortes. Es wurde aus dem Fluss geschöpft und hier gesammelt.

Ich hatte keine Lust, erst eine Reinigungstablette hineinzuwerfen und dann noch eine halbe Stunde zu warten.

„Gibt es hier einen Laden?“, fragte ich den Kleinen.

Er nickte, nahm meine Hand und zog mich zu einer Bretterbude. Hier bot man große Flaschen Limonade an, die von einer dicken Staubschicht bedeckt waren. Im letzten Jahr hatte hier wohl niemand Limonade gekauft.

„Ich hätte gern eine", sagte ich zu dem Verkäufer.

CFA, die hiesige Währung, hatten wir noch nicht gewechselt, und unsere Niaras waren aufgebraucht. Ich schlug dem Verkäufer daher vor, einen Fünfdollarschein als Pfand zu behalten. Christophe würde in der Stadt sicherlich Geld wechseln. Sobald er zurück wäre, könnte ich in hiesiger Währung zahlen. Er lehnte ab.

Mein kleiner Helfer sah, worum es ging, sprach kurz mit dem Verkäufer und stürzte davon. Zwei Minuten später kam er mit all seinen Ersparnissen – ungefähr anderthalb Dollar in hiesiger Währung – zurück. Wir kauften davon zwei große Flaschen Limonade.

Die Polizeistation befand sich am Dorfausgang: Eine Strohhütte, zwei Polizisten. Sie luden mich auf ein Glas Tee ein. Allmählich wurde es dunkel. Sicherheitshalber sollte ich den Wagen bei ihrer Hütte parken, schlugen sie vor. „Im Dorf kann man nicht jedem trauen", meinte der ältere von ihnen und drückte mir einen Teller mit Brei in die Hand. Wir machten ein Lagerfeuer. Etwas später kuschelte ich mich in die Ente und schlief ein. Sieben Stunden waren seit dem Zwischenfall vergangen. Von Christophe noch immer keine Spur.

Eric, le pied noir

„He Gert, wach auf, Junge!" Ich hörte Christophes Stimme.

„Endlich! Ich war schon ein bisschen beunruhigt. Wo warst du denn überall?"

„Bei Eric, dem Franzosen, bei einem Geldwechsler, in einem Laden, beim Zoll, und zuletzt noch zwei Stunden auf der Straße, ein paar Kilometer von hier, das Taxi hatte eine Panne."

Er öffnete seinen Rucksack und packte ein paar Flaschen Bier aus, eine kleine Schachtel „La vache qui rit" und ein paar ölbeschmierte Brote.

Ich lachte: „Nach dem Brot zu urteilen hast du wohl Glück gehabt?"

„Absolut." Er zauberte zwei Kardanwellen hervor.

„Dieser Eric ist ein fantastischer Typ. Er führt so eine Art kleines Hotel, aber eigentlich kümmert er sich mehr um seine 2 CV-Sammlung als um seine Frau und sein Geschäft. Ich habe bei ihm gegessen und bin dann in seiner Bar hängen geblieben. Er will uns schnell wiedersehen. Die Kardanwellen gab's übrigens gratis!"

Wir tranken unser Bier am Lagerfeuer der Polizeistation. Ein paar Stunden Schlaf genügten, und voller Tatendrang machten wir uns am nächsten Morgen an die Reparatur des Wagens. Während der Nacht hatte die Polizei einen großen Lastwagen gestoppt, der einige Schäferfamilien mitsamt ihren Herden über die Grenze schmuggeln wollte. Männer, Frauen und Kinder hatten sich im Laderaum zwischen dem Vieh versteckt. Gegen Schmiergeld würde die Polizei sie zwar weiterfahren lassen, aber nicht in der Dunkelheit. Pflichtbewusst wie sie waren, wollten die Polizisten den Lkw nach Sonnenaufgang auch auf Waffen und andere Schmuggelware hin kontrollieren.

Das war unser Glück. Zum Auswechseln der Kardanwelle brauchten wir einen 32er-Schlüssel. In unserer Werkzeugkiste gab es keinen, aber die Schmuggler konnten uns aushelfen.

Eric, *Mr. 2 CV* in Kamerun.

Morgens um sieben war die Arbeit erledigt. Zu ihrer großen Enttäuschung gaben wir jedem der Kinder nur eine Summe, die etwa einem Euro entsprach. Mit 20 Minuten Schieben hatten sie den Tageslohn eines Erwachsenen verdient. Trotzdem waren sie enttäuscht. Denn schließlich waren wir steinreiche Weiße, und sie hatten nachts von 1000 Dollar geträumt.

„Mais quelle petit bijou" – welch kleines Schmuckstück –, rief Eric, als wir auf seinem Parkplatz den Motor abstellten. Da unser Auspuff locker war, hatte er uns schon von ferne kommen hören. Seine Frau, eine junge schöne Kamerunerin, und seine zwei schwarzen Mechaniker gesellten sich zu ihm.

Eric war ein verlebter Mann in der Fünfzigern und ein typischer „pied noir". Polternd und arrogant wie er sich gebärdete, schien ihm nicht bewusst zu sein, dass die Kolonialzeiten schon lange vorbei waren. Mit ein paar Schimpfworten scheuchte er seine junge Frau zur Rezeption. Seinen zwei Mechanikern befahl er, unsere Ente sofort zu inspizieren. Er klemmte sich selbst hinters Lenkrad und fuhr Chuckie in seine Werkstatt, wo im Betonboden eine richtige Arbeitsgrube eingelassen war. Er ließ den Motor an, öffnete die Motorhaube, nahm einen Schraubenzieher aus seiner Hosentasche und stellte den Vergaser allein nach Gehör ein.

„Verdammt, hört ihr denn nicht, dass der Auspuff locker ist! Warum habt ihr ihn denn noch nicht befestigt, faule Idiotenbande!“, schrie er seine schwarzen Helfer an.

„Mit diesen Kerlen kann man doch nichts anfangen“, beschwerte er sich. „Genauso gut könnte man mit einer Horde Affen arbeiten.“

Aus Höflichkeit gegenüber unserm Gastgeber und aus Dankbarkeit für seine Hilfe schwiegen wir. Ich schaute zu den zwei Mechanikern. Sie hatten das Geld bestimmt dringend nötig.

In den beiden Stunden darauf erhielt Chuckie eine richtige Inspektion. Es war ein einziges Hin-und-Her-Gerenne mit einer Ölpumpe, einem Werkzeug, das wir vorher noch nie gesehen hatten und das offenbar zum Einfetten verborgener Kugellager verwendet wurde. Sowohl Motor- wie auch Getriebeöl wurden erneuert. Der Auspuff wurde geschweißt, denn er hatte sich offenbar nicht nur gelockert, sondern auch ein daumennagelgroßes Loch im Auspufftopf. Eric vermutete hierin die Ursache für den hohen Benzinverbrauch in den letzten Tagen.

Bei der gründlichen Untersuchung des Chassis und der Aufhängung tauchte ein neues Problem auf. Die Befestigungen der hinteren Stoßdämpfer waren beschädigt. Wir hatten die Firma Monroe um Stoßdämpfer eines Citroën Mehari gebeten, einer Art Geländewagen auf dem Chassis eines 2 CV. Wir hatten gehört, diese seien viel stabiler. Offenbar zu stabil. Der Stoßdämpfer war noch in ausgezeichnetem Zustand, aber die Aufhängung war hinüber.

Die vorderen Stoßdämpfer waren ganz ausgeleiert. Nach unserer Saharafahrt konnte man die Einzelteile klappern hören.

Trotz seiner ungehobelten Art war Erics Sympathie für uns grenzenlos. Er schenkte uns zwei Originalstoßdämpfer für die Hinterräder und ersetzte die vorderen.

Er wollte kein Geld für seine Hilfe. Daher schenkten wir ihm zwei neue Schläuche und einen Reifen. Mit zwei Reservereifen würden wir es schon schaffen, dachten wir, und Schläuche hatten wir genug.

Für drei Euro pro Nacht blieben wir zwei Tage. Wir wohnten in einem Bungalow mit Aussicht auf das Tal. Joggen, Bier trinken und ab und zu etwas lesen. Mehr stand nicht auf dem Programm.

Per – denn das Leben besteht nicht nur aus Abwasch

Obwohl Kamerun ursprünglich nicht auf unserer Reiseroute stand und wir das Land eigentlich schon nach anderthalb Tagen hätten verlassen können, blieben wir noch eine Woche. Im äußersten Norden war die Natur von atemberaubender Schönheit – und bisher hatten wir noch keinen einzigen touristischen Ausflug unternommen. Ein Punkt auf der Karte, neben dem die Worte „campement des éléphants" standen, änderte das. Unter dem Vorwand, eine Testfahrt zu unternehmen, verabschiedeten wir uns für zwei Tage von Eric und fuhren dorthin.

Eine Stunde südlich von Garoua fuhren wir von der Asphaltstraße ab. Ein Waldweg für Fußgänger und Esel führte uns tief in den Busch hinein. Eine Stunde lang schlugen Äste gegen unsere Windschutzscheibe, und wir konnten wegen des dichten Laubwerks oft kaum vier Meter weit schauen. Nach 40 Kilometern lichtete sich der Wald. Vor uns lag ein riesiger See. An seinen Ufern standen ein paar Schilfhütten. Ein Wegweiser mit der Aufschrift „Campement des éléphants" wies nach links. Nach 500 Metern bogen wir auf ein Privatgelände ein.

Ausblick aus Pers Wohnung.

Vor uns tauchte eine Oase der Ruhe auf: ein paar Bungalows aus Lehm, ein gut gepflegter Garten. Ich stieg aus und ging zu Fuß weiter. Staunend blickte ich über das Tal. Wald und Wildnis, so weit das Auge reichte. Im Tal wand sich ein breiter Fluss, sein Wasser glitzerte im Sonnenlicht.

Fünf Minuten später begegneten wir Per, einem norwegischen Arzt und der Seele des Camps. Doch zunächst gab er sich reserviert. Unsere Ankunft ließ ihn erst einmal kalt. Er zeigte uns einen Platz, an dem wir unser Zelt aufbauen konnten, und gab uns einige Tipps zu unserer eigenen Sicherheit. „Nehmt nachts immer eine Taschenlampe mit, damit ihr Löwen und Leoparden rechtzeitig bemerken und euch aus dem Staub machen könnt." Er warnte uns auch vor aggressiven Affen, was nicht verhindern konnte, dass ich am nächsten Tag von einem angefallen wurde. Zu guter Letzt zeigte er uns, wo seine bewaffneten Wächter ihr Lager aufgeschlagen hatten.

„Warum hast du diese Leute angeheuert? Ist es hier denn so gefährlich?", fragte Christophe. Statt uns eine Antwort zu geben, führte er uns zur Rückseite seiner Hütte. Hier saß ein Schwarzer, die Kette eines schweren Flaschenzuges hing an seinem Fuß.

„Die Lokalbevölkerung weiß zwar, dass es sich hier um ein Naturschutzgebiet handelt, aber sie richtet sich nicht immer danach. Sie lassen ihr Vieh einfach im Park grasen." Per seufzte. „Sie werden es nie lernen!"

Per erklärte uns, warum es so gefährlich war, das Vieh im Park grasen zu lassen. „Hier herrschen die gleichen Tierkrankheiten wie in Europa, zum Beispiel die Maul- und Klauenseuche. Wenn sie im Park ausbricht, kann das den Fortbestand meiner 500 Elefanten gefährden. 500 Rinder kann man leicht ersetzen, vor allem mit den Zuschüssen, die ich ihnen gelegentlich zukommen lasse, damit sie sich von hier fernhalten. Aber ersetze mal 500 Elefanten!"

Um dem Problem des illegalen Weidens zu begegnen, hatte ihm der Staat auf seinem Gelände Polizeibefugnisse erteilt. Jeden Tag schickte er eine Patrouille von 20 Mann los. Heute waren sie fündig geworden. Den Gefangenen würden sie am nächsten Morgen nach Garoua bringen, um ihn dort der Polizei zu übergeben.

Einige Tage später trafen wir Per wieder in einer Hotelbar in Maroua, einer etwas nördlicher gelegenen Stadt. Wir erfuhren,

An einen Flaschenzug gekettet.
Mit der Aussicht auf eine dreijährige Gefängnisstrafe.

dass sein Gefangener zu drei Jahren Gefängnis verurteilt worden war. Dessen Familie hatte eine Ziege und 50 000 CFA (75 Euro) als Schmiergeld angeboten, aber Per hatte es nicht angenommen.

Dieser Abend im „campement des éléphants“ wird mir unvergesslich bleiben. Sobald ich ein gewisses Interesse an seiner Arbeit hatte erkennen lassen, sprudelte es aus dem zunächst so zurückhaltenden Mann nur so heraus. Ohne dass ich auch nur ein Wort einwerfen konnte, erzählte er mir alles über seine Arbeit, seine Vergangenheit und seine Zukunftspläne.

Per hatte seine Kindheit als Sohn eines norwegischen Diplomaten zum Teil in Kamerun verbracht. Er hatte in seinem Heimatland Medizin studiert und war zeit seines Lebens für die Vereinten Nationen unterwegs gewesen. Seine Aufgabe hatte darin bestanden, den Gesundheitszustand der Truppen zu inspizieren. Vor zwölf Jahren hatte er es an der Zeit gefunden, seinem Leben eine entscheidende Wendung zu geben. Von da an widmete er sich seinen liebsten Vierfüßlern: den Elefanten. In Nordkamerun gab es früher unmittelbar südlich von Garoua eine große Elefantenpopulation. Aber nachdem man für einen gigantischen Staudamm eine große Landfläche unter Wasser gesetzt hatte, kehrten die Tiere von ihrer alljährlichen Wanderung nicht mehr zurück. Mit Unterstützung des Staates, der ihm einen geschützten Naturpark von 100 000 Hektar zuwies, und mit viel Geduld und Beharrlichkeit war es Per nach Jahren gelungen, die Kolosse in ihr ursprüngliches Habitat zurückzulotsen.

„Meine Männer haben gerade einen Büffel geschossen. Esst ihr mit?“

Der frisch erlegte Büffel auf dem Barbecue, die atemberaubende Kulisse, das Lagerfeuer, ein Sonnenuntergang über dem Fluss wie in „König der Löwen“, die brüllenden Nilpferde, Affen, Löwen und Elefanten ... es war überwältigend. Die 86 Mückenbisse dieses Abends nahm ich gern in Kauf.

Brüllende Nilpferde in Le Campement des éléphants.

Am nächsten Tag kehrten wir frühabends wieder zu unserem Basislager „Mont des Olliviers" zurück (Ollivier war Erics Familienname). Wir trafen Eric in Gesellschaft an. Auf seinem Parkplatz standen vier Wagen. Sie gehörten nicht irgendwelchen Touristen, sondern seinen Freunden, Franzosen, die laut vernehmlich seine Neigungen teilten. Bei einer Flasche Pastis saßen sie alle um einen großen Tisch. Je mehr sich die Flasche leerte, umso lauter wurden die Männer und umso mehr hatten der schwarze Kellner, Erics Frau und die Schwarzen im Allgemeinen auszuhalten. Ungeniert tatschten die Männer Susanna aufs Hinterteil und erzählten einen rassistischen Witz nach dem anderen.

Christophe und ich fragten uns, wie lange das noch gut gehen würde. Immerhin befanden wir uns im Afrika des 21. Jahrhunderts. Wann würde der Baum des Hauses Ollivier zerbersten? Am nächsten Morgen brachen wir auf. Wir hatten keine Lust, uns von Eric zu verabschieden, wohl aber von Susanna. Und der Baum, nun ja, für sie war er wohl schon geborsten. Wir fanden sie hinter einer Mauer, in den Armen ihres jüngeren schwarzen Liebhabers.

Die Rhumsiki-Berge.

Wir blieben noch drei weitere Tage in Kamerun. Im äußersten Norden, unmittelbar an der Grenze zu Nigeria, stellten wir den Wagen bei Charlie, einem jungen Briten, der in Mokolo Englisch unterrichtete, ab. Wir wollten uns ein wenig die Beine vertreten und wanderten in die Rhumsiki-Berge, die für ihre spektakulären Felsformationen berühmt sind.

Nach einem Umweg von 4000 Kilometern erreichten wir schließlich Ndjamena, die Hauptstadt des Tschad.

X. TSCHAD
BUSCHWERKSTATT & VIP IN DER WILDNIS

Es war sieben Uhr und bereits stockdunkel, als wir Ndjamena erreichten. Auf unserem Weg durch das Stadtzentrum begegneten wir nur selten einem anderen Wagen, und auch Fußgänger waren kaum unterwegs. Der einzige offizielle Campingplatz, „La Caravelle“, hatte schon sechs Monate vorher geschlossen. Unsere einzige Hoffnung, in dieser kostspieligen Stadt eine erschwingliche Unterkunft zu finden, richtete sich auf das Novotel, das zweitteuerste Hotel der Stadt, in dem nach Auskunft eines unserer Reiseführer Overland Travellers für drei Euro auf einer brachliegenden Wiese neben dem Hotel zelten durften.

Offenbar war diese Information allgemein bekannt, denn auf dem „Campinggelände“ begegneten wir zwei niederländischen Overland Travellers, die mit einem alten Landrover unterwegs waren, einem niederländischen Motorradfahrer, der sich alleine nach Kapstadt durchschlug, und drei Schweizer Hippies mit einem vornehmen Toyota Landcruiser. Seit unserer Abfahrt aus Brüssel trafen wir auf diesem Campingplatz zum ersten Mal Reisende, die unsere Ziele teilten; wir verstanden uns auf Anhieb. Wir aßen zusammen, spülten mit einigen großen Gläsern des hiesigen Bieres nach und erzählten uns gegenseitig von unseren Abenteuern.

Häufig kreiste das Gespräch auch um das Thema Essen. Natürlich litt keiner von uns Hunger, aber wir hatten Lust auf Abwechslung. Seit anderthalb Monaten lebten wir nun schon von Reis und Nudeln mit Thunfisch aus der Dose und kleingeschnittenen Zwiebeln, und wenn wir Glück hatten, ergatterten wir eine Dose Cornedbeef oder eine Schachtel „La vache qui rit“. Alle träumten von einem saftigen, vor allem aber großen Stück Fleisch. Die reizvollen Schilderungen vom berühmten Restaurant „The Carnivore“ in Nairobi, in dem man gegen ein geringes Entgelt so viel afrikanisches Wild (Gnu, Krokodil, Zebra etc.) essen konnte, wie man wollte, gaben schließlich den Ausschlag. Wir beschlossen, ein riesiges Barbecue zu organisieren, und packten es gemeinsam an.

Die Aufgaben wurden verteilt: Wir besorgten Fleisch und Bier, die Niederländer bereiteten Soßen und Salat zu, die Schweizer sorgten für Brot und Pellkartoffeln. Wir bauten ein schönes Lagerfeuer, legten Steine in einem Kreis drum herum und aßen an zwei Abenden so viel wie wir konnten von dem Filet, das wir kiloweise zu einem lächerlich niedrigen Preis auf dem Markt erstanden hatten.

Blutige Steaks waren leider nicht dabei. Denn als wir das Fleisch auf dem Markt kauften, war es von Fliegen übersät, die ihre Eier darauf ablegten. War das nun einfach nur eklig oder zusätzliches Protein? Das kam auf den Standpunkt an, von dem aus man es betrachtete.

Die sudanesische Botschaft: ein Pokerspiel

So unterhaltsam die Abende auf dem Campingplatz auch waren, die Stunden, die ich tagsüber auf der sudanesischen Botschaft verbrachte, waren frustrierend. Die Prozeduren, die man durchlaufen musste, um ein Visum für den Sudan zu erhalten, schienen endlos. Schon einen Monat vor unserer Abreise hatten wir in Belgien einen offiziellen Antrag eingereicht. Bis zum Tag unserer Abreise hatten wir darauf keine Antwort erhalten. Nun, nach einem weiteren Monat Wartezeit, 25 Anrufen unserer Familien und diplomatischem Druck eines Exministers, der hier nicht genannt werden möchte, bewilligte die „Ausländerbehörde“ in Khartum unseren Antrag. Der sudanesische Botschafter in Belgien würde das Visum seinem Kollegen in Ndjamena zuschicken, um zusätzliche langwierige Verwaltungsprozeduren im Tschad zu umgehen.

Am Montagmorgen begab ich mich zur sudanesischen Botschaft. Ein freundlich lächelnder, tief in einen übergroßen Sessel versunkener Botschaftsangestellter hieß mich willkommen. Ich erklärte ihm unsere Situation. Unsere Visa oder unsere Namen mussten hier irgendwo notiert sein.

Er verabreichte mir erst einmal eine kalte Dusche. „Ich habe hier die Liste mit den Namen aller Ausländer, deren Anträge in den jeweiligen Heimatländern bewilligt wurden. Ihre Namen stehen leider nicht darauf. I am so sorry, Sir."

„Aber das kann nicht sein!", stammelte ich. „Meine Familie hat dreimal mit dem Botschafter persönlich telefoniert, und er hat uns wiederholt versichert, dass er unsere Namen an Sie durchgegeben hätte!"

„Kommen Sie morgen wieder", erwiderte er. „Ich werde heute Nachmittag noch einmal nachschauen, ob ich dieses Fax finde."

Ich ging zum Hotel zurück. Ich fürchtete, dass wir hier nicht so schnell wieder fortkamen. Die drei Niederländer warteten hier schon anderthalb Wochen. Die Mindestwartezeit für neue Visaanträge betrug drei Wochen, und die Chancen auf ein Visum standen eins zu drei. Wenn es nach drei Wochen immer noch nicht klappte, konnte man nichts anderes tun als weiter zu warten. Oft erhielt man nicht einmal einen Bescheid.

Ich konnte nichts anderes tun als Kaffee zu trinken, zu rauchen und die Karte zu studieren. Ich war zu nervös. Christophe war noch hoffnungsvoll und hatte schon unsere halbe Campingausrüstung eingepackt.

Voller Spannung betrat ich am nächsten Morgen die Botschaft.

„I am so sorry, Sir", sagte der Angestellte entschuldigend. „Gestern hatte ich ziemlich viel zu tun, und daher musste ich meine Suche leider nach zwei Minuten abbrechen. Kommen Sie doch morgen noch mal vorbei."

Ich kochte vor Wut. Das sollte eine akzeptable Entschuldigung sein? Ich kam in Rage: „Jetzt hören Sie mal zu: Ich muss hier jeden Tag für das Hotel bezahlen, und ich habe keine Lust, wegen Ihrer Schlamperei meine Zeit zu verplempern, obwohl ich genau weiß, dass Brüssel unsere Namen durchgegeben hat. Das kann ich nicht akzeptieren. Ich verlange mein Visum, und zwar noch heute, oder ich will mit dem Botschafter sprechen!"

Das war keine gute Idee! Er war beleidigt und lachte mich regelrecht aus.

„An diesem Schreibtisch kommen Sie nicht vorbei", erwiderte er. Sein Büro war wirklich der einzige Weg in die Botschaft.

„Glauben Sie mir, Sie gehen besser zurück in Ihr Hotel und kommen morgen wieder.“ Er wies mir die Tür.

An einem Imbiss in der Nähe der Botschaft kaufte ich eine Cola. Das war keine Selbstverständlichkeit, denn es war Ramadan. Auch hier wollte der Besitzer mir zunächst kein Getränk verkaufen. Erst als ich auf religiöse Intoleranz anspielte, bekam ich etwas zu trinken. Allerdings nur unter der Bedingung, dass ich mich hinter einen Vorhang zurückzog.

Ich setzte mich, steckte mir eine Zigarette an und dachte darüber nach, was wir tun könnten.

Wenn wir darauf warteten, dass er das Fax fand, könnte das zu lange dauern.

Ich beschloss, meine Schwester anzurufen und sie zu bitten, unsere Namen vom sudanesischen Botschafter in Belgien noch einmal hierher faxen zu lassen.

Zehn Minuten später rief sie zurück. Ihre Antwort war beängstigend.

„Eure Visa wurden eingezogen!“

„Waaas?“, schrie ich ungläubig.

„Ja, als Reaktion auf die zunehmende Gewalt an der Grenze zwischen Tschad und Sudan. Seit anderthalb Wochen leisten die Rebellen dort wieder heftigen Widerstand. Die Visa wurden vorgestern eingezogen, denn man kann nicht mehr für eure Sicherheit garantieren.“

„Was für ein idiotisches und egoistisches Argument“, entgegnete ich. „Denken die vielleicht, dass der Umweg durch die Republik Zentralafrika und den Kongo für uns sicherer ist?“

Es blieb nur noch eine Möglichkeit: Ich musste bluffen. Ich zweifelte stark daran, dass dieser schwerfällige Kerl schon von unseren ungültigen Visa erfahren hatte. Ich machte auf dem Absatz kehrt und ging zur Botschaft zurück.

„Der Botschafter schäumt vor Wut“, log ich. „Er hat schon zwei Faxe geschickt. Wenn wir die Visa heute nicht bekommen, wird er sich persönlich auf höchster Ebene in Khartum beschweren und die Nachlässigkeit des hiesigen Botschaftspersonals zur Sprache bringen.“ Ich sah ihm direkt in die Augen und versuchte dabei möglichst selbstsicher zu wirken.

Stille trat ein. Er öffnete seine oberste Schublade und entnahm ihr ein Schriftstück.

„Entschuldigen Sie, Herr Duson. Sie werden es nicht glauben, aber ich habe gerade eben Ihren genehmigten Antrag wiedergefunden. Er ist schon vor Wochen gekommen und lag deshalb zuunterst in meiner Schublade."

Er hatte das erste Fax aus Brüssel in der Hand. Von der Ungültigkeit unserer Visa wusste er also nichts.

„Ich hätte von Ihnen dann gerne Ihre Pässe, zwei Passfotos und 40 Euro pro Person. In einer Viertelstunde ist Ihr Visum fertig."

Ich war perplex.

Zurück auf dem Campingplatz las ich – gut gelaunt und mit einem Bier in der Hand – eine alte Reisebeschreibung über den Tschad. Neben der Hauptstadt Ndjamena ist Abéché, am anderen Ende des Landes, der einzige Ort, den man zu Recht als Stadt bezeichnen kann. Ansonsten besteht der Tschad nur aus Wildnis, Wüste und Urwald. Zwischen beiden Städten liegt eine 1200 Kilometer lange Strecke mit unbefestigten Straßen. Der Asphalt, mit dem sie einst versehen waren, war während eines lang anhaltenden Bürgerkriegs zerstört worden, und die Regenzeit hatte ein Übriges getan, um die letzten Spuren des Straßenbelages zu beseitigen.

Bei dieser Aussicht blieben wir lieber noch eine Nacht in Ndjamena, genossen ein letztes Barbecue, ein letzte Völlerei, und führten ein paar kleinere Reparaturen an der Ente durch. Der Ventildeckel, den wir schon in Luxemburg, kurz nach der Abfahrt aus Brüssel, repariert hatten, war schon wieder undicht. Doch mit einer neuen Schicht „Colle Blue" war Chuckie wieder fit.

Am nächsten Morgen brachen wir auf.

Später lasen wir im Gästebuch unserer Website, dass weder Peter und Lennie, das niederländische Paar mit dem Landrover, noch Pieter, der Motorradfahrer, der allein unterwegs war, jemals ein Visum für den Sudan erhalten hatten.

Quer durch den Tschad: Pannen & Mécanique à l'africaine

Zwischen der West- und der Ostgrenze des Tschad gab es genau 35 Kilometer Asphaltstraße, aber diese war in miserablem Zustand. In Djermaya, einem Dorf nördlich von Ndjamena, begann wieder die staubige Strecke. Hier wechselten sich gute breite Lehmwege mit schlecht befahrbaren Abschnitten, schrecklich holprigen Waschbrettstrecken und weichem Sandboden, ab.

Im Vergleich zu den grünen und fruchtbaren Landschaften Benins, Nigerias und Kameruns glich der Tschad einer Wüste. Weite trockene Ebenen prägten den zentralen Teil des Landes. Für ein wenig Abwechslung sorgten nur einzelne Berge am fernen Horizont, die vielen gigantischen Termitenhügel, die wie Schornsteine unterirdischer Bunker aus dem Nichts auftauchten, und die große Anzahl – oft von westlichen No Government Organisations künstlich angelegter – Wasserstellen für Vieh und Nomaden.

Ich bestaune einen riesigen Termitenhügel.

„Les Chadiens", die Einwohner des Tschad, machten auf mich einen merkwürdigen Eindruck. Einen Eindruck, den die wenigen Entwicklungshelfer, die wir trafen, bestätigten. Sie wirkten recht kühl, distanziert, wenig extrovertiert und zeigten keinerlei Sinn für Humor. Der Jahrzehnte währende und erst kürzlich beendete Bürgerkrieg hatte hier sicher seine Spuren hinterlassen.

Kamelhirten an eine Wasserstelle.

Zum Glück galt auch hier das altbekannte Phänomen: Je weiter man landeinwärts fährt und sich von der Hauptstadt entfernt, desto leichter kommt man mit der Bevölkerung in Kontakt und desto größer wird die Hilfsbereitschaft.

Es war eine herrliche, erst kürzlich ausgebesserte Strecke. Chuckie war in Topform, und mit angenehmen 80 Stundenkilometern tuckerte er über die staubige rote Straße.

Da passierte es plötzlich. Die Straße führte leicht bergauf, daher hatten wir den breiten Bewässerungsgraben gleich hinter der Kuppe nicht bemerkt. Die Vorderräder knallten gegen den Rand. Autsch, das tat weh!

Chuckie schaffte es noch 50 Meter, dann hielt ich an und schaltete den Motor ab.

„War's das?“, fragte Christophe.

Ich nickte. Das Lenkrad ließ sich kaum noch drehen. Die Räder blockierten.

Wir stiegen aus und öffneten die Motorhaube. Das Getriebe lag ein paar Zentimeter tiefer. Das sah zwar nicht gut aus, konnte aber unmöglich die Probleme mit der Lenkung verursachen. Erst eine Minute später fand ich die wirkliche Ursache.

Die Vorderachse, mit der auch die Lenkung verbunden ist, war mittendurch gebrochen und V-förmig eingesackt. Chuckies Innenleben war zwischen seine Vorderfüße gesunken, und beide Räder standen schräg. Durch ihre V-Form drückte die Achse auf den Steuermechanismus, und der blockierte völlig.

Was nun? Konnte man das reparieren? Und wer konnte das? Oder brauchten wir vielleicht eine neue Achse? Und wenn ja, wo würden wir eine auftreiben?

Hundert Meter von uns entfernt saß eine Gruppe Ziegenhirten und beobachtete uns. In anderen Ländern wären die Menschen sicherlich auf uns zugekommen, aber wir waren hier im Tschad. Alle blieben sitzen. Und als ich zu ihnen ging, sahen sie weg.

Keiner von ihnen sprach Französisch. Ich versuchte es mit einer Kombination aus Gesten und Worten; „Voiture, cassé, garagiste, méchanicien, village“ – „Auto, kaputt, Werkstatt, Mechaniker, Dorf“. Drei der vier Männer lehnten jeden Kontakt ab. Aber einer, der Jüngste der Gruppe, der offenbar ein paar Worte Französisch verstand, begleitete mich zu unserem 2 CV.

Er hatte zwar mehr Interesse an der Ausstattung unseres Wagens als an unserer gebrochenen Achse, aber schließlich klärte er uns darüber auf, dass es acht Kilometer von hier ein Dorf gab. Dort würden wir zwar keinen Mechaniker, aber einen Schlosser mit einem Schweißgerät finden.

„Los Chuckie, streng dich noch einmal an!“ Ich startete den Motor.

Um die Achse – da die Räder jetzt schief standen – nicht noch mehr zu belasten, fuhren wir mit zehn Kilometern pro Stunde im Schneckentempo. Zum Glück war die Straße eben und es ging geradeaus.

Nach einer knappen Stunde erreichten wir Moito. Erstaunlich, dass der Ort überhaupt auf einer Karte zu finden war. Denn er bestand eigentlich nur aus einem kleinen Marktplatz und einer aus Lehmziegel errichteten Moschee. Moito war eine Art zentraler Handelsplatz, zu dem die Leute aus der Region zweimal in der Woche kamen, um ihre Waren zu verkaufen oder um zu beten. An den übrigen Tagen war die Stadt wie ausgestorben. Auch als wir in den Ort fuhren, war er menschenleer.

„Das grüne Tor dort, das ist es. Fahren Sie dort hinein.“ Ein mit seinem Maschinengewehr und dem khakifarbenen Schesch streng wirkender, aber hilfsbereiter Soldat zeigte uns, wo der Schlosser wohnte. Der Arzt des Dorfes, ein Kameruner, kam herbeigeeilt, um uns beizustehen. Er begleitete uns und bot sich als Dolmetscher an.

Der Schlosser machte auf uns zunächst keinen guten Eindruck. Obwohl er nicht sehr jung wirkte, war er wohl erst dreiundzwanzig. Er hatte vor einiger Zeit in Ndjamena einen alten Generator und ein Schweißgerät aufgetrieben und war damit von einem Tag auf den anderen zum Metallfachmann des Dorfes avanciert. Die beiden Tische, die er aus Altmetall zusammenbauen wollte, sahen nicht gerade vielversprechend aus.

Aber wir waren auf ihn angewiesen, und dessen war er sich auch bewusst. Er sah sich das Problem an, setzte sich und unterhielt sich mit dem Arzt. Christophe und mich ignorierte er völlig. „Schalt den Generator ein!“, rief Ahmmed – so hieß der Schlosser – einem der jungen Männer zu, die sich ständig in seiner Nähe aufhielten.

Ich blickte den Arzt an.

„Er wird versuchen, von unten her alles zu verschweißen."

Christophe mischte sich ein: „Sag diesem Stümper, dass er keine Ahnung hat. Wie kann man denn um Himmels willen diese Achse so verschweißen? Das Ding muss raus, man muss es zuerst in Form biegen und erst dann schweißen und verstärken – und schließlich muss man es wieder einbauen."

„Aber das ist ein ganzer Tag Arbeit", erwiderte der Arzt verblüfft.

„Na und? Wollt ihr vielleicht, dass uns nach 500 Metern die Achse noch einmal bricht? Wir werden ihn schon bezahlen, wenn er sie ordentlich repariert."

Der Arzt erklärte Ahmmed, was wir von ihm erwarteten. Er hatte offenbar auch die Bezahlung erwähnt, denn auf einmal sprang Ahmmed voller Elan auf und stürzte sich in die Arbeit.

„Habt ihr Werkzeug und Material dabei?", fragte er. Offensichtlich sprach er doch ein wenig Französisch. „Ich bin doch nur ein armer Schlosser, kein Automechaniker."

Wir luden unseren Werkzeugkoffer aus, stützten Chuckies Chassis auf den verrosteten Motorblock eines Lkws und begannen mit der Demontage. Zunächst waren die Räder dran, dann die Stoßdämpfer. Zum Glück hatte Christophe eine Woche vor der Abreise gelernt, wie das ging. Schließlich musste noch die Lenksäule ausgebaut werden. Alles einfach loszuschrauben, war kein Kunststück.

Doch nun waren die Radaufhängungen an der Reihe. Ahmmed hatte keine Ahnung, wie er sie ausbauen sollte, und wir erst recht nicht. Er schickte seinen kleinen Bruder los, der nach einer Viertelstunde mit einem Mann zurückkam, der sich mit diesem Mechanismus auskannte. Er schraubte das System los, aber trotzdem war es schwierig, die Schwingarme abzumontieren. Er erklärte, dass sie „konisch" befestigt seien. Das hieß, dass man ohne das entsprechende Werkzeug nur ziehen, rütteln und schütteln konnte, bis sie sich von selbst lösten. Beim ersten ging das ziemlich schnell, für den zweiten brauchten wir eine Dreiviertelstunde. Dann endlich konnten wir die Achse ausbauen.

„Wo ist er denn plötzlich hin?", fragte ich den Arzt, der die Arbeiten genau verfolgte.

„Er wäscht sich die Hände. Für heute hört er auf. Die Sonne geht bald unter. Es ist Ramadan, weißt du.“

Der Ramadan – die einen Monat währende Fastenperiode der Muslime – hatte eine Woche zuvor begonnen. Vier Wochen lang war es einem guten Muslim streng untersagt, zwischen Sonnenaufgang und Sonnenuntergang etwas zu essen, zu trinken oder zu rauchen. Selbst Sex war nicht erlaubt. Die Nacht vor Anbruch des Ramadan hatten wir in Mora, im äußersten Norden von Kamerun, verbracht. Da es dort keine gute Möglichkeit zum Zelten gab, hatten wir in einem spottbilligen Motel, in dem die meisten Zimmer an Prostituierte vermietet waren, übernachtet. In jener Nacht hatten die Männer für ein letztes Vergnügen Schlange gestanden.

Auffallend war auch, dass alle ständig spuckten. Unbegreiflich. Wie konnte man bei diesen hohen Temperaturen das letzte bisschen Feuchtigkeit ausspucken? Später erfuhren wir, dass selbst das Schlucken des eigenen Speichels gegen das Gebot war.

Während des Ramadan liefen Arbeit und öffentliches Leben im Allgemeinen auf Sparflamme. Die Männer verbrachten den Tag meist damit, irgendwo im Schatten herumzusitzen, zu plaudern und nichts zu tun. Jeder Energieaufwand macht den Ramadan nur anstrengender.

Wenn Ahmmed die Arbeit für heute beenden wollte, konnten wir ihm das nicht verübeln. Wir hatten ja gelegentlich einen Schluck Wasser getrunken oder eine Zigarette geraucht, er hingegen hatte in der glühend heißen Wüstensonne geschuftet und geschwitzt, ohne seinem Durst- und Hungergefühl auch nur ein einziges Mal nachzugeben.

Im Laufe des Nachmittags hatten mindestens 20 Neugierige bei der Ente vorbeigeschaut. Ausschließlich Männer. Erst jetzt, bei Sonnenuntergang, sahen wir eine der Frauen. Sie trat aus dem Haus, schleppte eine große Matte in den Innenhof und breitete sie aus. Sie ging wieder hinein und kam später mit drei großen Schüsseln wieder.

Ahmmed, der gerade vom Waschplatz kam, rief seinem jüngeren Bruder etwas zu. Kurz darauf brachte dieser eine kleinere Matte und drei kleinere Schüsseln und stellte alles vor uns auf den Boden.

„Guten Appetit!“, rief er und lachte.

„Schokran – merci“, antwortete ich.

Fünf Männer, manche Hand in Hand, betraten den Innenhof. Es waren Ahmmeds Gäste. Neben der großen Matte standen eine Bank und paar Kannen mit Wasser. Die Gäste setzten sich, zogen ihre Schuhe aus und nahmen die rituellen Waschungen von Händen, Füßen, Gesicht und Mund vor. Nachdem sie dieses Ritual mehrmals wiederholt hatten, nahmen sie Platz. Die Sonne war nun vollkommen untergegangen.

Zunächst tranken alle ein paar Gläser Wasser, um den ärgsten Durst zu löschen; dabei blieb das Essen noch unberührt. Auf einmal stand Ahmmed auf. Die Gäste folgten seinem Beispiel und stellten sich in einer Reihe hinter ihm auf. Es war Zeit für das Gebet.

Er wandte sich nach Osten und begann mit dem Sprechgesang des Eingangsgebets. Wie immer fielen die anderen in den Singsang ein und wiederholten die Verse seiner Gebetslitanei. Die Choreographie wiederholte dreimal den Wechsel von Sitzen, Aufrichten und Niederknien. Dann stürzten sich alle wie ein Rudel hungriger Wölfe auf das Essen in den drei Schüsseln.

„Allez mangez!“, rief Ahmmed und stopfte sich – um mit gutem Beispiel voranzugehen – den Mund voll.

Aus Höflichkeit hatten wir gewartet, bis unser Gastgeber zu essen begann. Währenddessen hatten wir darüber spekuliert, was sich wohl in den Schüsseln befände. Nun folgte die Auflösung. Eine enthielt Reis, die zweite eine Art labberiger Riesenfritten, die aus irgendwelchen Wurzeln gemacht waren, und in der dritten Schüssel lagen Krapfen. Ohne Soße war der Reis etwas trocken. Die Krapfen troffen vor Fett.

Den Rest des Abends verbrachten wir auf unserer Matte. Im Dorf gab es keinen Strom. Der Markt und die Straßen waren stockdunkel. Ahmmed hatte zwar keine Lust, uns seinen Gästen vorzustellen, aber er versorgte uns den ganzen Abend mit Tee.

Um halb neun holten wir unsere Schlafsäcke aus dem Wagen und entrollten sie auf der Matte.

Bevor wir die Augen schlossen, kam unser Gastgeber noch einmal zu uns.

„Na, alles in Ordnung?“, fragte er.

„Ausgezeichnet“, antwortete ich und dankte ihm wortreich.

Er wünschte uns eine gute Nacht. Er selbst würde nun ins Dorf gehen, um seine zweite Mahlzeit zu sich zu nehmen. „Das vorhin war das Frühstück! Jetzt gehen wir Mittagessen, dann schlafe ich ein bisschen. Kurz vor Sonnenaufgang stehen alle auf und schlagen sich den Bauch voll. Das muss dann bis zum nächsten Abend reichen. Glaub mir, wenn man in dieser Zeit nicht arbeiten muss, ist es gar nicht so übel. Schlaft gut, und bis morgen", sagte er und verschwand.

Gut in meinen Schlafsack eingemummelt ließ ich mein Leben in Belgien Revue passieren: ein schönes Auto, eine luxuriöse Wohnung, ein angenehmer Job ... mit einem Wort: alles, was vordergründig von Bedeutung war. Ich verspürte kein Heimweh danach.

„Hier lässt es sich aushalten", sagte ich zu Christophe.

„Das finde ich auch", antwortete er.

In dieser Nacht kam heftiger Wind auf. Die niedrige Mauer, die den Platz einfasste, konnte den aufwirbelnden Sand nicht abhalten, und er peitschte mir ins Gesicht. Christophe, der beim Schlafen häufig eine Mütze auf seinem kahl geschorenen Schädel trug, hatte diese fast über das ganze Gesicht gezogen, und der Sand schien ihn nicht zu stören. Er schnarchte sogar. Ich wollte ihn nicht wecken, damit er mir half, das Zelt aufzubauen.

Daher verkroch ich mich tiefer in meinen Schlafsack, aber die unbequeme Haltung ließ mich nicht zur Ruhe kommen. Nachdem ich mich eine halbe Stunde herumgewälzt hatte, packte ich die beiden Ersatzreifen aus und stellte sie neben meinen Kopf, um ihn gegen den Wind zu schützen. Jetzt hatte ich Ruhe.

Ein neuer Tag brach an. Ahmmed war noch nicht aufgetaucht. Ich kochte Kaffee, schmökerte ein bisschen und machte einen Spaziergang durch das Dorf. Heute war Markttag. In dem kleinen Dorf, das gestern noch so verlassen gewirkt hatte, traf sich heute eine unübersehbare Menschenmenge. Aus allen Himmelsrichtungen erschienen immer wieder neue Händler und Kunden. Männer auf Pferden oder Kamelen, Frauen zu Fuß oder mit dem Esel, alle schleppten schwere Lasten. Ich ging zum Markt und betrachtete voller Neugier die angebotenen Waren. Außer ein paar Hühnern, die man an den Füßen zu Fünferbündeln zusammengebunden hatte, verkaufte man vornehmlich getrocknete Nahrungsmittel: große Säcke mit Erdnüssen, Bohnen, Getreide, Datteln und Tee.

Der Fleischmarkt lag außerhalb des Dorfes. Während auf dem Markplatz vor allem Frauen ihre Ware anboten, machten hier Männer ihre Geschäfte. Es wurden ausschließlich lebende Tiere verkauft. Denn eine lebendige Ziege lässt sich nun einmal leichter transportieren und länger frisch halten als eine tote. Es sah oft lustig aus, wenn die Käufer auf ihren Kamelen wegritten, mit fünf flatternden Hühnern an ihrem Sattel und drei Ziegen und einem Schaf im Schlepptau.

Der Markt bot ein so interessantes Schauspiel, dass ich die Zeit darüber völlig vergaß. Als ich zurückkam, hielten Christophe und Ahmmed schon schwitzend und fluchend die Achse in Händen. Sie musste zurechtgebogen werden. Das war leichter gesagt als getan. Und das Fehlen jeglichen Werkzeugs machte die Sache auch nicht gerade leichter.

„Das klappt nie", dachte ich zuerst. Aber ich hatte den Einfallsreichtum der Afrikaner unterschätzt.

Ahmmeds Lösung war brillant. Hinten auf dem Platz stand ein kleiner Betonbau. Ahmmed legte die Achse zunächst flach in den rechteckigen Ausschnitt einer Fensteröffnung. Dann setzte er einen schweren hydraulischen Wagenheber für Lkws, den er sich bei seinem Nachbarn ausgeliehen hatte, senkrecht darauf. Er begann zu pumpen. Sobald der Wagenheber unter dem oberen Querbalken des Fenstergesimses festsaß, drückte seine Kraft auf die Achse. Mit jeder Pumpbewegung bog sich die Achse gerader. Als die Achse vollkommen plan war, nahm Ahmmed sein Schweißgerät und verschweißte den Bruch. Eine aufgesetzte Metallschiene stabilisierte die Achse und hielt sie in Form. Drei Stunden später war alles wieder eingebaut.

„Was soll das ganze kosten?"

„100 Dollar."

„20? Okay?"

Er zögerte. Was war wichtiger? Geld oder Gewissen?

„20 ist okay!"

Wir gaben ihm noch ein neues Poloshirt, ein Geschenk der Firma Garmin, dazu.

Ahmmed hatte in zwölf Stunden den Lohn von zwei Wochen verdient und besaß nun dazu noch ein neues Kleidungsstück. Vor allem Letzteres freute ihn sehr. Als wir zehn Minuten später weiterfuhren, winkte er uns nach, bis wir außer Sicht waren.

Quer durch einen Schwarm Kraniche und Störche.

In den nächsten drei Tagen durchquerten wir weite Teile des Tschad. Auffallend war die Leere. Das Land hat zwar siebeneinhalb Millionen Einwohner, aber die meisten wohnen im fruchtbaren Süden. Das Gebiet, das wir durchfuhren, glich der Sahara. Es war praktisch unmöglich, Landwirtschaft zu betreiben, es gab kaum Tiere und noch weniger Menschen.

Die Infrastruktur war eine einzige Katastrophe. Wir waren schon froh, wenn man den Weg in den letzten Monaten mit einem Bulldozer geebnet hatte oder wenn eines der sandigen Flussbetten nicht ganz so breit war.

Die meisten Brücken waren eingestürzt oder bombardiert worden. Entweder gab es für ihren Wiederaufbau kein Geld, oder die vorhandenen Mittel waren zweckentfremdet worden. Das Land und besonders die ärmlichen Dörfer, durch die wir kamen, boten einen traurigen Anblick.

Wir freuten uns auf Abéché, die zweitgrößte Stadt des Landes, und hofften, dort eine lebendigere Atmosphäre vorzufinden.

„Von hier sind es noch 145 Kilometer", erklärte der schwarze katholische Pater, in dessen Missionsstation wir unterkamen. „Der Weg von Oum-Hadjer nach Abéché ist in sehr schlechtem Zustand. Versucht den Wagenspuren zu folgen, ohne in ihnen stecken zu bleiben, und gebraucht zur Kontrolle euer GPS. Und seid vorsichtig: Auf halbem Wege beginnt das Rebellengebiet. Bleibt nie länger als nötig an einem Ort."

„Das fängt hier ja schon gut an", rief Christophe. Der Straßenbelag war zwar fest, aber haufenweise Löcher, Felsbrocken und die geriffelte Struktur der Bodens machten es unmöglich, schnell zu fahren. Chuckie schaukelte so stark, dass alle Zigarettenkippen aus dem Aschenbecher fielen. Unser Ölwannenschutz löste sich, und beide Nebelscheinwerfer gingen zu Bruch.

Nach 50 Kilometern veränderte sich das Gelände. Sand!

Hier endete die Straße und die Spuren einiger weniger Fahrzeuge waren von nun an unsere einzigen Orientierungspunkte. Auf den ersten fünf Kilometern blieben wir zweimal stecken. Und von da an wurde es immer schlimmer.

„Schau dir mal die Räder an!", rief ich Christophe zu. „Findest du nicht, dass die schon wieder schief stehen?"

„Ja, sieht ganz so aus." Christophe öffnete die Motorhaube.

„Die Achse? Schon wieder?", fragte ich. Er nickte.

Die Achse war erneut gebrochen und hatte sich in V-Form verbogen. Durch die Rillen und Löcher der Straße war die offenbar schlecht gearbeitete Schweißnaht aufgegangen. Der Schaden hielt sich noch in Grenzen, doch er würde mit der Zeit garantiert größer.

Wir mussten uns also entscheiden. Entweder fuhren wir 25 Kilometer nach Um-Hadjer zurück und ließen das Ganze dort noch einmal schweißen, oder wir versuchten, die größere Stadt Abéché zu erreichen. Aber wie sollten wir mit der gebrochenen Achse fahren? Konnten wir unter diesen schlechten Bedingungen 90 Kilometer schaffen? Viele Fragen, wenige Antworten.

„Bisher hatten wir immer Glück, diesmal wird es auch klappen", meinte Christophe.

Kilometer um Kilometer, Schlagloch um Schlagloch spürten wir, wie sich der Druck auf das Lenkrad erhöhte. Der Riss in der Achse wurde immer größer.

Die Spannung im Wagen war fast unerträglich. Zwischen Oum-Hadjer und Abéché lag kein einziges erwähnenswertes Dorf, nur die eine oder andere Hirtensiedlung. Außerdem mussten wir nun das Rebellengebiet erreicht haben.

Im Gepäck hinter den Sitzen entdeckte Christophe noch drei Bier. Sie waren eher lauwarm als kalt, aber wir konnten jeden Kick gebrauchen. Wir teilten uns die letzten Zigaretten, leerten das Bier und krochen weiter im Schritttempo voran; gelegentlich schafften wir auf den besten Abschnitten 15 Kilometer die Stunde.

Nach 45 Kilometern war die Fahrt zu Ende. Das Steuer hatte sich auf den letzten Kilometern kaum noch bewegen lassen. Auf einmal rief ich Christophe zu: „He, das Lenkrad lässt sich plötzlich wieder leicht drehen!“ Kurz darauf begriff ich warum. Ich hielt es lose in Händen. Die Verbindung zur Lenkachse war unter dem gewaltigen Druck und der starken Reibung gebrochen.

Wir waren gerade von der Hauptstraße abgebogen, um einen sandigen Abschnitt zu umfahren. Das Auto kam mitten im Dorngestrüpp zum Stillstand. Es war zwar schwierig auszusteigen, aber eigentlich war der Ort gar nicht so übel. Hier war die Gefahr, entdeckt zu werden, gering, und das war ein großes Plus, denn wir befanden uns mitten in der Kampfzone eines Kleinkrieges zwischen der Armee des Tschad, den Rebellen und den Banditen.

Die Kavallerie

Wir blieben im Schutz der Sträucher und warteten. Nach einer halben Stunde kam jemand. Ein alter, mit Reisig beladener Lastwagen verriet seine Ankunft durch die gewaltigen Staubwolken, die er hinter sich her zog. Ich rannte zur Hauptstraße und gab dem Fahrer Zeichen anzuhalten – mit Erfolg.

Keiner von ihnen – weder der Fahrer noch einer seiner vier Passagiere – sprach ein Wort Französisch. Ich versuchte das Problem in Zeichensprache zu schildern. Vergebens. In der Hoffnung, das man ihm trauen könne, nahm ich den Fahrer schließlich mit in Chuckies Versteck.

Er begutachtete die gebrochene Achse und schüttelte den Kopf. Da sich die Ente nicht mehr lenken ließ, war es unmöglich, sie abzuschleppen. Ebenso wenig konnten wir sie auf den voll beladenen Lastwagen verfrachten.

Dann also Plan B. Ich würde die 45 Kilometer nach Abéché mit ihnen fahren und Christophe beim Wagen bleiben, um ihn vor Dieben oder allzu neugierigen Nomaden, die in der Nähe ihr Vieh weideten, zu beschützen. Da es eventuell schwierig werden würde, Christophes exakte Position nach Sonnenuntergang wiederzufinden, erfasste ich seine Koordinaten mit unserem GPS.

Im Führerhaus des Lkw gab es nur zwei Sitzplätze, sie waren dem Fahrer und dem ältesten Passagier vorbehalten. Ich kletterte mit drei anderen Männern auf die Ladefläche und versuchte auf der

Holzladung eine bequeme Position zu finden. Mit einem Bier, zwei Litern Wasser, ein paar Konservendosen und vier Zigaretten blieb Christophe mitten in der Wildnis zurück.

Die ersten Kilometer der Fahrt waren ein wunderbares Erlebnis. Hoch oben auf dem Lastwagen genoss ich einen sagenhaften knallroten Sonnenuntergang vor einer atemberaubend schönen Kulisse aus Sand, Sträuchern, Hunderten von Störchen und Kranichen und einem majestätischen Bergzug im Hintergrund. Der Anblick überwältigte mich. Ich hätte es unpassend gefunden, in einem solchen Augenblick die Videokamera aus meinem Rucksack hervorzukramen. Ich bemühte mich, den Moment intensiv zu erleben und ganz in mich aufzunehmen. Was für ein Abenteuer! Welch ein Genuss!

Ein Ruck riss mich aus meiner Verzückung. Der Fahrer hatte das Steuer herumgerissen. Der Lastwagen bog von der Hauptstraße ab und hielt an. Der Fahrer befahl mir, nach unten zu kommen. Was ging hier vor? Ein unbehagliches Gefühl kam in mir auf.

Falscher Alarm. Wie hatte ich es vergessen können? Die Sonne war gerade untergegangen, und meine fünf Reisegenossen waren Muslime. Es war Essenszeit.

Nachdem sie ihre Gebete verrichtet hatten, packten sie ihr Essen aus, das sie nach guter Sitte mit ihrem Gast teilten. Ihr frugales Mahl bestand aus Nüssen, getrockneten Datteln und Obst. Als ich in ein Stück frische, saftige Wassermelone biss, dachte ich mit Schuldgefühlen an Christophe. Nach dem obligatorischen Tee und einem weiteren Gebet fuhren wir weiter.

Kurz bevor wir wieder aufbrachen, geschah etwas Merkwürdiges. Drei der Männer zogen Pistolen unter der Holzladung hervor und verbargen sie in ihren Gewändern. Ich wurde leicht nervös. Der Älteste der Gruppe bemerkte es. Gebärdenreich erklärte er mir, dass ich mich vor ihnen nicht zu fürchten brauche. Die Waffen dienten nur zum Schutz gegen die Banditen, die hier nachts die Gegend unsicher machten. Ich versuchte mir vorzustellen, was geschehen würde, wenn wir einer solchen Straßenblockade begegneten, und ich war mir nicht sicher, ob die Waffen meine persönliche Sicherheit in einer solchen Situation erhöhen würden.

Zum Glück verlief die Fahrt problemlos. Und nachdem wir zwei Stunden über zunehmend schwieriges Gelände gefahren waren, erreichten wir einen Außenposten von Abéché.

Die Stadt schien sich im Belagerungszustand zu befinden. An der Kontrollstation hatten sich 30 Soldaten postiert. Alle waren bis zu den Zähnen bewaffnet, und an ihrem Jeep hingen Jutesäcke mit Raketen. Einer der Soldaten hatte mich bemerkt. Ein Weißer oben auf der Ladung eines alten Lastwagens war in diesem entlegenen Winkel des Landes, in dem ein Tourist in Zeiten wie diesen schon gar nichts zu suchen hatte, wahrscheinlich nicht gerade eine alltägliche Erscheinung.

„Absteigen!", brüllte er. „Pass! Was machst du hier?"

Ich berichtete ihm von unserer Panne. „Warte hier!" Er verschwand mit meinem Pass.

Ich schaute mich um. An diesem Kontrollpunkt ging es verdächtig diszipliniert zu, und rasch klärte sich auch auf warum. Heute inspizierte der Colonel den Posten, er war gerade angekommen.

Der Soldat hatte sich gewiss über die Anwesenheit eines Weißen gewundert, denn er marschierte damit auf direktem Weg zu seinem Colonel. Stolz gab er meinen Bericht weiter. Der Colonel hörte ihm aufmerksam zu und kam dann zu mir.

„Ihr hattet also eine Panne? Wo ist dein Freund?", fragte er.

„Beim Auto", antwortete ich knapp.

„Wir werden ihn sofort holen. Er kann unmöglich die Nacht schutzlos in diesem Gebiet verbringen."

„Wenn Sie ihn abholen, holen Sie dann auch den Wagen? Alles was wir dabei haben, liegt in diesem Auto, und wir wollen nicht, dass man es ausplündert. Außerdem wird Christophe auch nicht mitwollen, wenn Sie unseren 2 CV zurücklassen."

„Aber wie bekommen wir euren Wagen dort weg? Ich habe gehört, auch die Lenkung sei gebrochen."

„Das kann doch wohl kein Problem sein!", antwortete ich beschwingt. „Sie sind doch bei der Armee. Besorgen Sie einen großen Lastwagen und wir laden unsere Ente darauf."

„Es tut mir Leid, aber unsere beiden Lkws sind auch defekt."

„Was schlagen Sie dann vor? Schicken Sie eine Eskorte, die Christophe und den Wagen bewacht."

„Das kann ich nicht machen", antwortete der Soldat. „Es ist dort zu gefährlich! Kommen Sie, wir fragen den Präfekten. Er weiß sicher Rat."

Statt eines Landrover nahm der Colonel ein Moped. Ich sprang hinten drauf, und wir fuhren in die Stadt. Unterwegs erklärte er mir, dass der Präfekt nach dem Präsidenten in der gesamten Provinz den höchsten Rang innehatte.

„Er ist der Oberbefehlshaber der Armee und der Polizei; ihm unterstehen sämtliche Ministerien der Region. Er ist gewissermaßen allmächtig, aber zum Glück auch ein guter, intelligenter und ausgeglichener Mann. Du wirst sehen, er hat immer eine Lösung parat."

Die Villa des Präfekten hatte ihre beste Zeit schon hinter sich. Es war ein schönes, wahrscheinlich von den Franzosen während der Kolonialzeit erbautes Gebäude, das man seit der Unabhängigkeitserklärung im Jahre 1960 etwas vernachlässigt hatte. Der prächtige Garten, in dem sich das wirkliche politische Leben abspielte, war viel gepflegter.

Der Colonel stellte sein Moped gegen einen Baum und ging auf ein Sofa zu, das im Zentrum des Gartens stand. Sechs hohe Würdenträger – an ihrer Leibesfülle und ihren kostbar wirkenden Gewändern unschwer zu erkennen – lauschten hier andächtig den Worten eines Mannes: den Worten des Präfekten.

Der Colonel salutierte, und das Gespräch verstummte. Er stellte mich vor und bat um eine Unterredung. Der Präfekt bot mir einen Platz an.

„Hast du schon gegessen? Du siehst aus, als hättest du Hunger", sagte er lächelnd. „Mustafa", rief er seinem Diener zu. „Einen Teller Bohnen für den jungen Mann."

Der Präfekt war ein freundlicher untersetzter Mann in den Fünfzigern, der ein sehr gepflegtes und fehlerfreies Französisch sprach. Er erkundigte sich aufmerksam nach meinen Problemen und entschied, die Sache persönlich in die Hand zu nehmen. Er griff sein Handy und rief seinen Automechaniker an.

„Nimm eins unserer Autos. Tank es voll und hilf diesen Jungs."

„Kann ich dir sonst noch irgendwie helfen?"

„Haben Sie vielleicht noch etwas zu essen übrig oder ein Stück Brot und eine Flasche Wasser?" Ich erzählte ihm, dass Christophe den ganzen Tag noch nichts gegessen hatte. Es war inzwischen elf Uhr abends, und alle Läden seien nun wahrscheinlich schon geschlossen.

„Yussof! Komm her“, rief der Präfekt einem anderen Mann zu, der faul unter einem Baum lag. Es war offenbar sein Chauffeur.

„Geh den Wagen holen.“

Zwei Minuten später hörte ich ein Hupen. Ich schaute mich um und starrte erstaunt auf das Fahrzeug. Es wirkte wie aus einer Filmszene. Mich erwartete eine lange weiße Mercedes-Limousine.

„Beeil dich“, rief der Präfekt. „Mein Mechaniker ist schon unterwegs.“

Ich stieg im Fond ein. Als wir das Grundstück verlassen hatten, gab Yussof Gas. Er raste durch die engen unbefestigten und staubigen Gässchen von Abéché. Zunächst zur Bäckerei und dann zum Lebensmittelladen, um eine Schachtel „La vache qui rit“ und Wasser zu erstehen.

„Gibt es hier eine Kneipe!“, fragte ich Yussof. Ich wusste, dass ich Christophe mit einem kühlen Bier mehr Freude machen konnte als mit einer lauwarmen Flasche Wasser.

Unser Einkaufswagen in Abéché.

„Offiziell nicht“, antwortete Yussof. „Aber ich kenne ein Haus, in dem Bier verkauft wird.“

In einer dunklen Sackgasse voller Müll hielt er die Limousine an. Wir betraten das Gebäude, und alle Köpfe drehten sich in meine Richtung. Ich wurde von Kopf bis Fuß begutachtet. Ein Soldat, offenbar ein alter Freund von Yussof, bat uns an seinen Tisch. „Auch ein Bierchen?“, fragte er.

Ich nickte. „Dürft ihr denn Alkohol trinken?“, fragte ich lachend.

„Die meisten hier sind Christen“, erklärte der Mann. „Wir kommen aus dem Süden. Dort trinken alle Alkohol. Hier unter Muslimen müssen wir heimlich trinken, um keinen Anstoß zu erregen.“

Ich genoss das frische Bier und hätte hier gemütlich die ganze Nacht zubringen können, aber wir mussten weiter. Ich kaufte acht große Flaschen Bier, trank mein Glas leer und dankte dem Soldaten. „Wenn heute Nacht alles klappt, geht die nächste Runde auf mich! Bis später."

Der Automechaniker war gerade angekommen. Als Abschleppwagen hatte er einen Toyota Landcruiser, einen robusten Pick-up mit der Aufschrift „Finanzministerium", dabei. Ich dankte dem Präfekten und machte mich mit dem Mechaniker auf den Weg. Der wollte es sich zwar mit dem Präfekten nicht verscherzen, hatte aber keine Lust, seine Nachtruhe für zwei Weiße zu opfern, die aus eigener Schuld in die Klemme geraten waren. Er fuhr wortlos nach Hause und übergab die Wagenschlüssel dort seinem Sohn, einem stämmigen Burschen von 21 Jahren. Der hatte offenbar mehr Lust auf eine Nachtfahrt. Er trommelte ein paar seiner Freunde zusammen, und kurz darauf brausten wir zu siebt in die Wildnis. Es war Mitternacht.

Die Stimmung war großartig. Karim, so hieß der Knabe, sah hierin die Chance, sich einmal so richtig mit einem starken Wagen auszutoben und gab ständig Vollgas. Die Jungs, die auf der Ladefläche saßen, mussten sich mit beiden Händen festhalten, um nicht vom Pick-up runterzupurzeln.

Es war stockdunkel, und wir hatten keine Anhaltspunkte als ein paar Wagenspuren im Sand.

Nach einer halben Stunde schaltete ich das GPS ein. Wir kamen nun in die Nähe des Wagens. Im Dunkeln war kaum etwas zu erkennen, aber der Pfeil auf dem beleuchteten Bildschirm zeigte uns genau die Fahrtrichtung an. Die Horde Jungs blickte erstaunt hoch, als ich plötzlich „in the middle of nowhere" rief: „Stopp, hier ist es!"

Ich stieg aus, räusperte mich und rief: „Christophe, die Kavallerie ist da!"

„Endlich!", antwortete er aus dem Dunkeln heraus.

Die Jungs waren wie vom Donner gerührt, und ich weiß nicht, ob meine Erklärung über geostationäre Satelliten sie davon überzeugen konnte, dass es sich hier um schlichte Wissenschaft und nicht um Magie handelte.

Die Jungs, die sich offenbar alle mit Autos auskannten, fingen an, nur mit Hammer und Schraubenzieher bewaffnet, an unserem Auto herumzubasteln – typisch afrikanisch. Wie sie es schafften, blieb mir ein Rätsel, aber nach zehn Minuten ließ sich das Lenkrad wieder drehen und die Räder reagierten auf die Bewegungen des Lenkrads.

Bevor wir abfuhren, schraubte Karim im schwachen Licht seiner Taschenlampe noch schnell das Getriebe des Landcruiser auf. Nach seiner Kamikazefahrt auf dem Hinweg funktionierte jetzt nur noch der vierte Gang des Wagens; für eine Abschleppfahrt war das nicht gerade ideal. Nach einer Viertelstunde hatte er den Mangel behoben. Wir fuhren los, langsam und mit der Ente im Schlepptau. Um fünf Uhr morgens erreichten wir endlich wieder Abéché.

Nächtliches Abschleppen im Rebellengebiet.

Für ein paar Stunden bauten wir im Garten des Präfekten unser Zelt auf und genossen die letzten beiden Flaschen Bier. Wir waren mit der Ente wieder in Sicherheit, und der Aufenthalt in Abéché konnte mit Hilfe unserer prominenten Freunde sicher angenehm werden.

Am folgenden Mittag bat ich um eine zweite Audienz beim Präfekten. Da wir hier eine Weile bleiben mussten, brauchten wir Hilfe. Obwohl Abéché die zweitgrößte Stadt des Tschad war, machte sie nicht viel her. Sie war eine überbewertete kleine Wüstenstadt, in der es weder Spezialwerkstätten noch Kommunikationsmittel gab.

Der Präfekt besorgte uns eine Unterkunft bei der NGO „World Food Programm“ und stellte uns Ilse, einer jungen holländischen Entwicklungshelferin, vor. Sein Mechaniker würde uns bei der Reparatur des Wagens helfen.

Eine Ente zwischen Hühnern

Wir genossen einen Ruhetag, schlenderten durch die Straßen von Abéché und versuchten – mangels anderer Beschäftigung – etwas Schlaf nachzuholen. Ilse lud uns zum Abendessen ein.

Nach einer erholsamen Nacht begannen wir am nächsten Tag mit der Reparatur der Ente.

Es war ein Freitag und damit ein Ruhetag in der islamischen Welt. Die Werkstatt war geschlossen. Wir baten Ilse um die Erlaubnis, in ihrem Garten, der an die Werkstatt grenzte, mit den Arbeiten beginnen zu dürfen. Sie war nicht begeistert, konnte es uns aber auch nicht abschlagen.

Bei unserem letzten Achsenbruch in Moito hatte Christophe Ahmmed keine Sekunde aus den Augen gelassen, daher wusste er nun, wie wir die Arbeit angehen mussten. Nach drei Stunden lag die Achse – in zwei Teilen – neben dem Wagen. Es sah schlecht aus. Die Analyse ergab eindeutig: Hier ließ sich nichts mehr schweißen. Das war alles nicht so einfach, wie wir gehofft hatten.

Chuckies Vorderachse, diesmal irreparabel gebrochen.

Auf der gegenüberliegenden Straßenseite dösten ein paar ältere Männer im Schatten eines Baumes. Es war Ramadan und dazu noch Freitag, also wurden alle Aktivitäten auf ein Minimum reduziert. Manche lagen auf alten Matratzen, andere auf dem staubigen Boden und gebrauchten ihren Turban als Kopfkissen. Nur selten ließ einer ein Wort fallen. Ich ging zu ihnen.

„Salam aleikum, Messieurs“, sagte ich. Das hieß so viel wie „Guten Tag“, hatte aber einen religiösen Anstrich.

„Aleikum salam“, antworteten die Männer im Chor; es war die übliche Erwiderung.

„Comment elle-va, la deux cheveaux?“, fragte einer von ihnen, ein sehr gut genährter Mann mit einem Kinnbart, der ein gewähltes Französisch sprach und sich sehr vornehm anhörte.

„Nicht so gut“, antwortete ich. „Wir brauchen eine neue Achse, und ich bezweifle, ob wir hier eine auftreiben können.“

Er dachte kurz nach, hatte selbst aber auch keine Idee und gab daher die Frage an seine Freunde weiter.

Mit einem Mal sah es so aus, als hätte jeder einen Vorschlag. Fünf Minuten palaverten alle ohne Unterbrechung in Arabisch durcheinander.

„Gibt es etwas Interessantes?“, fragte ich den Mann, der uns angesprochen hatte.

„Sie schlagen vor, dass ihr mal bei den Katholiken vorbeigeht. In der Kolonialzeit haben die Franzosen hier eine katholische Missionsstation aufgebaut. Zwei meiner Freunde glauben sich daran zu erinnern, dass einer der Missionare vor ungefähr 25 Jahren mit einem 2 CV in Abéché herumfuhr. Vielleicht steht er noch in der Mission.“

Ich ging zu Ilses Garten zurück. Christophe war gerade dabei, das Öl des Luftfilters auszuwechseln, das von der Nachtfahrt im Schlepptau des Landcruisers verstaubt war. Ich berichtete ihm von den Neuigkeiten.

„Dann lass uns mal diesen Pater besuchen“, rief er begeistert. „Ich geh mir nur die Hände waschen.“ Er nahm einen Beutel Omo und verschwand in Ilses Küche.

Eine Viertelstunde später standen wir vor der Tür des französischen Paters. Er bat uns herein und hörte sich unsere Geschichte an.

„Ich bin erst seit drei Jahren hier“, antwortete er. „Mein Vorgänger ist hier gestorben, und ich wurde erst nach seinem Tod gebeten, seinen Platz einzunehmen. Einen 2 CV habe ich hier nie gesehen. Tut mir Leid.“

Als wir wieder bei Ilse waren, berichtete ich den älteren Männern von unserem Misserfolg. Der Übersetzer versuchte mir Mut zu machen. „Das wird schon“, sagte er. „Zur Not fährst du mit einem Lastwagen nach Ndjamena zurück. Dort bekommst du sicher, was du brauchst.“

Ich seufzte. In den nächsten beiden Tagen fuhr sicher kein Lkw in die Hauptstadt, drei Tage musste man für den Hinweg rechnen, einen für die Besorgungen und drei weitere Tage für den Rückweg und die Reparatur. Diese Lösung würde uns also, kurz gesagt, mindestens zehn Tage kosten.

Der Tag ging ins Land, und ich war verärgert, weil sich keine günstige Perspektive auftat. Ich überließ Christophe die kleineren Reparaturen an der Ente und widmete mich meiner eigenen Aufgabe. Aber das Erstellen des Update für unsere Website wollte mir einfach nicht von der Hand gehen. Um sechs Uhr besuchten wir ein Gasthaus am Ort, bestellten Hähnchen mit Brot und gingen dann zu dem Haus, in dem man Bier bekam. Wir blieben bis Mitternacht.

Als wir am nächsten Morgen von der NGO zu Ilses Garten gingen, wurden wir angenehm überrascht. Auf unserem fünfminütigen Spaziergang wurden wir zweimal angesprochen.

„Und, habt ihr schon eine Achse?“, hieß es, oder: „Wenn es in Abéché eine Achse gibt, werden wir sie für euch finden.“

Offenbar kannte die ganze Stadt unser Problem, und alle bemühten sich um eine Lösung. Schon nach kurzer Zeit standen Trauben von Menschen vor Ilses Garten, um unsere Karre zu begutachten. Der Wächter des Areals, der verhindern wollte, dass die Kinder in den Garten schlüpften, hatte alle Hände voll zu tun.

13.00 Uhr: Die Aktivitäten der Einwohner schienen allmählich Früchte zu tragen. Nach dem Mittagessen erreichte uns die erste gute Neuigkeit. Ein alter Mann glaubte sich daran zu erinnern, dass der Priester den 2 CV vor 25 Jahren nicht nur hier gefahren hatte, sondern ihn auch irreparabel heruntergekommen zurückgelassen hatte. Mit ein wenig Glück und in dem Wissen, dass man in Afrika nie etwas wegwarf – und ganz gewiss keine Autoersatzteile –, ließe sich das Wrack in Abéché sicher noch auftreiben.

Unsere Hoffnung stieg wieder. Ich besprach die Angelegenheit mit dem Mechaniker des Präfekten. Er kannte die Neuigkeiten bereits und versprach uns, einen seiner Söhne zu allen Werkstätten der Stadt zu schicken, um herauszufinden, wo die sich die alte Ente befand.

Zwei Stunden später: Ein Landrover hielt vor Ilses Tür. Ein junger Mann stieg aus.

„Stimmt es, dass ihr eine Achse für einen 2 CV sucht?“, fragte er.

„Ja, hast du eine?“, fragte ich begeistert.

„Nein, aber ich weiß, wo ihr das Wrack des Priesters findet. Steigt ein, ich bringe euch hin.“

Wir sprangen auf die Ladefläche seines Landrover und fuhren mit ihm durch die Stadt. Über kleine staubige Gassen gelangten wir in eines der Armenviertel von Abéché.

Unser junger Fahrer hatte es offenbar eilig, er hupte wie ein Verrückter. Als ihm das Warten einmal zu lange dauerte, rammte er den Kopf eines der armen Tiere, um es endlich dazu zu bewegen, den Weg frei zu machen. Nach einer Viertelstunde hielt er an.

„Bleibt sitzen", sagte er. „Ich bin sofort zurück."

Er verschwand in einem der Häuser.

„Mein Onkel ist zur Moschee gegangen, aber er kommt bald zurück. Kommt, wir sehen mal nach, ob die Ente noch da ist."

Wir gingen durch ein schmales Gässchen. Der Garten des Onkels war eine von Sträuchern überwucherte und von 20 Hühnern bevölkerte Wildnis. Und wirklich, in der hintersten Ecke standen die Überreste eines Wagens.

„Das ist keine Ente", rief Christophe. „Das ist eine Dyane!"

Er hatte Recht. Die Dyane war die etwas luxuriösere Variante eines 2 CV. In vielerlei Hinsicht sind beide gleich, aber die Dyane ist etwas stabiler gebaut und weist auch sonst einige kleine Unterschiede auf. Hoffentlich stimmten die Achsen überein, und hoffentlich war sie überhaupt noch vorhanden.

Die Spannung stieg. Wir bahnten uns einen Weg durch die Sträucher. Der Innenraum des Wagens war vollkommen leer. Es gab weder Lenkrad noch Sitze ... nur Hühner. Die Überreste der Ente dienten als Hühnerstall. Mit viel Mühe gelang es uns, die Motorhaube zu öffnen, und mit großen Augen starrten wir ins Leere.

„Wir haben ein Mordsglück!", rief ich Christophe zu.

Von dem ganzen Wagen war fast nichts übrig. Innen war er vollkommen leer, die Räder fehlten, und den Motor hatte man ausgebaut. Das Einzige, was noch vorhanden war und zudem noch unbeschädigt aussah, war die Vorderachse.

„Wenn die jetzt noch passen würde ...", flüsterte Christophe.

Die Achse wies jedoch einige Unterschiede auf. Sie war an beiden Seiten fünf Zentimeter länger, und die Lenkung stammte von einem Vorgängermodell.

„Das lässt sich anpassen", warf jemand aus dem Hintergrund ein. Der Onkel war aus der Moschee zurück. Seine religiöse Kleidung verlieh ihm einen ehrwürdigen Habitus, aber sein Blick verriet ihn. Wir hatten es hier mit einem schlauen Fuchs zu tun. Meine Einschätzung bestätigte sich prompt.

„Willst du sie haben?“, fragte er.“ 160 Euro und sie gehört euch.“

„Was? 160? Das können wir nicht bezahlen!“, schrie ich. „Und dabei geht es hier doch nur um ein altes Stück Eisen, mit dem Sie gar nichts mehr anfangen können.“

Sein Angebot war lachhaft hoch. Es entsprach im Tschad einem halben Jahresgehalt. Wir hätten es zwar bezahlen können, aber ich hatte keine Lust, mich so ausnehmen zu lassen.

„Sie sind doch Muslim, nicht wahr?“ Der Onkel nickte, er verstand nicht, worauf ich hinaus wollte. „Sie kommen gerade aus der Moschee, und schon zwei Minuten später versuchen Sie, zwei junge Männer, die in der Klemme sitzen, auszubeuten. Entspricht das Ihrer Vorstellung davon, wie sich ein guter Muslim verhalten sollte? Und das auch noch während des Ramadan? Ich würde mich an Ihrer Stelle schämen, die Situation so auszunutzen.“

Es funktionierte. Ich weiß nicht, ob sich der Mann wirklich schämte oder ob ihn mein Plädoyer amüsierte. Jedenfalls fing er an zu lachen und fragte: „Okay, wie viel willst du bezahlen?“

„30 Euro“, antwortete ich.

„Mach 60 draus und du kannst die Achse haben.“

„40!“

„Einverstanden.“ Ich werde sie ausbauen lassen und euch gleich vorbeibringen. Ihr wohnt bei Ilse, nicht wahr?“

„Sie kommen bestimmt in den Himmel“, sagte ich.

Gegen Abend wurde die Achse geliefert. Am nächsten Morgen machte sich Christophe, der inzwischen schon ein erstklassiger Buschmechaniker war, an die Arbeit und ließ die notwendigen Änderungen ausführen. Der Automechaniker besaß selbst weder eine Bohrmaschine noch eine Schleifmaschine noch eine Eisensäge, aber Karim wusste, wo alles zu finden war. Beide liefen dafür durch die ganze Stadt. Auch ein kaputter Reifen wurde repariert. Der Toyota hatte unsere Ente während der nächtlichen Abschlepptour drei Tage zuvor über einen großen scharfen Stein gezogen. Dabei war der vordere Reifen kaputt gegangen. Für einen halben Euro wurde er nun mit einer Nadel und einem Gummifaden repariert.

Auf Ilses Veranda fand ich endlich die Inspiration für einen neuen Reisebericht. Gegen Mittag bekam ich Besuch. Es war nicht Ilse, sondern Monique, ihre Nachbarin, eine Entwicklungshelferin aus der Schweiz. Sie fragte, ob ich Lust hätte, mit ihr zu Mittag zu essen? Natürlich! Sie seufzte erleichtert.

„Ich halte es nicht mehr aus“, gestand sie, fast mit Tränen in den Augen. „Ich muss hier so schnell wie möglich weg. Fort aus Afrika, fort aus dem Tschad, fort von diesen undankbaren Menschen.“

Ich war erstaunt. Monique erzählte von ihrem Leben in Afrika. Sie arbeitete jetzt schon acht Jahre in Abéché, in einem Projekt zur Bekämpfung des Analphabetismus in abgelegenen Dörfern. Trotz großer Anstrengungen waren nur magere Resultate zu verzeichnen, und ihr wurde klar, dass die Lage nach ihrer Abreise wieder auf das frühere Niveau absinken würde.

„Acht Jahre meines Lebens, weggeworfen, für nichts!“

Aber entmutigt hatte sie etwas anderes.

„Eigentlich dachte ich, dass ich mir nach all den Jahren in den Dörfern ein wenig Respekt verdient hätte. Aber nein, nicht die Spur! Ganz im Gegenteil!“ Sie schilderte einen Vorfall, der sich in der letzten Woche ereignet hatte.

Einige Frauen aus einem der Dörfer hatten sie gebeten, sie zum Begräbnis eines Verwandten zu begleiten. Was sie mit der Einladung meinten, war: „Kannst du uns mit dem Jeep hinbringen?“ Monique hatte die Absicht zwar durchschaut, war aber gerne dazu bereit, den Frauen zu helfen. Die Frauen fuhren mit ihr hin, nahmen an der Zeremonie teil und kehrten nach ein paar Stunden wieder zurück.

Aber als Monique sich der ersten Strohhütte näherte, traf sie auf ein Empfangskomitee, das ihr unfreundlich entgegentrat.

„Du hältst unsere Frauen von ihrer Arbeit ab“, sagte das Dorfoberhaupt, das die Gruppe anführte. „Aber ...“, stammelte Monique, „ich hab sie doch nur zum Begräbnis gebracht. Sie hatten sowieso vor, daran teilzunehmen, und wenn sie auf ihren Eseln geritten wären, hätte das zwei volle Tage gedauert.“

Die Reaktion des Dorfoberhauptes war unglaublich. Er sagte ihr ins Gesicht. „Eine Frau gehört auf einen Esel, nicht auf ein Pferd und ganz sicher nicht in einen Wagen. Wenn du dich mit deiner Arbeit nicht nur auf die Alphabetisierung beschränkst, sondern auch unsere Werte, Normen und Lebensregeln verändern willst,

Frauen gehören auf einen Esel, das meint jedenfalls das Dorfoberhaupt.

dann verbiete ich dir, noch einen Schritt in dieses Dorf zu setzen."

Monique brach in Tränen aus. „Acht Jahre meines Lebens habe ich diesen Menschen gewidmet, mein eigenes Geld und das Geld anderer in dieses Projekt gepumpt. Und was ist der Dank? Das! Ein Rausschmiss aus dem Dorf. Undankbare Dreckskerle sind das. Ich will hier weg. Nächste Woche kommt ein französisches Militärflugzeug und bringt die Ablösung der hier stationierten Soldaten. (Der Flughafen von Abéché ist, da er so nah an der Grenze zum Sudan gelegen ist, von großer strategischer Bedeutung und wird von den Franzosen bewacht.) Du kannst sicher sein, dass ich da drinsitze!"

Am Abend des vierten Tages nach Chuckies unrühmlichem Einzug in Abéché erwachte er wieder aus seinem Koma. Die Achse war fix und fertig montiert. Die Testfahrt durchs Zentrum verlief reibungslos, und wir konnten mit den Vorbereitungen für die nächste Etappe beginnen. Die kleine Stadt Adré an der sudanesischen Grenze lag 200 Kilometer östlich von Abéché. Zwischen beiden Städten gab es nichts außer Sand und Steinen, und obwohl wir hofften, unser Etappenziel in einem Tag zu erreichen, sorgten wir sicherheitshalber für einen Trinkwasservorrat, der drei Tage ausreichen würde.

Ich machte noch einen kurzen Besuch beim Präfekten, um mich von ihm zu verabschieden und mich über die Sicherheitslage auf der Strecke auf den neuesten Stand zu bringen.

„Alles ist unter Kontrolle", antwortete er. „Die Armee hat in der vergangenen Woche eine Säuberungsaktion durchgeführt. Wir haben 30 Rebellen erschossen. Die übrigen sind in den Norden geflüchtet. Seid einfach vorsichtig."

Ich füllte unsere Kanister. An diesem Abend besuchten wir noch ein letztes Mal den „Pub". Bei Sonnenaufgang fuhren wir weiter.

Feuerwerk unter der Motorhaube

Was ging hier vor? Drei Militärkontrollen auf den ersten zehn Kilometern. Anderthalb Stunden Aufenthalt – unser früher Aufbruch war völlig umsonst!

Der Straßenbelag änderte sich zwar alle fünf Minuten, aber richtig gut war er eigentlich nie. Manche Abschnitte waren mit einer Art Kies bedeckt, andere mit losem Sand oder Felsbrocken und Steinen. Der Wagen schlingerte von einer Seite zur anderen.

Trotzdem schafften wir schon am Vormittag 100 Kilometer. Gute Arbeit! Wir hatten uns eine Pause verdient. Ich parkte die Ente im Schatten eines einzeln stehenden Baumes, öffnete eine Dose Cornedbeef und genoss die Ruhe.

Peng! Es knallte heftig unter der Motorhaube, als Christophe den Wagen wieder anlassen wollte. Eine Sekunde darauf glühte das Zündschloss.

„Was war das?“, fragte ich. „Ist der Motor explodiert?“

Christophe antwortete nicht, versuchte aber noch einmal zu starten. Nichts ging mehr.

„Es ist die Batterie. Wahrscheinlich ein Kurzschluss“, meinte er. „Sogar das Kontrolllämpchen am Armaturenbrett ist aus.“

Er stieg aus und kramte den Multimeter aus dem Kofferraum. „Nur noch drei Volt. Die Batterie ist hinüber!“

Eine Stunde später. Eine Staubwolke am Horizont kündigte die Ankunft eines Fahrzeugs an, des ersten Wagens, dem wir seit unserer Abfahrt aus Abéché begegneten. Mir fiel es schwer zu glauben, dass die Armee alle Rebellen und Banditen aus dem Gebiet vertrieben hatte. Meine Nervosität wuchs von Sekunde zu Sekunde.

„Es sind Soldaten“, erkannte Christophe schon von weitem mit seinem Adlerblick.

Eine Minute später hielt ein Pick-up mit quietschenden Reifen neben der Ente. Zehn bis zu den Zähnen bewaffnete Männer starrten uns an. Der Fahrer, der offenbar den höchsten Rang bekleidete, stieg aus.

„Probleme, Jungs?“, fragte er und deutete dabei auf unsere geöffnete Motorhaube.

„Die Batterie ist kaputt“, antwortete ich. „Wir können ihn nicht einmal anlassen.“

„Ach, eine Batterie bekommt ihr mit ein wenig Glück in Adré.“

„Aber wie kommen wir nach Adré? Ich sagte ja schon, wir können nicht einmal starten.“

Der Fahrer war von unserem Problem nicht besonders beeindruckt. Er hatte offensichtlich mehr Ahnung von Autos als wir. „Hast du Startkabel?“, fragt er. Ich nickte.

Er befahl einem seiner Männer, die mittlerweile alle verblüfft auf den winzigen Motor der Ente starrten, ihren Wagen mit der Frontseite zur Ente zu parken.

Wir schlossen die Startkabel an. Das Kontrolllämpchen leuchtete auf. Nach zwei Sekunden sprang Chuckies Motor wieder an.

„Voilà. Du musst jetzt direkt nach Adré fahren, aber lass den Motor bitte nicht ausgehen. Mehr als drei Wagen kommen hier am Tag nicht vorbei.“

Er hätte gern noch ein wenig mit uns geredet, aber Chuckies Temperatur stieg in der brütenden Hitze zu schnell an. 120° C! Wir mussten fahren, um ihn abzukühlen.

Zum Glück war die Straße weiterhin ziemlich fest, so dass wir in den nächsten vier Stunden noch einmal 100 Kilometer zurücklegen konnten.

In Adré selbst gab es keine befestigten Straßen, und schwere Fahrzeuge hatten den Sandboden völlig aufgewühlt. Schon bei der Einfahrt in die Stadt blieben wir stecken und mussten fast allen Druck aus den Reifen lassen. Wir fragten einen Soldaten, ob in Adré ein Weißer wohne.

„Sicher. Dr. Lenoir. Er wohnt neben dem Wasserschloss.“

„Dem Wasserschloss?“

„Ja, neben unserem Wasserreservoir.“

„Ach so, natürlich! Entschuldigung.“

Christophe klemmte sich hinter das Lenkrad, und ich schob den Wagen – so erreichten wir das Anwesen des Doktors. Ein Bediensteter öffnete die Tür.

„Der Doktor ist für eine Woche verreist, er ist auf Krankenbesuch in die nördlich gelegenen Dörfer.“

„Aber wir sind Freunde aus seiner Heimat, und wir haben uns so darauf gefreut, ihn wiederzusehen“, log ich. „Können wir nicht wenigstens eine Nacht unser Zelt hier aufschlagen?“

Der gutgläubige Mann hatte nichts dagegen.

Unser letzter Abend im Tschad. Das musste gefeiert werden. Wir gingen in die Stadt. Überall hatte man große Feuer für ein Barbecue angezündet. Ganze Ziegen oder Schafe wurden in Stücke gehackt und darauf gegrillt. Wir kauften uns zwei Portionen Fleisch, das kräftig mit einer Art Pilli-Pili gewürzt und mit Limonensaft und klein geschnittenen Zwiebeln verfeinert war. Man servierte es unappetitlich in Zeitungspapier, aber es schmeckte herrlich.

Morgen würden wir in den Sudan einreisen, in ein Land, in dem islamische Fundamentalisten das Zepter schwangen und in dem Alkohol daher verboten war. Ein guter Grund, heute noch einmal kräftig zuzulangen.

Auch in Adré gab es, wie in Abéché, ein Hinterhoflokal, und wie dort waren seine Kunden vorwiegend Katholiken aus dem Süden. Zwei von ihnen gehörten zu den Soldaten, die unseren Wagen schon vor ein paar Stunden gesehen hatten. Sie zogen zwei Stühle bei und luden uns auf ein Bier ein.

„Was hast du da?“, fragte ich einen von ihnen. Er hielt ein Tütchen mit Knabbereien in der Hand – Erdnüsse oder etwas in der Art.

„Geröstete Grillen“, antwortete er. „Willst du mal probieren?“

Er drückte jedem von uns eine in die Hand. Es waren Monster. Sie waren ungefähr acht Zentimeter lang, anderthalb Zentimeter dick, braun geröstet, und sie hatten große pechschwarze Augen. Ich starrte das unappetitliche Tierchen an.

„Eine afrikanische Weisheit besagt: Man isst nicht mit den Augen“, meinte der Soldat. “Probiere es einfach, es schmeckt wirklich gut.“

Zum Glück war in dem Moment meine Neugier größer als mein Hungergefühl. Ich nahm einen Bissen und der Hinterleib der Grille verschwand zwischen meinen Zähnen.

„Schön knusprig“, murmelte ich mit vollem Mund.

Eigentlich war es gar nicht so schlecht. Es schmeckte im Grunde nach gar nichts, aber mit einem würzigen Dip wäre es bestimmt noch besser gewesen.

Eine zweite lehnte ich dankend ab.

Die meisten der Anwesenden konnten es sich nicht leisten, den ganzen Abend Bier zu trinken. Zwei Halbliterflaschen kosteten sie einen ganzen Tageslohn, und daher dauerte es auch nicht lange, bis sich alle nach und nach aus dem Staub machten. Nach einer halben Stunde waren alle gegangen, bis auf einen betrunkenen Soldaten. Als er uns zu verstehen gab, dass er ein Auge auf die ugandische Wirtin geworfen hatte, brachen auch wir auf.

Sieben Uhr morgens: „Das ist lächerlich!", sagte ich zu Christophe.

„Komm, lass uns hier verschwinden."

Der Batteriehändler war nicht nur ein Morgenmuffel, er verlangte auch noch einen viel zu hohen Preis für eine neue Batterie, etwa das Dreifache des Normalpreises. Die sudanesische Grenze war nur 30 Kilometer entfernt. Gestern hatten wir mit der kaputten Batterie 100 Kilometer geschafft, auf 30 mehr würde es nicht ankommen.

Falsch gedacht! Hätten wir uns besser informiert, dann hätten wir wissen können, dass es auf die 30 Kilometer sehr wohl ankam. Das Gelände war eine einzige Katastrophe. Die 30 Kilometer führten durch Niemandsland. Weder Tschader noch Sudanesen fühlten sich für den Straßenbau in dieser Sandkiste verantwortlich. In Adré erledigten wir die Zollformalitäten für den Tschad. Dank des betrunkenen Soldaten vom Vorabend konnten wir den Forderungen nach Sonderzahlungen und fiktiven Gebühren entgehen; die Mühen der Strecke blieben uns aber nicht erspart.

Es begann schon nach 500 Metern mit einem riesigen ausgetrockneten Flussbett. Es war 150 Meter breit und bestand nur aus lockerem Sand. Wir ließen die Luft aus den Vorderreifen, nahmen einen flotten Anlauf und rasten in das Flussbett. Beinahe hätte es geklappt, aber nach 120 Metern ging Chuckie die Puste aus. Damit der Motor nicht ausging, schaltete ich in den Leerlauf.

Fünf Kinder stürzten herbei.

„Wollt ihr uns schieben helfen?", fragte ich sie freundlich.

„Geld, Geld, erst Geld!", antworten sie. Jedes von ihnen wollte zehn Dollar.

Ich weigerte mich zu zahlen, Christophe verjagte sie. Über ihren Mangel an Hilfsbereitschaft verärgert, zerrte er die Gummifußmatte aus dem Wagen und warf sie vor eines der Räder. „Wir versuchen es selbst“, rief er. „Fahr los!“

Christophe klemmte seine Schulter gegen den Rahmen. Ich jagte den Motor im ersten Gang hoch und ließ vorsichtig die Kupplung kommen. Christophe schob aus Leibeskräften. Es klappte, die Ente setzte sich in Bewegung. Noch zwanzig Meter, noch zehn, noch fünf … mit letzter Kraft quälte sich Chuckie den letzten halben Meter auf das höher gelegene Ufer.

„Es kommen noch drei“, rief ein Mann, der im Flussbett abwartete, ob wir die Fußmatten wohl zurücklassen würden.

Mit dem nächsten Wadi, etwa fünf Kilometer weiter, hatten wir leichtes Spiel. Es war nur 20 Meter breit. Wir machten Tempo und kämpften uns schnell hindurch.

Entgegen aller Logik war der Sand auch am oberen Rand der Böschung locker. Ein Lastwagen hatte mühsam das Ufer erklommen und dabei die Böschung und drei Meter des Ufers durchwühlt. Der Überraschungseffekt war zu groß. Ich blieb stecken, murkste mit der Gangschaltung herum, und was eigentlich nicht passieren durfte, passierte: Der Motor ging aus. Verdammt!

Nun konnten wir nichts anderes tun, als auf einen entgegenkommenden Wagen zu warten. Die ganze Zeit war uns kein Wagen begegnet, und es konnte ganz schön nervig sein, ungeduldig auf den Horizont starren zu müssen. Ich öffnete die Bananenkiste, die als Reisekoffer für meine persönlichen Sachen diente, und zog Tolstois Meisterwerk *Krieg und Frieden* hervor, besagten Wälzer von 1370 Seiten. Nur für den Fall, dass wir sehr lange warten mussten.

Es dauerte anderthalb Stunden, bis Hilfe auftauchte. Ein alter schwerbeladener Lastwagen näherte sich aus der Gegenrichtung. Wir blockierten die Durchfahrt, also musste der Fahrer anhalten. Zu unserem Glück war er hilfsbereit. Er hatte eine Ersatzbatterie mit einer Spannung von 24 Volt dabei. Unsere Ente lief mit zwölf Volt. Wir drückten die Daumen, dass uns der ganze Plunder nicht um die Ohren fliegen oder schmelzen würde, und verbanden beide Batterien. Es funktionierte.

Kilometer um Kilometer quälten wir uns weiter. Auf einem Stück war der Weg so schlecht – mit tiefen Lkw-Spurrillen und einem hohen Grat dazwischen –, dass Chuckie alle zehn Meter auf seinem Bauch durch den Sand rutschte. Auf hundert Metern blieben wir dreimal stecken, und das Freischaufeln in glühender Mittagshitze schlauchte.

Da kam Christophe auf eine Idee. An den Wegrändern wuchs eine Art wilder Mais, dessen Stängel anderthalb bis zwei Meter in die Höhe schossen. Das war unsere Rettung. Wir bogen vom Weg ins Feld ab, wo die langen Stängel, die der Wagen abknickte, den Rädern mehr Halt boten. Sofort ging es flotter. Nach einem halben Kilometer hatten wir wieder festen Boden unter den Rädern.

Auf den letzten fünf Kilometern vor der sudanesischen Grenze tauchten wieder Sanddünen auf. Mit angehaltenem Atem fuhren wir hochtourig im ersten oder zweiten Gang und suchten so unseren Weg durch sie hindurch.

Sieg! Der Grenzposten kam in Sicht. Aber wieder steckten wir fest!

Diesmal ging der Motor aus. Das hieß warten.

Nach einer dreiviertel Stunde half uns ein alter Landrover beim Starten.

Ein paar Minuten später erreichten wir die Grenze und damit auch einen befestigten Straßenabschnitt. Wir hatten für die 30 Kilometer genau acht Stunden gebraucht.

Okay, das war der Tschad.

XI. SUDAN
BRAUNE BOHNEN UND ISLAMISCHE FUNDAMENTALISTEN

„Welcome to the Sudan!“, rief ein Zöllner aufgeräumt. „How was your trip?“

„Fine, thank you. The last 30 kilometers were a bit difficult, but we made it!“, antwortete ich, froh darüber, dass ich endlich mal wieder Englisch sprechen konnte.

„Wohin müssen wir jetzt?“, fragte ich. „Zur Einwanderungsbehörde, zur Polizei oder zuerst zum Zoll?“

„Es ist Freitag, Sir“, antwortete der Zöllner. „Bis morgen früh ist alles geschlossen. Aber ihr könnt gern hier bei uns zelten.“ Natürlich. Dass wir daran nicht eher gedacht hatten …

Christophe schlug vor, in die Stadt zu gehen. Es war erst halb vier, und wir hatten keine Lust, sechs Stunden auf dem Parkplatz des Zollbüros herumzusitzen. Wir verließen das Gelände und salutierten in Richtung der Zöllner, die auf dem Boden lagen und Karten spielten.

„Wo geht ihr hin?“, rief uns einer zu.

„Ins Zentrum von El Geneina. Warum? Willst du uns vielleicht hinfahren?“, fragte ich scherzhaft.

„Ja, kein Problem“, antwortete er zu unserer Überraschung. Er sprang auf, entschuldigte sich bei seinen Spielkameraden und ging zu einem der Wagen. Er startete einen Kleinbus und fuhr damit vor.

„Wo im Zentrum darf ich euch absetzen?“, fragte er höflich.

Wir schauten uns an. „Freundliche Jungs, diese Sudanesen.“

„Am Markt“, antwortete ich.

An der Straße ins Zentrum reihte sich eine Kaserne an die andere. Panzer, schwere Lkws, Kampfflugzeuge und -hubschrauber schimmerten im gleißenden Sonnenlicht. Es war offensichtlich, dass wir uns wieder in einem Land befanden, in dem die Armee eine überaus große Rolle spielte.

„Hallo, da sind ja die Belgier!" Ein dicker Mann auf einem Moped winkte uns ausgelassen zu. Er sei gerade am Zoll vorbeigekommen, habe unsere Ente gesehen und wolle sich gern ein bisschen mit uns unterhalten. Er sei, wie er sagte, der Chef der Zollstation und würde morgen unser Carnet de passage, unser Fahrtenbuch, abstempeln.

Wir sprachen kurz über die Probleme, mit denen wir uns in den vergangenen Wochen hatten herumschlagen müssen, und fragten ihn nach dem Zustand der Straßen, die noch vor uns lagen.

„Das Schlimmste habt ihr hinter euch, Jungs. Von jetzt ab gibt es nur noch gute Straßen."

Sonderbar, seine Angaben standen im Widerspruch zu denen des Lonely Planet, aber die konnten natürlich auch schon inaktuell sein. Seine Beschreibung klang jedenfalls wie Musik in meinen Ohren. Hätten wir ihn doch nur gefragt, ob er diese Strecke je selbst gefahren war ...

Als wir zur Ente zurückkamen, ging die Sonne gerade unter. Die Zöllner hatten auf dem Boden vor der Tür sechs große Matratzen ausgelegt. Auf einem Tisch stand ein kleiner Fernseher. Es war Essenszeit, und sie bestanden darauf, ihre Mahlzeit mit uns zu teilen. Wie sie wuschen auch wir uns Hände, Füße und Gesicht, bevor eine alte Frau und ihre Enkelin große, dampfende Schüsseln und Brot auftrugen.

„Ful", sagte der jüngste Zöllner, als er mich auf die braune Masse starren sah. „Das Nationalgericht des Sudan." Es war ein Brei aus zerstampften braunen Bohnen, der einen ganzen Tag gekocht wurde. Ein billiges und nahrhaftes Gericht, das im Sudan täglich auf den Tisch kommt. Eine sudanesische Redensart lautet: „Wenn Bohnen den Pharaonen jahrhundertelang geschmeckt haben, können sie auch für uns nicht schlecht sein."

Ich tauchte ein Stückchen Brot in die Pampe. Es schmeckte besser als es aussah.

In einer überdachten Ecke des Parkplatzes kochte die alte Frau auf einem kleinen Holzfeuer Kaffee und Tee. Wenig später erschien sie mit vier Tassen – mehr hatte sie nicht. Die Zöllner bestanden darauf, dass wir zuerst tranken. Das Getränk höflich abzulehnen, wie es westlichen Benimmregeln entsprochen hätte, wäre hier unpassend gewesen. Daher nahm ich eine Tasse.

Als ich der Frau die leere Tasse fünf Minuten später zurückbrachte, stieg mir ein vertrauter Duft in die Nase. Versteckt in der hintersten Ecke, rauchte einer der Zöllner einen großen Joint. Als er mich sah, verschwand seine Hand hinterm Rücken. Ich verwickelte ihn in ein Gespräch und war gespannt, ob er neben Essen und Kaffee auch seinen – illegalen – Joint mit einem x-beliebigen Durchreisenden teilen würde. Leider hielt er seine Hand auch nach fünf Minuten noch hinter seinem Rücken. Das war ein deutliches „ley", „nein".

Die anderen Zöllner hatten inzwischen ihr Gebet verrichtet und ruhten nun auf den Matratzen. Der Fernseher lief in voller Lautstärke. Auf dem Bildschirm sah man einen Mann, der mit Inbrunst aus dem Koran vorlas. Unsere Gastgeber schauten ihm konzentriert und andächtig zu. Danach schaltete der Sender live nach Mekka, wo Tausende von Muslimen den großen heiligen Stein des Islam, die Kaba, umkreisten. Beschir, der Präsident des Sudan, beschloss den Fernsehabend mit einer Rede an die Nation. Auch sie war ganz und gar religiös geprägt.

Der Fernseher wurde ausgeschaltet. Aber auch jetzt blieb keine Zeit für ein Gespräch, denn die Zöllner wollten Karten spielen. Sie teilten sich in zwei Vierergruppen und begannen ihr Spiel mit äußerster Konzentration. Christophe hatte es sich indessen auf einer der Matratzen bequem gemacht und schnarchte.

Es war schon ein Weile her, seit wir in den „Genuss" afrikanischer Bürokratie gekommen waren. Der Sudan bot uns jetzt wieder Gelegenheit dazu. Die religiös geprägte Militärdiktatur regierte das Land mit eiserner Hand und hatte die Bewegungsfreiheit für Ausländer weitgehend eingeschränkt. Obwohl ich der einzige Antragsteller war, verbrachte ich den ganzen Vormittag bei der Einwanderungsbehörde, der Polizei und dem Zoll und den ganzen Nachmittag im „Aliens-Office".

„Wo wollt ihr hin?", fragte der Beamte schroff.

„Erst nach Khartum, dann nach Galabad, der Grenzstadt zu Äthiopien", antwortete ich.

Der Mann nahm ein Blatt Papier und kritzelte mit dem Bleistift ein paar arabische Worte darauf. Ab und an kam er ins Grübeln.

„Das hier ist die Route, die ihr nehmen müsst", sagte er zögernd, während er mir das Papier zeigte.

In einer eigenen Spalte hatte er die Städtenamen in westlicher Schrift notiert. Obwohl ich mir die Sudankarte in den letzten Tagen schon mehrmals angesehen hatte, erkannte ich kaum einen der Namen wieder.

„Das ist nicht die Hauptverbindung", entgegnete ich.

„Das stimmt!", sagte der Beamte. „Die Hauptstraße ist im Moment unsicher. Die Rebellen sind in diesem Gebiet sehr aktiv. Der Weg, den ich euch skizziert habe, ist zwar etwas länger, dafür aber auch sicherer."

Ich breitete die Michelin-Karte aus meinem Rucksack auf seinem Schreibtisch aus. Er zeigte mir die Städte, die auf seiner Liste standen. Langsam wurde ich nervös. Das bedeutete nicht nur einen Umweg von ungefähr 600 bis 700 Kilometern, sondern vor allem auch Wege, die nur als weiße Linien in der Karte verzeichnet waren. Und was das hieß, wusste ich inzwischen: kein Asphalt, keine befestigten Wege, sondern nur Spurfurchen im Sand.

„Das ist unmöglich. Wenn Sie unseren Wagen sehen würden, wüssten Sie, warum. Wir fahren keinen Geländewagen, sondern eine kleine alte Karre mit Zweiradantrieb." „Es tut mir Leid", antwortete der Beamte „Ich habe meine Befehle, und an die halte ich mich – sonst können wir für eure Sicherheit nicht garantieren." Ich beschwerte mich, aber jeder Einwand war zwecklos.

Mit einem Kleinbus fuhren wir zu einer anderen Kaserne im Stadtzentrum, wo man uns gegen Entgelt eine offizielle „Travel Permit" ausstellte. Alle genehmigten Städte und Dörfer waren darin verzeichnet, und wir waren dazu verpflichtet, dieses Dokument bei jedem Zwischenstopp abstempeln zu lassen. Khartum war eine obligatorische Etappe jedes Sudanreisenden. Dort würde man uns eine neue „Permit" für die Weiterreise ausstellen.

Um vier Uhr nachmittags hatten wir allen Bürokram erledigt. Christophe hatte inzwischen eine neue Batterie aufgetrieben, die eigentlich für schwere Geländewagen bestimmt war. „Sie hatten nichts Kleineres“, erklärte er. „Diese hat den Vorteil, dass sie sich nicht so schnell entlädt.“

Sie war so lang, dass sie zur Hälfte über die Batteriefassung hinausragte. Mit einem Seil, etwas Draht und einem Kabel band Christophe sie an Chuckies Gestänge fest. Energie gab sie jedenfalls genug, denn die Ente sprang gleich beim ersten Versuch an.

Westsudan: Wieder im Sandkasten

Am nächsten Morgen verließen wir El Geneina direkt nach Sonnenaufgang. „Brecht morgens auf, sobald es hell ist, und haltet um vier Uhr an. Fahrt nie nach Sonnenuntergang und schlaft notfalls in der Nähe einer Polizeistation“, riet uns der freundliche dicke Zöllner zum Abschied. „Die nächsten 600 Kilometer sind immer noch unsicher.“

Wir hatten kaum die Stadt verlassen, da endete auch schon die Aspaltstraße, aber der Schotterweg war breit und in sehr gutem Zustand. Als sich daran auch nach 20 Kilometern nichts änderte, schaltete ich das GPS ein. „Wir haben uns verfahren“, sagte ich zu Christophe. „Diese Straße ist verdächtig gut in Schuss. Das ist die Hauptstraße, die wir nicht nehmen dürfen.“

Nach einer halben Stunde entdeckten wir einen schmalen, holprigen Pfad. Ich checkte noch mal das GPS. „Jetzt sind wir richtig!“

Wider Erwarten kamen wir gut voran. Auf den ersten 250 Kilometern nach Nyala blieben wir nur zweimal beim Durchfahren eines ausgetrockneten Flussbetts stecken. Dabei bekam ich noch eine Lektion gratis: Man sollte den Wagen nie mit bloßen Händen freischaufeln. Ein schwarzer Skorpion hatte es auf mich abgesehen, aber ich entdeckte ihn zum Glück rechtzeitig.

Die Sicherheit schien auf dieser Strecke wirklich ein Problem zu sein. Unserer Naivität war es zuzuschreiben, dass wir so ziemlich die Einzigen waren, die ohne militärischen Schutz reisten. Alle anderen, sowohl die gewöhnlichen Pkws wie auch die Lastwagen, die als Busse dienten, wurden von zwei oder drei bewaffneten Soldaten, die auf den Dächern der Wagen saßen, bewacht.

Wir beherzigten den Rat des Zöllners und hielten vor Sonnenuntergang an. Wir zelteten zwar nicht in der Nähe einer Kaserne, aber immerhin bei einer Art „Restaurantkomplex" mitten in der Wildnis, einer Raststätte für Busse und Lastwagen, die das Land durchquerten. Hier gab es nicht nur ein oder zwei, sondern bestimmt 20 Imbisse in kleinen Strohhütten. Bei einer lag ein ganzes Schaf auf einem großen Grill, andere verkauften Hühner und Eier, wieder andere das traditionelle Ful. Es gab weder Stühle noch Tische, aber zwischen den Hütten war eine große Gemeinschaftsmatte ausgelegt. Das Essen war frisch, gut und spottbillig.

Die dritte Woche des Ramadan war angebrochen, und wir bekamen oft erst nach Sonnenuntergang etwas zu essen. Zudem mussten wir oft Schlange stehen. Denn kurz vor Sonnenuntergang hielten auch die großen Busse, und alle Insassen, oft an die 150, wandten sich in derselben Haltung gen Mekka und folgten dem Singsang eines älteren Vorbeters.

Ungestörtes Zelten in der Nähe von Imbissbuden.

Ihre erste Mahlzeit nach dem Gebet, die sie seltsamerweise „Frühstück" nannten, bestand stets aus einer Portion Ful. Alle setzten sich rasch in Gruppen zusammen und bestellten etliche Schüsseln dieses Breis. Mit Hilfe eines Stücks Brot, das als Löffel diente, verschwanden große Mengen davon unter lautem Geschmatze in ihren hungrigen Mägen.

„Kommt hierher, kommt hierher", riefen sie uns von allen Seiten zu. Etwas befremdet, aber zugleich auch gerührt, nahmen wir ihre überbordende Gastfreundschaft an und setzten uns zu ihnen. Ein Gespräch kam wegen des Sprachproblems – kaum jemand sprach Englisch – selten in Gang, aber die freundlichen Blicke, die wir austauschten, führten auch ohne Worte zu einer Verständigung.

Auch an den nächsten Tagen wurden wir immer wieder dazu eingeladen, die erste Mahlzeit, das Ful, mit allen zu teilen. Später, in Khartum, erfuhr ich, dass diese Sitte eine religiöse Bewandtnis hat. Denn der Koran schreibt vor, das Ful mit allen Hungrigen zu teilen, und das gilt sicherlich erst recht während des Ramadan. Inschallah!

Nyala war die erste Stadt, in der wir unsere „Travel Permit" abstempeln ließen.

„Wie ist der Weg nach Ed-Da'ein?", fragte ich den Beamten der „Security". „Er ist gut, soviel ich weiß. Ich bin selbst noch nie da gewesen", antwortete er. „Folgt doch einfach den Gleisen."

Es erstaunte mich immer wieder, wie wenig die Einheimischen, auch die Soldaten und Polizisten, ihr eigenes Land kannten. Ed-Da'ein lag 180 Kilometer entfernt und war die nächste größere Stadt.

Wir suchten nach der alten Bahnlinie und folgten ihr in östlicher Richtung. Von einem Weg konnte kaum die Rede sein. Das Gelände neben den Gleisen war völlig versandet, und ein Sturm hatte ein paar Tage zuvor alle Spuren des Wegs verwischt. Ab und zu sahen wir einen Reifenabdruck im Sand oder im Gebüsch, aber statt zwei Fahrspuren gab es drei. Was sollte das denn sein – ein Fahrzeug mit Rädern an beiden Seiten und in der Mitte? Erst als wir nach ein paar Stunden ein Eselsgespann sahen, wurde uns alles klar.

Die Sonne brannte gnadenlos, und mit der Zeit wurde es immer schwerer, durch den zunehmend lockeren Sand zu fahren. Die Gleisböschung war unsere Rettung. Zwei Meter höher als das umliegende Gelände, bestand sie nicht aus weichem Sand, sondern aus fester Erde. Die Böschung war abschüssig, aber auf ihrer Schräge konnten wir gerade noch fahren. Wir fuhren im Durchschnitt 25 Stundenkilometer – langsam, aber sicher kamen wir voran.

Am schwierigsten war es in den wenigen Dörfern, die an der Bahnlinie lagen. Die meisten bestanden aus nicht mehr als 20 Stroh- oder Holzhütten, aber in allen gab es dasselbe Problem. Mit ihren Eseln und Pferden hatten die Einwohner überall den Sand aufgewühlt. An fast jeder Dorfeinfahrt steckten wir fest. Aber Sudanesen sind hilfsbereit, und mit Unterstützung der Dorfbevölkerung, mit gemeinsamem Schieben und Ziehen, kamen wir schnell wieder frei. Wenn wir den weichen Sand vor den Rädern wegschaufelten, kamen manchmal Erwachsene auf uns zu, um uns warme Pepsi anzubieten – ein Luxusartikel für sie und somit ein

Getränk, von dem sie annahmen, dass es verirrten westlichen Touristen schmecken würde. Wir hätten uns sicher nicht gewundert, wenn das nur ein- oder zweimal vorgekommen wäre. Aber offenbar steckte mehr dahinter, denn es wurde allmählich zur Regel. In jedem Dorf, in dem wir stoppten, um Benzin zu kaufen oder Chuckie freizuschaufeln, überreichte uns jemand eine Cola, lächelte, während wir sie gierig austranken, und verschwand darauf kommentarlos mit der Flasche. Unser vierter Wohltäter sprach ein paar Worte Englisch und erklärte uns das Phänomen: „Der Koran besagt: Reisende haben immer Durst."

„Aber warum immer Pepsi Cola?", fragte ich.

Er wisse aus Erfahrung, dass westliche Touristen meist dem Trinkwasser nicht trauten, das manchmal tagelang in offenen Sammelbehältern aus Ton aufbewahrt wurde.

„Ihr reinigt es doch erst, nicht wahr?"

An diesem Abend strandeten wir 30 Kilometer vor Ed-Da'ein. Der Sand der Wüstenausläufer hatte sich schon auf den letzten 20 Kilometern über die höher gelegene Böschung geschoben, sodass wir ständig stecken blieben. Todmüde erreichten wir ein Dorf, in dem es weder einen Markt noch einen Imbiss gab. Wir begnügten uns mit einer Wassermelone und einer Dose Thunfisch. Am nächsten Morgen erreichten wir nach zweistündiger Fahrt endlich Ed-Da'ein, die zweite Stadt auf unserer „Travel Permit".

Nächste Etappe: Babanusa. Entfernung: 200 Kilometer. Die Landschaft veränderte sich allmählich. Die offene, weite Ebene mit ihrem sandigen oder steinigen Boden wich einer sanft hügeligen Savanne, deren Sandboden von hohem Gras bewachsen war. Wir folgten wieder der Bahnlinie, doch das Gleisbett war auch hier versandet. Auf die Frage, auf welcher Seite der Bahnlinie die Hauptstraße verlaufe, erhielten wir widersprüchliche Antworten.

Doch manchmal folgten wir den auftauchenden Wagenspuren auch dann, wenn sie mehr als 200 Meter von der Eisenbahnlinie abwichen. So kam es, dass wir auf unserer tastenden Suche nach festem Untergrund die Gleise allmählich aus den Augen verloren.

„Wo sind sie nur?" Wir hatten uns von den Gleisen entfernt, aber wir hatten keinen Schimmer, wie weit.

„Sie verlaufen doch links von uns, oder?“ Ich war im Zweifel. „Was sagt das GPS?“

„Ja, sie sollten ungefähr fünf Kilometer links von uns verlaufen.“ Ich merkte, dass Christophe auch zweifelte. „So weit entfernt!?“

Unser Benzinvorrat war auf der mühseligen Fahrt stark zusammengeschmolzen, daher beschlossen wir, nicht umzukehren, sondern geradewegs auf die Gleise zuzufahren.

Die Aussicht war herrlich. Plötzlich fühlten wir uns wie in kenianischen Savannen. Hohes Dünengras wiegte sich im Wind, so weit das Auge reichte, und hier und da boten ein paar Bäume ein wenig Abwechslung. Das fast meterhohe Gras, das sich unter den Vorderrädern zu Boden neigte, bot Chuckie besseren Halt als der Sandboden. Wir schalteten in den zweiten Gang und fuhren vorsichtig in Richtung Bahnlinie.

Wir hätten es ahnen können. „Stell dir mal vor, wenn hier ein großer Felsbrocken im Gras läge, so einen halben Meter hoch …“, hatte ich gerade zu Christophe gesagt. Schon gab es einen gewaltigen Bums und ein kreischendes Geräusch unter der Motorhaube. Chuckie blieb mit einen Schlag stehen. Wir waren gegen etwas Festes gedonnert. Ich schaltete sofort den Motor aus.

Ein vom Blitz gespaltener, 75 Zentimeter hoher Baumstumpf lag entwurzelt hinter der Ente. Er hatte den frontalen Zusammenprall mit ihr nicht überlebt.

Aber auch Chuckie hatte sich verletzt. Christophe versuchte die Motorhaube zu öffnen, aber es gelang ihm nicht. Der Zusammenstoß hatte die schwere Safaristoßstange, die wir vor der Abfahrt anmontiert hatten, vollkommen in die Motorhaube gedrückt. Erst nach einigem Rütteln konnten wir die Haube wieder öffnen.

„Und?“, fragte ich nervös. „Ist viel beschädigt? Können wir weiterfahren?“

„Der Kühlpropeller, der Ventilator, oder wie das Ding auch immer heißt, ist völlig hinüber“, antwortete er. „Sonst ist alles okay – jedenfalls auf den ersten Blick.“

Er kramte den Werkzeugkoffer aus dem Kofferraum und begann sofort damit, das Ding auszubauen. „Haben wir einen Reserveventilator mit?“, fragte ich angespannt. „Zum Glück ja.“

Reparatur des Kühlsystems nach dem Zusammenstoß mit einem Baum.

Ich schaute mich um und lauschte. Außer dem sachten Flüstern des Windes und dem Zwitschern eines einzelnen Vogels war nichts zu hören. Wir waren 80 Kilometer von der nächsten Stadt entfernt und hatten keine Ahnung, wo die Hauptstraße genau lag. Zwischen beiden Städten verkehrten kaum mehr als zehn Wagen die Woche.

Alle Hoffnung ruhte auf Christophe. Er würde den ganzen Kram auseinander nehmen können – daran zweifelte ich nicht –, aber konnte er ihn auch reparieren und wieder einbauen? Mir war klar, dass ich ihm nur im Weg stand, also nahm ich meine Kamera und schoss ein paar Fotos.

Christophes Fähigkeiten als Buschmechaniker – diesmal im wahrsten Sinne des Wortes – machten deutliche Fortschritte. Für die Reparatur brauchte er nur eine Stunde, und schon war alles wieder fast wie neu.

Wir waren froh, dass wir nicht mehr festsaßen, aber für heute hatten wir genug. Es war fast Abend. Eine halbe Stunde später stießen wir auf die Gleise. Wir bauten unser Zelt auf. Die Kombination aus Spaghetti, einer Dose Thunfisch und einer Dose Tomatenpüree verwandelten wir mittlerweile mit leichter Hand in eine erlesene Delikatesse. Bevor wir uns schlafen legten, kontrollierte ich noch einmal unser Tagespensum: 110 Kilometer.

Es war noch frisch, als wir am nächsten Morgen noch vor Sonnenaufgang das Zelt zusammenrollten, alles in die Ente stopften und losfuhren. Doch die Öltemperatur schoss pfeilschnell in die Höhe. Was war das denn? Nach zehn Minuten stand sie schon bei 70 °C, fünf Minuten später war sie auf 110 °C angestiegen. Wir hielten an und öffneten die Motorhaube. Der neue Ventilator des Kühlsystems drehte sich in der richtigen Geschwindigkeit. Aber warum stieg dann die Temperatur so rasch an?

Im Augenblick gelang es uns nicht, den Fehler zu entdecken, daher beschlossen wir, erst einmal weiterzufahren. Während unseres Stopps war die Temperatur auf 130 °C gestiegen, sobald wir Tempo machten, sank sie.

Vor uns tauchte eine neue Dünenkette auf. Wieder Gewühle und Schinderei im ersten und zweiten Gang. Wieder fuhren wir uns fest.

„140 °C!", rief ich. „Ein neuer Rekord."

„Und in zwei Minuten einen Kolbenfresser", antwortete Christophe. „Wir müssen anhalten, sonst ist der Motor hin."

Wir fanden ein schattiges Fleckchen unter einem großen Baum. Ich kochte eine Kanne Kaffee.

Christophe zerbrach sich den Kopf darüber, was den plötzlichen Temperaturanstieg verursacht hatte.

„Ich werde die Kühlung mal auseinander nehmen – man weiß ja nie. Vielleicht finde ich doch etwas Ungewöhnliches."

Wie sich eine halbe Stunde später erweisen sollte, war das eine gute Idee. Das Gebläse, das den Kühlrippen auf den Zylindern kalte Luft zuführte, war komplett verstopft. Schuld daran war die Fahrt über die Wiese. Auf ihr wuchs nicht nur Gras, sondern auch eine Art wildes Getreide, das zerbröselte, wenn man es berührte. Die Körner hatten Widerhaken, die an allem hängen blieben und sich im Kühlsystem verfingen.

Den Rest des Vormittags verbrachten wir mit Schrauben und Saubermachen. Als alles wieder an seinem Platz war, starteten wir den Motor und hofften das Beste. Wir ließen ihn fünf Minuten im Leerlauf laufen und gaben gelegentlich Gas.

„80 °C, gleich bleibend."

Wir konnten zwar wieder fahren, aber auch jetzt kamen wir kaum voran. Nachdem wir uns etwa zwei Kilometer durch die Dünen gequält hatten, standen wir vor der Wahl zwischen einer lockeren Sandstrecke oder einer ausgedehnten Grasfläche. Wir entschieden uns für den Sand, blieben auf weniger als einem Kilometer zweimal stecken und fuhren schließlich frustriert im Gras weiter. Wenn auch vorsichtiger als letztes Mal, um nicht noch einmal mit irgendetwas zusammenzustoßen. Nach drei Stunden Fahrt hatten wir 50 Kilometer mehr auf dem Tacho, aber die Temperatur begann erneut zu steigen. Uns blieb nicht anderes übrig, als das ganze Kühlsystem noch einmal auseinander zu bauen.

Sudan. Wieder im Sandkasten.

Diesmal schafften wir es in zwei Stunden. Als wir damit fertig waren, ging bereits die Sonne unter. Wieder blieb uns nur Buschcamping. Wir hackten die Äste eines abgestorbenen, vertrockneten Baums klein und machten ein großes Lagerfeuer.

Kochen wurde allmählich schwierig. Wir hatten nur noch anderthalb Liter Wasser und eine Dose Thunfisch. Pastakochen war heute also nicht drin. Der Hunger nagte an uns. Christophe schlug vor, eine Zwiebel zu rösten.

Da erinnerte ich mich an etwas. In Benin hatte ich zwei Kokosnüsse eingepackt. Schon damals hatte ich eine Situation wie diese im Hinterkopf. Sie lagen unter einer dicken Staubschicht im Kofferraum. Es war ein ulkiges Gefühl, mitten in der Wüste Kokosnusssaft zu schlürfen. Der Saft und das Fruchtfleisch waren lauwarm, aber noch nie hatten sie uns so gut geschmeckt … Ach ja, unser Tagespensum … na ja, 65 Kilometer.

Noch 50 Kilometer bis nach Babanusa, aber wir hatten keine Lust mehr, durch das hohe Gras zu fahren. Schon seit einiger Zeit hatten wir überlegt, ob man nicht auf den Gleisen fahren könnte. Das hörte sich zwar gut an, aber so was funktioniert doch eigentlich nur im Film, oder? Doch was hatten wir zu befürchten? Einen Zusammenstoß mit einem Zug? Wohl kaum.

Sudan verfügte während der britischen Kolonialzeit über das größte und am besten ausgebaute Eisenbahnnetz Afrikas, aber in der Zeit der Unabhängigkeit hatte die Misswirtschaft dem schnell ein Ende gesetzt. In einem unserer Reiseführer stand, dass nur noch alle ein bis zwei Wochen ein Zug fuhr. Die Gefahr eines Zusammenstoßes schien daher minimal.

„Let's give it a try!“, rief Christophe.

Wir fuhren die Gleisböschung hinauf und legten die letzten 50 Kilometer in zwei Stunden zurück. Hätten wir das mal früher versucht …

Endlich! Babanusa. Die dritte Stadt auf unserer „Travel Permit“. Nicht einen Moment zu früh. 100 Meter vor der Tür des Benzinshops verreckte der Motor. Wir hatten alles bis auf den letzten Tropfen verbraucht. Ein paar Kinder halfen uns schieben.

„Seid ihr nach Khartum unterwegs?“, fragte uns einer aus der Gruppe der Umstehenden, die bereits auf 30 Mann angewachsen war.

„Ja, erst nach An-Nahud, dann über El-Obeid nach Khartum.“ Wie so oft erkundigte ich mich nach dem Straßenzustand.

„Welche Straße?“, fragte der Mann lachend. „Es gibt weder eine Straße noch Gleise, denen du folgen kannst. Auf den nächsten 250 Kilometern gibt es nichts als Sand, Sträucher und ab und zu ein paar Dünen. Du kannst zwar versuchen, dich an den Spuren der Lastwagen zu orientieren, aber die weichen manchmal weit vom Kurs ab, um abgelegene Dörfer zu versorgen.“

„Verdammt! Warum haben uns die Idioten von der ‚National Security‘ in Herrgotts Namen auf diese Strecke geschickt?“, fragte ich mich laut. „Sie hätten doch wissen müssen, dass das für einen Wagen mit Zweiradantrieb völliger Wahnsinn ist!“

„Es gibt noch einen anderen Weg, aber …“, setzte der Mann wieder an. „Aber was? Na los, sag schon!“, rief ich aufgeregt.

„Von hier aus führt ein Weg nach Higlig, einem Städtchen an der Grenze zum Südsudan. Er führt mitten durch Ölfelder. Vor dort gibt es einen Schotterweg nach El-Obeid, den man erst kürzlich für Brennstofftankwagen angelegt hat.“

„Und das aber …?“

„Eigentlich darfst du ihn nicht nehmen. Man sieht es nicht gern, wenn Ausländer sich in den Ölfeldern herumtreiben, vor allem, wenn sie keine Erlaubnis dazu haben. Higlig liegt nicht auf eurer genehmigten Route.“

„Was kann passieren, wenn wir von unserer Route abweichen?“

„Keine Ahnung. Niemand ist verrückt genug, sich das zu trauen“, sagte der Mann lachend. Aber sein Blick wurde schnell wieder ernst. „Mit den Security-Typen ist nicht zu spaßen. Versuch, nicht in ihr Blickfeld zu geraten.“ Ich besprach mich kurz mit Christophe. Nach den Schwierigkeiten der letzten Tage hatte ich überhaupt keine Lust, mich wieder durch einen 250 Kilometer langen Sandkasten zu wühlen. Außerdem gab es weder Gleise noch GPS-Punkte, an denen wir uns orientieren konnten.

Christophe war meiner Meinung. Die Gegend war unbewohnt. Und der Umstand, dass uns allmählich die Ersatzteile ausgingen, gab schließlich den Ausschlag. Wir baten den Tankwart um eine paar Anhaltspunkte und statt nach Norden fuhren wir nach Süden weiter.

Die verbotene Route

Eigentlich unglaublich, wie schnell sich die Maßstäbe in schwierigen Situationen verschieben. Die verhassten Waschbrettpisten waren für uns plötzlich eine herrliche Alternative. Endlich kein Sand mehr, und auch nicht mehr diese verfluchten Dünen. Die Lage war immer noch nicht einfach, aber wir konnten wenigstens Tempo vorlegen, an die 50 Stundenkilometer. Daran, dass wir durch verbotenes Gebiet fuhren, verschwendeten wir keinen Gedanken mehr. Wir kamen voran, das allein zählte.

Die Landschaft veränderte sich. Auch hier galt die Regel: je südlicher, desto fruchtbarer. Die weiten Sandebenen und die Savannen wichen baumreicherer Vegetation. Zunächst waren es noch keine Wälder, aber nach und nach bekam der dichte Bewuchs aus Sträuchern und Bäumen immer mehr Ähnlichkeit damit. Die Erde wurde rötlicher, und hier und da sahen wir Anzeichen von Feldbau. Doch auch nach mehreren Stunden Fahrt hatten wir weder Menschen noch Tiere gesehen.

Unterwegs mit dem Fahrrad, dem populärsten Transportmittel des Sudan.

Um halb fünf änderte sich das schlagartig. Zuerst sahen wir einen Radfahrer, der ein Bündel Reisig transportierte, kurz darauf zwei Kinder mit einem Eselsgespann. Eine erste Hütte bestätigte meine Vermutung. Wir näherten uns einem Dorf oder einer Stadt.

„Hoffentlich hat die Polizei hier keine Straßensperre errichtet", sagte Christophe. Ich nickte, malte mir die Szene aus, sagte aber lieber nichts dazu.

Es war wirklich ein Dorf; glücklicherweise war es nicht allzu groß. Von Straßensperren keine Spur. Wir wollten eigentlich nicht halten, aber ein dummer Unfall ließ uns keine Wahl.

Kein Verkehrszeichen hatte auf sie hingewiesen, keine Markierung hatte sie hervorgehoben, und trotzdem war es unbegreiflich, wie wir diese verdammte Bodenschwelle hatten übersehen können. Mit 40 Stundenkilometern preschten wir über das verfluchte Ding, das bestimmt 20 Zentimeter hoch war. Die Ente wackelte und krachte. Der Ruck katapultierte die Hälfte des Gepäcks von der Ablage in unsere Nacken. Vorsichtig fuhren wir noch 100 Meter bis zum Dorfrand, dann hielten wir an. Christophe stieg aus und inspizierte den Wagen. Ich blieb stehen und hielt Ausschau, immer bereit, Alarm zu schlagen, sobald eine Uniform in Sicht kam, egal welche.

Besuch! Das mächtige Metalltor, vor dem wir Chuckie geparkt hatten, öffnete sich. Eine kräftige hellhäutige Frau mit roten Haaren kam mit einem Strahlen im Gesicht auf uns zu.

„Wusste ich's doch! Dieses Geräusch habe ich schon seit 15 Jahren nicht mehr gehört, aber wenn man es mal kennen gelernt hat, kann man es nicht mehr vergessen."

Ganz begeistert betrachtete sie den 2 CV.

„Christina", stellte sie sich vor und gab mir die Hand.

Christophe, der rücklings unter dem Wagen gelegen hatte, erhob sich. Sie begann wieder zu lachen. „Aber, wie seht ihr denn aus!?" Habt ihr in der letzten Zeit mal in den Spiegel geschaut?", sagte sie.

Ich schaute an mir hinunter. Mein Hose war an beiden Knien eingerissen, als ich in Abéché nach einem späten Kneipenbesuch gestolpert und in einen offenen Abwassergraben gefallen war. Aber das war noch das Geringste. Ich schaute in den Außenspiegel der Ente und erschrak fast. Ich hatte mich seit zwei Wochen nicht mehr rasiert, und dazu kam, dass mein Gesicht völlig von dem rotem Staub bedeckt war, der ständig in den Wagen eingedrungen war. Nach anderthalb Wochen ohne Dusche waren die einzigen sauberen Flecken in meinem Gesicht die beiden Kreise unter meinen Brillengläsern. An Christophes verschwitztem Gesicht klebte roter und schwarzer Staub. Wir glichen zwei Grubenarbeitern.

„Wir haben ein paar schwere Tage hinter uns", entschuldigte ich mich. Sie lachte und schüttelte den Kopf.

„Und der 2 CV?", fragte sie Christophe. „Ich habe gesehen, wie du unter den Wagen geschaut hast. Ist was kaputt?"

Christophe sah mich an. „Das Chassis ist kurz vorm Durchbrechen. Wahrscheinlich Metallermüdung wegen der ewig langen Waschbrettpisten. Die überdimensionale Schwelle hat ihm den Rest gegeben."

„Verdammt! Auch das noch! Was sollen wir jetzt machen?" Ich wandte mich wieder Christina zu und erklärte ihr, dass wir uns hier eigentlich gar nicht aufhalten durften.

„Dann fahrt mal schnell hier rein, bevor euch die Soldaten entdecken. Sie patrouillieren regelmäßig in diesem Viertel." Sie wies auf das Tor. „Ich werde euch jemanden besorgen, der das Chassis schweißen kann, denn die Waschbrettpiste bleibt euch auch auf den nächsten paar hundert Kilometern nicht erspart. In der Zwischenzeit könnt ihr euch ja mal richtig waschen. Es ist schon spät. Ich werde euch ein Zimmer herrichten lassen und dafür sorgen, dass ihr heute Abend mal was Gutes zu essen bekommt. Ihr seht so aus, als hättet ihr eine Woche nichts mehr Anständiges in den Bauch gekriegt."

Wie kam sie bloß darauf?

Hinter dem Tor und einer 100 Meter langen Auffahrt standen zehn runde, weiß getünchte Lehmhütten mit Strohdächern. Ein Hausangestellter kam mit dem Schlüssel. In der Hütte standen ein kleiner Tisch, zwei Stühle und zwei kleine Betten. Sie hatte wohl schon eine geraume Zeit leer gestanden, denn beide Betten, der Tisch, die Stühle, die Fensterbank wie auch der Boden waren übersät mit Hunderten von toten Insekten, winzigen Fliegen und an die acht Zentimeter großen Käfern. Überall an der Decke und an dem Türrahmen hingen große Grabwespennester. Der Angestellte öffnete Türen und Fenster und begann mit Hilfe einer aus einem Strohbündel zusammengebastelten Bürste seine Säuberungsaktion. Sogar das Bett wurde frisch bezogen. Nach einer Viertelstunde konnten wir einchecken.

Christina war noch nicht zurückgekommen, so hatte ich Zeit für ein Bad. Ich erkundigte mich bei ihrem Angestellten nach einem Badezimmer, einem Waschhaus oder einer Dusche. Er führte mich in den hintersten Winkel des Grundstücks. Dort schöpfte er einen Eimer Wasser aus einem großen Ölfass. Das Badezimmer bestand aus einer Ecke, die mit einem großen Stück Plastik abgetrennt war. Holzlatten auf dem Boden bewahrten einen davor, im Matsch des Vorbenutzers zu stehen. Mit einem Plastikbecher schöpfte man zunächst Wasser aus dem Eimer, um sich nass zu machen. Nach dem Einseifen leerte man den Eimer in zwei, drei Güssen über dem Kopf. Das Spülwasser war so rot, dass man gut und gern den Eindruck haben konnte, es handele sich um eine Duschszene aus einem Steven-King-Film.

Als ich zur Hütte zurückkehrte, war Christina wieder da. Sie hatte ihren Wartungsmonteur mitgebracht, einen alten Mann, der sein Schweißgerät in einem selbst gebastelten Schubkarren vor sich herschob. Christophe versuchte ihm zu erklären, wie und wo geschweißt werden musste. Das Anwesen hatte nicht immer Strom. Normalerweise wurde der Generator erst bei Sonnenuntergang angeworfen, aber heute setzten sie ihn eine halbe Stunde früher in Betrieb.

Der Mann schloss sein Schweißgerät an und machte sich eifrig an die Arbeit. Er legte sich unter die Ente, und unter unseren skeptischen Blicken ließ er ein „Baguette", eine Metallstange, nach dem anderen verschwinden. Nach einer Viertelstunde erklärte er sein Werk für beendet.

„Look, you, look", sagte er in gebrochenem Englisch. Ich legte mich auf eine Plastiktüte und schaute unter den Wagen. Dort, wo eben noch ein Riss gewesen war, hing nun wirklich ein ganzer Packen geschmolzenen Metalls – aber ob das Problem damit wirklich gelöst war, würde sich wohl erst erweisen müssen. Ich gab ihm fünf Euro für seine Mühen.

Inzwischen war es dunkel. Christina saß vor ihrer Hütte und las beim funzeligen Licht einer Glühbirne, die alle zehn Sekunden flackerte. Als sie mich kommen sah, schloss sie ihr Buch und wies auf den zweiten Stuhl.

„Was liest du?", fragte ich und schaute nach ihrem Buch.

„*Die Prophezeiungen von Celestine.* So ein Schrott, den ein dänischer Teenager, der letzten Sommer einen Monat freiwillig hier gearbeitet hat, dagelassen hat."

„Schrott, sagst du? Findest du es nicht interessant? Ich fand den Anfang ganz spannend. Den Abschnitt über die zunehmende Bedeutung des Zufalls für unser Leben."

„Ich kann damit nichts anfangen. Ich bin jetzt beim letzten Kapitel. Darin wird behauptet, die Mayas seien von der Erde verschwunden, weil es ihnen gelungen sei, sich unsichtbar zu machen. Wer denkt sich denn so was aus? Fucking New Age Religions. Bull shit!", rief sie sichtlich verärgert. „Aber wenn du drei Jahre ununterbrochen hier im Busch verbringst, bist du literarisch auf das angewiesen, was die Leute dir zuschicken oder zurücklassen."

„Was machst du hier eigentlich?", fragte ich, das Thema wechselnd.

Darüber wollte sie gern reden, und zwar 15 Minuten nonstop. Christina war Diplomlandwirtin und hatte den größten Teil ihres Lebens in afrikanischen Problemgebieten verbracht. Jahrelang hatte sie für große Organisationen wie das World Food Programme (WFP) gearbeitet. „Rausgeschmissenes Geld", urteilte sie verbittert und verallgemeinernd. „Sie können zwar kurzfristig eine Hungersnot abwenden, verändern aber strukturell nichts an den Problemen. Wenn man den Menschen etwas umsonst gibt, werden sie faul. Das liegt nun einmal in der menschlichen Natur. Erst gab das WFP der einheimischen Bevölkerung zu essen, dann gaben sie ihr Saatgut, um selbst Anbau zu betreiben. Nach drei Jahren ziehen sich die Hilfsorganisationen aus einem Gebiet zurück, und dann haben die Menschen wieder nichts. Denn die Afrikaner kennen keine langfristige Planung.

Ich hab ein Privatprojekt aus dem Boden gestampft und werde jetzt von der Europäischen Union finanziert. Ich besorge den Bauern hochwertiges Saatgut, das ihre Ernten verdoppelt oder verdreifacht. Mit dem Unterschied, dass sie bei mir das Saatgut – wenn auch zu niedrigen Preisen – kaufen müssen und es nicht gratis bekommen. Das bedeutet, dass sie das Jahr über sparen müssen. Manchmal heißt es sogar, dass sie sich Geld leihen müssen, aber das erhöht nur ihr Verantwortungsgefühl. Und sie kaufen es, vor allem dann, wenn sie die Ernte ihres Nachbarn sehen, der bereits investiert hat. In diesem Dorf habe ich damit angefangen, nun verkaufe ich an die halbe Provinz Saatgut. Das sollen mir die großen Organisationen mit ihren ganzen politischen Verbindungen und ihren Unterstützungen erst mal nachmachen."

Christina hätte noch Stunden auf die ihr eigene zynische und gesellschaftskritische Weise fortfahren können, aber einer ihrer Angestellten kam und gab uns Bescheid, dass das Essen fertig sei. Im Beisein ihres Personals sprach sie nie über die negativen Aspekte der afrikanischen Gesellschaft.

Ich rief Christophe, der in unserer Hütte einen Brief an seine Freundin schrieb, zum Abendessen. Es gab eine große Schüssel Reis mit Kamelfleisch und einer dicken, rahmigen Soße. Das Ganze hatte etwas von Bœuf Stroganoff. Dazu gab es Limonade. Ein Tütchen Pulver wurde in einen metallenen Zehnlitereimer gekippt, Wasser aus dem Ölfass darauf gegossen, und schon war es fertig.

„Trink ruhig davon“, sagte Christina. „Ich mache das schon seit mehr als zehn Jahren und bin hier vom Wasser noch nie krank geworden. Hier herrscht immer noch steriles Wüstenklima.“

Wir stürzten uns auf das Essen. Nach den Zitronen, dem Dosenthunfisch und dem Cornedbeef der letzten Tage schmeckte es göttlich. Wir schlugen uns die Bäuche voll, rauchten noch eine Zigarette und gingen zu Bett. Diesmal in ein richtiges Bett, mit sauberen Laken.

Unseren geplanten frühen Aufbruch am nächsten Morgen konnten wir vergessen. Unser Benzin ging zur Neige, und im Dorf war nichts zu kriegen. „Hier fahren alle Diesel“, sagte Christina.

Mit einem ihrer Helfer standen wir Stunden am Straßenrand und baten jedes Auto, das vorbeifuhr, uns zehn Liter Benzin zu verkaufen.

In der Zwischenzeit suchte ich den Schweißer vom Tag zuvor auf und bat ihn, uns so etwas wie eine Rechnung auszustellen. Sollten uns die Security-Typen Schwierigkeiten machen, konnten wir das gebrochene Chassis als Grund für die Änderung unserer Reiseroute angeben. Die „Rechnung“ wäre dann der Beweis. Der Mann war Analphabet, aber sein zwölfjähriger Sohn notierte alles auf einer leeren Seite meines Notizbuchs. Nach drei Stunden Wartezeit hatten wir das notwendige Benzin endlich zusammen.

Der Schotterweg war gut. Der Waschbretteffekt war hier geringer, und schon nach ein paar Stunden sahen wir Higlig in der Ferne auftauchen. Bohrtürme, Erdölpumpen und hohe Schornsteine, aus denen abwechselnd Flammen und schwarze Rauchwolken aufstiegen. Von einer Stadt konnte keine Rede sein. Nirgends sah man

Häuser. Alle, die hier arbeiteten, lebten in Wohncontainern auf dem Gelände des petrochemischen Unternehmens; jedes von ihnen hatte eine eigene Moschee. Ich hoffte für die Bewohner von Higlig, dass es in ihren Containern Luftfilter gab. Schon zwei Kilometer vor dem Ortseingang kroch der Erdölgestank in Haut und Kleider. Wie musste das erst auf den Bohrfeldern selbst sein!

„Mist! Eine Straßensperre!“, rief Christophe.

Ich fuhr langsamer und sah, dass die Straße mit alten Ölfässern versperrt war – wie sollte es auch anders sein!? Daneben erhob sich ein Betonbau. Die sudanesische Flagge auf dem Dach bewegte sich kaum. Ein Soldat mit einem Maschinengewehr über der Schulter stand vor dem Haus.

„Guten Tag“, begann ich und setzte ein Lächeln auf.

„Wir brauchen dringend Benzin. Haben Sie vielleicht eine Idee, wo wir welches kaufen können?“ „Ja, eine der Raffinerien verkauft ab und zu Benzin an vorbeikommende Fahrzeuge. Einen Moment, bitte.“

Ein weiterer Wagen wurde angehalten, ein Mitsubishi Pajero. Der Wachhabende ging zu dem Wagen und unterhielt sich kurz mit dem Fahrer. Nach einer halben Minute kam er zurück.

„Diese beiden Männer arbeiten für eine der Ölfirmen. Sie werden euch den Weg zeigen.“

„Großartig“, rief ich mit überschwänglicher Begeisterung.

„Thank you so much.“

Der Beifahrer des anderen Wagens war in der Zwischenzeit ausgestiegen und hatte ein Ölfass der Barrikade zur Seite geschoben. Er stieg ein und fuhr weiter. Nach zehn Metern wartete er auf uns.

„Kann ich durchfahren und ihnen folgen?“, fragte ich in der Hoffnung, weiteren Kontrollen zu entgehen.

„Ich muss noch eure ‚Travel Permit‘ unterschreiben“, antwortete der junge Soldat. Verdammt! Nervös kramte ich die Papiere hervor. In den anderen Städten hatten seine Kollegen das Dokument immer auf der Rückseite abgezeichnet. In der Hoffnung, dass er es sofort unterschreiben würde, ohne es zu lesen, hielt ich ihm die Rückseite hin und gab ihm einen Kugelschreiber. Es klappte! Er drehte das Blatt kurz um, kontrollierte, ob es das richtige Dokument war und unterzeichnete dann schnell auf der Rückseite, ohne die Liste der Städte überflogen zu haben.

„Gute Weiterfahrt", wünschte er, als er die Papiere und den Stift zurückgab.

„Uff! Das war haarscharf", stieß Christophe aus, als wir weiterfuhren.

„Das kannst du laut sagen!", antwortete ich. „Mein Puls war auf 150."

An der Tankstelle des sudanesischen Brennstoffproduzenten Bee hatte der Tankwart eigentlich keine Genehmigung für den Benzinverkauf. Er betankte nur Firmenwagen, ohne dass die Fahrer dafür zahlen mussten. Das Geld für unser Benzin floss also direkt in seine Taschen. Außerdem berechnete er uns den doppelten Preis, von dem er nach kurzer Diskussion schließlich 25 Prozent abzog.

Auf den nächsten 300 Kilometern gab es nichts zu sehen: keine Dörfer, keine Benzindepots, immer nur ein und derselbe Schotterweg in unterschiedlicher Beschaffenheit. Einmal schafften wir 75 Kilometer in etwas mehr als einer Stunde, ein anderes Mal krochen wir mit zehn Kilometern pro Stunde über Waschbrettpisten und Verwerfungen. Nach 200 Kilometern wurde die Strecke so holprig, dass wir nicht mehr weiterwussten. Das Chassis – gestern erst verschweißt – war abermals gerissen. Wie lange würde Chuckie noch durchhalten?

Zum Glück war die nächste Stadt nicht weit. Schon eine Viertelstunde später erreichten wir – mit angehaltenem Atem – Dilling. Kein Kontrollposten in Sicht. Christina hatte uns die Adresse einer befreundeten NGO mitgegeben. „Just in case", hatte sie gesagt.

Auf jeden Fall wollte ich hier den Abend verbringen. Ich musste noch rasch einen Artikel für meine wöchentliche Kolumne in *Het Volk* schreiben; in vier Stunden war meine Deadline. Schnell fanden wir die Gebäude der amerikanischen NGO „Save The Children". Ich stellte mich als Journalist vor, der später am Abend den Direktor interviewen wolle.

„Natürlich dürft ihr hier übernachten", sagte dieser, von meinem Interesse geschmeichelt. „Wir haben sogar als Einzige im Dorf E-Mail per Satellit", sagte er stolz.

Aber es gab ein Problem. Jeder Fremde, der hier die Nacht verbringen wollte, musste sich zuerst bei der Security melden. Der Direktor bestand darauf.

Ich schilderte ihm unsere Situation, aber in dieser Sache war er unerbittlich.

„Wenn ihr euch nicht anmeldet, kann unsere Organisation Schwierigkeiten bekommen. Es tut mir Leid."

Christophe und ich besprachen das Problem. Ich musste den Artikel abschicken. Erst letzte Woche hatte ich zum ersten Mal meine Deadline verpasst, und wenn ich den gleichen Fehler zweimal machte, konnte das für meine Kolumne das Aus bedeuten. Das wäre eine Katastrophe, was den versprochenen Return für unsere Sponsoren anging. Außerdem wurde es bald dunkel, und nach Sonnenuntergang wollten wir in Afrika keinesfalls mehr unterwegs sein. Aber sich bei den Behörden zu melden war auch ein heikle Sache. Wie würden sie reagieren? Würden sie uns festnehmen und uns der Spionage beschuldigen, oder würden sie uns nur eine Verwarnung oder ein Bußgeld aufbrummen? Vielleicht war es ihnen ja auch egal, und sie würden sich mehr für die Ente als für unsere „Travel Permit" interessieren? Immerhin waren wir in der letzten Stadt unserer „Alternativroute", das konnte hilfreich sein. Noch 142 Kilometer bis El-Obeid, dann wären wir wieder auf unserer ursprünglichen Route.

Uns fehlten gute Alternativen, daher riskierten wir es. Der Direktor des STC bot an, uns zu begleiten, um gegebenenfalls zu dolmetschen.

„Ihr seid illegal hier!" Der Wachhabende war einer von der pflichtbewussten Sorte, ein Ekelpaket erster Güte. „Ja, das wissen wir. Wir möchten uns dafür entschuldigen, aber …" Ich schilderte ihm unsere Schwierigkeiten mit den sandigen Strecken im Westen und dem gebrochenen Chassis und zeigte ihm die Rechnung für die Schweißarbeiten. Er blieb unbeeindruckt.

„Ihr müsst sofort die Stadt verlassen!", schrie er, nun noch lauter und sich mächtig aufplusternd.

„Come on, man!", versuchte ich es noch einmal. „Sehen Sie sich doch mal die Rückseite der ‚Travel Permit' an. Selbst die Kollegen in Higlig haben das Dokument abgezeichnet. Und das ist ein strategisch wichtiger Ort, an dem wir wirklich nichts zu suchen hatten. Hier sind wir doch in einer normalen Stadt und ganz nah an unserer vorgeschriebenen Route."

Aber der Kerl ließ sich nicht erweichen. Auch der Direktor versuchte ihn zu überzeugen und die Gemüter zu beruhigen, aber auch er hatte keinen Erfolg.

„Okay", sagte ich schließlich und schlug einen Kompromiss vor: „Ich verspreche, dass wir bald weiterfahren. Geben Sie mir nur zwei Stunden. Ich bin Journalist und muss in den nächsten zwei Stunden meinen Artikel wegschicken. Wenn er fertig ist, fahren wir weiter."

Ich wusste, dass ich mit dem Feuer spielte, wenn ich mich als Journalist ausgab. Aber dass es so heikel war, hatte ich nicht geahnt. Der Mann wurde trotz seiner dunklen Hautfarbe rot vor Wut.

„Journalisten und Spione sind für mich dasselbe!"

„Spione?" Ich lachte.

„Haben Sie sich unseren Wagen mal genau angeschaut?" Er überging meine Bemerkung. „Du hast 15 Minuten Zeit, um die Stadt zu verlassen. Wenn du dann noch da bist, nehme ich dich fest! Und wehe, du wagst es, den Namen der Stadt in deinem Artikel zu erwähnen. Du kannst sicher sein, wenn du das tust, werden wir dich finden. Ihr seid illegal hier, und ihr verschwindet. Sofort!"

Das war eine klare Ansage, und der Spionagevorwurf klang auch alles andere als beruhigend, vor allem aus dem Munde eines so durchgeknallten Typen. Wir gingen ohne ein Wort nach draußen, dankten dem Direktor des STC für seine Unterstützung und brachen in Richtung EL-Obeid auf.

Als ob Fahren bei Dunkelheit nicht schon schwierig genug wäre! Auf unserer Umwegstrecke war die Straße die ganze Zeit annehmbar gewesen, nun änderte sich das schlagartig. Man hatte zwar schon Schotter aufgetragen, um eine feste Fahrbahn anzulegen, aber die Schicht war noch nicht gleichmäßig verteilt. Es fühlte sich an, als würde man über einen Kartoffelacker fahren. Tiefe Schlaglöcher und große, unförmige Erdklumpen wechselten sich ab; zusammen mit den tiefen Spuren, die die Lastwagen beim letzten Regenguss hinterlassen hatten, waren sie ein Alptraum. Über die schlimmsten Abschnitte krochen wir fast im Schritttempo. Auf den „bessseren" schafften wir zehn bis 15 Stundenkilometer. Doch das mörderische Waschbrettmuster schüttelte Chuckie so durch, dass er in seine Einzelteile zu zerfallen drohte.

Und plötzlich passierte es. Ein Loch, ein Ruck und ein schleifendes Geräusch hinten am Wagen. Chuckie kam von selbst zum Stillstand.

„Was ist jetzt schon wieder?"

Christophe kroch unter die Hinterräder und hatte die Lage schnell analysiert. An derselben Stelle, an der im Tschad die Vorderachse gebrochen war, hatte es jetzt die Hinterachse erwischt. Die Achse selbst war noch intakt, aber die langen Bolzen, mit denen sie am Chassis befestigt war, waren an einer Seite abgebrochen. Das rechte Hinterrad wurde vom Federtopf nach vorn gezogen und schleifte nun an der Karosserie. Ende der Fahrt – 65 Kilometer von der nächsten Stadt entfernt.

„Christophe?", begann ich vorsichtig.

„Ja, was ist?"

„Ich muss heute Abend unbedingt noch nach El-Obeid."

„Ja, aber das wird schwierig. Ich weiß noch nicht, wie ich das reparieren soll, aber in einem Stündchen ist das sicher nicht erledigt."

„Das weiß ich, aber ich muss zwei Telefongespräche führen. Eins mit Het Volk; ich muss ihnen wenigstens telefonisch ein Interview geben. Sie können dann Fotos aus dem Archiv nehmen. Für unsere Sponsoren ist es wichtig, dass unsere Kolumne weiter erscheint."

„Das verstehe ich", antwortete er. „Und das zweite Telefongespräch?", fragte er neugierig.

„Heute ist der 29. November, der Geburtstag meiner Schwester. Ich hab ihr versprochen, sie anzurufen."

Zum Glück hatte er auch dafür großes Verständnis. Wir schoben den Wagen von der Straße und bauten das Zelt auf. Ich musste 45 Minuten warten, bis ein großer Lastwagen anhielt und mich nach El-Obeid mitnahm. Christophe blieb bei dem wieder einmal ramponierten Chuckie zurück. Er würde sich bald schlafen legen, denn unsere Taschenlampe hatte den Geist aufgegeben, und es war schon fast stockdunkel.

Drei Minuten lang rumpelte der Lastwagen hin und her. Dann wurde es plötzlich ruhig; der Fahrer gab Gas und beschleunigte. Ich schaute auf die Straße. Asphalt! So glatt und plan, dass selbst belgische Autobahnen nicht besser sein konnten.

„New Highway. Made by the Chinese", sagte der Fahrer, dem meine Verblüffung nicht entgangen war. Es war zum Heulen. Tausende von Kilometern waren wir über Sandpisten gefahren, und jetzt, anderthalb Kilometer vor einer perfekten Straße, war die Hinterachse gebrochen. Verflixt noch mal!

Anderthalb Stunden später stand ich in El-Obeid, der größten Stadt des Westsudan. Es herrschte ein fröhliches Treiben. Überall in der Stadt brannten kleine Feuer; die Straßen wimmelten nur so von Menschen. und Hunderte von weihnachtlich geschmückten Imbissbuden machten glänzende Geschäfte. Als ich aus dem Lastwagen stieg, lief mir bei dem Geruch köstlich gewürzten gebratenen Fleischs das Wasser im Mund zusammen. Ich suchte einen Teleshop und erledigte die notwendigen Anrufe. Wendy, eine Journalistin von Het Volk, sagte mir zu, das Interview niederzuschreiben. Der Artikel kam gerade noch rechtzeitig. Meine Schwester war sprachlos, als sie seit Monaten zum ersten Mal wieder meine Stimme und eine persönliche Version von „Happy Birthday" hörte. Kurz darauf schlenderte ich als zufriedener Mann durch die Straßen von El-Obeid.

Auf großen Teppichen, die man auf dem Fußweg ausgebreitet hatte, saßen Männer in Gruppen zusammen und aßen. Alle waren in makellos weiße Muslimgewänder gekleidet. Fast immer, wenn ich jemanden ansah, wurde ich eingeladen. Das erste Mal lehnte ich ab, aber als ich die vielen Köstlichkeiten sah, begann mein Magen zu rumoren. Bei einem reich gedeckten Teppich nahm ich schließlich an.

Nach zehn Minuten wollte ich mich verabschieden. Christophe hatte nichts zum Abendessen, und ich hatte ein schlechtes Gewissen. Ich schilderte dem Ältesten der Gruppe die Situation.

„Trink noch ein Glas Tee mit uns", sagte der Mann in leisem, aber doch gebieterischem Ton. „Für deinen Freund werde ich schon sorgen."

Während der Tee aufgetragen wurde, stellte der Mann Fragen über Fragen. Ihn interessierten vor allem die Unterschiede zwischen seinem eigenen Land und den anderen afrikanischen Staaten, die wir passiert hatten. Ich lobte die Sudanesen in höchsten Tönen. Er spürte, dass ich es ernst meinte.

Nach einer Viertelstunde trat ein junger Mann von vielleicht 16 Jahren zu uns.

„Das ist Ibrahim, mein Enkel. Er wird dich zurückbringen. In einer Stunde bist du wieder bei deinem Freund und kannst ihm dies hier geben." Er nahm den Beutel, den der Junge dabeihatte, und zeigte mir seinen Inhalt: zwei kleine gebratene Hähnchen und eine Flasche Limonade.

Ich wusste nicht, wie ich ihm danken sollte. Ich verbeugte mich leicht und machte mich mit Ibrahim auf den Weg.

„Komm morgen wieder", rief mir sein Großvater noch nach.

Auf einem Parkplatz am südlichen Stadtrand sprach Ibrahim mit ein paar Lastwagenfahrern. Sie arbeiteten alle für das chinesische Bauunternehmen, das die Asphaltstraße angelegt hatte. Die Fahrer wollten noch am Abend in Richtung Süden fahren und in einem Camp übernachten, das nicht weit von der Stelle entfernt lag, an der wir mit Chuckie gestrandet waren. Eine Viertelstunde später brachen wir auf, und nach einer weiteren halben Stunde weckte ich Christophe. Er verschlang die Hähnchen, als hätte er seit einer Woche nichts mehr gegessen.

„Ich hab da so eine Idee", sagte Christophe am nächsten Morgen. „Wenn wir die Achse ein bisschen nach hinten ziehen, sie mit einem Stück Holz dort befestigen und dann mit einem Seil oder etwas Ähnlichem blockieren, dann müssten wir es eigentlich bis El-Obeid schaffen."

Ich verstand nicht ganz, was er meinte, und beschränkte mich darauf, ihm bei seiner kniffligen Arbeit zuzuschauen. Mit einem starken Seil band er die lose Seite der Hinterachse an den hinteren Stoßdämpfer. Irgendwie schaffte er es, den Wagenheber so zu platzieren, dass sich das Seil spannte, wenn man den Wagen hochkurbelte, und dadurch die Achse nach hinten zog. Als sie wieder an der richtigen Stelle saß, kroch Christophe unter den Wagen und zurrte sie mit einem Elektrokabel am Chassis fest. Ein einfaches Seil war nicht stark genug und würde zu viel nachgeben. Nach 20 Minuten hatte er seine geniale Idee umgesetzt ... und sie funktionierte. Das Rad scheuerte nicht mehr am Kotflügel und auch sonst nirgends an der Karosserie. Wenn die Konstruktion die ersten drei Kilometer überstand, würde sie ganz sicher bis El-Obeid durchhalten. Keeping fingers crossed!

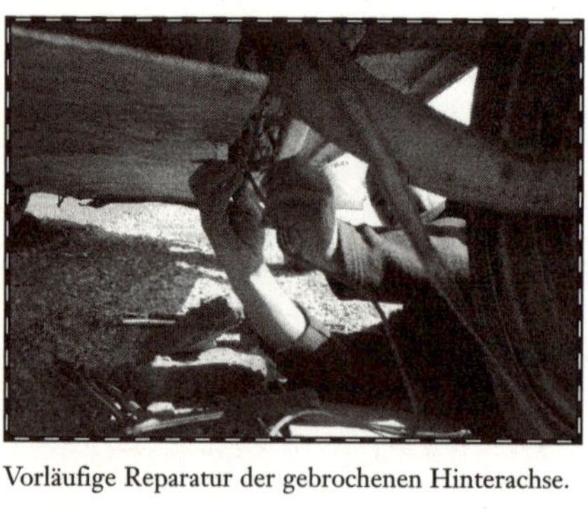

Vorläufige Reparatur der gebrochenen Hinterachse.

Obwohl wir nur Schritttempo fuhren, war die Fahrt nach einem Kilometer schon zu Ende. Ein schwerer – von Schlamm und Split gut getarnter – Stein machte kurzen Prozess mit der Alumuniumabdeckung unseres Benzintanks. Die Vorderseite der Abdeckung löste sich und wurde zur Schaufel für Steine, Äste und anderen Müll. Ein spitzer Stock, der mitten auf der Straße lag, wurde mit erfasst und durchbohrte die Plastikwand des Benzintanks, noch bevor wir anhalten konnten. Das kostbare Nass strömte heraus. Von dem zu zwei Drittel gefüllten Tank konnten wir nur vier Liter auffangen.

„Offenbar will Chuckie nicht nach El-Obeid", sagte Christoph. „Wie kriegen wir das hin? Wenn wir den Tank ausbauen, ihn reinigen und dann mit Silikon abdichten, verlieren wir einen Tag. Das Zeug muss mindestens einen halben Tag trocknen."

Noch ein verlorener Tag! Die Vorstellung ärgerte mich maßlos. Wir waren schon fast anderthalb Wochen im Sudan und hatten gerade mal etwas mehr als 1000 Kilometer hinter uns.

„Das muss auch anders gehen. Ich will erst nach El-Obeid. Lach ruhig, aber ich hab Sehnsucht nach ein bisschen Zivilisation."

„Und wie soll das gehen?", antwortete Christoph leicht spöttisch. „Sollen wir ihn schieben oder abschleppen lassen? Wenn ihn ein Wagen abschleppt, löst sich die Achse doch sofort wieder."

Aber ich hatte schon eine andere Lösung im Kopf, und die konnte funktionieren, jedenfalls theoretisch.

„Was hältst du davon, wenn wir einen der kleinen Plastikkanister füllen, ihn auf der Motorhaube oder am vorderen Kotflügel festbinden und einen Schlauch anbringen, der vom Kanister direkt zum Vergaser führt?"

Christophe überlegte und nickte. „Das könnte funktionieren. Mit unseren kurzen Ersatzschläuchen können wir nicht über die Benzinpumpe gehen, aber das ist auch nicht nötig. Der Kanister steht höher als der Vergaser. Und wenn das Benzin einmal läuft, läuft es."

Ich füllte den Plastikkanister und begann mit meiner genialen Konstruktion. Christophe band den Behälter am vorderen linken Kotflügel fest und startete den Motor.

„Es funktioniert", rief ich.

Aber es funktionierte nicht; nach wenigen Sekunden blieb die Ente stehen.

„Keine Panik", sagte ich. „Es ist noch gar nicht durchgelaufen.

Die paar Sekunden hat der Motor mit dem Restbenzin im Vergaser gearbeitet."

Das Benzin im Kanister musste erst zum Laufen gebracht werden. Ich öffnete den Deckel ein wenig und blies so stark ich konnte. „Nun müsste es eigentlich zum Vergaser laufen. Versuch noch mal zu starten!", rief ich.

Diesmal lief der Motor weiter. Ich war stolz wie ein König auf meinen ersten technischen Beitrag und rief lauthals: „Vive la mécanique africaine!"

Anderthalb Stunden später erreichten wir El-Obeid.

Die Reparatur der Ente, die wir noch am gleichen Tag in Angriff nahmen, dauerte dreimal so lang wie erwartet. Schuld daran waren fehlendes Werkzeug, fehlende Bolzen und vor allem fehlende Sachkenntnis. Da solche Verzögerungen in Afrika aber an der Tagesordnung sind, wirkten sie sich glücklicherweise nicht auf den Preis aus. Wir fuhren mit Chuckie in das Viertel, in dem alle Automechaniker arbeiteten. Fünf begutachteten das Problem und machten uns einen Preis. Einer von ihnen verlangte zehn Dollar für die Arbeit. „Ein Stündchen Arbeit", sagte er. Schließlich brauchte er jedoch allein drei Stunden, um die gebrochenen Bolzen zu entfernen. Zunächst musste er die Achse ganz ausbauen. Dann benötigte er eine weitere Stunde, um einen passenden Bolzen zu finden. Dafür veranstaltete er eine Suchaktion, für die das ganze Viertel mobilisiert wurde. Vier Männer kamen und zeigten uns ihre Sammlung alter, verrosteter Bolzen. Wir suchten die besten aus und dankten den anderen drei für ihre Mühe. Eine halbe Stunde nach Sonnenuntergang war Chuckie wieder startklar.

Christophe hatte das Leck im Benzintank abgedichtet. Wir waren für die Fahrt des nächsten Tages gerüstet, für die Heldenreise nach Khartum. Eine lange, aber machbare Tagestour. Sie führte größtenteils über nagelneuen Asphalt.

Um mein Versprechen vom Vortag einzuhalten, besuchte ich Ibrahims Großvater. Wieder saß er auf einem Teppich hinter einem Berg von Essen. Er freute sich, mich wiederzusehen. Wir setzten uns zu ihm, schlugen uns die Bäuche voll und tranken Tee. „Ihr verbringt die Nacht in meinem Haus", sagte er, wieder in seinem gebieterischen Tonfall. Wir hatten nichts dagegen einzuwenden.

Einladung zu einer Portion Ful.

Je mehr Zeit ich mit Sudanesen verbrachte, desto mehr war ich von ihrer grenzenlosen Gastfreundschaft und Großzügigkeit beeindruckt. Als wir uns am nächsten Morgen von dem alten Mann, der uns Obdach gewährt und uns verköstigt hatte, verabschiedeten, warf er mit einer flinken Bewegung seinen schönen Wanderstock in unsere Ente. „Ich weiß doch, dass ihr Westler immer Souvenirs nach Hause mitbringt, wenn ihr auf Reisen geht. Hier habt ihr eins aus El-Obeid", rief er uns durch das Fenster zu. Bevor wir die Stadt verließen, schenkte man uns an der Tankstelle wieder Cola. Dasselbe widerfuhr uns in Kusti, ein paar 100 Kilometer weiter.

Ich liebte dieses Land.

Khartum

Die Hauptstadt des Sudan, Khartum, sollte zu einem Meilenstein unseres Abenteuers werden. Als wir uns die Nordafrikakarte zum ersten Mal vorgenommen hatten, hatten wir noch gedacht, wir könnten die Strecke von der Grenze bis zur Hauptstadt in drei bis vier Tagen zurücklegen. „Die Straßen im Sudan sind in relativ gutem Zustand", war in *Afrika by Road*, einem unserer drei Reiseführer, zu lesen gewesen. Inzwischen wussten wir es besser.

Erst nach anderthalb Wochen kam die Stadt endlich in Sicht. Noch 300 Kilometer, dann würden wir uns endlich ein paar Ruhetage gönnen. „Genießen Sie den herrlichen Anblick des Sonnenuntergangs vom Blue Nile Sailing Club aus, dem Campingplatz am Zusammenfluss von Blauem und Weißem Nil." Das klang sehr verlockend.

In Esh Shawal, 50 Kilometer nördlich von Kusti, schlugen wir ein letztes Mal unser Zelt auf. Noch 250 Kilometer. Morgen Vormittag würden wir Khartum erreichen.

Der Straßenbelag war schwer beschädigt, aber immer noch erträglich. Hier und da umkurvten wir ein paar Schlaglöcher oder einige Asphaltteile, die krumm und schief aus der Fahrbahn ragten. Die nächsten 200 Kilometer legten wir mit durchschnittlich 50 Stundenkilometern zurück.

Aber eine gelbschwarze Wegmarkierung sorgte für ein jähes Ende der beschaulichen Fahrt. Straßenarbeiten! Der Asphaltbelag wurde erneuert. Die Umleitung, parallel zur Hauptstrecke, führte wieder durch Sand.

„Verdammt. Immer ist was!“, moserte Christophe.

Ich folgte der Umleitung und verlangsamte unser Tempo auf 20 Stundenkilometer. Das kostet uns noch mal drei Stunden.

Der Zustand der Sandpiste verschlechterte sich von Minute zu Minute. Nach genau einer Stunde gab Chuckie den Geist auf. Ein Schlagloch, dem wir nicht mehr ausweichen konnten, und danach das wohl bekannte schleifende Geräusch kündigten das Ende an.

Wir stiegen aus. Christophe inspizierte die Hinterachse. „Es sind die verrosteten Bolzen, die sie in El-Obeid verwendet haben. Wir hätten uns denken können, dass sie das nicht aushalten.“

„Und schau dir das mal an!“ Ich hatte den Schaden am Chassis schon entdeckt. Der Riss war noch ein ganzes Stück größer geworden.

Also noch mal das Gleiche von vorn. Wieder kamen Seil und Wagenheber zum Einsatz, um die Achse nach hinten zu ziehen und sie dann mit einem Stück Seil, einem Elektrokabel und einem Metalldraht festzubinden.

Christophe übernahm das Steuer. Zum großen Ärger der Fahrer hinter uns krochen wir nun im Schneckentempo voran, aber auf diese Weise erreichten wir schließlich doch noch Khartum.

Chuckie ging's gar nicht gut, und auch wir brauchten dringend Ruhe. Trotzdem waren wir froh. Wir hatten Khartum erreicht und damit das Ende der Sandfahrten, das Ende der Wüste und hoffentlich auch das Ende allen Elends. Wir standen im berühmten Blue Nile Sailing Club, am Ufer des sagenhaften Nils.

Ich zündete die Cohiba an, die mein guter Freund Jürgen, mir bei der Abreise aus Brüssel zugesteckt hatte. Ich hatte sie für einen besonderen Moment aufgehoben.

Und dieser Sonnenuntergang ... Ja, den werde ich wohl nie mehr vergessen.

Chuckies letztes Sakrament

Das Werkstattviertel war riesig. Ein Wirrwarr aus Straßen und Gässchen, vollgestopft mit Autowracks. Gab es irgendwo eine große Mercedes-Werkstatt, waren auch alle Werkstätten der umliegenden Straßen auf Mercedes spezialisiert. Das Gleiche galt für Toyota, Volkswagen und Landrover.

Wir fuhren in das Labyrinth hinein. Wie sollten wir uns hier um Himmels willen entscheiden? „Citroën? Don't know, Sir!"

Ich ging auf zwei Männer in Maßanzügen zu, die geduldig warteten, während ihr Landcruiser repariert wurde. „Sprecht ihr Englisch? Wir sind auf der Suche nach einem zuverlässigen Mechaniker. Könnt ihr uns jemanden empfehlen?"

Einer von ihnen, ein freundlich aussehender junger Mann mit einer John-Lennon-Brille, war bereit, uns zu helfen. Er erkundigte sich bei drei Werkstattinhabern und schlug uns vor, ihm nachzufahren, sobald sein Wagen fertig sei. In der Zwischenzeit stellte er sich vor: Sein Name war Magdi. Er war 27, hatte sich in Indien zum Flugzeugingenieur ausbilden lassen und arbeitete nun bei der malaysischen Botschaft in Khartum als Chef des technischen Personals. Sein Kollege war der Chauffeur des Botschafters.

Als wir eine halbe Stunde später vor einem Toyota-Werksgelände parkten – es war kein Vertragshändler, nur eine kleine Werkstatt mit einem Toyota-Logo auf ihrem Eingangstor –, wurde uns alles klar.

„In Khartum beziehungsweise im ganzen Sudan gibt es drei 2 CV. Dem Besitzer dieses Ladens gehören zwei davon", sagte Magdi.

„Und einer davon steht hier", ergänzte einer der Mechaniker, der zugehört hatte. Er zeigte auf einen dunklen Winkel neben der Werkstatt. Strom gab es nicht. Der Mechaniker leuchtete mit einer Taschenlampe hinein. Dort stand, hochkant gegen die Mauer gelehnt, das alte Chassis eines 2 CV. Es hatte sich nach einem schweren Unfall offenbar völlig verzogen. „Der Motor steht dahinten. Von der Karosserie ist nicht mehr viel übrig."

Inzwischen war der Besitzer aufgetaucht. Er stand draußen und betrachtete fasziniert unsere Ente. „Ich habe auch so eine", sagte er und gab mir die Hand, als ich auf ihn zuging. „Ich hab sie gerade gesehen", sagte ich lachend. „Sie sieht nicht so gut aus, nicht wahr?"

„Nein, sie dient als Ersatzteillager." Er zog ein Foto aus seiner Brieftasche.

„Das ist ein 2 CV Charleston", rief ich. „Ein schöne Karre, sie sieht gut aus. Fährst du sie auch?", fragte ich.

„Nein, vielleicht einmal im Jahr, um den Motor laufen zu lassen. Sie gehört zu meiner Sammlung. Aber, ähm ... Was fehlt eurer Ente denn?"

Ich zeigte ihm die gebrochenen Bolzen in der losen Hinterachse und den Riss im Chassis.

„Das ist ein Kinderspiel", behauptete er. Wir sollten die Ente drinnen abstellen. Das Übel würde schnell behoben sein, zumindest das Problem mit der Hinterachse. Das Chassis ließe sich nicht mehr reparieren. Das Material sei ermüdet, sodass jede zusätzlich angebrachte Stabilisierung letztendlich doch wieder brechen würde. Für die Achsenreparatur würde er die Original-Citroën-Bolzen seines Reservefahrgestells verwenden. Er verlangte 50 Dollar. Wir einigten uns auf die Hälfte.

Ein Stück des abgebrochenen Bolzens saß immer noch in der Achse. Statt die Achse ganz auszubauen, könne man auch an der Innenseite des Wagens ein Loch machen, um das Teil so herauszuschrauben. „Ich schneide hier ein Rechteck heraus, und schweiße es anschließend wieder dicht. Ist das okay für euch?"

Wir nickten und verließen den Werkshof, um irgendwo ein Glas Tee zu trinken.

Als wir zurückkamen, war unsere Überraschung groß. Statt mit einer Schleifmaschine zu arbeiten, hatte er mit einem Hammer und einem scharfen Meißel ein unförmiges Loch von 15 Zentimetern Seitenlänge in das Blech unter dem Rücksitz geschlagen.

„Ich habe schon seit Wochen keinen Strom mehr", entschuldigte er sich. „Aber alles kommt wieder in Ordnung, glaubt mir."

Da wir wussten, dass er selbst stolzer Besitzer eines 2 CV war, gaben wir ihm noch ein wenig Kredit. Er begann mit der Arbeit an der Hinterachse. Der vorstehende Stumpf des Bolzens war zu kurz, um der Zange beim Versuch, ihn herauszudrehen, genug Halt zu bieten. Er nahm das Schweißgerät und versuchte den Rest des Bolzens mit einem kleinen Stück geschmolzenen Metalls zu vergrößern. Eine heikle Angelegenheit.

Nach einer Minute hatte er die Schweißarbeit beendet und drehte sich um. „Sorry", sagte er, ohne uns anzuschauen. Alles war fest miteinander verschweißt. Man musste jetzt die Achse ausbauen und den Bolzen herausbohren, statt ihn einfach rauszudrehen. Christophe hätte ihn am liebsten geohrfeigt.

Unser Vertrauen in afrikanische Mechaniker im Allgemeinen und diesen im Besonderen sank auf einen historischen Tiefpunkt. Sie sollten gefälligst ihre Finger von Chuckie lassen. Wir begannen selbst die Achse auszubauen und nahmen dabei die ganze Werkstatt in Beschlag. Adil, der Besitzer, seine fünf Mechaniker und drei wartende Kunden sahen uns dabei zu. Nach einer Stunde war die Achse ausgebaut. Mit Hilfe einer Metallsäge und eines Hammers lösten wir Adils Metallklümpchen vom Bolzen.

Zwei Straßen weiter fanden wir, auf Adils Empfehlung hin, einen anderen Schweißer. Als wir bei ihm eintrafen, betete er gerade neben dem Wrack eines alten Käfers. Als er fertig war, öffnete er dessen Kofferraum. Wo früher der Motor gesessen hatte, befand sich nun ein kleines Schweißgerät. Wir waren wohl seit langem seine ersten Kunden. Er zapfte sich bei seinem Nachbarn Strom ab. Offensichtlich verstand er sein Handwerk. Nach drei Minuten war das Loch wieder frei.

Wir hatten keine Zeit mehr, die Achse wieder einzubauen. Die Sonne war fast untergegangen. „Nehmt mit, was ihr heute Abend braucht, und kommt morgen wieder zurück. Der 2 CV kann heute Nacht hier stehen bleiben", sagte Adil. „Ich nehme euch mit in die Stadt."

An diesem Abend gingen wir aus. Das Stadtzentrum von Khartum unterschied sich deutlich von den Innenstädten anderer nordafrikanischer Städte. Man sah große moderne Gebäude, breite Alleen, dreispurig in jede Fahrtrichtung, Paläste, Ministerien usw. Eins wurde deutlich: Trotz der Armut des Großteils der Bevölkerung gab es hier Geld, viel Geld. Schwere Mercedes, BMWs und andere Luxuswagen fuhren durch die Gegend, Gold- und Juweliergeschäfte prägten ganze Stadtviertel, und nationale und internationale Banken schienen einen Wettstreit um den herrlichsten Prachtbau auszutragen.

Wir kamen ins Zentrum der Altstadt. Auf dem großem Platz schien sich die ganze Stadt zu treffen. Eine Menschenmenge, wie wir sie nur von großen Demonstrationen oder Popfestivals kannten. Zehntausende drängten sich um Hunderte von Imbissbuden, Teehäusern, Marktständen und Schuhputzern. Die Hälfte des Platzes stand voll von Hunderten von Bussen, die alle blauschwarzen Rauch ausstießen, der den Platz in einen giftigen Nebel hüllte. Zusammen mit den unzähligen kleinen Lichtern ergab das ein ebenso märchenhaftes wie Krebs erregendes Schauspiel.

Vorwärts gedrängt vom quirligen Strom der Menge, erreichten wir die Gässchen an der Südseite des großen Platzes. Die Luft war hier weniger stickig, und der Duft nach gebratenem Fleisch überdeckte den Gestank nach Abgasen. Wir versuchten es mit einer Portion Ful. Mir war schon aufgefallen, dass die Zutatenliste für den braunen Brei länger wurde, je näher wir der Hauptstadt kamen. Hier, im Zentrum von Khartum, erreichte die Mischung ihren Höhepunkt: In die Schüssel mit Bohnen wurden Käse, Zwiebeln, Tomaten, Paprika, eine ganze Reihe von Gewürzen und schließlich ein Schnapsglas voll Öl gegeben. Obwohl das Ganze mit einer Cola-Flasche platt gedrückt und umgerührt wurde, verband sich das Öl nicht mit dem Rest und blieb als fettige Schicht oben auf dem braunen Brei stehen. Aber es schmeckte verdammt gut.

Traditionsgemäß schloß man jede Mahlzeit mit einem Glas Tee oder Kaffee ab. Diese Getränke nahm man im Sudan bei den so genannten „Kaffeefrauen“ ein. In manchen Straßen traf man sie regelmäßig an, meist waren es Äthiopierinnen. Sie hatten alle das gleiche Handwerkszeug: einen Holzkohlekocher aus Altmetall, auf dem das Wasser erhitzt wurde, und ein kleines Holzregal für Teekräuter, Kaffeebohnen, Zucker und ein Dutzend Geschmackszutaten wie Zimt, Pfeffer, Minze und Ananas. Um das Feuer und die Köchin standen meist sechs „Stühle“ herum, Sitzgelegenheiten wie Autobatterien oder oft auch leere Milchpulverdosen.

Wegen des Alkoholverbots haben Wirtshäuser im Sudan wenig Aussicht auf Erfolg. Die Kaffeefrauen übernehmen deren soziale Funktion. Sie sind Lokalzeitung, Radiosender, Psychologin und Eheberaterin. Brauchte man etwas oder suchte man jemanden, die Kaffeefrauen wussten immer Rat. Daher florierte ihr Geschäft.

Christophe mochte ihren Tee, ich ihren Kaffee. Dabei ging es mir nicht einmal so sehr um den Geschmack als um die Art der Zubereitung. Sie verwendeten immer frische Kaffeebohnen. Diese wurden in einer kleinen Pfanne über dem Feuer geröstet und fein gestampft. Dann vermischten sie das Kaffeepulver mit Wasser und erhitzten die Mischung in einem Metalltöpfchen. Nachdem der Brei zehn Minuten gekocht hatte, gossen sie ihn durch ein winziges Sieb in ein Glas. Drei große Löffel Zucker und etwas Zimt rundeten das Ganze ab. Die Durchführung dieser „Kaffeezeremonie" nahm eine halbe Stunde in Anspruch, aber das Schauspiel war sehenswert ... vor allem beim ersten Mal.

Wir waren es gewohnt, bei Sonnenaufgang aufzustehen. Noch bevor Adil oder einer seiner Mechaniker auftauchte, standen Christophe und ich schon vor dem Tor. Am selben Tag noch wollten wir das kaputte Chassis reparieren lassen und einen neuen Campingplatz suchen. Der Segelclub lag zwar herrlich, aber die sanitären Anlagen entsprachen afrikanischem, die Preise hingegen europäischem Niveau. Am Ufer des Blauen Nils außerhalb des Zentrums sollte es einen neuen Campingplatz, inklusive Schwimmbad, geben. Bei der Hitze und dem ganzen Staub klang das idyllisch.

Um neun Uhr öffnete die Werkstatt. In weniger als zwei Stunden hatten wir die Arbeit erledigt. Adil verschweißte das große Loch unter der Rückbank. Widerstrebend bezahlte ich ihm die vereinbarten 25 Dollar – viel Geld für ein paar Bolzen und einen Haufen Ärger.

Für die Schweißarbeiten am Chassis suchten wir uns professionelle Fachleute in der „Mercedes-Klinik", einer großen Werkshalle, die von zwei türkischen Brüdern geführt wurde. Mit der Stichflamme des Gasbrenners machten sie sich zehn Zentimeter von der Benzinleitung entfernt zu schaffen. Über der Bruchstelle im Chassis brachten sie eine neue Stahlblechplatte an. Anderthalb Stunden lang wurde geschweißt, gehämmert und ausgebeult, aber das Resultat konnte sich sehen lassen. Später brach das Chassis noch dreimal, aber nie wieder an dieser Stelle.

Mit einem wieder genesenen Chuckie machten wir uns auf die Suche nach dem geheimnisvollen Campingplatz. Der einzige Hinweis, den Lonely Planet gab, lautete: „zehn Kilometer nordöstlich vom Zentrum".

Wir durchkämmten das gesamte Viertel. Offenbar verstand niemand Englisch. Und die, die ein paar Brocken verstanden, konnten mit dem Wort Campingplatz nichts anfangen.

„Ein Ort, an dem Touristen in einem Zelt schlafen", versuchte ich es vereinfachend zu erklären. „Mit einem schönen Garten und einem Schwimmbad. Er soll am Nilufer liegen."

Sie starrten mich fassungslos an. „Touristen? In einem Zelt?" Sie konnten sich das überhaupt nicht vorstellen. Um uns nicht zu enttäuschen, wollten manche nicht zeigen, dass sie ihn nicht kannten, und schickten uns immer wieder in eins der Hotels. Wir suchten zwei Stunden, aber das Einzige, was wir fanden, war der Fußballplatz der amerikanischen Botschaft.

Als wir die Suchaktion gerade abbrechen wollten, gerieten wir in ein schmale Gasse; wir unternahmen einen letzten Versuch. Der Nil war hier offensichtlich erst vor kurzem über die Ufer getreten. Wir blieben im Matsch stecken. Ich schaltete in den Rückwärtsgang und gab Vollgas. Zunächst schien es zu funktionieren, aber nach kurzem Rückwärtsrutschen gab das Getriebe ein fürchterliches Geräusch von sich. „Was ist das? Ich kann nicht mehr schalten!"

Ich konnte im Rückwärtsgang zwar die Tourenzahl steigern, aber die Ente bewegte sich um keinen Zentimeter. Ich zog am Schaltknüppel, um den ersten Gang einzulegen. Es ging nicht; beim zweiten das Gleiche. Ich versuchte es mit dem dritten Gang. Mit viel Mühe klappte es, aber der Wagen sollte rückwärts, nicht vorwärts fahren. Der vierte Gang ließ sich auch nicht einlegen.

„Offenkundig ist das ganze Getriebe blockiert! Verdammt, das muss ausgerechnet mir wieder passieren!", rief ich. Wenn es technische Schwierigkeiten gegeben hatte oder eine Achse gebrochen war, hatte bisher immer ich hinter dem Steuer gesessen. Meist war es Zufall gewesen, diesmal nicht. Die Mitglieder von Huppel, dem flämischen 2-CV-Club, hatten uns noch gewarnt: „Mit einer Ente darf man nie schnell rückwärts fahren. Im Getriebe sitzt eine Mutter, die sich lösen kann und dann alles blockiert." Ich hatte Johns Worte kurz vor unserer Abreise noch im Ohr. Natürlich hatte ich nicht daran gedacht, dass Rückwärtsrutschen die gleiche Wirkung hatte wie schnelles Rückwärtsfahren. Ich schämte mich vor Christophe.

„Komm", sagte er, „wir schieben die Karre hier raus." Wortlos stieg ich aus und schob mit an. Er klemmte sich hinters Steuer und ging noch einmal alle Gänge durch. „Nur der dritte funktioniert." Er brachte den Motor auf hohe Touren und startete im dritten Gang. 20 Minuten später standen wir wieder vor Adils Werkstatt.

In der ganzen Gegend war es verdächtig ruhig. Es war erst halb fünf, aber alle Angestellten waren schon gegangen. Als wir ihn fanden, war er gerade dabei, mit einer Bürste die leere Werkstatt auszufegen.

„Schon zurück?", fragte er lachend. „Was ist jetzt wieder kaputt?"

Ich schilderte ihm unser Missgeschick und fragte ihn, ob er jemanden kenne, der unser Getriebe reparieren könnte.

„Ja, aber du wirst wohl eine Woche warten müssen, fürchte ich. Heute ist der letzte Tag des Ramadan. Ab morgen beginnen die Ferien. In der nächsten Woche arbeitet niemand im Sudan."

Mit wurde fast schlecht. Wir würden eine ganze Woche in Khartum festsitzen, und das auch noch ohne Auto.

„Don't worry", sagte er. „Ich sorge dafür, dass ihr euch hier die nächste Woche über amüsieren könnt. Kommt, wir laden euer Gepäck in mein Auto und stellen den 2 CV hier unter. Ich bringe euch zu eurer neuen Unterkunft im schicksten Viertel der Stadt."

Die Jugendherberge von Khartum war früher einmal als Wohnhaus eines britischen Geschäftsmanns errichtet worden. Später hatte sie als Botschaft eines afrikanischen Landes gedient. Schon in dieser Zeit muss ihr Verfall eingesetzt haben, sonst hätte man sie sicher nie zur Jugendherberge degradiert. Im Inneren hatte man das Gebäude erfolgreich in einen totalen Trümmerhaufen verwandelt. Die Fassade des prächtigen Kolonialbaus war jedoch erhalten. Sein schöner Garten mit Palmen, Rosensträuchern und echtem Rasen (!) war so gut gepflegt, dass wir uns entschieden, hier unser Zelt aufzuschlagen. In einem der Zimmer stapelten wir unser Gepäck. Unsere Unterkunft lag in einem guten Viertel mit Pizzerien, Hamburger-Buden, einer Billardhalle und einem Cybercafé. Langweilen würden wir uns nicht gerade.

Die offizielle Jugendherberge von Khartum.

Das letzte Abendessen während des Ramadan.

Ein Drei-Sterne-Ful – das Ende des Ramadan wird gefeiert.

„Kommt", sagte Adil, „oder wir kommen noch zu spät. Ich lade euch zum letzten Abendessen des Ramadan ein. Nehmt ruhig euren Fotoapparat mit. Es lohnt sich."

Und er sollte Recht behalten. An diesem Abend saßen wir mit Adil nicht etwa zu Tisch, wir lagen – im wahrsten Sinne des Wortes – mit ihm auf der Straße und genossen wie alle Männer des Viertels die Speisen auf einem reichlich gedeckten Teppich. Zehn große Schüsseln, gefüllt mit den unterschiedlichsten lokalen Spezialitäten, standen buchstäblich „in Reichweite". Es war das Beste, was die afrikanische Küche uns bisher geboten hatte. Schon nach fünf Minuten wurde das Mahl für das Gebet unterbrochen. Wir schmausten noch ein Viertelstündchen weiter.

Bin Laden – Ein sudanesischer Volksheld?

An das späte „Frühstück", wie die Mahlzeit auch hier genannt wurde, schloss sich der obligatorische Tee an. Alle Männer des Viertels saßen in kleinen Gruppen zusammen. Diejenigen, die Englisch sprachen, scharten sich um uns. Meistens interessierten sie sich nur für unsere Nationalität oder unsere Reiseroute. Ein älterer Mann stellte mir jedoch eine seltsame Frage: „Warum bereist ihr als Nichtmuslime islamische Länder?"

Für mich hörte sich das wie ein Vorwurf an, und wahrscheinlich war es auch so gemeint. Ich antwortete ihm spontan, dass ich die

Verknüpfung von Tourismus und Religion ebenso absurd fände wie die von Religion und Staat. Ich wusste, dass diese Aussage in einem Land, in dem man die Scharia eingeführt hatte (und in dem die Landesgesetze vollkommen auf dem Koran basierten), sehr provokant war. Aber ich war neugierig, ob der islamische Fundamentalismus der politischen Führer in der Bevölkerung Unterstützung fand.

Die Antwort, die ich erhielt, war beängstigend. „Die Scharia sollte überall in der Welt eingeführt werden." Ihm sei jedoch klar, dass das sobald noch nicht möglich sein werde, „denn die Islamisierung der ganzen Welt ist noch nicht abgeschlossen". Und er fuhr fort mit seinem Diskurs: „Amerika denkt, es sei nach dem Zerfall der Sowjetunion die einzige Supermacht in der Welt, aber nun beginnt es endlich zu begreifen, dass eine zweite Supermacht entsteht: der Islam! Sie haben Bush, wir haben Bin Laden!"

Dieser Mann, der Mustafa hieß, musste wohl ungefähr 60 sein, sprach perfekt Englisch und war bestens informiert. Was dazu führte, dass alle Männer des Viertels an seinen Lippen hingen. Einer der Zuhörer hob zudem hervor, Mustafa sei ein „sehr guter Muslim, denn er verrichtet mehr als die fünf vorgeschriebenen Gebete".

Mir war klar, dass Christophe und ich fast die einzigen Nichtmuslime im Umkreis von quasi 1000 Kilometern waren. Aber das war noch lange kein Grund, diesen alten Fanatiker im Beisein von 15 Zuhörern einen solchen Unsinn verbreiten zu lassen. Ich wandte mich daher auch an die anderen: „Ihr solltet euch darüber im Klaren sei, dass euer ehrenwerter Herr Bin Laden mit seinem Egotrip und seiner persönlichen Vendetta gegen Amerika nicht nur sich selbst, sondern die ganze islamische Welt in ein schlechtes Licht rückt und langjährige Integrationsbemühungen zwischen beiden Kulturen kurzerhand zunichte gemacht hat." Um ihnen das noch plastischer vor Augen zu führen, erzählte ich von einem islamischen Kollegen, den jahrelang jeder beim Vornamen

Wie tolerant ist der Islam?

genannt hatte. Nach dem 11. September 2001 war er plötzlich nur noch „der Muslim". Mit meiner kritischen Bemerkung endete das Gespräch. Einige jüngere Männer, die schweigend zugehört hatten, stimmten meinen Worten und meiner Auffassung zu, wagten das aber erst zuzugeben, nachdem die Älteren gegangen waren.

Eine ganze Woche verbrachten wir damit, die Zeit totzuschlagen. Die ersehnte Ruhe wollte sich einfach nicht einstellen. Die Zweifel an den Fähigkeiten Adils und seiner Mitarbeiter war doch zu groß; ich machte mir wirklich Sorgen. Ich trieb möglichst viel Sport und versuchte mich auf diese Weise abzureagieren. Morgens ging ich erst einmal joggen. In den Ferien herrschte in der Stadt kaum Verkehr. Um halb sieben war die Temperatur noch angenehm. Die Luftfeuchtigkeit war gering und man geriet kaum ins Schwitzen. Ich lief quer durch die Innenstadt und dann zehn Kilometer am Nilufer entlang.

Bei einem meiner Läufe entdeckte ich etwas Rotes im Wasser. Ich blieb stehen und sah genauer hin. Tatsächlich! Je länger ich schaute, desto klarer erkannte ich es. Es war der Oberkörper eines Menschen, bekleidet mit einem roten T-Shirt. Er trieb auf dem Bauch; Arme, Beine und Kopf waren unter Wasser.

Ich winkte einem Passanten und zeigte auf den Leichnam. Der Mann griff sein Handy und rief die Polizei an. „Das ist wahrscheinlich ein Fischer", sagte er, als er sein Telefon wieder verstaut hatte. „Fast niemand hier kann schwimmen. Die Fischer wagen sich mit winzigen Booten auf den Fluss. Wenn sie dann von dem Wellenschlag eines größeren Schiffes getroffen werden, kentern sie. Und das sind dann die Folgen."

Ich hörte die Sirenen näher kommen und lief weiter.

Sudanesische Hochzeit: Can the real Slim Shady please stand up?

Wir hatten Besuch. Es war Magdi, der junge Mann im Maßanzug, der uns zur Werkstatt begleitet hatte. Adil hatte ihm gesagt, wo wir wohnten, und er wollte uns nun zur Hochzeit seines Neffen einladen. Er war der Meinung, das sei die ideale Weise, uns in die Kultur und die Bräuche seines „Stammes“, dem der Nubier, einzuführen. Wir hatten seit ewiger Zeit kein Fest mehr besucht und nahmen seine Einladung von ganzem Herzen an. Die Festlichkeit fände in seinem Dorf statt, ein Stündchen von Khartum entfernt. Am Abend um sieben würde er uns abholen.

In den heißesten Stunden des Tages zogen wir uns ins Haus zurück. Ich verbrachte lange Stunden damit, Briefe zu schreiben. Außerdem nahm ich mir seit dem Tschad zum ersten Mal wieder *Krieg und Frieden* vor. Träge wie der Blaue Nil glitt der Tag dahin. Endlich wurde es Abend. Zeit für ein Bad.

In einem Nebengebäude gab es sechs Toiletten, in denen auch Duschköpfe hingen. Man benutzt in Afrika kein Toilettenpapier, daher war es wahrscheinlich die hygienischste Lösung, direkt nachdem man die Toilette benutzt hatte, zu duschen. Aber der Abfluss war fast überall verstopft und in einigen der „französischen WCs“ stand die Brühe zehn Zentimeter bis über dem Ablauf. Bei der Vorstellung, dass ich hier duschen und sich das Zeug mit meinem Duschwasser vermischen würde, drehte sich mir der Magen um. Ich beschwerte mich beim Wächter, der hier auch als Hausmeister und Portier angestellt war. Er verstand nicht, was ich daran auszusetzen hatte, und antwortete „no problem“.

„Komm mal mit,“ sagte er. Wir betraten das Gebäude. Er nahm einen Schlüsselbund heraus und öffnete eine große Tür. Wir befanden uns in einem Badezimmer, das man offenkundig schon eine ganze Weile nicht mehr benutzt hatte. Der Raum war gewiss vier Meter hoch. Es roch feucht. Die prächtigen Kacheln an den Wänden hatten aufgrund mangelnder Pflege ihren Glanz verloren; die Hälfte der Bodenfliesen fehlte. In der Ecke stand eine riesige Badewanne, deren Boden mit toten Käfern übersät war. „No problem“, lautete auch hier das Motto. Er dachte, er könne sie einfach wegspülen, und drehte die Dusche über der Badewanne auf.

Zu seiner Verwunderung kam kein Tropfen Wasser aus der Leitung – mich wunderte es eigentlich nicht. Er lief nach draußen und drehte an einigen anderen Wasserhähnen. Ohne Erfolg. „No water“, sage er. „Problem in city.“

Er packte mich am Arm und zog mich mit sich. Hinter dem Gebäude standen drei Ölfässer, die mit einem Brett abgedeckt waren. Er hob das Brett an. Sie waren alle mit Wasser gefüllt. Er reichte mir einen Eimer. „For shower", antwortete er, als er sah, wie ich die Stirn runzelte. Offenbar war Wassermangel hier regelmäßig ein Problem. Sehr regelmäßig sogar. Denn es sollte noch eine Woche dauern, bis wieder ein Tropfen aus der Leitung kam.

Ich füllte zwei Eimer mit Wasser und ging ins Badezimmer. Der Hausmeiser hatte inzwischen mit Hilfe einer Bürste die toten Insekten im Abfluss verschwinden lassen. Eines der Tierchen war zu groß für das Loch und trieb immer wieder in die Badewanne zurück.

Ich rieb mich mit blauem Waschpulver ein. Unsere Flasche Duschgel war aufgebraucht, und die Geschäfte waren geschlossen. Ich brauchte beide Eimer, um das fettige Zeug wieder abzuspülen. Mit Aftershave überdeckte ich den Omo-Geruch.

Magdi blickte erstaunt, als er mit einer halben Stunde Verspätung auftauchte. Wir hatten uns noch nicht die Mühe gemacht, unsere Kleider zu waschen. Unsere mehr oder weniger sauberen Sachen entsprachen nicht gerade dem, was er sich unter einer festlichen Kleidung vorstellte. Christophe trug ein T-Shirt und dunkle Jeans, ich hatte nur noch ein Hawaiihemd und Shorts. Alles andere war von einer dicken Schicht aus Staub und Öl bedeckt. Wir sahen aus wie deutsche Urlauber an der spanischen Küste. Es fehlten nur noch die weißen Socken.

Magdi bot an, uns ein weißes Muslimgewand zu leihen, aber wir lehnten ab. Wir wollten unsere Eigenart wenigstens teilweise bewahren.

Nach einer wilden Fahrt auf der Ladefläche eines alten Pick-up kamen wir auf dem „Fest" an. Auf dem Parkplatz einer Lagerhalle standen 300 Stühle, wie im Theater: alle nach vorne ausgerichtet und durch einen Mittelgang getrennt. Links saßen die Frauen, rechts die Männer; eine Sitzordnung, die sich den ganzen Abend nicht mehr ändern sollte. Vorn stand ein Mikrofon, und es schien fast so, als erwarte man einen Stand-up Comedian. Alle Männer trugen das traditionelle weiße Muslimgewand mit entsprechender Kopfbedeckung. Die Frauen waren in der Wahl ihrer Garderobe kreativer gewesen, zumindest was die Farben anging. Ihr Outfit bestand vor allem aus einer Vielzahl von Schleiern, die sie in mehreren Lagen übereinander drapiert hatten.

Um neun begann das Fest. Ein traditioneller Trommler und Sänger, dessen Stimme stark an das Gemecker einer Ziege erinnerte, brachte eine Stunde lang seine Musik zu Gehör. Er forderte den Bräutigam zum Tanz auf. Ich hatte mich schon eine ganze Weile gefragt, wie sich die Männer von der „muslim brotherhood" auf dem Tanzparkett geben würden. Endlich bekam ich eine Vorstellung davon. Im Halbrund vor dem Publikum beschrieb der Bräutigam, Arm in Arm mit seinen besten Freunden, fortwährend einen Kreis von etwa zehn Metern Durchmesser. Wollte einer der Anwesenden, vor allem aus den vorderen Reihen, das Glück des jungen Mannes teilen, sprang er auf, sobald dieser vorbeilief, und machte mit der Hand die gleiche Geste, mit der amerikanische Rapper jedes ihrer Worte begleiten. Nur das „Yo, yo, know what I am saying, yo?" wurde weggelassen.

Noch eine Stunde ging der Rundlauf auf diese Weise weiter. Dann hielt alles inne. „Pause", wurde uns erklärt. Nach einer Viertelstunde begann alles wieder von vorn, mit dem einzigen Unterschied, dass in einer Ecke des Parketts ein Teppich von zwei auf drei Metern ausgerollt wurde, auf dem die Frauen tanzen durften. Letztendlich ließen sich nur drei der 150 Damen zu ein paar Tanzschritten hinreißen. Die anderen saßen herum, sprachen kaum ein Wort und schauten zu.

„Wo ist die Braut?", fragte ich Magdi leise.

„Sie ist heute nicht hier", antwortete er. „Sie ist auf ihrem eigenen Fest." Er erklärte mir, dass dies hier eigentlich eine Art Junggesellenabschied sei.

„Das richtige Hochzeitsfest ist nächste Woche. Ihr kommt doch, oder?"

Auf Christophes Frage, wann es etwas zu essen gäbe, antwortete Magdi entschuldigend: „Auf diesem Fest wird weder gegessen noch getrunken."

Von dieser Antwort unangenehm überrascht und hungrig wie die Wölfe, entflohen wir der ausgelassenen Menge. Um die Ecke fanden wir einen Laden, der Cola verkaufte. Nach einer halben Stunde, etwa um elf, kehrten wir zurück. Das Fest war schon zu Ende.

Ich bedankte mich bei Magdi für die Einladung und erklärte ihm, wie schön und lehrreich es gewesen sei. Er strahlte. Auf dem Heimweg kamen Christophe und ich zu dem Schluss: Wir stehen mehr auf eine gute flämische Bauernkirmes mit Muscheln und Fritten, Blutwurst und dem einen oder anderen guten belgischen Starkbier Trappist. Sorry, wir haben uns kurz gehen lassen …

Auch Adil hatte sein Versprechen gehalten, uns unseren erzwungenen Aufenthalt in Khartum so angenehm wie möglich zu gestalten. Am nächsten Nachmittag holte er uns ab. Er hatte eine Überraschung in petto. Wir ließen die Stadt hinter uns und parkten den Wagen neben einem großen ummauerten Gelände. Er öffnete den Kofferraum und zeigte uns, was drin lag. Drei Gewehre! Das Gelände gehörte einem der vielen Schützenvereine von Khartum.

Waffentest im Schützenverein von Khartum.

Der Blick hinter die Mauern war kurios und zugleich beängstigend. Alle trugen weiße Muslimgewänder. Der Kontrast zwischen der religiösen und würdevollen Aufmachung und der großen Waffenansammlung war kurios – die Gründe für ihre Mitgliedschaft eher beängstigend.

Dennoch hatten wir Spaß. Auch diese Sudanesen waren offen, freundlich und großzügig; daher konnten wir den ganzen Nachmittag über Waffen ausprobieren. „Boys and their toys", sagt man manchmal spöttisch. Na ja… das traf ins Schwarze.

Ohne Fleiss kein Preis

Samstag. Die Ferien waren endlich vorbei. Sobald sich das Tor zu Adils Werkstatt öffnete, machten wir uns an die Arbeit. Alle Kabel wurden abgeklemmt, die Bremsleitungen vom Getriebe gelöst und über das Gestänge des Scheibenwischers gehängt, die vier Schrauben, mit denen Motor und Getriebe am Chassis befestigt waren, wurden losgeschraubt. Nach zwei Stunden hatten wir das Getriebe vor uns auf dem Tisch liegen.

Djamal versucht unser Getriebe wieder in Gang zu bringen.

Ein Freund von Adil, ein anerkannter Getriebespezialist, wurde hinzugezogen. Er schien sich seiner Sache ziemlich sicher zu sein. Er hatte zwar noch nie zuvor einen 2 CV repariert, trotzdem baute er, ohne mit der Wimper zu zucken, die beiden großen mittleren Stangen aus dem Getriebe aus und kippte Dutzende von Zahnrädern, die sich dabei lösten, in einen Plastikeimer. Nachdem er in aller Ruhe ein Glas Tee getrunken hatte, machte er sich wieder an die Arbeit. Fast blindlings schob er ein Rädchen nach dem anderen auf die Stangen und setzte sie dann wieder ein. Er schloss den Deckel, und die Arbeit war erledigt. Er verschwand, ohne ein Wort zu sagen.

„Und jetzt?“, fragte ich Adil. „Funktioniert nun alles wieder?“

Adil lachte. „Natürlich. Wenn es um Getriebe geht, macht Djamal im ganzen Sudan niemand etwas vor. Bau alles nur wieder ein. Du wirst schon sehen.“

Wir arbeiteten den ganzen Nachmittag, und gegen Abend war alles, bis auf das Bremssystem, wieder an seinem Platz. Der Schaltknüppel ließ sich wieder in jeden Gang bewegen. Wir ließen den Wagen noch eine Nacht in Adils Werkstatt. An diesem Abend gönnten wir uns eins der besseren Restaurants von Khartum. In zwei Tagen würden wir weiterziehen, Richtung Äthiopien.

Nachdem wir am nächsten Morgen mit etwas Hilfe das Bremssystem eingestellt hatten, startete Christophe den Motor für eine Testfahrt. Er schaltete Chuckie in den Rückwärtsgang und fuhr aus der Werkstatt. Es funktionierte! Wunderbar!

Dann schaltete er in den ersten Gang und gab Gas. Nichts! Wie war das nur möglich! Die Tourenzahl des Motors stieg, aber er schien im Leerlauf zu stehen. Dann also im zweiten Gang, dachte Christophe sich, aber nichts bewegte sich. Dasselbe galt für den dritten und vierten Gang. Entmutigt schob er die Ente wieder in die Werkstatt.

Ich war traurig und wütend und ließ meine Gefühle an Adil aus. „Schöner Spezialist, den du da empfohlen hast! Bring diesen Kerl wieder her und sag ihm, dass er von vorn anfangen kann.“ „Morgen“, antwortete Adil leise, „er ist schon nach Hause gegangen.“

Am nächsten Morgen kam die Wahrheit ans Licht. Djamal war nicht einmal überrascht zu hören, dass das Getriebe noch immer nicht funktionierte. Ein Teil, nämlich die große Mutter, war schadhaft. Da er wusste, dass man für 2 CVs im Sudan keine Ersatzteile bekam, hatte er sich entschieden, die schadhafte Mutter wieder einzubauen, in der Hoffnung, dass es funktionieren würde. Leider nicht!

Wir rauften uns die Haare. Was sollten wir jetzt tun? Wir konnten doch unmöglich im Rückwärtsgang nach Kapstadt fahren. Sollten wir uns von zu Hause eine neue Mutter schicken lassen oder ein ganz neues Getriebe?

Adil verfolgte mit bekümmertem Blick, wie wir auf einmal ganz still wurden. Ich weiß nicht, ob er sich nun verantwortlich fühlte oder ob bei ihm wieder einmal die typisch sudanesische Freundlichkeit durchbrach. Aber urplötzlich stand er direkt vor uns und hatte ein 2-CV-Getriebe auf dem Arm .

„Das ist meine Reserve“, sagte er. „Nehmt euch, was ihr braucht.“

„Meinst du das ernst?“, fragte ich. Wir wollten unseren Ohren kaum trauen. Lösungen fielen in Afrika wirklich in den unerwartetsten Momenten vom Himmel.

In den nächsten 24 Stunden wiederholten wir die ganze Prozedur. Wir bauten das Getriebe aus, ließen Djamal eine halbe Stunde mit dem Inhalt herumspielen und verbrachten den Großteil der Zeit damit, die Teile wieder einzubauen und alle Kabel anzuschließen.

Zweiter Versuch. Sie läuft! Rückwärts: prima. Erster: okay. Zweiter … nichts mehr. Dritter Gang: nichts, aber der vierte funktionierte wieder. Ich trat gegen Chuckies vordere Stoßstange. „Das darf doch nicht wahr sein! Warum klappt es jetzt immer noch nicht?“

Auch Christophe hatte die Nase gestrichen voll. „Ich geh zurück zur Jugendherberge“, knurrte er. „Mit dem 2 CV!“

Ich konnte nicht erkennen, wie das unsere Situation verbessern sollte, hatte aber keine Lust auf einen Streit. Im ersten Gang fuhren wir los. Vor der Jugendherberge blockierte ein alter Landrover mit englischem Nummernschild die Einfahrt. Ersatzkanister, Sandleitern und Wassertanks auf dem Dach; offensichtlich Overland Travellers.

„Hi“, hörten wir plötzlich aus dem Wagen.

Ich schaute hinein. Der Wagen war so ausgestattet, dass der Fahrer darin schlafen und kochen konnte. Er lag ausgestreckt auf seinem Bett und hörte BBC. Als er uns sah, erhob er sich.

„Charles is the name. How do you do?“, fragte er sehr formell und mit einem Akzent, als hätte die Königinmutter persönlich ihm Sprachunterricht erteilt.

„How do you do!“, sagte ich in leicht spöttischem Tonfall.

Man sah mehr als deutlich, was für ein Typ er war. Ein typisch englischer Collegeboy, arrogant und selbstgefällig. Mir war nicht nach einer lockeren Unterhaltung zumute, aber ich fragte ihn trotzdem: „Kennst du dich vielleicht mit Getrieben aus?“

„Und ob!“, antwortete er selbstbewusst.

„Ich bin Flugzeugingenieur, Spezialgebiet Mechanik.“ Nachdem Christophe geparkt hatte, erzählte ich ihm, was passiert war.

„Heißt das, dass ihr euch nicht mit Automechanik auskennt? Wie dumm! Wie kann man so naiv sein zu denken, dass die Afrikaner euch helfen können. Die wissen doch nicht einmal, in welcher Richtung man eine Schraube festdreht.“

Da sieht man es mal wieder, dachte ich bei mir.

Ich hatte heute keine Lust, mich mit dem Kerl anzulegen.

„He! Charles, könntest du mal einen fachmännischen Blick auf unser Getriebe werfen?“

„Das wollte ich gerade vorschlagen“, antwortete er. „Wir Weißen helfen uns doch immer in Afrika, das wird dir doch wohl schon aufgefallen sein!?“ Ich musste zugeben, dass er damit nicht ganz Unrecht hatte.

Eine Stunde später konnte man Charles – etwas durchtränkt von einem Liter Getriebeöl, den ich unglücklicherweise umgestoßen hatte – an Chuckies Getriebe herumschrauben sehen. Offenbar kannte auch er sich mit dem extrem komplizierten System von Zahnrädern aus, das hier perfekt ineinander greifen musste. Er arbeitete viel langsamer als Djamal, dafür umso exakter.

Wie soll ich das wieder zusammenbauen?

Nach zwei Stunden schmiss er den Krempel hin.

„Kein Wunder, dass es nicht funktioniert hat", sagte er. „Eurer Ersatzteil taugt nichts. Schaut mal!" Er zeigte uns, dass die Mutter früher mal gebrochen und daraufhin geschweißt worden war. Eine winzig kleine Schweißnaht hinderte die anderen Räder daran, sich frei zu drehen.

Ich konnte es nicht glauben. Hatte er wirklich Recht, oder wusste er einfach nicht mehr, wie er das Getriebe zusammensetzen sollte?

Ein paar Minuten später bestätigte sich seine Behauptung. „Visitor for you", rief der Portier vom Tor aus. Im selben Moment kam Magdi herein und drückte mir freudig die Hand. Es war Donnerstagnachmittag, und seine Arbeitswoche war zu Ende.

„Gut, dass ihr noch immer hier seid. Dann könnt ihr mich heute Abend zu dem Hochzeitsfest begleiten."

Nein, nicht schon wieder, dachte ich bei mir. Ich dankte ihm für die Einladung. „Tut mir Leid, Magdi, aber in drei Tagen läuft unser Visum aus, und wir müssen das Land verlassen. Das Auto funktioniert immer noch nicht, und unsere Moral ist auf einem historischen Tiefstand angekommen. Ich habe wirklich keine Lust, euch mit meiner schlechten Laune das Fest zu verderben."

„Was stimmt nicht mit dem Wagen?"

Ich schilderte ihm das Problem und verdeutlichte ihm, wie aussichtslos die Situation war, da nach Charles' Ansicht auch das Ersatzteil defekt war.

Magdi begutachtete die Mutter. „Ja, die kann man wirklich nur noch in den Müll werfen." Er schwieg und dachte nach.

„Wenn ich eine Lösung für euch finde, kommt ihr dann mit zur Hochzeit?", fragte er mit einem verschmitzten Lächeln.

„Wenn du eine Lösung findest, begleiten wir dich zu jeder Hochzeit, zu der du willst", antwortete ich mit wenig Hoffnung.

„Gib mir eine Stunde", antwortete er, sprang in seinen Wagen und verschwand.

Viel konnten Christophe und ich in der Zwischenzeit nicht tun. Wie sollte es nun weitergehen? Nur noch drei Tage lief unser Visum, und eine Lösung für unser Problem war nicht in Sicht. Morgen oder spätestens übermorgen würden wir eine Verlängerung beantragen müssen. Das war an sich nicht so schlimm, aber wir hatten genug von hier. Eine Verlängerung würde außerdem bedeuten, dass wir im Eiltempo durch Äthiopien und Kenia rasen mussten. Es war fast Weihnachten, und am 15. Januar erwartete Mark Van Ranst uns am Fuße des Kilimandscharo zu einer gemeinsamen Bergtour. Und was noch dazukam: Eine Woche später würde meine Freundin in Daressalam landen, um die Ferien mit mir im paradiesischen Sansibar zu verbringen. Darauf freute ich mich wahnsinnig, und nun wurde das alles von diesem blöden Getriebe torpediert. Je mehr ich darüber nachdachte, desto schlimmer fand ich es. Sicher hatte das auch etwas damit zu tun, dass Weihnachten näher rückte. Die Weihnachtszeit ist eine Zeit familiärer Geborgenheit und Freude, die man mit seinen Liebsten verbringt. Und wir saßen hier im Sudan, verflixt noch mal! Und hier kriegte man nicht einmal ein Bier!

Aber zum wiederholten Male wendete sich überraschend alles zum Guten. Magdi kehrte nicht allein zurück. Adil und ein unbekannter Mann waren in seiner Begleitung. Der Fremde stellte sich selbst vor. Er sei Journalist bei einer sudanesischen Zeitung und ein Bekannter von Magdi. Er hatte von unserer Fahrt gehört und wollte uns interviewen. Sehr gut, ein Artikel in einer arabischen Zeitung. Aber das konnte warten. Zunächst wollte ich wissen, was Magdi erreicht hatte, und warum Adil ihn begleitete?

Beide waren mittlerweile lebhaft in ein Gespräch vertieft und begutachteten das schadhafte Ersatzteil. Dann schüttelten sie einander die Hand. Adil winkte uns noch einmal zu und verschwand, ohne ein Wort zu sagen. Ich schaute Magdi fragend an.

„Euer Problem ist gelöst“, sagte er selbstzufrieden. „Morgen früh, also am Freitag, gibt euch Adil das entsprechende Teil aus dem Getriebe seines eigenen 2 CV. Und mit ein bisschen Glück läuft euer Auto morgen Abend wieder.“

Ich war von den Socken. „Und wie hast du das hingekriegt?“, wollte ich wissen. „Adil ist ein Geschäftsmann. Der schenkt dir nicht einfach sein Getriebe.“

„Ich hab ihm einen Wartungsvertrag für den Wagenpark der malaysischen Botschaft angeboten“, antwortete er stolz.

„Reservier uns zwei Plätze für heute Abend. Wir kommen ganz bestimmt!“

„Und für morgen Abend!“, fügte er begeistert hinzu.

„Morgen Abend? Noch eine Hochzeit?“, fragte ich verblüfft.

„Ja, und diesmal heiratet jemand, den ihr eigentlich kennen solltet. Zumindest kennt er euch.“

„Was? Ein Sudanese, den wir kennen?“ Magdi kicherte wie ein Kind bei diesem Frage-und-Antwort-Spiel. Aber ich war zu neugierig und wollte es jetzt wissen.

„Okay“, sagte Magdi. „Morgen heiratet ein anderer Neffe von mir. Er ist Vizekonsul bei der sudanesischen Botschaft in Brüssel. Er hat sich an euren Visumsantrag erinnert und euch im belgischen Fernsehen gesehen. Er freut sich sehr darauf, euch zu treffen.“

„Versprochen ist versprochen. Wir kommen. Wir sehen uns heute Abend.“

„Und morgen Abend“, ergänzte er, immer noch kichernd.

Der Journalist brauchte nur fünf Minuten für sein Interview. Welche Länder wir bereist hätten, welche Probleme es unterwegs gegen habe, und warum wir die Fahrt unternahmen. Ich gab ihm eine Diskette mit einigen Fotos. Am nächsten Morgen sollte der Artikel erscheinen.

Den Rest des Nachmittags verbrachten wir damit, unsere Kleider zu waschen, sie schnell trocknen zu lassen und ein Bad zu nehmen. Da wir wahrscheinlich wieder nichts zu essen bekommen würden, aßen wir rasch noch eine Pizza. Um neun Uhr hupte eine motorisierte Rikscha. Magdi trug heute nicht seine traditionelle religiöse Kleidung, sondern einen makellos gebügelten Maßanzug.

„Fertig?“

Aber was war das? Es sah aus wie eine Völkerwanderung. Die Hochzeit fand im Freien statt, auf dem Fußballplatz eines Khartumer Sportvereins. Die Anzahl der Gäste betrug schätzungsweise 1500. Nur wenige alte Männer waren traditionell gekleidet. Die anderen Männer trugen wie Magdi meist einen Anzug, die Frauen prachtvolle Abendkleider. Die Musik einer Live-Band dröhnte laut aus den vielen Lautsprechern, die auf dem ganzen Gelände verteilt waren. Damit alle das Tun und Lassen des Hochzeitspaars miterleben konnten, folgte ihm ein Kameramann auf Schritt und Tritt. Die Aufnahmen wurden auf einen Großbildschirm und mehrere Fernseher projiziert.

Das Fest hatte kaum begonnen, als alle schon heftig tanzten. Etwas eigenartig, aber es hatte Atmosphäre.

„Können wir hier diesmal etwas trinken?“, fragte ich Magdi vorsichtig. Er hatte uns mittlerweile 30 Gästen vorgestellt, und das ständige Gerede hatte mich durstig gemacht.

„Ich bin sofort zurück“, antwortete er und verschwand in einem im hinteren Teil der Wiese gelegenen Zelt. Fünf Minuten später stand er keuchend wieder vor uns. Er hatte drei Pepsi Cola mitgebracht.

„Nicht sofort austrinken! Gleich wird das Essen serviert, und es ist nur ein Getränk pro Person vorgesehen.“

Im Sudan ist Alkohol streng verboten, auch bei Hochzeiten.

„Nun verstehe ich, wie sie 1500 Gäste einladen können“, flüsterte Christophe enttäuscht, als er seine Dose öffnete. Erstaunt hatten wir beobachtet, wie plötzlich ein Jeep mit Anhänger auf das Fußballfeld rollte, in seinem Schlepptau vier Jungen mit Schubkarren. Der Fahrer stieg aus und begann damit, den Inhalt des Jeeps auf die vier Schubkarren zu verteilen. Nach und nach wurden sie mit Styroporboxen – etwas größer als Big-Mac-Verpackungen – gefüllt. Die Jungen lieferten diese dann an den Tischen ab. Jeder Gast erhielt eine.

„Hier! Hier!“, rief Magdi einem der Schubkarrenfahrer zu. Der Junge fuhr auf uns zu und warf drei Schachteln auf unseren Tisch. Brennend vor Neugier öffnete ich meine. Ein Samosa, ein pikantes dreieckiges Pastetchen mit einer Füllung aus Reis und Gemüse; ein frittierter Hähnchenflügel; ein Sandwich; ein hart gekochtes Ei; ein Stück Gebäck und ein Streifchen Tomate. Alles kalt in einer Styroporbox serviert. Schlecht war es nicht, aber als Hochzeitsmahl etwas mickrig.

Magdi war erstaunt, als ich ihm erzählte, dass wir in Belgien „nur“ 150 bis 200 Gäste zu einer Hochzeit einluden.

„Und das, obwohl im Westen alle so reich sind?“

„Und das Essen auf einer Hochzeit? Ist es wie unseres?“, wollte er wissen.

Ich dachte an große Bankette mit Gänseleberpastete, Hummer, Chateaubriand, Eisbomben und mit reichlich fließendem Champagner, Wein und Bier.

„Ja, Magdi, es ist ganz ähnlich ...“

Wie der „Junggesellenabschied“ in der vergangenen Woche dauerte auch diese Festlichkeit nicht länger als anderthalb Stunden. Pünktlich um elf verstummte die Musik, und die Menge strebte dem Ausgang zu.

„Hier gibt es immer noch eine Sperrstunde“, erklärte Magdi. „Man darf zwar nach elf Uhr noch auf die Straße, aber Versammlungen sind untersagt, selbst wenn es sich um Hochzeiten handelt.“

„Was macht ihr denn am Samstagabend oder wenn ihr ausgeht?“, fragte ich.

Magdi schaute mich verständnislos an. „Was passiert am Samstagabend?“

„Ausgehen, feiern, du weißt schon ... Tanzen gehen, mit Frauen anbandeln. Irgendwo muss man sie doch treffen!“, erklärte ich.

„Oh, jetzt verstehe ich, was du meinst. In Indien, wo ich studiert habe, machte man das auch manchmal. Aber im Sudan nicht.“

„Wo lernt ihr denn Mädchen kennen, außer auf Hochzeiten und Familienfeiern?“

Mehrmals im Jahr, vor allem in den Ferien, träfen sich alle in einem großen Park im Süden der Stadt, erklärte Magdi. Es würde Musik gemacht und manchmal sogar getanzt. Aber nach Sonnenuntergang sei das Fest vorbei – „um den Anstand zu wahren“.

„Natürlich!“ Ich versuchte es mir vorzustellen und war wieder einmal heilfroh, dass es bei uns anders lief.

Wir verabschiedeten uns von Magdi und dem Brautpaar und gingen zurück zur Jugendherberge.

„Vergesst das Fest morgen Abend nicht!“, rief Magdi uns noch nach.

Einen Vorteil haben die Festivitäten in streng islamischen Ländern: Wegen des Alkoholverbots wacht man nie mit einem Kater auf. Um sieben Uhr stand ich auf und ging ein Stündchen joggen. Es war Freitag, und es herrschte kaum Verkehr. Man konnte buchstäblich durchatmen.

Adil kam erst um elf. Er hatte sein Versprechen gehalten und legte sein zweites Getriebe vor uns auf den Boden. Ich wusste nicht, was ich sagen sollte. „Danke", schien mir zu wenig.

Aber darum ging es ihm auch gar nicht. Ihm genügte es, uns in einer Notlage helfen zu können. „It's okay", antwortete er, „glad I can help."

„Und ich habe noch etwas für euch! Einen Moment." Er ging zurück zu seinem Wagen.

Die Zeitung! Natürlich, wie konnte ich das vergessen? Ich riss sie ihm fast aus der Hand. Ich brauchte nicht zu blättern. Wir standen auf der Titelseite! Der Artikel war in arabischer Schrift abgefasst, aber das Foto vom Großen Markt in Brüssel sprang direkt ins Auge.

„Great!", rief ich Adil begeistert zu. „And front page!"

Er lachte. „Eigentlich nicht. Wir lesen unsere Zeitung von hinten nach vorn, du stehst also auf der letzten Seite. Aber es ist trotzdem ein netter Artikel. Ich wusste gar nicht, dass ihr so nobel seid."

„Wie meinst du das?"

„Hier steht, der hauptsächliche Zweck eurer Reise sei es, allen Menschen Frieden zu bringen." Adil zeigte auf den entsprechenden Absatz.

Der Journalist hatte sich die Freiheit genommen, uns ein paar Aussagen in den Mund zu legen. Aber wenn es in der Zeitung stand, musste es doch wahr sein, nicht wahr ...?

Adil wünschte uns viel Erfolg und verschwand. Heute war sein freier Tag. Und da auch er vergangenen Monat im Hafen der Ehe gelandet sei, warte zu Hause seine frisch gebackene Ehefrau auf ihn, erzählte er mit einem Zwinkern.

„Is she beautiful?", ging ich auf seine Anspielung ein.

„Yes, nice strong woman!" Und dabei beschrieb er mit einer viel sagenden Geste ihre Figur. „Strong" stand für eine Rubensfigur. Auch die Schönheitsideale waren in Afrika andere als in Europa.

Unsere Alter Egos Ronny und Johnny außer Rand und Band.

Charles hatte sich inzwischen seinen Overall übergezogen und stürzte sich auf das neue Getriebe. Nach einer Viertelstunde hatte er das besagte Teil ausgebaut und hielt es verheißungsvoll hoch.

„Diesmal klappt es! Das funktioniert perfekt!", rief er begeistert.

Unverzüglich begann er damit, das neue Ersatzteil in unser Getriebe einzubauen. Er musste ein wenig tüfteln und herumprobieren, aber nach anderthalb Stunden war es fertig.

„Den Rest überlasse ich euch. Kaffee?", fragte er und verschwand zu seinem Wagen.

„He! Warte mal", rief ich ihn zurück. Das Differenzial, ein wichtiges Teil des Getriebes, war noch nicht eingebaut. Christophe und ich wussten nicht, wie herum wir es einbauen sollten, denn es passte auf zwei Arten.

Charles sah es sich an und zuckte mit den Schultern. Er hatte keinen Schimmer. Christophe schaute in der 2-CV-Bibel nach, unserem berühmten Ratgeber.

Charles studierte die technische Zeichnung. „Ich glaube, es gehört so herum", sagte er, nachdem er ein paar Minuten auf die perspektivische Darstellung gestarrt hatte.

Er kannte sich mit Mechanik wesentlich besser aus als wir, daher befolgten wir seinen Rat. Nach zwei Stunden saßen Motor und Getriebe wieder an ihrem Platz, und die meisten Kabel waren angeschlossen. Christophe klemmte sich hinter das Steuer und startete den Motor.

„Verdammt, das kann doch nicht wahr sein?", rief Christophe.

„Was ist los?", fragte ich und lief zu ihm.

„Das Differenzial ist falsch herum eingebaut. Guck mal, was passiert!" Er schaltete in den Rückwärtsgang und ließ die Kupplung kommen. Tatsächlich, unsere Ente fuhr vorwärts.

„Und guck mal, was im ersten Gang passiert!" Er schaltete in den ersten Gang und ... die Karre fuhr rückwärts. „Mit dem zweiten, dritten und vierten ist es genauso."

Ich konnte mir ein Lachen nicht verbeißen und prustete los. Wir hatten mit Chuckie ja schon viel erlebt, aber ihn in ein Auto mit einem Vorwärts- und vier Rückwärtsgängen umzubauen, das hatten wir bisher noch nicht geschafft!

Zum Glück konnte auch Christophe darüber lachen.

Aber uns blieb nicht viel Zeit, diese witzige Situation zu genießen. In zwei Tagen mussten wir das Land verlassen.

Wir schraubten wieder alles los und bauten – zum fünften Mal – Motor und Getriebe aus. Wir drehten das Differenzial um und begannen von vorn. Kurz vor Sonnenuntergang war alles, bis auf die Bremse und die Kabel, wieder eingebaut. Morgen Mittag konnten wir endlich aufbrechen. Anderthalb Tage vor dem Ablauf unseres Visums hatten wir eine Strecke von 600 Kilometern bis zur Grenze vor uns.

Das Fest war schon in vollem Gange, als wir mit einer Viertelstunde Verspätung im „Blue Nile Club" am Nilufer ankamen. Die Musik von Céline Dion schallte laut aus den Lautsprechern, und zwei Drittel der Gäste zeigten auf dem Parkett ihre Künste. Magdi erwartete uns am Eingang.

„Kommt, ich möchte euch dem Bräutigam vorstellen. Vergesst nicht, dass er euch kennt."

Hochzeit des sudanesischen Vizekonsuls in Belgien.

Und in der Tat. Der frisch getraute Vizekonsul trat auf uns zu, sobald er uns entdeckte, und schüttelte uns herzlich die Hand.

„Gert und Christophe. Es ist mir eine große Ehre, euch auf meiner Hochzeit begrüßen zu dürfen", sagte er und machte sogar eine leichte Verbeugung.

„Come and dance with me!“ Wir konnten unmöglich ablehnen. Kurz darauf standen wir beide auf dem Parkett und tanzten auf Sudanesisch. Eigentlich ein ganz nettes Erlebnis, bis ich auf einmal den Kameramann entdeckte. Die über 1000 Gäste haben wahrscheinlich sehr über die zwei ungelenken Weißen gelacht, die sie da auf dem Bildschirm sahen.

Der nächste Morgen. Die Stunde der Wahrheit. Wir hatten gerade die Bremsen entlüftet und alle Kabel wieder angeschlossen. Jetzt noch eine Testfahrt, dann würden wir packen und aufbrechen. Ich öffnete das Tor, und Christophe fuhr nach draußen. Zunächst im Rückwärtsgang; der funktionierte prima. Er legte den ersten Gang ein und fuhr los. „Erster okay“, hörte ich ihn durchs Fenster rufen. Ich hörte ihn schalten. Der zweite Gang war offenbar auch okay. Am Ende der Straße war er im dritten, und der Wagen fuhr immer noch. Großartig!

Nach fünf Minuten stand er wieder vorm Tor.

„Klingt gut!“, sagte ich.

„Fast“, erwiderte er, „wir haben keinen vierten Gang! Er bleibt nicht drin.“

Christophe berichtete, er könne zwar in den vierten Gang schalten, aber nach 50, manchmal auch erst nach 200 Metern oder mehr sprang der Schaltknüppel zurück und der Wagen schoß hochtourig in den Leerlauf.

Das Problem lag wahrscheinlich bei der Getriebeeinstellung. In unserem technischen Handbuch stand, man brauche Spezialwerkzeug für die optimale Einstellung. Charles hatte alles nach Gefühl eingestellt. Schon eine Abweichung von nur einem Millimeter konnte das Problem hervorrufen.

Christophe wollte noch einmal bei Djamal vorbeischauen. Er hoffte, dass er das Getriebe einstellen konnte, ohne es auszubauen. In der Zwischenzeit wollte ich das Gepäck verstauen und unserem Webmaster den letzten Reisebericht senden.

Christophe kam erst um fünf Uhr zurück, aber er hatte gute Neuigkeiten: Wir hatten wieder einen vierten Gang.

„Es gibt aber noch ein kleines Problem“, sagte er. „Djamal meinte, wir sollten die Bezahlung über Adil regeln, aber der ist nicht in seiner Werkstatt.“

Zum Glück hatte ich Adils Handynummer. Ich rief ihn an.

„Hallo, Adil, hier ist Gert. Wir müssen hier dringend los. Morgen Abend läuft unser Visum ab. Und wir haben noch deine ganze Arbeit am 2 CV, deine beiden Getriebe und Djamals Arbeitsstunden zu bezahlen. Wo bist du?"

„Auf einem Boot auf dem Nil, 50 Kilometer südlich von Khartum. Ich bin auf Krokodiljagd", antwortete er stolz.

„Und die Bezahlung?", beharrte ich. „Wie viel bekommst du von uns, und wem sollen wir das Geld geben?"

„Geht schon in Ordnung", antwortete er. „Ich will, dass ihr den Sudan in guter Erinnerung behaltet. Aber brauchst du noch etwas, Geld, Benzin, etwas zu essen? Sag mir Bescheid, ich schicke jemanden vorbei."

Wieder einmal war ich sprachlos. Ich hatte keine Ahnung, wie ich reagieren sollte. Eine solche Großzügigkeit war mir noch nie begegnet. Ich versprach Adil, bald wieder anzurufen, dankte ihm und legte auf.

Die Sonne war eben untergegangen. Christophe startete den Motor und fuhr los. Bis zur Grenze lagen noch 560 Kilometer vor uns, und uns blieben nur noch 24 Stunden. Es war sozusagen ein Rennen gegen die Zeit.

Im Dunkeln zu fahren war nicht einfach. Einer unserer Scheinwerfer war kaputt, und mehr als einmal musste Christophe wegen eines Hundes oder einer Ziege auf der Straße eine Vollbremsung hinlegen. Nach 20 Kilometern hatten wir genug. Wir hielten auf einem Parkplatz mit ein paar Imbissbuden an und bauten unser Zelt auf.

Hier entdeckten wir eine neue Spezialität. Überall standen große Kessel, in denen es brutzelte.

„Gekochter Schafskopf", erklärte man uns, „danach leckt man sich alle zehn Finger."

Die Vorstellung war nicht gerade verlockend, aber wir hatten uns vorgenommen, alle Regionalgerichte zu kosten. Wir bestellten einen Schafskopf für uns beide.

Der Mann fischte ihn aus dem Kessel, ließ ihn kurz abtropfen und legte ihn auf einen Holztisch. Mit einem wohl gezielten Beilhieb hackte er den Kopf in zwei gleich große Teile. Jeder erhielt einen Teller mit einem halben Schafskopf, dessen Auge uns anglotzte, dazu eine halbe Tomate, klein geschnittene Zwiebeln, eine halbe Limone und einige pikante Gewürze.

„Guten Appetit", rief der Koch, als wir ihn bezahlten.

In den letzten Monaten hatten wir gebratenen Ziegenkopf, Schafsleber und frittierte Heuschrecken gegessen. Nicht immer handelte es sich dabei um kulinarische Hochgenüsse, aber man konnte es essen. Diesmal war es anders. Das gekochte Schaffleisch stank so bestialisch, dass mir davon schlecht wurde. Kaum ein Stück Fleisch war am Kopf zu finden; alles bestand aus Knochen, Haut, Fett, Knorpel und einer kleinen Portion Hirn. Keiner wollte vor dem anderen zurückstehen, daher vertilgte jeder von uns ein paar Bissen. Aber schon bald hatten wir genug davon, zur großen Freude einiger Kinder, denen wir unsere Portionen überließen.

Um den Nachgeschmack loszuwerden, tranken wir ein Glas starken Tee. Dann gingen wir zu einem Mann, der gerade dabei war, eine Ziege abzuziehen. Er verkaufte das Fleisch; bei seinem Nachbarn konnte man es gegen Bezahlung zubereiten lassen. Für drei Dollar erstanden wir eine große Hinterkeule und ließen sie über einem Holzkohlenfeuer braten. Das war schon eher nach unserem Geschmack.

Am nächsten Morgen standen wir um fünf Uhr auf. Eine halbe Stunde später waren wir unterwegs. Heute lief unser Visum ab und wir mussten die Grenze erreichen. Trotz seiner freundlichen Bewohner war der Sudan kein Land, in dem man sich gern illegal aufhielt.

Auch der Ostsudan besteht aus einer verdorrten Wüstenebene; die Landschaft ist flach und kahl. Das Einzige, was sie vom Westteil unterscheidet, ist eine herrliche Asphaltstraße, die das sandige Gebiet durchquert. Wie ein knallroter Ball erschien die Sonne am Horizont und verhieß einen schönen, aber auch wieder sengend heißen Tag. Nach zehn Minuten Fahrt fiel mein Blick auf das Thermometer. 110 °C? Wie konnte das sein? Es war noch kühl draußen, und die 90 Stundenkilometer, mit denen der Wagen dahinbrummte, sollten eigentlich für eine optimale Kühlung sorgen. Und doch war die Temperatur blitzartig gestiegen. Ich hielt an und schaltete den Motor aus. Innerhalb einer Minute stieg das Thermometer auf 130 °C . Was war hier los?

Christophe öffnete die Motorhaube und kontrollierte den Lüftungsventilator. Alles funktionierte perfekt. Wir hatten keinen blassen Schimmer, wo die Ursache lag. Da wir wussten, wie wenig Zeit uns noch blieb, fuhren wir weiter.

Nach zwei Minuten lief noch mal etwas schief. Plötzlich stieg die Tourenzahl, und der Motor schien im Leerlauf zu laufen.

„Das ist der vierte Gang“, rief Christophe. Wir hatten wieder nur drei Gänge.

Ich fluchte. Eine scherzhafte Bemerkung von Magdi ging mir durch den Kopf: „Allah hat andere Pläne mit euch. Er will, dass ihr im Sudan bleibt.“

„Das kannst du vergessen, Junge“, murmelte ich leise. „Heute fahren wir weiter!“

Mit 75 Stundenkilometern im dritten Gang fuhren wir die 400 Kilometer bis Gedaref in einem Rutsch durch. In dieser letzten Stadt vor der Grenze endete die Asphaltstraße. Von hier aus lagen noch 150 Kilometer Kiespiste bis zum Grenzdorf Galabat vor uns.

Während der langen Fahrt nach Gedaref blieb es still im Wagen. Ich ließ meinen Gedanken freien Lauf. Heute würden wir den Sudan verlassen, ein Land, das bei mir einen bleibenden Eindruck hinterlassen würde. Ein Land, das meine Sicht auf vieles drastisch verändert hatte.

Das konnte man auch an unserer mentalen Einstellung erkennen. Unsere Panne und die drei langen Wochen, die wir in Khartum festgesessen hatten, hatte mich etwas gelehrt. Am Anfang hatten mich jeder Rückschlag und jede Verzögerung furchtbar aufgeregt. Ich war frustriert und schnell gereizt. Jetzt hatte sich mein Gefühl verändert, und ich neigte eher zu einer Art Fatalismus.

Nach dem Motto „Es kann nur besser werden“ machten wir uns in der letzten Woche jeden Morgen von neuem an die Arbeit. Nicht in der festen Überzeugung, dass alles klappen würde, aber doch mit dieser Hoffnung irgendwo im Hinterstübchen. Auch jetzt, wo wir mit neuerlichen Problemen konfrontiert wurden, half uns unser Fatalismus. Aller Stress verflüchtigte sich. „Wir werden schon sehen, was passiert“, lautete meine Devise. Ich hatte endlich begriffen, dass in dieser Haltung eine notwendige Bedingung jeder Afrikareise lag – vor allem wenn man sie mit einem 2 CV unternahm.

Über die Sudanesen könnte ich fast ein eigenes Buch schreiben. Woraus ihre Herzensgüte entspringt, ist mir bis heute ein Rätsel geblieben. Sie wird von manchen als Teil ihrer Kultur betrachtet, andere führen sie auf die Scharia zurück, die den Menschen dazu verpflichtet, die Werte und Gesetze des Koran in die Tat umzusetzen. Ich bin mir immer noch nicht ganz klar darüber. Doch eines ist sicher: Nie in meinem Leben habe ich Menschen getroffen, für die Begriffe wie Güte, Gastfreundlichkeit und Empathie so wichtig sind wie für die Menschen aus dem Sudan.

Lang leben die Sudanesen! Ich werde sie vermissen.

14 Uhr: Gedaref. Wir waren schnell vorangekommen, allein das Temperaturproblem verschlimmerte sich. Regelmäßig stieg das Thermometer auf 120 °C, und mit einer Schotterpiste vor uns war das keine angenehme Aussicht. Nach zehn Kilometern hielt Christophe an. Er baute den Lüftungsventilator aus und begutachtete das Gebläse. Alles schien normal. War es die Zündung? Ein niederländisches Unternehmen hatte uns mit einer revolutionären elektronischen Zündung gesponsert – 123 Ignition, vollkommen wartungsfrei. Christophe kontrollierte ihre Einstellung, aber sie war offensichtlich noch in Ordnung. Wir checkten das Öl und die Kühlflüssigkeit. Alles okay. Wir standen vor einem Rätsel. Aber da die Zeit drängte, blieb uns nichts anderes übrig als weiterzufahren.

Wieder fuhren wir über eine fürchterliche Waschbrettpiste und mussten unser Tempo auf 40 Stundenkilometer verlangsamen.

18 Uhr: Es wurde dunkel und wir hatten noch 60 Kilometer vor uns. Die Straße und das Flussbett waren manchmal in so schlechtem Zustand, dass wir sie mit der Taschenlampe absuchen mussten. Es war Neumond und daher stockdunkel. Wir krochen voran.

21 Uhr: Nach einer aufreibenden Fahrt von 15 Stunden erreichten wir Galabad. Der Grenzübergang war geschlossen – aber wir hatten es geschafft. Die freundlichen Zöllner teilten ihr Abendessen mit uns, halfen uns, das Zelt aufzubauen, und wechselten unsere letzten Dinar auf dem Schwarzmarkt.

XII. Äthiopien
You, you, you! Give me, give me, give me!

Nimm genug zu essen mit. Ich hab irgendwo gehört, dass in Äthiopien wieder eine Hungersnot droht." Über die letzte E-Mail meines Vaters musste ich lachen. Trotzdem kauften wir von unseren letzten Dinar einige Dosen Thunfisch und Cornedbeef.

Morgens um neun passierten wir die Grenze.

Der Zöllner, der unsere Pässe abstempelte, drückte uns ein Formular in die Hand. „Eine Umfrage zur Kundenzufriedenheit", sagte er. „Würden Sie es bitte ausfüllen und in den Briefkasten werfen?"

Mir verschlug es die Sprache. Hier, mitten in Afrika, an einem Grenzposten, an dem täglich nicht mehr als zehn Fahrzeuge vorbeikamen, wurden wir zu unserer Meinung zur Qualität der Zollverwaltung befragt. Irre!

Ich frage mich allerdings, ob der Zöllner davon auch so begeistert war. Wahrscheinlich setzte es seinen Schmiergeldeinnahmen ein Ende und dezimierte sein Einkommen auf die Hälfte.

Metema, das sudanesisch-äthiopische Grenzdorf.

Leider hatte der erste positive Eindruck von den Äthiopiern nicht lange Bestand. Als wir zum Wagen zurückkehren wollten, war er kaum wiederzufinden. Er stand zwar noch an Ort und Stelle, war aber von einer Meute Leute, gut 40 Kinder und ebenso viele Erwachsenen, umzingelt.

„You, you, you, give me, give me, give me!", kam es von allen Seiten, als sie uns auf dem Hof erblickten. „What?", rief ich gut gelaunt zurück. „A man after midnight?"

„Verdammt, lass mich endlich in Ruhe, Dreckskerl", hörte ich Christophe brüllen. Mehrere Männer hatten registriert, dass wir einsteigen wollten, ohne ihnen etwas zu geben. Bei dem Versuch, Christophe aufzuhalten, packten sie ihn am T-Shirt und zerrten daran. Und, ratsch – zerrissen war es.

Er fluchte, was das Zeug hielt. Urplötzlich gab es ein lautes Krachen. Christophe hatte einen der Typen gepackt und zurückgedrängt. Der Mann lag rücklings auf der Straße und war nun auch am Fluchen.

„Komm, machen wir, dass wir wegkommen!", rief Christophe.

Zum Glück sprang der Motor sofort an. Ein paar Kinder saßen mittlerweile schon auf unserem Gepäckträger. Drei tollkühne junge Männer versuchten uns den Weg zu versperren und sprangen vor den Wagen. „Kümmer' dich nicht um die", brüllte Christophe, „der eine ist dieser Dreckskerl, der mein T-Shirt zerrissen hat. Meinetwegen kannst du ihn über den Haufen fahren."

Ich gab Gas. Einen Zusammenstoß mit Chuckies Safari-Stoßstange wollten die drei Musketiere dann doch nicht riskieren; in letzter Sekunde sprangen sie zur Seite. Im Rückspiegel sah ich, wie sie Steine aufhoben. Kurz darauf knallte einer davon gegen unseren Ersatzkanister. Die beiden Kinder auf der hinteren Stoßstange sprangen ab. Wahrscheinlich hatten sie zwei der drei Steine abgekriegt.

„Brutales Volk", schimpfte Christophe. „Mein T-Shirt ist, verdammt noch mal, im Arsch."

Wie war so ein krasser Gegensatz möglich? Die Sudanesen auf der einen Seite der Grenze waren liebenswerte Menschen; doch kaum hatte man die Brücke überquert, traf man nach zehn Metern auf eine wilde Horde, die einem das Geld abknöpfte, das T-Shirt vom Leib riss und Steine an den Kopf schmiss. Das soll mal einer verstehen …

Außerdem hatte ich das Gefühl, dass dieses Verhalten nicht die Ausnahme, sondern eher die Regel war. Christophe nahm den Lonely Planet zur Hand und zitierte: „Die Äthiopier sind ein stolzes Volk; vielleicht weil sie nie wirklich kolonialisiert wurden. …

Reisen kann manchmal schwierig sein, da sich die Äthiopier immer noch an die Gegenwart von Ausländern gewöhnen müssen."

„Von ihrem Stolz habe ich noch nicht so viel bemerkt", kommentierte Christophe.

„Und an die Gegenwart von Ausländern gewöhnen ... Was für ein Bockmist!", erwiderte ich. „ In Äthiopien liegt die Wiege der Menschheit. Das Land verfügt über unzählige archäologische Ausgrabungsstätten, und die wichtigsten – die Felsenkirchen von Lalibela – werden von Touristen nur so überrannt. In Äthiopien sind wahrscheinlich tausendmal mehr Touristen als im Sudan. Und dort begegnet man Ausländern mit Respekt."

Äthiopien, die grüne Schweiz Afrikas.

Trotz des Zwischenfalls an der Grenze genossen wir unsere ersten Kilometer in Äthiopien. Unser Reiseführer bezeichnete das Land als „die Schweiz Afrikas" – und das zu Recht. Direkt hinter der Grenze stiegen aus der Ebene hohe Berggipfel vor uns auf. Die ausgedörrte flache Wüstenlandschaft, die wir fast drei Monate lang bereist hatten, wich fruchtbaren Berghängen mit saftig grünen Wiesen.

Über kiesbedeckte Serpentinen legten wir noch 160 Kilometer zurück. An einem Motel in 2300 Meter Höhe hielten wir an. Sie vermieteten die Zimmer ausschließlich an Prostituierte. „Das bringt mehr ein", erklärte der Besitzer freundlich. „Aber wenn ihr ein Zelt habt, könnt ihr auf dem Hof zelten."

Den Rest des Nachmittags schraubte Christophe noch ein bisschen an der Zündung herum. Das Temperaturproblem hatte er bisher noch nicht lösen können – und es gelang ihm auch jetzt nicht.

Nach Sonnenuntergang war es endlich an der Zeit für ein lang vermisstes Ritual: Wir schenkten uns ein Glas Bier ein und tranken es in einem Zug. Seit genau einem Monat hatte das edle Gebräu unsere Kehlen nicht mehr benetzt. Nach drei Gläsern Bier gingen wir zu Bett. Am nächsten Morgen hatte ich meinen ersten Kater.

Jingle bells

Obwohl Äthiopien ein christliches Land ist und Weihnachten daher gefeiert wird, war von Weihnachtsstimmung nichts zu spüren. Ich hatte gelesen, das hätte etwas mit dem Julianischen Kalender zu tun, nach dem man hier lebte. Nach der Zeitrechnung der Äthiopier hat das Jahr 13 Monate, und man schreibt hier erst das Jahr 1996. Weihnachten wird am 7. Januar gefeiert. Zum Glück war Gondar unser nächstes Etappenziel, eine ziemlich touristische Stadt. Wegen seiner Burgen wird es das Camelot Afrikas genannt und ist ein Muss für jeden Reisenden, der Afrika durchquert. Wenn wir feiern wollten, fanden wir dort sicherlich Gesellschaft.

Dieses eine Mal gönnten wir uns ein komfortables Hotel und genossen zwei herrliche Tage: Ruhe, lesen, ein paar Bierchen trinken und spazieren gehen. Mehr stand nicht auf unserem Programm.

Weihnachtsabend in Gondar.

Heiligabend! Mit Hilfe einheimischer Jugendlicher, die genau darüber Bescheid wussten, wo sich Weiße in der Stadt aufhielten, organisierten wir ein Fest in einem traditionellen äthiopischen Restaurant. Auf der Speisekarte stand Lammfleisch, zubereitet auf kleinen Holzkohlefeuerchen. Obwohl es eins der teuersten Restaurants der Stadt war, kostete die ganze Mahlzeit, Getränke inklusive, nur zwei Euro. Auf der Speisekarte fand sich jedoch eine Notiz, dass das Filmen im Restaurant einen Zuschlag von acht Euro koste.

Quer durch Äthiopien

Auch am ersten Weihnachtstag blieben wir in Gondar. Die Umgebung war herrlich. Am Vormittag stiegen wir auf eine Anhöhe, die eine faszinierende Aussicht auf das Tal und die umliegenden Berge bot. Am Nachmittag folgten wir dem Fluss bergab und genossen ein improvisiertes Picknick.

Bevor es dunkel wurde, startete Christophe einen letzten Versuch, Chuckies Probleme mit der Kühlung zu lösen. Im Sudan hatten wir beim Einfüllen des Motoröls ziemlich gekleckert. Ein Teil der zähen, fettigen Flüssigkeit war über den Ölkühler gelaufen. Das klebrige Zeug absorbierte den Staub und verstopfte so den größten Teil der Poren. Wir hatten zwar mit Toilettenpapier alles einigermaßen abgerieben, aber nicht gründlich genug. Mit dem Resultat, dass der Motor immer schneller heiß lief. Hatte es bei der Abfahrt aus Khartum noch eine Viertelstunde gedauert, war es jetzt schon nach fünf Minuten so weit.

Mit dem Hochdruckreiniger eines niederländischen Paars bliesen wir ihn von Staub und Öl frei.

Wir hatten wieder Hoffnung. Eine Testfahrt sollte uns Gewissheit bringen. Mist! 105 °C, immer noch viel zu hoch.

Wir konnten es nicht ändern. Wir mussten weiter. Alles wurde in der Ente verstaut, und die Fahrt nach Süden begann. Addis Abeba, die Hauptstadt Äthiopiens, lag 1000 Kilometer von Gondar entfernt. Ein Umweg von einigen 100 Kilometern würde uns einen Besuch der Kirchen von Lalibela ermöglichen. Aber Silvester wollten wir auf jeden Fall in Addis Abeba feiern.

Es begann viel versprechend: perfekter Asphalt.

Leider änderte sich das schon nach zwölf Kilometern. Zunächst konnten wir noch auf einer Kiespiste fahren, doch dann wurden die Straßen immer schlechter. Vor uns lag eine 300 Kilometer lange Strecke durchs äthiopische Hochgebirge. Die Straße wand sich bergauf; eine Haarnadelkurve folgte der anderen. Auf den steilsten Abschnitten war der Schotter ganz verschwunden, die Straße bestand nur noch aus hartem Fels und scharfen Steinen. Mir taten unsere Reifen Leid. 15 000 Kilometer hatten wir schon hinter uns gebracht, und sie waren fast noch in perfektem Zustand gewesen; 300 Kilometer auf dieser Straße, und sie waren völlig abgefahren.

In jedem Dorf sahen wir die Reklametafeln des ansässigen Reifenproduzenten Addis Tyra. Zum ersten Mal durchfuhren wir ein afrikanisches Land mit einer eigenen Reifenmarke.

Ein Reifen verschleißender Straßenbelag in Äthiopien.

Äthiopien hat wirklich etwas von der Schweiz: plätschernde Bergbäche, grüne, grasbewachsene Berghänge, Stroh- und Holzhütten, in denen ebenerdig das Vieh und im ersten Stock die Familie haust. Von Hungersnot konnte in dieser Region keine Rede sein. Die schlechte Straße, steile Hänge und die Haarnadelkurven senkten unsere Durchschnittsgeschwindigkeit auf 25 Kilometer pro Stunde, aber das kümmerte uns nicht. Wir hatten inzwischen eine Höhe von 3500 Metern erreicht und genossen die eindrucksvolle Aussicht.

„Was ist jetzt schon wieder?“ Das Steuer ließ sich wohl leicht drehen, aber die Räder reagierten nicht darauf. Ganz schön blöd im Hochgebirge. Wir fuhren seit kurzem bergab. Zunächst setzte die Steuerung nur gelegentlich aus, aber gegen Abend flogen wir zweimal fast aus der Kurve. Der Hang war zu steil, um die 30 Kilometer zur nächsten Stadt noch weiterzufahren. In einem unbedeutenden Dorf in der Nähe vom Mount Guna hielten wir am Straßenrand an.

Es gab kein Hotel, aber ein hoch umzäuntes Gelände rechts sah viel versprechend aus. Ich stieg aus und konnte mit ansehen, wie 20 Kinder sich auf die Ente stürzten. Drei Erwachsene folgten ihnen.

Die wilde Rasselbande war noch mehr als 20 Meter entfernt, als alle schon im Chor „You, you, give me!“ riefen. Ich hatte keine Lust, mich überrumpeln zu lassen, und ging schnurstracks auf sie zu. Sie waren baff erstaunt, als ich mir einen Weg durch die Horde bahnte und die Erwachsenen ansprach.

„Guten Abend, die Herren. Wir haben ein Problem mit dem Wagen und suchen einen ruhigen Ort, an dem wir zelten können.“

Kurze Stille, sie warfen sich amüsierte Blicke zu und berieten sich Offensichtlich sprach keiner von ihnen auch nur ein Wort

Englisch. Ich schaltete um auf Zeichensprache, zeigte erst auf die Ente und dann auf das umzäunte Gelände.

Einer von ihnen drehte sich um und lief zum Eingang. Hatte er mich verstanden? Die anderen gingen weiter in Richtung 2 CV, jagten die Kinder weg und bewunderten unseren tapferen Chuckie. Belustigt versuchten sie die Namen der Sponsoren zu buchstabieren.

Unser Wächter.

Kurz darauf kam der dritte Mann in Begleitung eines Greises zurück. „Ciao“, sagte dieser und stellte sich in gebrochenem Italienisch vor. (Zwischen 1936 und 1941 war ein Teil Äthiopiens von den Truppen Mussolinis besetzt gewesen. Der alte Mann konnte sich wohl aus dieser Zeit an ein paar Worte erinnern.)

Wir befänden uns auf einem Lagerplatz für Hilfsgüter; er selbst sei der Wächter. Wir durften den Wagen im Garten parken.

Es wurde dunkel, und Beleuchtung gab es keine. Mit unserer Machete fällte ich ein vertrocknetes Bäumchen, während Christophe hinter dem Gebäude das Zelt aufbaute und den Kocher auspackte. Nach ein paar Minuten knisterte das Nadelholz und verbreitete eine gemütliche Wärme.

Wir befanden uns immer noch auf 3000 Meter Höhe, und nach Sonnenuntergang sank die Temperatur schlagartig. Im Feuerschein kochte ich schnell eine Pasta al tonno. Eine Portion bot ich dem alten Mann an.

Er fragte, was das für ein Fleisch sei, das so seltsam schmecke.

„Carne? È il pesce! ... Tonno.“

„Non capisco.“

Mit einem Stock ritzte ich die Umrisse eines Fisches in die Erde. Er betrachtete verwundert meine Zeichnung und schüttelte den Kopf.

In der Nacht war es eisig kalt; die Temperatur näherte sich dem Gefrierpunkt. Ich fand nur schwer Schlaf, ich brauchte ein paar Tage, um mich an diese niedrigen Temperaturen zu gewöhnen. Zweimal wurde ich zähneklappernd wach. Ich stand auf und wärmte mich am Lagerfeuer. Auf dem feuchten Gras lag der alte Mann, nur in eine Decke gewickelt. Die Kälte schien ihm nichts auszumachen. Er schnarchte.

Noch bevor die Sonne ganz aufgegangen war, hatten wir die Vorderachse und die Steuerung ausgebaut. Christophe sollte Recht behalten. An der Verbindungsstelle von Lenksäule und Achse hatte sich ein großer Bolzen gelockert. Nach zwei Minuten saß er wieder fest; zwei Stunden später war die Achse wieder an ihrem Platz. Langsam lernten wir es. Vor der Abfahrt hatten wir kaum einen Blick unter die Motorhaube geworfen; jetzt, nach drei Monaten, bauten wir Achsen und Steuereinrichtungen mit der gleichen Selbstverständlichkeit aus, mit der wir ein Rad wechselten.

Seit einer Stunde war das Leben im Dorf erwacht. Überall im Nebel konnte man die Rauchsäulen der Feuerstellen ausmachen. Die Straße, die an unserem Lagerplatz vorbeiführte, stand voller Eselsgespanne, und ein paar Kinder, die beherzt genug waren, das schwere Tor zu öffnen, beäugten uns aus sicherer Entfernung.

Auch unser Wächter blieb nicht mehr länger allein. Ein Junge brachte ihm sein Essen in einer Art Brotschachtel aus Metall.

Der Junge gab mir höflich die Hand.

„Jeder nennt mich Monkey. Ich klettere gern in den Bäumen herum", antwortete er schüchtern, als ich ihn nach seinem Namen fragte. Er sprach ein paar Brocken Englisch.

„Und dieser alte Mann ist dein Großvater?"

„Nein, mein Vater!"

„Was? Wie alt ist er denn?", fragte ich erstaunt. Er wirkte uralt, und der Kleine war sicher noch keine zehn Jahre.

„Er glaubt, er ist 77", antwortete der Kleine. „Ich bin sieben."

Christophe und ich wechselten einen viel sagenden Blick. Respekt, Respekt, alter Schwerenöter!

Bevor wir abreisten, erhitzte ich zwei Liter Wasser und kochte für unseren Wächter und die Kinder eine Hühnersuppe, die ich in einfachen Plastikbechern servierte. Wortlos tranken die Kinder die

Suppe und machten sich mit den Bechern aus dem Staub. Der alte Mann lachte herzlich.

Wir nahmen Abschied. Noch 200 Kilometer Fahrt. Lalibela, wir kommen!

Bemerkenswerte Landschaft, klappriger Chuckie!

Die ersten 100 Kilometer hatten wir schnell hinter uns gebracht. Die Fahrbahn der Schotterpiste wurde immer planer, so dass wir unser Tempo auf 50 oder manchmal sogar 60 Stundenkilometer steigern konnten. Nach zwei Stunden hielten wir in einem Dorf. Pause! Hier gab es ein Café mit Terrasse, auf der wir uns eine kalte Cola gönnen wollten. Aber unsere Belagerer ließen nicht lange auf sich warten. Noch bevor wir saßen, stand ein ganzes Heer neben uns auf der Terrasse und bettelte um Geld, Geschenke oder Zigaretten.

Dass der Cafébesitzer sich für seine Kundschaft einsetzen wollte, konnte ich nachvollziehen. Aber die Art, wie er es tat, befremdete mich. Als seine verbalen Drohungen ihren Effekt verfehlten, schlug er seinen Wanderstock mit Wucht auf dem Rücken eines bettelnden Rabauken entzwei. Der Junge sackte zusammen. Alle stoben davon. Er zwinkerte uns zu und entschuldigte sich für die Unannehmlichkeiten.

Reisen mit dem 2 CV. The sky is the limit.

Die Landschaft wurde flacher. 50 Kilometer lang fuhren wir über eine Hochebene oberhalb der Wolkendecke. Dann ging es plötzlich steil bergab und nach fünf Minuten steckten wir mitten in einer Gewitterwolke. Die Sicht betrug kaum 15 Meter, der Nebel bescherte uns seit Monaten das erste Nass.

Wir hielten an einem Benzindepot – einem mit Ölfässern beladenen Lastwagen. Unser Benzinverbrauch war an diesem Tag verdächtig hoch. Einer der 35 Neugierigen, die aus allen Winkeln hervorgeschossen kamen, machte uns auf die Ursache aufmerksam. Der Benzintank leckte wieder; jede Sekunde fiel ein Tropfen auf den Boden.

„Verdammt, schon wieder schrauben, und das bei diesem Mistwetter!“ Es begann zu regnen, und langsam, aber sicher verwandelte sich das Dorf in ein Schlammloch. Sich bei dem Wetter unter die Ente zu legen, war nicht gerade eine angenehme Aussicht.

Inzwischen war es vier Uhr und aufgrund der Gewitterwolken schon fast dunkel. Weiterfahren machte wenig Sinn. Im Schritttempo krochen wir durchs Dorf und suchten einen Platz, an dem wir übernachten und am Wagen arbeiten konnten. Es fand sich. Obendrein erregten wir die Aufmerksamkeit aller Dorfbewohner, die johlend und kreischend auf den Wagen zuliefen. Einer warf einfach so einen Stein auf die Motorhaube. Ich wollte hier weg.

Anderthalb Kilometer hinter dem Dorfausgang hielt Christophe an. „Guck mal, da ist ein Tor. Vielleicht können wir hier bleiben.“ Ich stieg aus, lief zum Tor und sah nach, was sich hinter den Gittern befand. Das Gebäude glich einer Schule. Etwas entfernt standen zwei Männer unter einem Vordach. Ich winkte ihnen zu. Einer von ihnen kam zu mir, öffnete das Tor und gab mir ein Zeichen, ihm zu folgen. „No English, no English“, sagte er mehrmals.

Der andere Mann jedoch sprach Englisch. Er war der Direktor der Schule. In seinem alten Anzug, mit den fettigen, ungekämmten Haaren und dem Loch in seinen Schuhen wirkte er mehr wie ein Pariser Clochard.

Mit einer möglichst betrübten Miene erzählte ich ihm von unserem undichten Tank und bekniete ihn, uns hier zelten zu lassen.

„No problem“, erwiderte er.

„Thank you, Sir.“

„But I will charge you a small camping fee. Only ten American Dollars“, sagte er leise, mit einem arglistigen Lächeln auf den Lippen. „Das Geld ist nicht für mich, sondern für den armen Wächter.“

„Was?“, rief ich entrüstet. „Zehn Dollar, um auf einem matschigen Gelände zu zelten? Das ist dreist! Selbst im Motel bezahlt man hier nur zwei Dollar die Nacht.“

Er versuchte sich noch einmal damit herauszureden, dass das Geld nicht für ihn, sondern für den armen Wächter bestimmt sei. Über den Preis ließ er nicht mit sich reden. „Take it, or leave it!“

Ich war enttäuscht und gleichzeitig stinksauer. Ich konnte nicht anders, ich rastete aus und beschimpfte ihn. „Dreckskerl! Statt Leuten, die in Schwierigkeiten stecken, zu helfen, nutzt du die Situation auch noch aus.“

Falsche Strategie! Der Direktor war sichtlich eingeschnappt und forderte mich auf, das Gelände zu verlassen.

„Gern“, antwortete ich, drehte mich um und ging kurz entschlossen zum Tor.

„Warte!“, hörte ich hinter mir. „Wie viel willst du bezahlen?“

„Zwanzig Birr“, antwortete ich, etwa 2,5 Euro. Er war einverstanden. Ich öffnete das Tor, und Christophe fuhr hinein. Da es noch immer in Strömen regnete, ließ er uns in den Klassenräumen übernachten.

Der alte Wächter war aus einem anderem Holz geschnitzt. Er sprach kein Wort Englisch, hatte aber eine weitaus honorigere Einstellung. Als er mitbekommen hatter, dass wir ins Dorf gehen wollten, um dort etwas zu essen, streifte er eine Plastiktüte über seine Lumpen, zog eine alte Kalaschnikow unter einer Matratze hervor und winkte uns, ihm zu folgen. Über eine Abkürzung durch den Wald gelangten wir ins Dorf.

Die Schule wird streng bewacht.

Ob in einem schicken Hotel im goldenen Westen oder einer Snackbar in einem der ärmsten Gebiete der Welt – es ist überall das Gleiche: Wenn jemand ein Grundbedürfnis hat, gibt es immer andere, die es bedienen. Die Nachfrage regelt das Angebot. So auch hier, in einem Dorf mit gerade mal 200 Einwohnern.

Das Gebäude, das wir betraten, glich mehr einer mittelalterlichen Behausung Leibeigener als einem Restaurant. Es gab nicht einmal eine Tür. Kein elektrisches Licht, nur fünf über zehn Tische verteilte Kerzen, anstelle eines Steinbodens nur feuchten Grund, auf dem sich Bier mit Abwaschwasser und hereinsickerndem Regenwasser mischte. Die Wände waren von einer dicken Schimmelschicht bedeckt, und der unerträgliche muffige Gestank hatte wahrscheinlich schon viele Reisende Hals über Kopf in die Flucht geschlagen.

Als wir eintraten, wurde es still. Alle Gäste unterbrachen ihr Gespräch und warfen uns wenig einladende Blicke zu. „Was wollen die denn hier?“, war in ihren Mienen zu lesen.

Unser alter Führer hatte es bemerkt. Er zog seine Waffe hervor und sorgte dafür, dass jeder sie gut sehen konnte. Es schien, als wolle er damit sagen: „Diese Jungs sind mit mir hier, versucht es also erst gar nicht.“

Er winkte uns, ihm zu folgen. Durch eine große Öffnung führte er uns in einen zweiten Raum. Das Zimmer glich einer Höhle. Die Wände waren gewölbt, und ständig fielen Wassertropfen von der Decke. Auf einem Bett lag eine dicke Frau und rauchte eine Zigarette. Sie sah uns an. Erst streng, dann forschend, schließlich freundlich.

„Sit down“, sagte sie leise und wies uns einen Tisch zu.
Sie wechselte ein paar Worte mit dem alten Mann. Er nickte und verschwand im Hauptraum.

„Hungry?“, fragte sie und rief, ohne unsere Antwort abzuwarten, einen Namen. Hinter einer Gardine, die den Eingang zu einem weiteren Raum verhängte, trat ein junges, kaum 15-jähriges Mädchen hervor. Ein wesentlich älterer Mann folgte ihr und ging, ohne uns eines Blicks zu würdigen, in den Speisesaal. Das Mädchen setzte sich neben die alte Frau aufs Bett.

„Isn't she pretty?“, fragte die Wirtin, während sie mit der Hand in dem langen schwarzen Haar des Mädchens wühlte. „She is my youngest girl.“

Sie war wirklich hübsch. Groß, schlank, gepflegt, und sie entsprach dem europäischen Schönheitsideal. Ihr Gesicht war makellos. Trotz ihres dunklen Teints wirkten ihre Züge fast westlich. Mit großen braunen Augen schaute sie mich an und lachte verlegen, ein Zug, der ihre Schönheit noch unterstrich.

Die ältere Frau lächelte und schickte sie hinaus, um unser Essen zuzubereiten.

Wir bestellten Bier.

„Wir haben kein Bier mehr", erklärte sie. Aber sie würde sich darum kümmern. Sie rief unseren Wächter, der sofort zur Stelle war, und gab ihm ein paar Münzen. Er verschwand und kam nach ein paar Minuten mit zwei Flaschen kühlem Bier zurück.

Eine Viertelstunde später erschien das Mädchen mit einer großen dampfenden Schüssel. „Injera and Wat" ist nicht nur das Nationalgericht Äthiopiens, sondern meist auch das einzige Gericht auf der Speisekarte. Ich verabscheute Injera. Es ist eine Art Schaumgummibrot, das aus einheimischen Getreidesorten und Hefe hergestellt wird. Die Mischung muss so lange ruhen, bis sie gärt. Dann wird sie zu einer Art riesigem Pfannkuchen verbacken. Es schmeckt nicht nur fürchterlich, der Gärungsprozess, der sich im Körper weiter fortsetzt, hat auch eine starke Gasbildung zur Folge. „Wat" heißt die Soße mit Fleisch und Gemüse, die man darüber gießt. Angewidert aß ich, um meinen Hunger zu stillen.

Die füllige Wirtin und ihre Tochter sahen es und lachten. Als Christophe und ich die Hälfte stehen ließen und erklärten, dass wir genug hätten, stand das Mädchen auf, nahm die Schüssel und stellte sie auf einen leeren Tisch im benachbarten Raum. Ich hörte, wie die anderen Gäste aufstanden, zu dem Tisch gingen und sich den Rest des Injera schmatzend einverleibten.

Wir bestellten noch mehr Bier. Abermals rief sie den Alten herbei. Ich bat sie, ihm aufzutragen, auch für sich selbst ein Bier zu kaufen. Das junge Mädchen saß wieder auf dem Bett. Seine Mutter, die bemerkt hatte, dass wir ein Auge für die Schönheit ihrer Tochter hatten, zog sie an sich heran.

„She is very beautiful, isn't she?", fragte sie und fixierte mich dabei, während sie ihre Hand vom Kopf des Mädchens über den Nacken zu ihren Brüsten und dem Nabel gleiten ließ.

Ich stammelte und nickte. „Yes, she is."

„You want sex with her? She will be very good for you", fragte sie, ohne mich eine Sekunde aus den Augen zu lassen.

Ich schaute das junge Mädchen an. Willig ließ sie sich von ihrer Mutter streicheln, schaute mich dabei jedoch verlegen an.

Ich war sprachlos und ekelte mich bei dem Gedanken, dass die dicke Frau die Mutter des armen Kindes war. Wie oft am Tag würde irgendeiner dieser schmierigen Kerle sich an ihr vergehen? Erst jetzt begriff ich, dass der Mann, der vorhin mit ihr aus dem Nebenraum gekommen war, wahrscheinlich nicht wegen des Injera hier war.

Es dauerte eine Ewigkeit, bevor ich eine Antwort hervorbrachte. Schließlich presste ich ein „No, thank you" heraus.

Die Frau schaute gleichgültig; das Mädchen schien erleichtert. Ich bat um die Rechnung, bezahlte und ging. An diesem Abend, aber auch manch anderes Mal auf unserer Reise musste ich an dieses Mädchen denken. Es war eine traurige Tatsache: Wenn in Afrika Armut und weibliche Schönheit zusammenkommen, hat das meist Prostitution zur Folge.

Am gleichen Abend noch bauten wir in strömendem Regen den Benzintank aus, und Christophe dichtete das Leck mit einer Mischung aus Klebstoff und Silikon ab. Nachdem es eine Nacht getrocknet war, bauten wir ihn am nächsten Morgen wieder ein. In der Hoffnung, dass die Mischung dem Benzin standhalten würde, fuhren wir in Richtung Lalibela.

Nach einigen Kilometern kam die Abzweigung nach Lalibela. Für die letzten 70 Kilometer würden wir von der Hauptstraße abbiegen und einen steilen Bergpass erklimmen müssen. Ein einheimischer Busfahrer hatte uns gewarnt; der Pfad sei selbst für gut ausgestattete Geländewagen ein Alptraum. Umstehende hatten sein Urteil bestätigt.

Aber wir wussten es natürlich wieder einmal besser. Wir hatten schon zu oft gehört „mit eurem Wagen – unmöglich". Wir scherten uns einen Dreck um den Rat des Busfahrers und versuchten es.

Der Pfad war schmal und steil, durch den Regen schlammig und schlichtweg unbefahrbar. Nach 125 Metern steckten wir fest. Zum ersten Mal behielten unsere Mahner Recht. Nur mühsam gelang es uns, zu wenden. Beschämt fuhren wir zur Abzweigung zurück – zum großen Amüsement der Zuschauer.

Wir kamen also nicht nach Lalibela. Das war bedauerlich, aber – „that's life". Dann mal auf nach Addis Abeba! Die Hauptstadt lag genau 400 Kilometer südlich von unserem jetzigen Standort. Nach Auskunft der Michelin-Karte führte eine gute Asphaltstraße dorthin. Sollte ich dem Michelin-Typen, der diesen Unsinn zu verantworten hat, je begegnen, dann wäre das sicher nicht sein bester Tag …

Früher hatte es hier tatsächlich einmal eine asphaltierte Straße gegeben. Wie fast immer hatte man den Asphalt jedoch auf die unpräparierte Fahrbahn gegossen. In der Regenzeit hatte es daher mehr als die Hälfte der Asphaltschicht fortgespült. Was blieb, war ein holpriger Pfad mit tiefen Schlaglöchern, spitzen Steinen und Schlamm. Wahrlich eine Enttäuschung, wenn man eine Art Autobahn erwartet hatte.

Zwei Tage fuhren wir im Schneckentempo über die Bergpässe. Langsam, sehr langsam näherten wir uns der Hauptstadt. In den Tälern tief unter uns sahen wir breite Flüsse und fruchtbare Felder.

Äthiopien – kein Traktor weit und breit.

Da plötzlich … plong. Aus dem Heck des Wagens war schon wieder dieses schreckliche und uns mittlerweile nur allzu vertraute Schleifgeräusch zu hören. Wir brauchten nicht einmal zu bremsen. Die Ente blieb nach zwei Metern von selbst stehen.

„Die Hinterachse!" Christophe fluchte, was das Zeug hielt. Ich stieg aus.

In der Tat war die Hinterachse beschädigt. Aber diesmal schlimmer als das letzte Mal. Sie war an beiden Seiten gebrochen. Achse und Räder hatten sich in die Karosserie der Ente gedrückt. Das Chassis hing am Boden, Chuckie „saß auf seinem Hintern" und stützte sich auf den Benzintank.

„Es will uns einfach nicht gelingen, oder?"

Zum Glück konnte ich mir meine fatalistische Geisteshaltung bewahren. Ich steckte mir eine Zigarette an und setzte mich. „Kopf hoch, wir werden schon sehen, was passiert."

Ich versuchte mir vorzustellen, wie wir mitten im äthiopischen Hochland an eine neue Achse kommen könnten. War es ein Ding der Unmöglichkeit, oder sollten wir auch diesmal wieder unverschämtes Glück haben? Ach, wir würden schon sehen, sagte ich mir und ging Kaffee kochen.

Die Rettung kam schneller als erwartet. Noch bevor sich eine große Menge Schaulustiger zusammenfinden konnte, hielt ein Lastwagen. Am Steuer saß ein junger Mann von kaum 20 Jahren.

„Probleme? Kann ich helfen?“, frage er höflich.

Ich schilderte ihm unser Problem und machte ihm klar, dass wir ein Dorf oder eine Stadt erreichen müssten. Hier auf diesem Bergpfad konnten wir den Wagen unmöglich reparieren.

„Ich muss nach Addis Abeba, um eine Fuhre abzuholen“, sagte er. „Warum laden wir euren Wagen nicht auf den Laster? Dann seid ihr morgen früh da.“ Die Idee schien uns gar nicht so verkehrt, aber wie sollten wir Chuckie um Himmels willen auf diesen Lastwagen bekommen? Er hatte keine Laderampe, es gab auch keine langen Bretter, über die man Chuckie auf den Lastwagen fahren konnte, und fast zwei Meter hochheben konnten wir die 600 Kilo auch nicht.

Nach dem Motto „Der afrikanische Einfallsreichtum kennt keine Grenzen“ erklärte uns unser 18-jähiger Fahrer Agauche seinen Plan. Er würde mit dem Lastwagen in eine tiefer gelegene Wiese am Straßenrand fahren und ihn dort im rechten Winkel zur Fahrbahn abstellen. Auf diese Weise läge die Lagefläche auf Straßenniveau. Die Kluft von einem halben Meter zwischen Laster und Straße würde er auffüllen. Erst mit Felsbrocken, dann mit kleineren Steinen, bis der Übergang eben wäre.

Ein brillante Idee, musste ich zugeben. Aber wo war der Haken? Noch bevor ich ihn danach fragen konnte, rückte er von selbst mit der Sprache raus.

„Ich muss euch für die zusätzlichen Kosten natürlich etwas berechnen. Wenn der Lastwagen beladen ist, verbraucht er mehr“, begann er vorsichtig.

„Wie viel mehr?“, fragte ich lachend. Ich war gut gelaunt und beeindruckt von seiner Deus-ex-machina-Lösung.

„200 Dollar“, sagte er, ohne mit der Wimper zu zucken.

„50!“, antwortete ich und wusste schon, dass sein nächstes Gebot 100 lauten würde.

„100!“, sagte er.

„Abgemacht!“

Mit Hilfe einiger Schaulustiger – inzwischen hatten sich an die 30 Neugierige versammelt – schoben wir Chuckie auf den Laster. Wir befestigten alles mit Seilen, Spannriemen und den Holzkohlesäcken die auf der Ladefläche lagen und fuhren so das letzte Stück nach Addis Abeba.

Agauches Angebot, uns nach vorn zu setzen, schlugen wir aus. Wir hatten uns vorgenommen, von Brüssel bis Kapstadt hinter dem Steuer unseres 2 CV zu sitzen, und dieser Vorfall würde daran nichts ändern. Hoch oben auf dem Lastwagen genossen wir die Fahrt und begrüßten jedes Dorf, das wir passierten, mit einem fröhlichen Hupen.

Chuckie ist bereit für den Transport in die Werkstatt.

Auf einer Anhöhe hielt Agouche seinen Lastwagen an. Er war müde und wollte ein paar Stunden schlafen. Wir nahmen uns ein Zimmer in einem kleinen Hotel. Die Bruchbude war fensterlos und gerade groß genug, um ein Doppelbett darin unterzubringen. Aber der Preis schlug alle Rekorde: ein Euro.

Um fünf Uhr morgens wurden wir geweckt. Das Frühstück – ein Stück Fleisch und zwei Eier – kostete umgerechnet zwanzig Cent, und der Cognac, den wir tranken, um uns aufzuwärmen, noch mal zehn Cent.

Die Fahrt endete in der Hauptstadt im Innenhof eines Hotels mit angeschlossenem Campingplatz. Hier gab es keine natürliche Laderampe. Das Ausladen von Chuckie – mithilfe von Wagenhebern, Sandleitern, Flaschenzügen und Seilen – nahm fast zwei Stunden in Anspruch. Ein abruptes Absacken verursachte schließlich noch einen Riss im Chassis. Aber das waren Nebensächlichkeiten! Hauptsache, wir waren zu Silvester in Addis!

Silvesterabend: Overland Travellers aller Länder, vereinigt euch!

Das Hotel „Bel-Air" lag am Stadtrand. Im Lonely Planet war es als „a travellers' favourit" beschrieben. Und da sich dieses Buch im Reisegepäck jedes Afrikareisenden befand, waren wir dort nicht allein. Auf dem Zeltplatz traf sich eine fröhliche Bande von Mitabenteurern, die dabei waren, ein Silvesterfest auf die Beine zu stellen.

Am meisten fielen uns drei junge, kräftige südafrikanische Buren auf. Obgleich unrasiert seit ihrer Abfahrt aus Kapstadt, hatten sie ein Faible für alles Kulinarische. Was sich leicht an ihren runden Bäuchen und der Tatsache erkennen ließ, dass zwei Drittel ihres Landrover Defender mit Kochutensilien und einem riesigen Kühlschrank gefüllt waren.

Das auffälligste Fahrzeug, ein gigantischer Overland-Truck, gehörte einem deutschen Paar. Zwei ganze Jahre hatten sie allein der Ausrüstung ihres Ungetüms gewidmet und dabei kein Detail übersehen. Nejib, der ursprünglich aus Tunesien stammte und gut in die Fremdenlegion gepasst hätte, hing so sehr an seinem Truck, dass er ihn bis zum letzten Atemzug verteidigt hätte. Er hielt sich für G. I. Joe und zeigte jedem Neuankömmling seine 9-mm-Magnum und eine Apparatur, mit der er Phosphorraketen abfeuern konnte. „Sie lassen sich nicht löschen", erläuterte er strahlend. Um den Truck herum hatte er ein System installiert, dass Tränengas versprühte und nach eigenen Aussagen in wenigen Sekunden 20 Mann unschädlich machen konnte.

„Und wenn das nicht funktioniert, hab ich noch eine ultimative Waffe", sagte er stolz. „Attilaaaaa!" Sein Ruf wurde vom lauten Gebell eines Höllenhundes erwidert, der hinter dem Truck auftauchte und allen Campingplatzbewohnern vier Tage lang Schauer über den Rücken jagte. Es war ein großer schwarzer Bouvier mit einer Art Killerinstinkt.

Außerdem waren da noch: Katrien, eine Frau aus Westflandern, die in der ersten Staffel von „Big Brother" geglänzt hatte und nun mit ihrem kleinen Sohn und ihrem Freund Rucksacktouren unternahm; ein sympathisches niederländisches Paar, das ebenfalls in einem riesigen Overland-Truck nach Kapstadt unterwegs war und mit uns gelegentlich in angeheitertem Zustand Lieder des niederländischen Schlagersängers André Haze sang – als Reaktion auf drei andere Deutsche, die unsere Trommelfelle mit Schlagermusik quälten; zu guter Letzt die beiden englischen Motorradfahrer, die uns immer wieder einen Eindruck davon vermittelten, was Äthiopien an weiblichen Schönheiten zu bieten hatte.

Wir waren also ein sehr gemischter Haufen, aber eins hatten wir gemeinsam: die Begeisterung für Afrika und für eine gehörige Portion Abenteuer.

Fast alle hatten beim Abladen der Ente geholfen. Wir spendierten eine Runde und bauten unser Zelt auf. Der Innenhof des Hotels wurde unser neues Camp. Die Südafrikaner wollten in die Stadt gehen, um sich mit Bier für das morgige Fest einzudecken. Ich hatte Lust auf eine Rundfahrt in Addis und sprang auf das Dach ihres Landrovers.

Addis hatte schon etwas Besonderes. Ich weiß noch immer nicht genau was, aber es gefiel mir. Die Stadt lag auf einer Höhe von 2400 Meter unter sonnigblauem Himmel, und doch herrschten angenehm kühle Temperaturen. Ich hatte eine staubige, schmutzige und vor allem arme Stadt erwartet – das Gegenteil war der Fall. Breite Alleen, hohe Appartementhäuser, Geschäfte, die allesamt westliche Produkte verkauften. Seit unserer Abreise erstand ich hier zum ersten Mal wieder ein Stück Käse sowie einen halben italienischen Schinken. Es gab Cybercafés, Parks, Museen und einen gut organisierten Nahverkehr. Addis hatte all das, was eine westliche Stadt gewöhnlich zu bieten hat. „Wo kommt das ganze Geld her?“, fragte ich mich. Äthiopien war schließlich eins der ärmsten Ländern Afrikas. Wieder einmal schlug ich den Lonely Planet auf, und auf Seite 300 fand ich eine Antwort auf meine Frage. Addis Abeba war die Hauptstadt Afrikas! Die Organisation für die Einheit Afrikas und die afrikanische Wirtschaftskommission der Vereinten Nationen hatten hier ihren Hauptsitz. Beide hatten hier viel investiert. Im Unterschied zum Rest des Landes konnte man sich in Addis unbehelligt bewegen. Ich genoss meinen Spaziergang.

Ein alter, blinkender Ford Mustang fuhr auf den Campingplatz. Der Chauffeur stieg aus, ging um den Wagen herum und öffnete die Beifahrertür. Ein untersetzter Mann in schwarzem Anzug stieg aus. Er setzte seine schwarze Sonnenbrille auf, wobei er versuchte, wie ein cooler Typ aus einem Martini-Bianco-Werbespot zu wirken, und kam auf uns zu.

Er war der Besitzer des Anwesens. Ein erfolgreicher Geschäftsmann, der sich auf dem Markt mit Touristen und Prostituierten gut platziert hatte. Er konnte sich nun ganz den „angenehmeren" Aspekten des Geschäftslebens widmen. Dazu gehörte auch ein Gespräch mit seinen westlichen Kunden. „Probleme?", fragte er mich, und warf dabei einen abschätzigen Blick auf Chuckie.

Ich schilderte ihm die Situation. Kannte er vielleicht jemanden, der uns helfen konnte?

„No worries", antwortete er und schnipste zweimal mit den Fingern, was mich an die Hauptdarsteller in italienischen Mafiafilmen erinnerte. Sein Chauffeur, der den Mustang inzwischen auf Hochglanz poliert hatte, eilte herbei.

Er erhielt den Auftrag, sich unsere gebrochene Achse anzuschauen, und legte sich rücklings unter die Ente.

„Weißt du, was du wissen musst?", fragte sein Boss nach einer Minute. Der Chauffeur stand auf und nickte. Nach einem nochmaligen Fingerschnipsen seines Chefs stieg er in den Mustang und startete den Motor.

„No worries, my friends", sagte der Hotelbesitzer noch einmal. „I will take care of everything."

Ohne unsere Reaktion abzuwarten, ging er zu seinem Wagen zurück, wo ihm sein Chauffeur inzwischen beflissen die Tür aufhielt. Der Motor heulte auf, und sie fuhren los.

Evolution, aber in welche Richtung?

Am nächsten Morgen ging es auf dem Campingplatz hoch her. Der Silvesterabend rückte näher. Die Hälfte der Gruppe, nämlich diejenige, die von Norden nach Süden unterwegs war, hatte seit Monaten nicht mehr ordentlich gefeiert, gegessen oder in einer fröhlichen Runde Gleichgesinnter gebechert. Die Vorfreude war zu spüren.

Die Südafrikaner ergriffen die Initiative. Sie waren früh zum Einkauf ins Zentrum gefahren. Um die Mittagszeit hielt ihr voll bepackter Landrover auf dem Innenhof. Zwölf Kisten Bier, 20 Flaschen Wein, etwas Gemüse und … ein frisch geschlachtetes, viergeteiltes Kalb. Sie machten offenbar keine halben Sachen.

„Besser zu viel als zu wenig!“, rief der Älteste von ihnen, als alle ungläubig auf das Tier starrten. Die Einstellung war mir sympathisch.

Christophe und ich bauten das Barbecue auf. Die meisten Overland Travellers hatten irgendeinen Grill dabei. Mit Metalldraht verbanden wir die ganze Sammlung und errichteten auf dem Hof aus Steinen eine Feuerstelle. Der gewaltige Grill war etwa anderthalb Meter breit, zwei Meter lang, hatte drei Segmente, Zwischenwände und Stützen. Als wir gerade dabei waren, den Boden mit Holzkohle aufzufüllen, tauchte der Mustang wieder auf.

Der Hotelbesitzer kam auf uns zu. „Nun“, begann er mit einem breiten Lächeln, „hab ich euch nicht gesagt, dass ihr euch keine Sorgen machen müsst?“ Der Chauffeur öffnete den Kofferraum und brachte die intakte Hinterachse eines 2 CV zum Vorschein. Er drückte sie Christophe in die Hand.

Sie war in perfektem Zustand. Es war zwar ein älteres Modell des gleichen Vorderachsentyps, den wir im Tschad aufgetrieben hatten, aber wir wussten genau, was wir damit zu tun hatten. Ein besseres Geschenk zu Silvester konnten wir uns nicht vorstellen. „Für 25 Euro könnt ihr sie haben“, sagte der Martini-Bianco-Mann, voller Stolz auf seine Leistung.

Das musste gefeiert werden. Wir öffneten sofort ein paar Flaschen Bier; der Silvesterabend konnte beginnen.

Auch bei den anderen Overlander Travellers begann das Bier zu fließen. Vielleicht etwas zu reichlich. Um acht waren alle sturzbesoffen. Um neun servierten wir das halb gare Fleisch. Um zehn hielt einer der Südafrikaner eine Rede, die mit „Fuck you“ nur so gespickt war, und eine halbe Stunde später lag die Hälfte der Gruppe sternhagelvoll in ihren Zelten.

Die andere Hälfte versammelte sich mit dem restlichen Bier und einer Flasche Sambucca, die wir ergattert hatten, ums Lagerfeuer und zählte laut.

„Drei, zwei, eins ... Peng, Knall!"

Nejib hatte es nicht lassen können und hatte neben seiner Phosphormunition auch noch Feuerwerkskörper dabei. Er feuerte eine Rakete ab. Sie zischte hoch, sank und explodierte, kurz bevor sie den Boden erreichte, im Garten der indischen Botschaft.

Ein lauter Alarm ging los. Die Lichter gingen an. Wir hörten Geschrei.

Nach drei Minuten standen ein paar Polizeiwagen vor dem Tor der Botschaft. Der Campingplatz wurde inspiziert; aber von uns hatte niemand etwas Verdächtiges bemerkt. Die ganze Nacht ging die Polizei in der Nachbarschaft Streife. Am nächsten Tag wurde uns klar, dass weder der Hotelbesitzer noch sein Personal wussten, was ein Feuerwerk war.

Nach und nach gingen alle ins Bett, bis nur noch Christophe, die beiden Niederländer und ich übrig waren. Keiner sagte mehr etwas. Jeder entschwand in seine eigene Phantasiewelt. Ich träumte von Kapstadt, vom Kap der guten Hoffnung, wo Indischer und Atlantischer Ozean zusammenflossen, und wo wir mit etwas Glück in drei Monaten stehen würden. Mit Chuckie, einer Flasche Champagner und Tränen in den Augen.

Als ich am nächsten Mittag wach wurde, erinnerte ich mich plötzlich an den weisen Spruch: „Man weiß nie, wie das Jahr enden wird, aber man weiß immer, wie es beginnt ... mit einem Kater!"

„You don't want to fight me!"

Mit einer Diät aus Aspirin und ein paar Gläsern Bier überstanden wir den Neujahrstag. Erst am nächsten Tag begannen wir mit den Reparaturen. Chuckie sah schlimmer aus als erwartet. Durch die Kraft, mit der sich die Hinterachse losgerissen hatte, hatte sich die Heckpartie der Ente so verzogen, das die Türen nicht mehr schlossen. Auch das Chassis hatte unter dem Schlag gelitten. Hinten wie vorn waren neue Risse entstanden.

Wir bockten den Wagen einen halben Meter hoch auf und stützten den hinteren Teil auf große Betonblöcke. Christophe demontierte die Bremsleitung, die durch die Hinterachse verlief. Die Radaufhängungen, die an der Achse saßen, waren in den letzten 20 Jahren wahrscheinlich nie ausgebaut worden und saßen fest wie zementiert. Nur mit großer Mühe und zehn Schlägen mit Nejibs Vorschlaghammer bekamen wir sie los. In einer Werkstatt um die Ecke ließen wir die neue Achse zurechtschleifen. Gegen Abend war alles wieder an seinem Platz. Und nach ein paar Hammerschlägen gegen die Innenseite der Karosserie schlossen auch die Türen wieder.

Es war Zeit, sich der Risse im Chassis anzunehmen. Trotz des viel versprechenden Slogans „All works, all cars, low price“, der über dem Eingang der Bude prangte, wurde der Besuch der Werkstatt nervenaufreibend.

Vorsichtig, um zu vermeiden, dass der Riss sich noch vergrößerte, fuhr ich mit dem Wagen durch das Tor. Die Werkstatt bestand nur aus einem offenen Hof. Unter einer kleinen Überdachung hingen einige Steckschlüssel, zwei Hämmer und ein Schraubenzieher. Eine junge halb nackte Frau lag mit gespreizten Beinen auf dem Boden; sie schien zu schlafen. Wahrscheinlich hatte einer der beiden Typen, die am Tor eine Zigarette rauchten, sich gerade über sie hergemacht. Der eine trug einen Overall, der andere nur eine abgewetzte Jeans, die noch offen stand. Sie grinsten, als ich zu ihnen hinsah.

Ich ging auf sie zu. „Unser Chassis geht kaputt. Es muss verstärkt werden. Könnt ihr das erledigen?“, fragte ich auf Englisch.

Sie schauten mich verständnislos an. „No English, no English“, meinte der Typ im Overall und begann mir in Amharic, der offiziellen Sprache Äthiopiens, etwas zu erklären. Ich verstand kein Wort und trat vor das Tor.

Auf der Straße hingen ein paar Jugendliche herum. In ihren Trainingsjacken und Wollmützen wirkten sie nicht gerade Vertrauen erweckend. Aus ihren Ghettoblastern kam amerikanischer Gangstarap. In der Hoffnung, dass sie ein paar Brocken Englisch sprechen würden, ging ich auf sie zu.

„Ich brauche jemanden, der Englisch spricht. Könnt ihr mir helfen?“

„No English, no English“, bekam ich wieder zu hören; sie blieben stehen und glotzten mich an.

Ich wandte mich ab, sprach erfolglos zwei Passanten an und ging dann zur Werkstatt zurück.

Dort war Christophe eifrig in ein Gespräch vertieft. Der Chef der Werkstatt war aufgetaucht. Der Mann, der sich den Slogan „All cars, all works, low prices“ ausgedacht hatte, sprach glücklicherweise ein wenig Englisch.

Das Chassis zu schweißen sei ein Kinderspiel, sagte er und wies dabei auf eine schwere Metallstange: 20 Zentimeter lang, vier Zentimeter breit und einen Zentimeter dick.

„Das schweißen wir über die Bruchstelle“, sagte er. „Danach kann das Chassis zwar immer noch brechen, aber nicht mehr an dieser Stelle.“

Wir handelten für beide Reparaturen einen Preis aus: zehn Euro insgesamt.

Als die beiden Männer sich gerade an die Arbeit machen wollten, öffnete sich plötzlich das Tor, das ich hinter mir zugezogen hatte. Fünf zwielichtige Typen kamen herein. Drei gehörten zu den Streetkids, die ich eben gefragt hatte, ob sie Englisch sprächen. Einer der beiden anderen ging auf mich zu.

„Du suchst jemanden, der Englisch spricht. Ich spreche Englisch“, sagte er angeberisch.

„Ich hab schon jemanden“, antwortete ich und zeigte auf den Werkstattbesitzer.

„Ihr habt mich holen lassen. Jetzt will ich auch bezahlt werden.“

„Ich hab gerade gesagt, dass ich schon jemanden habe. Und ich hab niemanden gebeten, einen Dolmetscher anzuheuern.“

Die Spannung stieg. Der Kerl schaute mich herausfordernd an. Er warf sich in die Brust und wollte mir damit imponieren.

„Und meine Freunde wollen auch Geld für ihre Bemühungen“, setzte er noch hinzu. Halsabschneider, dachte ich bei mir. Äthiopien von seiner besten Seite!

„Vergiss es!“ Ich wandte mich ab und begann mit Christophe zu reden, in der Hoffnung, dass sie abhauen würden.

Sie überlegten fünf Minuten, was sie tun sollten. Schließlich trat der Stärkste, ein Typ um die 30, vor.

„Money, now!“, rief er und schlug dabei einen scharfen Ton an. Er versuchte mich möglichst aggressiv anzustarren. Christophe trat, unbeeindruckt von der Drohung, zwischen uns.

„Money or fight!“, schrie der Kerl noch einmal und wandte sich diesmal an Christophe.

Ich hielt den Atem an. Christophe ist normalerweise die Ruhe selbst; er wird nur sehr selten wirklich wütend. In Belgien reagiert er gelegentliche Frustrationen meist im Boxring ab, selten außerhalb. Wenn er wütend wurde, hielt man sich besser von ihm fern. Ich hatte nur einmal solch eine Metamorphose erlebt, und ich hoffte, dass es das letzte Mal gewesen war.

Der Äthiopier hatte offenbar keine Ahnung, was ihn erwartete. Er trat einen weiteren Schritt vor. Ich sah, wie Christophe aus den Augenwinkeln nach der Metallstange schielte, die schon für die Schweißarbeiten bereitlag.

Dann wanderte sein Blick wieder zu dem Äthiopier zurück.

„Money or fight!“, schrie der Mann noch einmal.

Christophe blickte ihm wortlos in die Augen. Nach zehn Sekunden sagte er langsam: „Believe me, you don't want to fight me.“

Ein mutiger Ausspruch, aber mit dem entsprechenden Blick tat er seine Wirkung. Der Äthiopier trat einen Schritt zurück. Christophes Ruhe und Entschlossenheit, vor allem aber sein Blick hatten ihn schlagartig eingeschüchtert. Er ging zu seinen Kumpels; allesamt machten sie sich davon. Der redselige Garagenbesitzer wurde auf einmal ganz still.

Südäthiopien: Rückkehr in die Tropen

Am nächsten Morgen ging es Chuckie wieder gut. Das Schweißen hatte letztendlich doch einen ganzen Tag beansprucht, aber nun konnte es wieder losgehen. Ich drehte den Zündschlüssel, und der Motor sprang an. Ein leicht perforierter Auspuff gab ein sportliches Knattern von sich. Wir fuhren wieder nach Süden, mit einem Zwischenstopp an der äthiopisch-kenianischen Grenze. Dahinter wartete die letzte große Herausforderung auf uns: die „Fahrt durch die Hölle“, wie die Südafrikaner sie poetisch beschrieben hatten. Das Gebiet sei der schwierigste Teil der gesamten Trans-Afrika-Expedition. Und damit nicht genug, erzählte einer von ihnen die abenteuerlichsten Stories von Rebellen und Räubern, die die Strecke unsicher machten. Wir kannten solche Berichte zur Genüge. Wahrscheinlich wurden sie mit jedem Bier, das sie sich hinter die Binde kippten, Aufsehen erregender. Wir würden uns selbst ein Urteil bilden.

Eine herrliche Asphaltstraße durch eine grandiose Landschaft.

Die Fahrt in die südlichsten Regionen des Landes war herrlich. Der Asphaltdecke war passabel, und wir kamen gut voran. Wir fuhren an den ausgedehnten Seen im Riftvallei entlang und bestaunten die riesige Vogelpopulation. Der Abiatasee war in der Hochsaison von bis zu 200 000 Flamingos bevölkert. Als wir entlang der Ufer fuhren, verdunkelte sich der Himmel auf einmal. Zehntausende, vielleicht sogar Hunderttausende von Vögeln flatterten von einem See zum anderen.

Mein Interesse galt vor allem der Landschaft. Eines gab mir dabei ein Rätsel auf: Auf der 1000 Kilometer langen Fahrt durch den Norden, den Westen und den zentralen Teil des Landes war mir der Boden sehr fruchtbar erschienen. Berghänge, Hochebenen und Täler waren grün und mit Gras und Bäumen bewachsen. Schon damals fand ich es seltsam, dass gerade in Äthiopien Hungersnot ein so großes Problem sein sollte.

Südäthiopien – tropisch und fruchtbar.

Während dieser Fahrt durch den Süden wurde es mir noch unverständlicher. Hier herrschte wieder tropisches Klima. Es wurde wärmer, feuchter und … noch grüner. Die Erde hatte den tiefroten Ton, der für fruchtbaren Boden charakteristisch ist. Manchmal fuhren wir durch regelrechte Bananenwälder: Plantagen und wild wachsende Bananenstauden über Dutzende von Kilometern hinweg. Anderswo wuchsen wilde Mangos und Ananas. Man brauchte sie nur zu pflücken. Auf kleinen Lichtungen inmitten des undurchdringlichen Obstwalds weideten Rinderherden.

Eine Fliegenepidemie scheint die Menschen in Südäthiopien nicht zu stören.

Wie war es möglich, dass in diesem Land Menschen verhungerten? Und doch gab es überall Lagerhallen für Hilfsgüter des Roten Kreuzes, des World Food Programms und einer Anzahl anderer NGOs. Einmal sahen wir Kleiderballen am Straßenrand liegen. Wahrscheinlich waren sie von einem Lastwagen gefallen. Niemand schien daran interessiert zu sein.

Noch am selben Abend kam ein wenig Licht ins Dunkel. Wir hatten rund 500 Kilometer geschafft. Es dämmerte langsam, und wir fuhren in großer Höhe. In einem Dorf konnten wir auf keinen Fall zelten. Wenn wir auch nur einen Moment anhielten, um die Karte oder das GPS zu studieren, war unser Wagen schon eingekreist. Weiß der Himmel, wo sie es gelernt hatten, aber auch im Süden kannte jeder den „You, you, you, give me, give me, give me"-Ruf Immer wieder wurde am Wagen gerüttelt und gezerrt, und einigen gelang es sogar, sich durch die Fenster halb nach innen zu zwängen.

Wir würden also auf freiem Feld zelten und mit dem Zeltaufbau warten, bis es dunkel war, um nicht unnötig Aufmerksamkeit zu erregen.

Langsam fuhren wir ohne anzuhalten durch ein Dorf, als Christophe plötzlich rief:

„Guck mal, eine Nonne!"

Neben einem großen schmiedeeisernen Tor stand tatsächlich eine Ordensschwester und unterhielt sich mit jemandem. Christophe hielt an. Ich stieg aus und ging auf sie zu. Hinter dem Tor sah ich einen äußerst gepflegten Rasen, Sportanlagen und in einiger Entfernung ein paar Gebäude und eine kleine Kirche. Das musste ihr Kloster sein.

Die Nonne musterte mich von Kopf bis Fuß und lachte über mein Aussehen. Mit meinem verschwitzten, unrasierten und staubbedeckten Gesicht und der zerrissenen Hose sah ich aus, als hätte man mich soeben von einer unbewohnten Insel gerettet. Ich konnte sie verstehen und stimmte in ihr Gelächter ein.

„Schwester, wir haben Probleme mit dem Wagen und suchen einen ruhigen Zeltplatz für eine Nacht, einen Ort, an dem man nicht über uns herfällt."

Ich wies auf die Ente, um die inzwischen schon das halbe Dorf herumstand. Sie kannte das Problem.

„Ist das eine katholische Mission?", fragte ich. Der Großteil der äthiopischen Bevölkerung war zwar orthodox, aber ihr Gewand und das Kreuz, das sie an einer Kette um den Hals trug, ließen mich anderes vermuten.

Sie nickte.

„Wir sind auch katholisch … zwei Katholiken in Not!" Ich log nicht wirklich. Schließlich waren wir beide getauft und vor 18 Jahren noch allwöchentlich zur Messe gegangen.

„Du musst den Abt um Erlaubnis fragen. Fahr hier hinein. Du findest ihn auf dem Fußballfeld."

Ein gastfreundlicher Abt aus Uganda.

„Gerettet!", rief ich Christophe zu. Wenn wir erst einmal drin waren, war die Gefahr gering, dass sie uns wieder rauswarfen. Der Mann, mit dem sich die Nonne unterhielt, schien einer der Wächter zu sein. Er öffnete das große Tor, und wir fuhren hinein.

Der Abt war ein Prachtkerl. Fünfunddreißig, sportlich, und mit einem phantastischen Sinn für Humor. Er stammte aus Uganda und stand nun diesem Kloster mit 14 jungen Nonnen vor. Wir durften bleiben, konnten uns waschen und wurden zum Abendessen eingeladen.

Drei Frauen aus dem Dorf bereiteten ein Buffet vor. Wir machten große Augen. Pastis als Aperitif, dann Suppe; Rindfleisch, Huhn, Ziege, sieben Sorten Gemüse und Kartoffeln als Hauptgericht und schließlich zwei große Torten zum Dessert. Wein und Bier flossen in Strömen. Das Armutsgelübde hatten sie hier wohl nicht abgelegt. Nach dem Essen wurde das Satellitenfernsehen eingeschaltet. Im Kloster schauten alle täglich CNN.

Nach den Nachrichten kamen wir miteinander ins Gespräch, und der Abt beschrieb uns sein Aufgabengebiet.

Das Kloster war der größte Arbeitgeber der Gegend. Es versorgte sich vollkommen autark mit Hilfe seiner Bauernhöfe, Ländereien und Wälder. Außer religiöser Unterweisung bot das Kloster den umliegenden Dörfern medizinische Versorgung, Schulunterricht und manchmal auch finanzielle Hilfe.

„Aber Bildung", unterstrich der Abt, „ist das Wichtigste. Die eine Hälfte meiner Schüler sind Kinder, die andere Hälfte sind Erwachsene. Die Menschen hier sind noch so primitiv und rückständig in ihren Ideen, dass man eingreifen muss, um Katastrophen zu verhindern. Nehmt nur einmal die Geburtenkontrolle als Beispiel. Kondome wollen sie nicht verwenden. Fast jedes Mal, wenn sie Sex haben, werden die Frauen schwanger." Er besann sich kurz und lachte. „Nicht nur der Boden ist hier fruchtbar, die Gegend hat auch die höchste Geburtenrate von ganz Äthiopien. Ein Mädchen wird hier meist mit zwölf – manchmal früher – schwanger. Mit 40 hat sie manchmal 20 Kinder, meist von verschiedenen Männern. Geld, um die Kinder aufzuziehen, hat sie nicht. Es gibt Überbevölkerung, Arbeitslosigkeit, Armut. Jede Woche kommt es vor, dass eine Mutter eins ihrer Kinder, meist ein etwa zehnjähriges Mädchen, an einen alten Mann verkauft, der gerade Witwer geworden ist. Man kann sich vorstellen, wie das Leben eines solchen Kindes aussehen wird." Er hielt kurz inne.

Nach einem Moment brach ich das Schweigen. Die Frage der Hungersnot hatte mich schon während des ganzen Tages beschäftigt. Nun hoffte ich auf Antworten.

„Ja, das ist ein anderes Problem“, setzte er an. „Ein noch schlimmeres als das, das ich gerade angeschnitten habe. Nicht die Hungersnot ist Ursache allen Elends, sondern die Entwicklungshilfe.“

Ich sah ihn erstaunt an.

„Es ist so: In den 1970er und 80er Jahren gab es in bestimmten Teilen des Landes ein paar Jahre lang Hungersnöte, als Folge großer Trockenheit und von Missernten. 1990 hat sich das zum letzten Mal wiederholt. Aus irgendeinem Grund fand die Notsituation damals aber ein solches Medienecho, dass sich fast die gesamte westliche Welt auf Äthiopien konzentrierte. Den westlichen Ländern ist es egal, wohin ihr Geld für Entwicklungshilfe fließt. Sie denken, sie hätten ihre Pflicht getan, wenn ein gewisser Prozentsatz ihres Bruttosozialprodukts zur Unterstützung der Dritten Welt eingesetzt wird. Als Folge solcher Aktionen wie Bob Geldofs Live-Aid-Concert und als Reaktion auf die Bilder ausgehungerter Kinder ging damals alle Entwicklungshilfe nach Äthiopien. Nicht nur in diesem einen Jahr, sondern auch in den folgenden Jahren, als keine wirkliche Not mehr bestand. Selbst jetzt noch schicken die meisten westlichen Länder Massen von Hilfsgütern – Nahrungsmittel, Kleidung und Medizin – nach Äthiopien. Das Land wird so sehr mit Hilfsgütern überschwemmt, dass nicht nur die Bewohner der hilfsbedürftigen Regionen davon profitieren, sondern auch alle anderen. Und was meinst du, wie wohl das Resultat von 30 Jahren unermüdlicher und übertriebener Unterstützung aussieht?“

Ohne mich aus den Augen zu lassen, nahm er einen Schluck aus seinem Weinglas.

„Du hast es sicher auf deiner Fahrt durch das Land bemerkt: Äthiopien ist zu einem Land von Bettlern geworden. Die Leute sind faul. Warum sollten sie noch arbeiten gehen, wenn jeden Monat neue Ladungen mit Nahrungsmitteln und Kleidern verteilt werden. Was glaubst du, warum wir uns hinter einem großen schmiedeeisernen Tor verschanzen? Jeder weiß, dass die Mission mit ausländischen Geldern finanziert wird. Tagtäglich steht die Hälfte der Dorfbewohner vor dem Tor, um zu betteln. Du hast vorhin erzählt, dass du während der Reise wöchentlich einen Artikel für eine belgische

Zeitung schreibst. Mach mir die Freude und schreib einmal einen offenen Brief an deine Minister und konfrontiere sie mit der harten Realität: Hört bitte auf, Geld zu spenden, wenn es nicht mehr gebraucht wird! Mach ihnen klar, dass sie dort spenden sollen, wo es wirklich gebraucht wird, und dass sie nicht spenden sollen um des Spendens willen!"

Eine äthiopische Bäuerin.

Eine solch enthüllende Analyse, wie die des Abts hatte ich bis dahin noch nicht gehört. Ich versprach ihm, die Botschaft zu verbreiten.

Wir unterhielten uns noch bis halb zwei in der Nacht über Entwicklungshilfe, afrikanische Politik und Reisen. Nach der vierten Flasche Wein nahmen wir Abschied. Bei Sonnenaufgang setzten wir unsere Fahrt fort.

Wir waren fast in Kenia. In der Nähe der Grenze änderte sich die Landschaft. Wir hatten die Bergzüge hinter uns gelassen und fuhren nun wieder durch weite Ebenen. Es wurde trockener, ein Anzeichen dafür, dass wir uns der nordkenianischen Steinwüste näherten. Die fruchtbaren tropischen Wälder wichen einer Savanne, in der einzelne Bäume und meterhohe, wie Schornsteine geformte Termitenhügel die einzige Abwechslung boten. Es waren hohe Schlote, mit einer etwas größeren Grundfläche, die dünn und kerzengerade in die Höhe wuchsen, manchmal bis zu fünf Meter hoch. Es gab Hunderte davon, sogar Tausende. So weit das Auge reichte, sah man nichts als einzeln stehende Bäume und Schornsteine. Eine gewaltige architektonische Leistung winzig kleiner Insekten.

Am späten Nachmittag erreichten wir Moyale, den äthiopisch-kenianischen Grenzübergang. Wir passierten die Grenze, regelten alle Formalitäten in Kenia und fuhren zum Anwesen der kenianischen Wild Life Foundation, wo wir mit Loes und Frank verabredet waren. Abends entzündeten wir ein großes Lagerfeuer und tauschten Erfahrungen aus. Über eins waren wir uns einig: Die äthiopische Landschaft war ein Traum, die Bevölkerung ein Alptraum.

XIII. KENIA
EINSCHUSSLÖCHER UND KROKODILSTEAK

NORDKENIA: HIGHWAY TO HELL

Wir waren gewarnt, doch …

Am Lagerfeuer sprachen wir noch einmal über die Warnung der drei Südafrikaner. Die Straße sollte in extrem schlechtem Zustand sein. Früher wären sie vor allem von schwer beladenen Hilfsgütertransportern befahren worden. Als Eritrea, das vormals zu Äthiopien gehört hatte, seine Unabhängigkeit erklärte, habe Äthiopien den Zugang zum Roten Meer verloren. Von da an habe man die Hilfsgüter über diese Route von der kenianischen Küste nach Äthiopien transportiert.

Auch gegenwärtig seien auf dieser Strecke nur schwere Lastwagen unterwegs. Bei heftigen Regengüssen blieben sie manchmal stecken und hinterließen tiefe Furchen in der Fahrbahn, die aus einem Gemisch aus Erde und vulkanischem Gestein bestand. Der Straßenbelag sei manchmal auf Strecken von 20 Kilometern Länge völlig aufgewühlt. Der Rest der Route bestünde aus Waschbrettpisten.

Die Vorstellung war mir ein Greuel. Ich hasste diese geriffelten Straßen. Man konnte förmlich spüren, wie sie den Wagen in seine Einzelteile zerlegte. Es gab nur zwei Möglichkeiten: Entweder kroch man im Schritttempo vorwärts, oder man bretterte in einem Affenzahn darüber hinweg.

Während mir vor allem der Straßenzustand Sorgen machte, beschäftigte das niederländische Paar mehr die zweite Warnung:

Banditen. Niemand konnte uns genau sagen, was eigentlich vorging. Auch der Lonely Planet brachte keine wirklich Klarheit:

„In manchen Teilen Kenias sind Rebellen und Banditen – Shiftas genannt – aktiv, etwa im Norden von Marsabit (das Gebiet, in dem wir uns gerade befanden). Suchen Sie immer vor Ort Rat, bevor Sie sich in diese Region begeben."

Aber wie oft hatten wir solche Warnungen schon gehört? Nach zwei Wochen in Algerien, 1700 Kilometern in Nigeria und einigen nächtlichen Abenteuern im Rebellengebiet zwischen Tschad und Sudan – Regionen, vor denen in ähnlicher Weise gewarnt wurde – berührte uns das kaum noch. Außerdem hatten wir keine Zeit für Umwege. Mark, der mit uns den Kilimandscharo besteigen wollte, hatte sein Ticket schon gekauft. In einer Woche mussten wir am Fuß des Kilimandscharo stehen.

Dienstag, 7. Januar, 8 Uhr.

Mit dem gigantischen Geländewagen von Loes und Frank im Schlepptau fuhren wir von unserem Zeltplatz zur Hauptstraße – zum Trans-Kenia-Highway, wie sie spöttisch genannt wird. Nur 700 Kilometer trennten uns von Nairobi, Kenias Hauptstadt, aber davon waren nur 200 asphaltiert.

Als wir aufbrechen wollten, wurden wir von einem Polizisten zurückgepfiffen.

„Halt!", rief er und kam näher. „Um neun fährt ein Konvoi los; ihr fahrt mit!"

„Konvoi? Was für ein Konvoi?", fragte ich. „Und warum dürfen wir nicht allein weiter? Ich hoffte zu erfahren, was hier eigentlich los war.

Ein Weile herrschte Stille. „Es gibt ein paar Probleme", antwortete der Polizist schließlich. „Keine große Sache, aber ihr fahrt doch besser mit dem Konvoi mit."

Verdammt, jetzt wussten wir immer noch nicht Bescheid.

Der Konvoi wirkte nicht besonders eindrucksvoll. Vor der Polizeistation standen zehn schwere Lastwagen. Auf ihren offenen Ladeflächen befand sich ein buntes Sammelsurium aus Waren, Vieh und Passagieren. Auf jedem Führerstand saßen zwei Soldaten. Nach dem Startzeichen fuhr jeder in seinem eigenen Tempo los.

Die Geschwindigkeit, mit der die voll beladenen Lastwagen über die Piste bretterten, war unvorstellbar. Die Straße war nicht asphaltiert, übersät mit scharfen Felsbrocken und voller Spurrillen und Schlaglöcher, die von anderen Lastwagen stammten.

Auf den ersten fünf Kilometern kamen wir noch gut voran, doch dann wurde es für den 2 CV zu einer echten Tortur. Die größten Steine konnten wir zwar noch umfahren, aber die tiefen Spurrillen mit dem erhöhten Mittelstreifen waren für Chuckie einfach zu breit. Wir mussten akrobatische Kunststücke vollbringen: in einem Winkel von 30 Grad balancieren, mit einem Rad in der Wagenspur, mit dem anderen auf dem Mittelstreifen. Es hätte nicht viel gefehlt, und die Karre wäre einfach umgekippt. In einem Tempo zwischen fünf und 25 Stundenkilometern bahnten wir uns unseren Weg.

Tiefe Spurrillen auf dem nordkenianischen *Highway to Hell.*

Aber am schlimmsten waren wirklich die gefürchteten Corregations, die berühmten Waschbrettpisten. Auf dieser Strecke stammten sie nicht von Pkws, sondern von Lastwagen und hatten deshalb eine gröbere Struktur. Schlaglöcher und Felsbrocken machten ein hohes Tempo unmöglich. Hier musste man sich entscheiden: Entweder fuhr man mit 40 Stundenkilometern in der ständigen Angst, dass der Wagen jede Sekunde auseinander brach, oder man kroch mit fünf bis zehn Stundenkilometern voran. Zum großen Ärgernis der Niederländer entschieden wir uns für die zweite Variante.

Ich machte große Augen, als ich ein paar Einheimische zu Gesicht bekam. Es musste sich um Samburu handeln, Angehörige eines urtümlichen Volks, dessen Kultur, Kleidungs- und Essgewohnheiten noch überhaupt nicht von anderen Kulturen beeinflusst waren – wofür sicherlich die Unzugänglichkeit dieser Gegend verantwortlich war. Sie erschienen immer in Zweier- oder Dreiergruppen und trieben meist Rinder- oder Ziegenherden vor sich her. Die Männer trugen, ähnlich wie Massai, rote Decken und wirkten so, als seien sie dem Set des australischen Films „Priscilla, Queen of the desert“ entsprungen. Auf ihrem Kopf trugen sie gewagte Konstruktionen aus roten Federn; manche ragten hoch auf, andere waren kranzförmig wie eine Tiara gesteckt.

Wir passierten eins ihrer Dörfer, eine Ansammlung niedriger, aus Zweigen geflochtener Hütten, die von Schlamm und Kuhdung zusammengehalten wurden. Angeblich ernährten sich die Samburu nicht vorwiegend von Fleisch, sondern von Milch, der sie gelegentlich Rinderblut zusetzten. Im Jahre 2003 etwas so Authentisches zu sehen – das hatte schon was.

Samburu-Krieger und Ziegenhirten.

Nur dem Umstand, dass die letzten 60 Kilometer durch einen Nationalpark mit gut gewarteten Straßen führten, hatten wir es zu verdanken, dass wir an diesem ersten Tag die Hälfte der Strecke – 250 Kilometer – zurücklegen konnten und Masabit erreichten. Die 14 Stunden Konzentration forderten ihren Preis. Wir pflanzten unser Zelt auf den Parkplatz eines kleinen Hotels und fielen fünf Minuten später in tiefen Schlaf.

Donnerstag, 8. Januar.

7 Uhr: Ich ging zum Portier des Hotels, um ihm ein paar Dollar für seine Gastfreundlichkeit zuzustecken. Als ich mich nach dem Straßenzustand auf den kommenden 250 Kilometern erkundigte, fragte er panisch: „Wollt ihr wirklich heute noch abreisen?“

Ich dachte, das sei ein Scherz.

„Der Konvoi ist schon abgefahren. Bleibt bitte hier und fahrt morgen früh mit dem nächsten Konvoi.“ Er meinte es offensichtlich ernst.

Ich hatte noch immer keine Ahnung, was hier eigentlich los war, und bat ihn um eine Erklärung.

Er konnte kaum Englisch, aber er machte uns einiges klar: Diese Gegend war seit sieben Jahren ein No-Go-Gebiet. Er erzählte, dass bewaffnete Banditen die Durchfahrt unsicher machten und regelmäßig Wagen überfielen – sowohl Einheimische wie auch Touristen; sie machten da keinen Unterschied.

Auch ihm gelang es nicht, mich zu überzeugen. Banditen, die aus reiner Geldgier handelten, waren zwar eine größere Bedrohung als Rebellen, aber in Algerien, Niger, Nigeria, Kamerun, Tschad, Sudan und Äthiopien – also beinahe in allen Ländern, die wir bisher durchfahren hatten – hatte man uns vor ähnlichen Risiken gewarnt. Ehrlich gesagt, wir konnten es allmählich nicht mehr hören. Ich entschied mich, dem Rest der Gruppe nichts davon zu erzählen. Wir fuhren weiter … ohne Konvoi.

Der Portier war der Meinung, wir hätten das schwierigste Stück hinter uns. Ab jetzt würde es keine tiefen Wagenspuren mehr geben, nur noch Waschbrettpiste und einen langen felsigen Streckenabschnitt mit Steinen und Schlaglöchern. Es lief besser, als wir dachten, und Christophe konnte die durchschnittliche Geschwindigkeit sogar auf 40 Stundenkilometer erhöhen. In der weiten Ebene der Kaisut-Wüste waren wir vor einem Hinterhalt sicher. Die Sonne schien, es ging vorwärts, und wir fühlten uns wohl.

„Verdammt“, fluchte Christophe. Und beendete damit nach 90 Kilometern abrupt die sorglose Fahrt.

Er hatte das Steuer herumgerissen, um einem Stein auszuweichen, der messerscharf aus dem Felsboden herausragte. Das Ausweichmanöver war ihm zwar gelungen, aber dabei hatte er das tiefe Loch übersehen, in dem Chuckies linkes Vorderrad nun feststeckte.

„Das Steuer klemmt!“

Ich fluchte auch. Wir ahnten beide, was das bedeutete, stiegen aus und schauten unter die Motorhaube.

Unsere Vermutung bestätigte sich. Die Achse war zum fünften Mal gebrochen.

Frank hielt seinen Truck an. In aller Ruhe, als ginge es um eine Reifenpanne, erklärten wir ihm unser Problem.

„Ein paar Kilometer weiter ist ein Dorf“, antwortete er. „Siehst du die Rauchsäulen am Horizont?“

Wir schätzten die Entfernung auf etwa fünf Kilometer. Wenn an den Räuberpistolen etwas dran war, war es keine gute Idee, hier zu bleiben. „Denkst du, er fährt noch?“, fragte ich Christophe.

Christophe schaute sich die Achse an. „Die Räder stehen schon wieder schief, aber die Achse sitzt noch mehr oder weniger an der richtigen Stelle. Ich werd' es versuchen.

Um das Gewicht der Ente möglichst gering zu halten, kroch ich in Franks Führerstand. Nach einer Stunde erreichten wir das Dorf.

Viel gab es hier nicht zu sehen. Ein paar niedrige Hütten, ärmliche Behausungen, eine Bar und eine kleine Kirche. Ein Mädchen in zerlumpten Kleidern kam auf mich zu. Ich wies auf Chuckie und versuchte ihr in Zeichensprache zu erklären, was schief gelaufen war. Ob es im Dorf wohl ein Schweißgerät gab?

Ich hatte mich zum Deppen gemacht. In perfektem Englisch erklärte sie mir, dass die Mission eines italienischen Paters, ein Stück weiter, über alles verfüge, was wir brauchten. Sie würde uns dorthin begleiten.

„Ich heiße Elisabeth", sagte sie plötzlich. „Unser Pater hat mir diesen Namen gegeben."

„Das ist ein sehr schöner Name."

Sie lachte und nahm mich bei der Hand, als könne sie meine Gedanken lesen. Zusammen gingen wir zu Fuß neben dem ramponierten Chuckie her.

„Wo hast du so gut Englisch gelernt?", fragte ich.

„Viele Kinder im Dorf sprechen Englisch, können lesen, schreiben und rechnen", erklärte sie. „Das alles haben wir von Pater Sergio gelernt."

Ich klopfte an die Tür seiner Privatwohnung. Keine Reaktion. Ich wartete kurz und klopfte ein zweites Mal.

„Si, si, arrivo!", hörte ich von drinnen. Jemand kam angerannt. Die Tür öffnete sich, und ein keuchender, schnaufender alter Mann schaute mich an. Mit seiner runden Brille, dem dicken Bauch, der kurzen Hose, den abgewetzten Sandalen und einem Holzkreuz um den Hals entsprach er genau dem Klischee eines Missionars.

„Che?" („Was?"), fragte er.

Ich erklärte ihm, was passiert war. „Wir suchen jemanden, der schweißen kann." „Ich bin kein Mechaniker", setzte er an. „Aber wenn ihr die Achse selbst ausbauen könnt, frage ich einen meiner Jungs, ob er sie schweißen kann."

„Großartig", antwortete ich. „Vielen Dank, wir beginnen sofort damit."

Ich ging zu Frank, der mit Christophe an der Pforte der Mission stand. „Hast du etwas dagegen, ein paar Stunden zu warten? In drei Stunden ist alles repariert.“ Frank war das ganz recht. Loes hatte plötzlich heftigen Durchfall bekommen und musste alle fünf Minuten zur Toilette. Er schlug vor, erst am nächsten Morgen weiterzufahren. Alle waren einverstanden.

Wenn jemand mit der Stoppuhr daneben gestanden hätte, hätte er sicher einen Rekord gemessen. Unsere Fähigkeiten als Buschmechaniker hatten sich so enorm verbessert, dass die Achse nach 25 Minuten neben dem Wagen lag. Wir baten eins der Kinder, das uns bei der Arbeit zugeschaut hatte, Pater Sergio Bescheid zu sagen.

Der Pater kontrollierte die Achse und gab einigen seiner Jungs knappe Anweisungen. Ein Generator sprang an, das Schweißgerät wurde angeschlossen, und nach zehn Minuten war die Achse geschweißt. Der Riss war mit einem schweren Stück Metall verschweißt worden. Es sah aus wie ein Riesenpflaster.

„Finito!“, rief der junge schwarze Schweißer, eins der vielen italienischen Wörter, die er von Pater Sergio aufgeschnappt hatte. Stolz zeigte er sein Werk und warf die Achse anschließend in einen Wasserbottich, um sie abzukühlen.

Nach anderthalb Stunden saß alles wieder ordentlich an seinem Platz.

Ich ging zur Wohnung des Paters, um die entstandenen Kosten zu begleichen.

„Ihr werdet heute doch nicht weiterfahren!?“, sagte er. Ich schüttelte den Kopf.

„Ah, das ist gut. Am besten schließt ihr euch morgen früh im nächsten Dorf einem Konvoi an. Dort gibt es einen Kontrollposten der Armee. Bittet dort darum, dass ein Soldat in eurem Wagen mitfährt.“

„Was ist hier eigentlich los?“, fragte ich. „Alle reden von Banditen und Konvois, aber niemand kann mir erklären, was hier vorgeht.“

„Weißt du das nicht?“, fragte Pater Sergio ernst. „Deshalb fahrt ihr nicht mehr mit dem Konvoi! Na ja, so was steht natürlich nicht in euren touristischen Reiseführern. Situationen wie diese verschweigen sie.“

Pater Sergio begann zu erzählen. Bei den Banditen handele es sich um eine Mafiabande; die meisten seien ehemalige Soldaten. Wahrscheinlich, so vermutete er, konnten sie seit Jahren ungehindert operieren, weil sie eine Vereinbarung mit einem Stammesoberhaupt bzw. Bürgermeister aus der Gegend geschlossen hatten. Er gab ihnen einen Tipp, wenn Militärrazzien oder wichtige Transporte bevorstanden, und bekam dafür einen Teil der Beute. Der letzte Überfall hatte sich am 26. Dezember letzten Jahres ereignet. Da es schon zwei Wochen zu keinem schweren Überfall mehr gekommen war, hoffte Pater Sergio, dass das Morden nun endgültig ein Ende hatte.

„Das Morden?", fragte ich erstaunt. „Ich dachte, es handelt sich nur um Plünderungen und Raubüberfälle ?"

„Im Wesentlichen ja", antwortete Sergio. „Aber neun von zehn Überfällen haben einen tödlichen Ausgang. Diese Typen sind Feiglinge. Zuerst erschießen sie alle aus dem Hinterhalt, dann kommen sie aus ihren Verstecken und plündern. Sie hinterlassen fast nie Zeugen, nur Todesopfer."

Er zeigte auf eins der größeren Missionsgebäude. „Unser Waisenhaus", sagte er. „Hier in der Gegend fordert nicht Aids die meisten Opfer. Um dir eine Vorstellung zu geben: In diesem Dorf leben 280 Seelen, 64 davon im Waisenhaus."

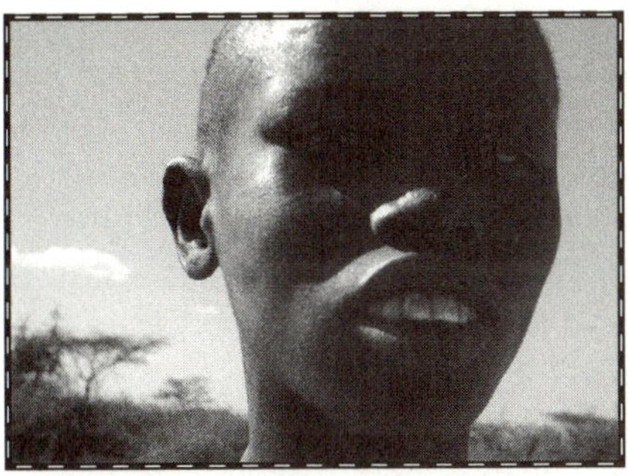

Neugieriger Waisenjunge.

Während Christophe den Rest des Nachmittags mit kleineren Reparaturen verbrachte, besuchte ich Elisabeth. Pater Sergio meinte, sie würde sich sicher irgendwo in der Nähe des Waisenhauses aufhalten.

Ich fand sie schließlich in der Küche. Sie schnippelte Gemüse. Auf dem Rücken trug sie ein in Decken gewickeltes Baby. Überall in Afrika tragen Kinder vom achten Lebensjahr an – manchmal sogar schon in jüngeren Jahren – die Verantwortung für einen Säugling. Elisabeth war zwölf, und ihr unterstand momentan die Küche des Waisenhauses, da die Oberin für einen Monat nach Italien zurückgekehrt war.

Das Baby war, wie sie selbst, ein Waisenkind. Seine Eltern waren vor zwei Monaten überfallen und ermordet worden. Dasselbe war Elisabeths Eltern und einem ihrer beiden älteren Brüder passiert, als sie vor sechs Jahren ihr Vieh auf einen wenige Kilometer entfernten Markt treiben wollten. Elisabeth begann leise zu weinen, fasste sich aber schon bald. Pater Sergio hatte zu ihr gesagt, sie müsse stark sein.

Donnerstag, 9. Januar

6.30 Uhr: Wir kochten uns eine Tasse starken Kaffee, rauchten unsere Morgenzigarette und machten uns für die Abfahrt bereit. Pater Sergios Hoffnungen, dass die Überfälle vielleicht auch deshalb ein Ende haben könnten, weil nun ein neuer kenianischer Präsident gewählt worden war, der Ordnung schaffen und der Welle von Korruption und Gewalt im Land Einhalt gebieten würde, beruhigte uns ein wenig.

Kurz bevor wir zum nächsten Dorf aufbrachen, um uns dort dem Konvoi anzuschließen, erhielten wir überraschend Besuch. Es war Schwester Nicoletta, eine ältere Nonne, die ich gestern schon einige Male im Waisenhaus gesehen hatte. Bisher hatten wir nicht mehr als einen höflichen Gruß gewechselt. Jetzt rannte sie auf uns zu.

„Schlechte Neuigkeiten!“, rief sie keuchend. Sie war ganz aufgelöst. Mit zitternder Stimme berichtete sie. Gestern Nachmittag habe erneut ein Überfall stattgefunden. Dieses Mal waren die Opfer weder Händler noch reiche Touristen, sondern Kinder. Diese Arschlöcher hatten auf den Schulbus gefeuert und fünf Kinder erschossen! Die Gangster hatten angenommen, dass ihre Opfer an diesem Tag ihr Schulgeld dabeihaben würden – aber sie waren schlecht informiert gewesen. Es war ein Blutbad ohne Beute.

Frank, Loes, Christophe und ich verstummten nach diesem Bericht. Wir waren nicht nur entsetzt über die sinnlose Grausamkeit, uns allen war klar, dass wir – wäre unsere Vorderachse nicht gebrochen – dieses Gebiet genau zur gleichen Zeit durchquert hätten. Wir konnten uns die Konsequenzen ausmalen. Mir schauderte bei dem Gedanken.

„Wenn doch nur einer von euch Journalist wäre“, sagte Schwester Nicoletta. „Ich wollte, jemand würde einmal einen großen Artikel über dieses Problem schreiben.“

Sie erzählte, dass es im letzten Jahr sogar eine Hungersnot in diesem Dorf gegeben habe, weil niemand es gewagt habe, das Dorf zu verlassen. Pater Sergios Beobachtungen, dass es schon seit zwei Wochen keine Überfälle mehr gegeben hatte, stimmten offenbar nicht ganz. Als ich ihr davon erzählte, erwiderte sie: „Den letzten Toten gab es tatsächlich vor zwei Wochen. Aber es wird täglich auf vorbeifahrende Wagen geschossen. Nur haben sie in den letzten beiden Wochen jedesmal den Chauffeur verfehlt.

Wir gerieten in Stress. Die neuerlichen Ereignisse versetzten Frank in Panik und spalteten unsere Gruppe. Seiner Meinung nach war die Gefahr zu groß, und er schlug vor, wir sollten einen Umweg nehmen. Er wollte 90 Kilometer nach Masabit zurückfahren, um von dort eine andere Straße nach Isiolo zu nehmen, die in weitem Bogen um das Rebellengebiet herum führte. Loes stimmte dem Plan zu, und auch Christophe schien damit einverstanden.

Ich war davon nicht so begeistert, vor allem weil die Zeit knapp wurde und Chuckies Zustand zu wünschen übrig ließ. Ich versuchte es mit Gegenargumenten: „Wenn die Hauptstraße schon fürchterlich aussieht, wie sieht dann wohl der andere Weg aus, was glaubst du?“ Keine Reaktion. „Außerdem, mal ehrlich, wenn wir mit dem Konvoi fahren, wie hoch ist dann prozentual die Gefahr, dass sie uns abknallen? Gering, oder nicht?“

Christophe wollte das nicht einsehen. Die letzte Bemerkung fand er unsäglich, und er machte mir Vorhaltungen. Es schien fast so, als zöge unser erster heftiger Streit seit unserer Abfahrt aus Brüssel herauf. Wortlos wandte er sich schließlich ab und ging weg. Christophe, Frank und Loes besprachen ihre Alternative mit Schwester Nicoletta. Nach zwei Minuten kam Christophe zurück. Er schaute finster drein.

„Wir fahren los“, sagte er und starrte vor sich hin. „Du kriegst deinen Willen, wie immer! Bist du jetzt zufrieden?“

Ich schaute ihn an. „Was ist passiert?“

Er antwortete nicht, startete die Ente und fuhr vom Gelände der Mission herunter. Der niederländische Truck folgte.

20 Kilometer, fast eine ganze Stunde, blieb es noch still im Wagen. Erst als wir am Militärposten im nächsten Dorf ankamen, lenkte Christophe wieder ein.

„Schwester Nicoletta hat uns davon abgeraten, eine andere Route zu nehmen. Die Straße sei noch schlechter und die Gefahr, überfallen zu werden, noch größer, da es dort überhaupt keine Kontrollen gebe. Hier hätten wir wenigstens noch den Konvoi."

Ich atmete auf. Nicht weil ich meinen Willen durchgesetzt hatte, sondern weil es offensichtlich die beste Lösung war. Der Konflikt war vom Tisch, die Spannung noch nicht.

Von Marsabit nach Isiolo – eine anstrengende Strecke.

Wir meldeten uns beim Kontrollposten in einer kleinen Wellblechbaracke. Die Tür hatte man aus den Angeln gehoben; sie stand schräg gegen die Seitenwand gelehnt. Drinnen saß ein Soldat in einem Sessel und döste. Als er zu uns aufblickte, sahen wir, wie der Schweiß von seinem Gesicht rann.

Frank schrieb unsere Daten in ein großes Logbuch und fragte den Soldaten, ob einer seiner Kollegen uns begleiten könnte. Das sei kein Problem. Aber wir sollten uns etwas gedulden.

Nach einer Viertelstunde traf der Konvoi ein. Fünf Lastwagen, ähnlich denen, die wir an der äthiopisch-kenianischen Grenze gesehen hatten, voll bepackt mit Passagieren, Rindern und einem Sammelsurium unterschiedlichster Waren. Auf dem Dach jedes Führerstands saßen zwei schwer bewaffnete Soldaten. Vor dem großen Schlagbaum hielten sie an.

Unser Soldat inspizierte die Lastwagen. Er winkte zwei seiner Kollegen herunter und instruierte sie. Einer würde mit Frank und Loes mitfahren, der andere in der Ente. Da wir nur zwei Plätze hatten, kletterte ich in Franks Truck; Christophe würde fahren.

Umständlich nahm der Soldat im 2 CV Platz und klemmte sich sein M16-Maschinengewehr zwischen die Beine.

„Man sieht den Kerl von außen gar nicht. Das war's wohl mit dem Abschreckungseffekt", rief ich Christophe zu.

„Ich weiß", antwortete er, „und viel Platz zum Schießen hat er auch nicht. Wir müssen das Dach öffnen!"

Das sah ulkig aus. Unser Cabriolet mit Christophe hinterm Steuer, das Gesicht völlig unter seinem khakifarbenen Schesch verborgen, und auf dem Beifahrersitz der Soldat, der sich ab und zu mit dem Maschinengewehr im Anschlag aufrichtete. Ein herrliches Paar.

Der Schlagbaum öffnete sich, und der Konvoi setzte sich in Bewegung. Noch sechs Kilometer bis zur „Danger Zone". Die flache Wüstenlandschaft wurde allmählich hügeliger, und das Tal kam in Sicht.

Noch drei Kilometer ... noch zwei ... noch einer ... Von jetzt ab konnte es jeden Moment losgehen.

Von Franks Truck aus sah ich, wie die Soldaten nervös wurden und ihre Wachsamkeit zunahm. Es drohte Gefahr, und ihre misstrauischen Blicke sprachen Bände.

Plötzlich sahen wir den Schulbus. Er stand im Gebüsch; überall lag zerschossenes Glas. Hundet Meter weiter stand das ausgebrannte Wrack eines Landrovers.

Die Spannung war körperlich zu spüren, und der Soldat fingerte nervös am Abzug seiner Waffe herum. Minuten schienen Stunden zu dauern. Kilometer um Kilometer krochen wir vorwärts. Jeder behielt die bewaldeten Hänge im Auge und hielt nach sich bewegenden Ästen Ausschau. Wir rauchten eine Zigarette nach der anderen.

Öffentlicher Personennahverkehr im Umland von Isiolo. Kleines Angebot, große Nachfrage.

Nach 30 Kilometern wurde die Landschaft wieder flacher. Der Soldat legte sein Gewehr beiseite.

„Die größte Gefahr ist vorbei", erklärte er, noch immer vor Aufregung zitternd. Wir dankten ihm. Loes gab ihm ein Stück Schokolade. Er lachte.

Beide Soldaten fuhren noch 60 Kilometer mit. Dann stiegen sie aus. Ein neuer Minikonvoi wartete auf sie. Wir hatten es hinter uns; sie mussten zurück.

Ein neuer Meilenstein.

Kurz vor Sonnenuntergang, nach einer anstrengenden Fahrt, erreichten wir endlich Isiolo. Diese Stadt war ein besonderer Meilenstein unserer Expedition. Wir hatten das schwierigste Stück endlich hinter uns. Chuckie knirschte zwar in allen Gelenken, aber er hatte es überlebt. Auf einer Wiese neben einem kleinen Hotel suchten wir uns einen Platz zum Zelten. Es gab kühles kenianisches Tusker-Bier, und das nicht zu knapp.

Am nächsten Morgen überquerten wir den Äquator, früh am Abend landeten wir in Nairobi. Es war mal wieder Zeit, sich etwas zu gönnen. Im weltberühmten Wildrestaurant „The Carnivore“ genossen wir Zebra, Krokodil, Gnu, Wildschwein, Antilope und alles, was der Durchschnittstourist auf einer Safari so zu sehen bekommt. La grande bouffe à volont – Das große Fressen!

XIV. TANSANIA FERIEN

Kilimandscharo

Moshi, das Katmandu Afrikas, liegt am Fuß des Kilimandscharo. Es ist Ausgangspunkt für alle Expeditionen. Wer sich nicht Führer, Touroperator oder Träger nennt, ist hier mit dem Verkauf von Andenken, von Kili-T-Shirts bis zu Kili-Flaschenöffnern, beschäftigt. Der Berg schlägt fast jeden in seinen Bann.

Wir waren mit Mark im Hotel „Buffalo“ verabredet. Monate vor unserer Abreise hatte er versprochen, uns zu besuchen und mit uns den Berg zu besteigen. Es war einer dieser hochfliegenden Pläne, die man am nächsten Tag normalerweise mit dem Kater weggespült. Aber nicht so Mark. In Khartum hatten wir von ihm eine E-Mail erhalten: „Steht der Plan noch?“, wollte er wissen.

Unser Kletterpartner Mark.

Wir überlegten nicht lange. Unser großes Interesse am Bergsteigen und der Gedanke, dass es sich bestimmt lohnte, neben dem nördlichsten und südlichsten nun auch den höchsten Punkt Afrikas zu erobern und nach der heißesten Region des Kontinents (der Sahara) auch die kälteste zu durchstehen, waren für uns Grund genug, seine Frage zu bejahen.

Nun lag er plötzlich vor uns. Der Kilimandscharo. Der Berg des Lichts, wie die Übersetzung lautet, oder das Dach Afrikas, wie er wegen seiner Höhe von fast 6000 Metern genannt wird. Sein schneebedeckter Gipfel glänzte im Licht der untergehenden Sonne. Vom Hotelbalkon aus sah er majestätisch und friedlich aus. Die Vorstellung, dass wir in wenigen Tagen vielleicht schon auf seinem Gipfel stehen würden, um den herrlichen Blick über die afrikanische Savanne zu genießen, beflügelte mich.

Wir erleichterten Chuckie um unser Gepäck und lümmelten uns in die gemütlichen Sessel der Hotelbar.

Noch bevor wir unser erstes Bier bestellen konnten, kam ein riesiger Kerl auf uns zu. Er nannte sich Matata. Er war Reiseleiter und organisierte Touren auf den Kilimandscharo. Da wir wussten, dass es verboten war, allein aufzubrechen, und wir Träger und Ausrüstung brauchten, ließen wir uns von ihm ein Angebot machen. Am selben Abend versuchten uns drei weitere Touroperators zu ködern.

Unser Reiseveranstalter Matata.

Wir spielten sie gegeneinander aus und entschieden uns schließlich für Matata. In der Hoffnung, dass sein Name kein Hinweis auf seine Fähigkeiten als Führer sei ... Matata ist Suaheli und bedeutet so viel wie „Problem“.

Als der Abend ausklang, war alles geregelt. Das Team würde aus Mark, Franziska – einer allein reisenden Schweizerin, die wir in der Bar getroffen hatten und die den Aufstieg nicht ohne Gruppe wagen wollte –, uns selbst, einem Führer und vier Trägern bestehen.

Um eins klarzustellen: Wir waren keine Neokolonialisten, die zu faul waren, ihr eigenes Gepäck nach oben zu schleppen. Aber Träger sind unerlässlich, wenn man den Gipfel wohlbehalten erreichen will. Wir mussten Zelte mitnehmen, massenhaft warme Kleidung, Nahrungsmittel und Getränke für sechs Tage sowie Kochzeug. Da wir keine Spitzensportler waren, konnten wir in großer Höhe, wo der Sauerstoffgehalt der Luft nur halb so hoch ist, keine schweren Lasten tragen. Auf dem Gipfel kann es sogar schon anstrengend sein, nur einen Schluck Wasser zu trinken, hatte man uns erklärt.

Am 14. Januar standen wir mit Sack und Pack bereit, um uns wieder einmal eine „I did it"-Plakette an die Brust zu heften.

1. Tag: Der Regenwald

Der Eingang zum Kilimandscharo-Nationalpark liegt auf 1800 Metern Höhe. Ein Kleinbus brachte uns dorthin. Die ersten beiden Stunden waren wir mit Verwaltungskram beschäftigt. Die Genehmigung zur Bergbesteigung kostete skandalöse 450 Dollar. Reine Beutelschneiderei des tansanischen Staats, vor allem wenn man sich klar machte, dass die ganze Expedition, inklusive des Eintrittsgelds für den Park, nur 530 Dollar pro Person kostete. Mehr als 80 Prozent des Gelds gingen an den Staat; der Touroperator musste sich mit 80 Dollar pro Person begnügen. Von diesem Geld bezahlte er den Führer, die Träger, Nahrungsmittel, Getränke und die Leihgebühr für die Ausrüstung für sechs Tage. Sein Gewinn beschränkte sich auf ungefähr zehn Dollar pro Kunde.

Es war zwölf Uhr mittags, als wir endlich aufbrachen. Auf dem Programm stand eine sechsstündige Tour durch den Regenwald zum Fuß des Berges. Eine phantastische Erfahrung. In Benin und Nigeria waren wir zwar schon mit dem 2 CV durch Regenwaldgebiete gefahren, aber zu Fuß hatten wir ihn noch nie durchquert.

Den ganzen Nachmittag wateten wir durch Schlamm. Ich kam mir vor wie auf dem Gelände eines völlig verregneten Popfestivals und genoss es in vollen Zügen. Zum ersten Mal sahen wir die Lianen, an denen Tarzan sich in seinen besten Zeiten durch den Dschungel geschwungen hatte, und konnten nicht widerstehen, es selbst einmal zu versuchen. An Lianen herumzuklettern ist gar nicht so schwer, aber das Schwingen stellt doch ganz andere Anforderungen.

Kurz vor Sonnenuntergang erreichten wir unser erstes Basislager, 2900 Meter über dem Meeresspiegel. Die Träger waren alle schon lange vor uns angekommen, obwohl jeder von ihnen zwei schwere Rucksäcke geschleppt hatte. Während wir auf das Abend-

Back to the roots – im Regenwald.

essen warteten, bekamen wir Kaffee und Popcorn – eine etwas seltsame Kombination.

Afrika wäre nicht Afrika, wenn alles glatt ginge. Und es dauerte nicht lange, bis sich das erste Problem einstellte: Es gab ein Zelt zu wenig! Mark hatte ein Einmannzelt dabei und wir unser A.S.-Adventure-Zweimannzelt. Das dritte und letzte Zelt war ein altes Dreimannzelt, das sich der Führer und die vier Träger teilen mussten. Franziska stand buchstäblich in der Kälte. Toshiba, der Expeditionsleiter, versuchte uns davon zu überzeugen, dass wir zu dritt in unserem Zelt schlafen sollten. Ich war dagegen. Nicht dass Franziska nicht sexy gewesen wäre, aber das Zelt war für drei Personen einfach zu klein. Ich war nicht bereit, meinen Schlaf zu opfern, nur weil die Organisatoren geschlampt hatten.

Aber genauso wie in Afrika ständig Schwierigkeiten auftauchen, fallen auch immer wieder Lösungen vom Himmel. Nach kurzem Gezeter verschwand unser Führer. Eine Viertelstunde später war er zurück. Er hatte ein kleines Zelt für Franziska besorgt. Wo er es her hatte, blieb ein Rätsel. Wir genossen nach dem Essen eine Tasse Tee und eine Zigarette und krochen dann müde unter die Decke.

2. Tag: Pole Pole

Wir hatten schlecht geschlafen! Nicht nur wegen der Höhe, sondern vor allem wegen der Kälte. Solange die Sonne scheint, herrscht selbst auf 3000 Metern Höhe eine angenehme Temperatur, aber nach Sonnenuntergang wird es verdammt schnell kalt. Ich hatte zusätzliche Kleidung und sogar einen Isoliersack für den Schlafsack dabei, aber ich hätte nie gedacht, dass ich das hier alles brauchen würde. Nachts – eigentlich sofort nach Sonnenuntergang – fingen wir an zu zittern, und das hörte erst auf, als die ersten Sonnenstrahlen auf unsere „Zeltplatz“ fielen.

Das Frühstück konnte sich sehen lassen. Ein leckeres Omelett, Brot, Butter, Marmelade, Kaffee, warmer Kakao und Haferbrei. Genug Energie für einen neuen Start.

Um zehn Uhr brachen wir zu einer relativ einfachen Tagestour auf, die uns auf 3700 Meter Höhe brachte. Unser Führer gab das Tempo vor, es war entsetzlich langsam. „Pole Pole", was so viel bedeutete wie „slowly, slowly", rief er immer dann, wenn wir auch nur ein bisschen schneller gingen. Ich fand dieses langsame Tempo nervig, manchmal sogar ermüdend. Aber am nächsten Tag erkannte ich seinen Sinn. Es sollte der Höhenkrankheit vorbeugen, Schrecken jedes Bergsteigers. Sie tritt immer dann auf, wenn dem Körper bei geringem Sauerstoffgehalt eine zu große Leistung abverlangt wird. Wegen seiner rudimentären Englischkenntnisse konnte unser Führer uns das nicht verständlich machen.

Auch Ronny und Johnny sind wieder mit von der Partie.

3. Tag: Höhenkrank

Als Toshiba an diesem Morgen erklärte, das nächste Lager läge auf 3950 Metern Höhe, also nur 250 Meter höher als unser jetziges, dachte ich, das sei ein Kinderspiel. Den ganzen Vormittag wanderten wir über das herrliche Shira-Plateau mit seiner wunderbaren Aussicht auf Uhuru Peak, den verschneiten Gipfel des Kilimandscharo. Nach dem Mittagessen begann der Aufstieg. Nach einer Stunde Klettern – dem GPS nach befanden wir uns schon mehr als 300 Meter über dem

Mark auf dem Shira-Plateau.

5. Tag : D-Day

Eine halbe Stunde vor Mitternacht. Toshiba weckte uns. Kaffee gab es heute keinen, und diesmal brauchten wir auch keinen. Alle waren augenblicklich hellwach. Aber es gab auch kein Frühstück. Mark, der für diese Tour bestens gerüstet war, verteilte Energieriegel. Wir füllten unsere Wasserflaschen, zogen alle Kleidungsstücke an, die wir finden konnten, und begannen mit der Tour, die der Höhepunkt unserer Afrikareise werden sollte: Mit dem nächtlichen Aufstieg zum Uhuru Peak.

Wir hatten eine schwere Aufgabe vor uns. Wenn wir den spektakulären Sonnenaufgang auf dem Gipfel erleben wollten, mussten wir in sechs Stunden 1200 Meter steigen. Die vorgesehene Route war steil und mit Steinschlag übersät.

Genau um Mitternacht brachen wir auf. Das Mondlicht, das ab und zu durch die Wolkendecke schimmerte, beleuchtete den Berghang.

Schritt für Schritt kamen wir voran. Das Tempo war fürchterlich langsam, und trotzdem mussten wir alle zehn Schritte stehen bleiben, um Atem zu schöpfen. Der Sauerstoffgehalt der Luft war sehr gering, und ich konnte mir überhaupt nicht vorstellen, wie jemand ohne Sauerstoffmaske den Mount Everest besteigen konnte, einen Berg, der fast 3000 Meter höher ist als der Kili.

Auf halbem Wege überholten wir eine japanische Expedition. Müdigkeit und Höhenkrankheit hatten einigen aus ihrem Team schon stark zugesetzt.

Etwa 500 Meter unterhalb des Gipfels traten auch bei uns die ersten Probleme auf. Franziska war – obwohl sie ihre Kindheit in den Schweizer Alpen verbracht hatte – physisch und mental am Ende. Der zweite Bergführer, der als Letzter unsere Reihe abschloss, übernahm ihren Rucksack und bemühte sich, sie moralisch aufzurichten. Christophe und ich litten unter der extremen Kälte. Nach drei Monaten in der Sahara und in tropischen Landschaften war unser Körper an diese niedrige Temperatur nicht mehr gewöhnt. Die letzten vier Tage hatten nicht ausgereicht, um uns zu akklimatisieren.

Uns quälten Erfrierungserscheinungen an den Füßen. Erst hatten wir kein Gefühl mehr in den Zehen. Das war an sich noch nicht so schlimm; so etwas kommt beim Ski fahren regelmäßig vor. Man versucht dann, „mit den Zehen Klavier zu spielen", aber hier war es mit diesem Trick nicht getan. Als nach einer Stunde schon mein halber Fuß taub war, wurde ich langsam nervös.

„Wie lang dauert es, bis einem der Fuß abstirbt?", fragte ich Mark, der Arzt war.

Statt einer Antwort gab er mir ein Gegenmittel. Abermals kam uns seine Ausrüstung zugute. Er gab mir einen Lappen, der Wärme abgab, wenn man sich ihn in die Schuhe steckte.

Der Mond war inzwischen hinter einem der Bergkämme versunken, und es war stockdunkel. Der Gipfel war nicht zu sehen. Ein Versuch, mit dem GPS die Höhe zu bestimmen, schlug fehl. Die Kälte hatte alle Batterien geleert. GPS, Videokamera, Taschenlampe, nichts funktionierte mehr. Die Batterie meines Fotoapparats hatte ich in die Hosentasche gesteckt. Ich hoffte, dass sie mit Hilfe der Körperwärme etwas länger durchhalten würde.

In den ersten vier Tagen hatten wir nur einen Führer; an diesem Tag war ein zweiter Bergführer hinzugekommen, der die Reihe abschloss. Als er mir kurz vor Sonnenaufgang von hinten einen Schubs versetzte, wurde mir klar, dass seine Anwesenheit kein überflüssiger Luxus war. Ich war für ein paar Sekunden eingeschlafen! Unser Bergführer hatte uns vor dem Aufbruch eingeschärft, dass wir während des Aufstiegs nicht stehen bleiben dürften. Aber auch dafür hatte er keinen Grund genannt. Nun verstand ich warum. Die Müdigkeit war so überwältigend, dass ich trotz des Adrenalins und der Kälte von minus 15 Grad unmerklich im Stehen eingeschlafen war. Das passierte mir etwa drei Mal.

Wie eine Gruppe von Schildkröten krochen wir vorwärts. Immer wieder zählten wir von eins bis tausend. Dabei dachten wir an nichts. Die Stunden schlichen langsam dahin.

Und dann standen wir mit einem Mal auf Stella Point, einem Bergkamm 100 Meter vom Gipfel entfernt. Plötzlich sah ich wieder den Vollmond an einer Seite des Kamms und am Horizont auf der anderen Seite eine geheimnisvolle weiße Linie. Langsam, aber sicher wurde die Linie breiter und in ihrer Mitte entwickelte sich eine Rundung. Die orangene Kugel wurde größer, die Farben intensiver, und dann waren schlagartig überall Eisgebilde zu sehen. Die Landschaft wirkte surreal, und ich fühlte mich wie auf einem fremden Planeten oder auf dem Filmset von „Der Herr der Ringe“. Ich musste schlucken. Diese gewaltigen Eindrücke, die durchgestandenen Entbehrungen, die Gefühle, das alles wurde mir zu viel. Es begann mit einem Kloß im Hals, aber nach zwei Minuten konnte ich meine Tränen nicht mehr zurückhalten.

Auf den letzten 100 Metern des Aufstiegs erlebte ich den schönsten, intensivsten und emotionalsten Augenblick meines Lebens. Ich wusste nicht, wohin ich zuerst schauen sollte oder was ich zuerst empfinden oder denken sollte. Ich fühlte mich wie der Träger der olympischen Flamme, der Gewinner des Ironman, wie ein Kriegsheld oder etwas Ähnliches. Ich ging zu Christophe. Auch er war wie in Trance. Wir legten uns die Arme um die Schulter und erstiegen so den Uhuru Peak. 5859 Meter über dem Meeresspiegel. Verdammt, wir standen auf dem Gipfel des Kilimandscharo, auf dem Dach Afrikas.

6. Tag: Der Abstieg

Nachdem wir die obligatorischen Fotos geschossen hatten – meine Batterie hatte auf dem Gipfel genau eine Minute durchgehalten –, fühlten wir uns wie neugeboren und begannen in einem Rausch von Glückseligkeit den Abstieg. Wir hatten schließlich keine Zeit zu vertrödeln. Auf dem Gipfel war es eisig kalt, und selbst unsere Isolierflasche mit Trinkwasser hatte sich in einen Eislutscher verwandelt.

Stolzes Posieren auf 6000 Meter Höhe.

Auf einem Pfad, der mit Steinschlag übersät war, sausten wir auf unseren hohen Schneeschuhen wie Skifahrer abwärts. Wir hatten sechseinhalb Stunden gebraucht, um zum Gipfel aufzusteigen, aber nach etwas mehr als einer Stunde standen wir schon wieder bei unseren Zelten in Lager fünf. Der Bergführer genehmigte uns anderthalb Stunden Schlaf, bevor wir nach einem Frühstück weiter abstiegen. Wir marschierten an diesem Tag noch vier Stunden, verbrachten eine letzte Nacht auf 2800 Metern und standen am folgenden Morgen um elf Uhr wieder am Fuße des Bergs. Den Abschluss bildeten ein paar kühle Bier der Marke „Kilimandscharo" und eine ausgiebige Dusche – die erste seit sechs Tagen. Einer der „Seven Summits" lag hinter uns. Auf zum Mount Everest!

Road to Paradise: Vom Kilimandscharo nach Sansibar

Nach sechs schweren Tagen als Bergsteiger und einem Ruhetag in Moshi wollten wir endlich zu unseren ersten echten Ferien nach Sansibar fahren. Die exotische Insel vor der Küste Tansanias lachte uns verheißungsvoll entgegen: perlweiße Strände, rhythmisch wiegende Kokospalmen, ein azurblauer Indischer Ozean mit einer Wassertemperatur von 30 Grad und einer Sichtweite von 27 Metern – unter Wasser, wohlgemerkt. Und darüber hinaus würden wir dort, das erste Mal seit fast vier Monaten, nicht nur ein paar Freunde und Familienmitglieder, sondern auch unsere Freundinnen wiedersehen. Nur läppische 650 Kilometer trennten uns von diesem gefühlvollen Moment.

Waren wir verhext? Hatte dieser Vodoo-Priester in Benin uns mit einem Fluch belegt, weil wir uns geweigert hatten, seine Glücksbringer zu kaufen? Allmählich glaubte ich daran! Noch keine 20 Kilometer hinter Moshi schlug das Schicksal abermals zu. Unsere Vorderachse, die im Tschad schon zweimal gebrochen war und ein weiteres Mal in der Hölle Nordkenias, gab abermals ihren Geist auf. Eine vollkommen überflüssige Reihe niedriger Verkehrsschwellen – nicht höher als fünf Zentimeter, aber im Abstand von nur zehn Metern – setzten Chuckie so zu, dass er auseinander zu fallen drohte. Ein zehn Zentimeter tiefes Loch am Ende des Hindernisparcours gab ihm den Rest.

Wir sprangen aus dem Wagen, um den Schaden zu begutachten. Die Diagnose war verheerend: Die Achse war gebrochen und das Chassis fast mitten durchgerissen. Die Räder standen wieder in der

Kendwa lag eine Dreiviertelstunde von Stonetown entfernt. Während man in Europa vor Autohändlern gewarnt wird, hieß es in Afrika meist „Aufgepasst!", wenn man es mit einem Taxifahrer zu tun bekam. Während unserer gesamten Reise und besonders in Sansibar wurden wir immer wieder mit allen möglichen listigen Tricks konfrontiert, die sich die Taxifahrer ausgedacht hatten, um Touristen eine paar Dollar abzuknöpfen.

Es war halb zwölf. Catherine und ich verließen die Fähre. Ihr 45 Kilo schwerer Reiskoffer hatte wegen seines Übergewichts gerade eins seiner Räder verloren. Ich nahm ihn ihr ab.

Die 200 Meter von der Fähre bis zum Einwanderungsbüro in tropischem Klima – mit hoher Luftfeuchtigkeit und brütender Hitze – reichten aus, um mich groggy und schweißgebadet niederzustrecken.

Kaum drehte ich mich um, packte schon ein Taxifahrer den schweren Reisekoffer und wollte ihn in seinen Wagen verfrachten. Ich raunzte ihn an, aber er war hartnäckig.

„Wo müsst ihr hin?"

„Kendwa Beach", antwortete ich, „im Norden der Insel."

Es war eine Fahrt von einer Stunde, und er verlangte 20 Dollar. Das erschien mir zu viel. Schließlich waren wir hier nicht in Europa. Wir hatten gerade den lächerlich hohen Preis von 35 Dollar für eine anderthalbstündige Überfahrt hingeblättert, für die ein Tansanier nur fünf Dollar bezahlte. Ich hatte keine Lust, mich von einem Taxifahrer noch einmal übers Ohr hauen zu lassen, und suchte nach einer günstigeren Alternative. Es gebe „shared taxis", in denen man sich die Kosten mit mehreren Mitfahrern teilte; sie würden am anderen Ende der Stadt abfahren, sagte unser Taxifahrer.

Sein Vorschlag klang verlockend. Für einen halben Dollar würde er uns ans andere Ende der Stadt bringen; es sei nur eine kurze Fahrt von fünf Minuten. Wir bissen an.

Aber am Standplatz der „shared taxis" war niemand zu sehen. Plötzlich fiel unserem Taxifahrer wie durch Zufall wieder ein, dass diese „shared taxis" nur am frühen Vormittag losfuhren. Er entschuldigte sich für seine „Vergesslichkeit".

Wir baten ihn, uns zum Hafen zurückzubringen, wo eine ganze Reihe Taxis wartete. Er weigerte sich!

Er entschuldigte sich damit, dass er einen Irrtum begangen habe und sich nun „moralisch verpflichtet fühle, uns zu helfen". Ich dankte ihm für seine Freundlichkeit und bestand darauf, dass er uns zurückbrachte. Aber mein Widerstand war zwecklos. Er startete den Motor, und es begann eine lange Fahrt kreuz und quer durch die Stadt, auf der er immer wieder mit anderen Taxifahrern über einen „guten Preis für seine beiden weißen Freunde" verhandelte.

Nach 45 Minuten und zahllosen vergeblichen Versuchen von uns auszusteigen, fand er einen Kollegen, der bereit war, den Job für 15 Dollar zu erledigen. Wir wollten so schnell wie möglich zu unserem kleinen Stück vom Paradies im Norden der Insel und hatten das Warten satt. Wir akzeptierten den neuen Preis, der uns immer noch zu hoch erschien.

Später zeigte sich, dass es der absolute Tiefstpreis für diese anstrengende Fahrt über eine fürchterliche Straße war. Es wurde mir auch klar, warum der erste Taxifahrer es sich erlauben konnte, für den versprochenen halben Dollar 45 Minuten mit uns herumzufahren. In Sansibar arbeiteten alle auf Kommission. Der Fahrer hatte keine Genehmigung, in den Norden zu fahren, bekam aber zehn Prozent für die Vermittlung von Kunden. Der Portier unseres Bungalowcamps bezahlte ebenfalls zehn Prozent dafür, wenn der Fahrer ihm einen Kunden brachte, der noch keine Reservierung hatte.

Nun gut, wir hatten also einen neuen Taxifahrer und einen Minibus und konnten Stonetown endlich verlassen. Aber auch dieser Typ, ein Rastafari, der etwas von „Otto", dem Busfahrer der Simpsons, hatte, war nicht mit dem Prinzip vertraut, dass der kürzeste Abstand zwischen zwei Punkten eine Gerade ist. Er klapperte erst noch einige Hotels ab, um zu erkunden, ob er nicht doch noch ein paar zusätzliche Kunden aufgabeln konnte, die auch nach Norden wollten. Unser Hinweis, dass wir sofort fahren wollten und nicht daran interessiert seien, den Preis mit anderen zu teilen, beeindruckte ihn nicht. Er hatte wahrscheinlich sowieso nicht vorgehabt, die Kosten zu senken, falls wir den Bus mit anderen teilten.

Cat, die das erste Mal in Afrika war, fühlte sich unbehaglich, und mir – der ich Ähnliches mittlerweile gewohnt war – ging diese Situation allmählich gewaltig auf die Nerven. Ich schrie den Fahrer an, dass er nun endlich losfahren solle. Er nickte. Wir verließen die Stadt Richtung Norden. Endlich!

Aber nach zwei Kilometern wandte er sich mit einem entschuldigenden Blick zu uns um. Sein Haus läge weniger als einen halben Kilometer von der Hauptstraße entfernt, und sein Sohn müsse morgen das Schulgeld bezahlen. Er könne heute Abend nicht mehr nach Hause fahren. Daher bat er uns, einen letzten kleinen Umweg machen zu dürfen, um seinem Sohn schnell das Geld zu geben. Es würde keine zwei Minuten dauern.

Ich glaubte ihm kein Wort, aber auch hier war Widerstand zwecklos. Er hatte nicht einmal unsere Antwort abgewartet und war schon in ein schlammiges Elendsviertel der Stadt abgebogen. 500 Meter weiter hielt er wirklich an.

„Können Sie mir einen Vorschuss geben?“ Ich weigerte mich. Er bestand nicht darauf und stieg aus. Das Geld, das er aus der Tasche zog, gab er jedoch nicht seinem hilfsbedürftigen Sohn, sondern einem anderen Rasta. Dafür bekam er ein Beutelchen, dessen Inhalt ich schon erahnte. Er stieg rasch wieder ein, sagte kein Wort und brauste weiter in Richtung Kendwa Beach.

Endlich! Keine Probleme mehr. Schuhe aus, sit back & relax. Vergiss es! Nach 45 Minuten nahm die Kamikazefahrt ein unerwartetes Ende.

„Was ist nun los?“

„Der Reifen ist platt.“

„Du hast doch einen Reservereifen dabei?“, fragte ich misstrauisch.

Er antwortete nicht sofort und stieg aus. Ich folgte ihm. Er öffnete den Kofferraum. Da lag der Reservereifen – er war ebenfalls platt.

„I was going to have it fixed …“ „… but then I got high“, vollendete ich den Satz in Gedanken für ihn und musste dabei an den Hit von Afroman denken. Wir befanden uns mitten im Dschungel, von einer Werkstatt keine Spur. Doch zu meiner großen Überraschung ließ er den Kopf nicht hängen. Er schulterte das Reserverad und verschwand ohne ein Wort. Uns blieb nichts anderes übrig, als zu warten.

Nach genau einer Stunde und 15 Minuten war er zurück. Wo er gewesen war, weiß ich nicht, aber der Reifen war repariert. Nun ging es nur noch darum, das neue Rad zu montieren. Eine Sache von fünf Minuten … zumindest, wenn man einen guten Wagenheber hat.

Das mickrige Gerät, das er hervorzauberte, stammte offenbar noch aus dem Zweiten Weltkrieg, gehörte also längst auf den Müll.

Nach drei ergebnislosen Versuchen, den Wagen aufzubocken, war meine Geduld am Ende. Ich hielt das erstbeste Fahrzeug an, fragte nach einem Wagenheber, bat unseren Taxifahrer, kurz zur Seite zu gehen, und wechselte selbst den Reifen. Um fünf Uhr nachmittags kamen wir endlich in Kendwa Beach an.

Der Taxifahrer besaß noch die Frechheit, um fünf Dollar mehr zu bitten, weil „die Fahrt schließlich länger gedauert hat als erwartet". Ein viel sagender Blick ließ ihn nicht länger darauf bestehen.

„He, never blame a man for trying!", lachte er.

Kendwa Rocks entsprach genau den Beschreibungen der südafrikanischen Overland Travellers, die wir in Äthiopien getroffen hatten. Es war das Paradies auf Erden. Am azurblauen Indischen Ozean standen auf einem kleinen perlweißen Strand halbkreisförmig angeordnet zehn Strohhütten im Schatten eines Palmenhains. Im Zentrum nah am Wasser gab es eine Cocktailbar, eine Hütte, die als Geschäftsstelle des örtlichen Tauchklubs diente, ein großes Barbecue und eine Mulde für das Lagerfeuer. Was braucht der Mensch mehr …?

Schwarze Kinder jeden Alters versuchten ihre ersten Cent zu verdienen. Die Kleinsten kletterten in die Palmen und verkauften Kokosnüsse und frische Ananas; ihre älteren Brüder, die lieber faul unter den Palmen lagen, brachten Marihuana an den Mann. Ihre Mütter und Schwestern malten gegen geringes Entgelt Hennatatoos, boten Massagen an oder flochten Bänder in das Haar von Hippietouristen. Die Eltern beschäftigten sich vor allem mit Fischfang. Immer wenn jemand einen Tintenfisch oder einen Barrakuda gefangen hatte, kam er an Land und versuchte ihn an das Restaurant der Lodge oder an die Touristen selbst zu verhökern. Für fünf Dollar kaufte ich zwei große Tintenfische, von denen zehn Personen, also unsere ganze Gruppe, satt wurden. Tintenfisch ist meist zäh und lässt sich schwer kauen. Aber nicht in Sansibar. Der Fischer brachte mir den Trick bei. Er legte einen Tintenfisch in den Sand und begann ihn zu kneten, wie ein Bäcker seinen Teig. Nach fünf Minuten nahm er einen Stock und begann auf das Tier einzuschla-

XV. MALAWI
EINMAL ABTAUCHEN & DI KURVE KRATZEN

Ein Sprung in den Parkteich

Endlich raus aus Tansania! Die mehr als 1000 Kilometer lange Testfahrt, die Chuckie nach der Reparatur in Daressalam zu überstehen hatte, verlief ohne den geringsten Zwischenfall. Der Zustand der Straßen war passabel. Sie waren zwar voller Schlaglöcher, aber wenigstens asphaltiert. Nach zwei Tagen standen wir an der Grenze zu Malawi.

Ich hatte mich schon lange auf dieses Land gefreut. Vor unserer Reiseplanung hatte ich überhaupt keine konkrete Vorstellung von Malawi gehabt. Der Lonely Planet schrieb: „Touristenführer beschreiben Malawi als ‚das warme Herz Afrikas', und dieses eine Mal bewahrheitet sich dieser Hype. Malawi ist landschaftlich unbeschreiblich schön, und die Malawier sind – ohne verallgemeinern zu wollen – die freundlichsten Menschen, die man sich vorstellen kann." Das klang viel versprechend!

Eine Gruppe junger 2-CV-Fans in der Nähe von Livingstonia.

Ein Artikel über den Lake Malawi, einen riesigen Süßwassersee, der größer als Belgien ist und über eine Länge von 500 Kilometern die Ostgrenze des Staates bildet, erweckte meine Aufmerksamkeit. Angeblich sollte er pro Kubikmeter über die größte Fischkonzentration der Welt verfügen; es solle hier Fische in allen Farben und Formen geben. Auch der Tauchlehrer in Sansibar hatte andauernd davon erzählt: „Nimm ein Stück Brot mit, verstau' es in deinem Tauchanzug und verfütter' es unter Wasser an die Fische." Schwärme von Tausenden, ja Zehntausenden von Fischen würden einen umringen, behauptete er. So viele, dass man sogar das Sonnenlicht an der Wasseroberfläche nicht mehr sehen könne. Das musste ich erleben.

Chuckie am Ufer des Malawi-Sees.

Der Norden des Landes war grün und hügelig, aber es gab nicht viel zu sehen. Die einzige touristische Attraktion war das Dorf Livingstonia, eine vormals von schottischen Missionaren hoch auf einem Berg errichtete Missionsstation. Von diesem Dorf aus sollte man mit dem Blick auf den Lake Malawi eine der spektakulärsten Aussichten ganz Afrikas haben. Wir verließen die Hauptstraße. Der Weg nach Livingstonia verhieß nichts Gutes. Es war ein steiler, stark unterspülter Feldweg. Meter um Meter kletterten wir bergauf. Plötzlich ging nichts mehr. Der Straßenbelag bestand auf diesem Abschnitt aus einem Gemisch aus Lehm und Schotter. Chuckies Vorderräder fingen an durchzudrehen. Die Steine spritzten in alle Richtungen.

Christophe sprang aus dem Wagen und begann mit aller Kraft zu schieben. Es zeigte kaum Wirkung.

„Das schaffen wir nie", meinte er. „Irgendwann sind die Bremsen hinüber."

Er hatte Recht. Chuckies Bremsen waren nicht mehr die besten. Das Kabel der Handbremse war schon vor einem Monat gerissen. Kein angenehmer Gedanke. Wir waren inzwischen schon einen Kilometer an einer steilen Bergwand entlanggefahren, und neben uns klaffte ein Abgrund. Keine Leitplanken, keine Einfassung aus schweren Felsblöcken ... nichts, nur unermessliche Tiefe.

Nur mühsam und mit angehaltenem Atem gelang es uns, den Wagen auf dem schmalen Pfad zu wenden. Im ersten Gang und mit durchgetretener Bremse ließ ich Chuckie hinunterrollen.

Ich spürte, wie mein Herz raste. Die Bremskraft wurde spürbar geringer. Ich konnte an nichts als den Abgrund denken.

Ich hielt an. Mit zittriger Stimme rief ich nach Christophe. Er ging zu Fuß bergab, um das Gewicht zu verringern. Er kam zurück.

Die Bremsen waren mittlerweile überhitzt. Ich bat Christophe, den 2 CV mit Gegendruck möglichst stark abzubremsen.

Während er sich dagegenstemmte, rollte ich die letzten 200 Meter abwärts.

Auf der Hauptstraße stieg ich aus. Obwohl ich mich die ganze Zeit körperlich nicht angestrengt hatte und an diesem Tag eine frische Brise wehte, war ich schweißgebadet.

Livingstonia konnten wir also vergessen, und ein Alternativprogramm gab es nicht, daher fuhren wir weiter. Stunde um Stunde fraßen wir Kilometer, drei Tage nonstop.

Uns überkam ein seltsames Gefühl: Es ging zu schnell. Wenn man Sansibar außer Acht ließ, glich dieser Teil der Reise zum ersten Mal einem Touristentrip. Es war zwar angenehm, problemlos voranzukommen, vor allem, weil wir wirklich schon mehr als genug Schwierigkeiten hinter uns hatten. Aber nach einer Weile begann es uns zu langweilen. Benzinknappheit sorgte für den einzigen Zwischenfall.

Unsere nächste Station hieß Nkhata Bay. Dort gab es eine Tauchschule und damit die Möglichkeit, die sagenhaften Geschichten über den Fischbestand des Lake Malawi zu überprüfen.

Ein paar Stunden nach unserer Ankunft saß ich mit einer Sauerstoffflasche auf dem Rücken in einem Motorboot. Auf ein Startzeichen hin ließ ich mich rücklings ins grüne Wasser fallen. Es war ein merkwürdiges Gefühl. Nie zuvor war ich in Süßwasser getaucht. Der Auftrieb ist viel geringer, und man sinkt viel schneller als in Salzwasser.

Ich bereite mich auf einen Tauchgang im Malawi-See vor.

Schon in der ersten Minute zerplatzte der Mythos vom „Tauchparadies Lake Malawi". Die Sicht unter Wasser betrug nicht mehr als vier Meter, von Fischen kaum eine Spur, und das Einzige, was man auf dem Grund des Sees sah, waren kahle Felsen. Nach Sansibar, wo Riesenschildkröten und Zehntausende von Fischen in allen möglichen Farben und in vollkommener Harmonie in glasklarem Wasser herumgeschwommen waren, war das eine herbe Enttäuschung. Sansibar glich einem tropischen Aquarium, der Lake Malawi einem seit Jahren nicht mehr gesäuberten Parkteich.

Statt der geplanten sechs Tauchgänge beließ ich es bei einem und verbrachte den Rest des Tages in einer Kneipe am Ort. Am nächsten Morgen sprangen wir in den Wagen und fuhren weiter nach Lilongwe, Malawis Hauptstadt.

Geschlauchte Reifen

Das Ende unserer Fahrt rückte in greifbare Nähe. Je weiter wir nach Süden kamen, desto zivilisierter wurde die Umgebung. Lilongwe hatte, wie Nairobi und Daressalam, kaum noch Authentisches zu bieten. Große Supermärkte, Cybercafés, Parks, Diskotheken. Nicht immer waren sie für die einheimische Bevölkerung bezahlbar, aber es gab sie. Nur an der Hautfarbe der Einheimischen konnte man erkennen, dass man sich in Afrika befand.

Wir fuhren zu einem Campingplatz, der uns am Tag zuvor von einigen deutschen Overland Travellers empfohlen worden war. Lilongwe war für viele eine obligatorische Zwischenstation auf der Route von Daressalam nach Kapstadt. Touristen gab es hier zuhauf. Niemand schaute auf, als wir auf das Gelände des Campingplatzes fuhren. Diesen Teil Afrikas mit einem 2 CV zu durchqueren, stellte keine besondere Herausforderung mehr dar. Nur der niederländische Besitzer des Campingplatzes schenkte uns Beachtung.

„Ein hässliches Entlein!“, begrüßte er uns. „So was bekommen wir hier nicht alle Tage zu sehen!“

Er habe in den Niederlanden auch eine Ente gefahren, sagte er und inspizierte nostalgisch unsere Karre.

„Passt bloß auf. Wenn die Polizei das sieht, bekommt ihr einen Strafzettel.“ Er zeigte auf unsere Reifen. „Was ist denn mit ihnen?“, fragte ich und trat vor die Ente.

Ich traute kaum meinen Augen. Wir fuhren mit Slicks, mit vollkommen glatten Reifen.

Wie kam das? In Äthiopien hatten die Reifen einiges aushalten müssen. Mitten auf unserer Fahrt durch die nordkenianische Hölle war das vordere Paar völlig zerschlissen. Trotzdem hatten wir uns damals entschieden, unsere beiden Reservereifen noch nicht zu opfern und die letzten 250 Kilometer mit ihnen zurückzulegen. 50 Kilometer vor Isiolo hatten wir eine Reifenpanne. Die Metallschicht in den Reifen hatte die Reste des Gummis durchbohrt. Beim Radwechsel zog ich mir sogar Schnittwunden zu.

Mit dem ersten Satz Reifen waren wir 14000 Kilometer über verschiedenartigstes Gelände gefahren: über Asphalt und Sand wie auch über unwegsame Strecken in der Steinwüste. Nun war unser zweiter Reifensatz schon nach 2800 Kilometern ratzekahl. Der Asphalt war zwar rauh, aber trotzdem ...

Es blieb uns ein Rätsel. Der niederländische Campingplatzbesitzer, den das Ganze selbst auch interessierte, schleppte einen seiner Männer an. Alfred, sein schwarzer Mechaniker und Mädchen für alles, begutachtete die Vorderreifen, an denen der Schaden am größten war. Er wies uns darauf hin, dass sie sehr unregelmäßig abgefahren waren. Er zeigte auf den schief abgefahrenen Belag und murmelte etwas in Chichewa, der Sprache der Chewa, der Bevölkerungsgruppe, der er angehörte.

Der Niederländer übersetzte es für uns. „Eurer Chassis ist schief!“

„Wie meinst du das? ... Mist, er hat Recht!“

Nach unserem letzten Achsenbruch in der Nähe von Moshi war

das Chassis stark eingerissen und hatte sich verzogen. Bei der Reparatur in der Volvowerkstatt von Daressalam hatte es der Monteur versäumt, das Ganze wieder geradezubiegen, bevor er den Riss verschweißt hatte.

Alfred machte uns das Ausmaß des Problems deutlich: Wenn wir das eine Vorderrad geradestellten, stand das andere schief und umgekehrt. Dadurch ruckte und schlingerte Chuckie selbst auf einer perfekten Asphaltstraße.

„Was nun?“, fragte ich Christophe.

Er zuckte mit den Schultern. „Viel lässt sich daran nicht ändern.“

Reservereifen hatten wir keine mehr. Das Format „135, Felge 15“ war selbst in Belgien nicht mehr aufzutreiben, erst recht nicht in Afrika. Christophe schlug vor, die abgefahrenen Reifen hinten zu montieren. Der Vorderradantrieb hatte zur Folge, dass die hinteren Reifen noch etwas besser erhalten waren als die vorderen. Wir wechselten alle vier Reifen und fuhren am nächsten Tag auf gut Glück in Richtung Sambia.

Alle 50 Kilometer hielten wir an und beobachteten besorgt, wie auch der neue vordere Reifensatz im Eiltempo verschliss. Ich nahm die Michelin-Karte zur Hand und zählte die Kilometer, die wir noch vor uns hatten

„Noch 5000 Kilometer“. Christophe antwortete nicht. Es blieb still im Wagen. Uns war klar, dass wir Kapstadt so nicht erreichen würden.

XVI. SAMBIA
WATERWORLD

Ein paar Stunden nach der Abfahrt nach Lilongwe überquerten wir die Grenze zu Sambia.

Sambia kam meiner Vorstellung von Zentralafrika am nächsten. Riesige undurchdringliche Wälder, so weit das Auge reichte, wilde Flüsse, Wasserfälle, mit einem Wort: Wildnis. Bis auf die Sahara und die südlich daran angrenzenden Länder war Sambia das wildeste Stück Afrika auf unserer Route. Die Great North Road und die Great East Road, zwei gigantische, mit westlichem Kapital finanzierte Verkehrsadern ermöglichen es überhaupt erst, das Land zu durchqueren. Ohne diese beiden Straßen ginge das nicht.

Erst recht nicht in unserer Situation. Vor einigen Tagen hatte die Regenzeit begonnen, der wir mit gemischten Gefühlen entgegengesehen hatten. In einem Fernsehinterview war eine Afrikanerin aus dem Brüsseler Schwarzenviertel Matoné einmal gefragt worden, was sie in Belgien am meisten vermisse. „Den Regen“, hatte sie ohne zu zögern geantwortet.

„Den Regen?“, hatte der Reporter erstaunt gefragt.

Sie hatte erklärt, dass der Regen in Afrika völlig anders sei. „Stellen Sie sich vor“, hatte sie begonnen, „Sie befänden sich in den Tropen. Den ganzen Tag ist es glühend heiß. Bei der geringsten Anstrengung sind Ihre Kleider klatschnass vor Schweiß. Sie suchen Abkühlung, aber es gibt nirgends eine kalte Dusche. Sie fühlen sich unwohl. Plötzlich hören Sie einen Donnerschlag. Noch fünf Minuten zuvor war der Himmel strahlend blau, nun bilden sich auf einmal gewaltige Wolken über Ihnen. Ein leichter Wind kommt auf.

Noch ein Donnerschlag. Für manche ein Zeichen, Schutz zu suchen, für die meisten das Signal rauszugehen. Manchmal hatten wir gerade noch genug Zeit, um unsere Kleider von uns zu werfen und unter einem Vordach abzulegen. Und dann beginnt es. Erst nur mit ein paar Tropfen, doch schon nach wenigen Sekunden schüttet es wie aus Eimern. Es fällt kein eiskalter Regen wie hier in Belgien, sondern ein angenehm lauwarmer und doch erfrischender Regen. Wir spielten im Schlamm, wir wuschen uns, wir lachten … Wir genossen die Gottesgabe. Ja, ich vermisse den Regen!"

Die Beschreibung dieser Frau und die Begeisterung, mit der sie vor der Kamera von ihrer Erfahrung berichtet hatte, waren mir immer im Gedächtnis geblieben. Nun, auf dem Campingplatz auf Lilongwe, konnte ich es selbst erleben. Alle gingen nach drinnen, ich lief mitten auf den Campingplatz und fühlte mich wie ein Darsteller aus dem „Tok-Tok-Tahiti-Duschgel-Werbespot".

Chuckie teilte mein Faible für tropische Regengüsse nicht. Sein Dach und die ganze Karosserie waren durchlöchert. Wenn wir durch große Pfützen fuhren, lief uns das Wasser in die Schuhe. Das war nicht immer zum Lachen, manchmal eher zum Heulen. Durch alle Ritzen floss Wasser in den Wagen. Wir klemmten die wenigen noch funktionierenden Elektrogeräte ab.

Ein Sambier blickt erstaunt unserem 2 CV nach.

Aber das größte Problem waren auch jetzt die Reifen. Nicht nur die nasse Straße machte das Fahren lebensgefährlich, auch die Schlammflut, die sich dann über den Asphalt ergoß. Erosionen und Überschwemmungen erzeugten einen fettigen braunen oder roten Belag auf der Fahrbahn. Fahren wurde völlig unmöglich. Zweimal mussten wir anhalten. Wir warfen eine große Plastikplane über das durchlöcherte Dach und warteten ungeduldig.

Zum Glück dauerten die Regengüsse nie lange, und meistens besaßen sie die Freundlichkeit, erst am späten Nachmittag niederzugehen. Häufig ging das Spektakel genau um 17 Uhr los, aber zu dieser Zeit hatten wir oft schon einen Campingplatz gefunden.

Südtansania und Malawi hatten wir im Eiltempo durchquert. Auch in Sambia saßen wir ständig im Wagen, Tag für Tag. Unsere Gespräche, die nach Sansibar schon spärlicher geworden waren, kamen nun völlig zum Erliegen.

Ich hatte meine eigenen Gründe dafür und erkundigte mich bei Christophe, warum er so still war.

„Es ist so, als wäre es vorbei", antwortete er nach einem langen Schweigen.

Es schien ihm schwer zu fallen, das zuzugeben. Verständlich. Ich konnte ihn beruhigen. Mir ging es ganz genauso. Vier Monate hatten wir geschuftet, geschoben, gezogen und gelitten, um die Ente durch die Wüste und durch andere unwegsame Regionen zu bugsieren. Nun fehlte uns auf den Asphaltstraßen die Herausforderung. Sambia war zwar wild und unerforscht, aber Chuckies erbärmlicher Zustand und die abgefahrenen Reifen zwangen uns dazu, auf der Hauptstraße zu bleiben. Wir genossen es zwar, aber es war irgendwie anders.

Etwas Amüsement boten uns die Zwischenfälle während der Fahrt. Der sambische Arm des Gesetzes hat einen üblen Ruf, und jeder Tourist, der im eigenen Wagen durch das Land fährt, kann sicher sein, dass er mehrmals täglich seine Brieftasche zücken muss. Es gab zahlreiche Kontrollen. Einmal wurden wir nach unserer Versicherung gefragt, doch da konnten wir plötzlich kein Englisch mehr. Ein anderes Mal hielt uns ein Polizist bei einer Routinekontrolle an, betrachtete sich unsere Reifen und wollte uns nicht mehr weiterfahren lassen. „Okay", sagten wir, parkten mitten auf der Straße und stiegen aus. Pech für den Polizisten, er war allein, unbewaffnet und ohne Telefon. Schnell bildete sich eine Autoschlange mit wütend hupenden Fahrern. Als sich fünf Wagen gestaut hatten, wurde es dem armen Polizisten zu viel. Er ermahnte uns, vorsichtig zu fahren; wir durften weiter.

Tsetse-Kontrolle vor der Einfahrt in die Hauptstadt.

Nach 500 Metern kam die nächste Kontrolle. Wir hielten vor einem Schlagbaum, aber der Dienst habende Polizist kontrollierte nicht unsere Dokumente, sondern zog stattdessen eine Art Schmetterlingsnetz hervor und inspizierte den Innenraum des Wagens. Erst da bemerkte ich die Aufschrift auf dem Schlagbaum. „Tse-tse-Kontrolle".

Aber statistisch gesehen mussten sich unsere Chancen – und unser Glück – einmal wenden. In Kafue, einem Dorf etwas südlich der Hauptstadt Lusaka, war es so weit. Wir fuhren – sicher mit weniger als 25 Stundenkilometern – über eine wacklige Brücke.

Da waren sie wieder. Vierte Kontrolle.

Wir hielten knapp hinter dem Polizeiwagen. Ein Polizist wankte auf uns zu.

„Sie fahren zu schnell. Sechzig ist die Höchstgeschwindigkeit. Sie sind 72 gefahren."

„Was?", schrie ich. „Wir sind kaum 25 Stundenkilometer gefahren!"

„Mein Kollege hat 72 aufgeschrieben."

„Ah, aufgeschrieben ... Darf ich mal das Foto sehen, das mit dem Messgerät gemacht wurde?" Frank hatte mir in Kenia erzählt, mit den Messgeräten werde so herumgepfuscht, dass sie selbst bei einem stehenden Wagen noch 20 Stundenkilometer registrieren würden.

„Wir arbeiten ohne Messgerät. Mein Kollege ist speziell für das Abschätzen von Geschwindigkeiten ausgebildet worden."

Wir hatten schon viele hahnebüchene Ausreden gehört, aber das schlug alle Rekorde. Christophe konnte sich das Lachen nicht mehr verbeißen und prustete los.

Aber der Polizist blieb dabei: „Dreißig Dollar, sofort zu zahlen!"

„Wir bezahlen gar nichts!", rief ich, von Christophes Lachanfall angesteckt. Und dann ging der Polizist weg. Einfach so. Er ging zu seinem Wagen zurück und steckte sich eine Zigarette an. Durften wir nun weiterfahren oder nicht?

Ein anderer Wagen fuhr über die Brücke. Der Kollege, der die Geschwindigkeit einschätzte, war zwar gerade mal pinkeln gegangen, aber das hinderte unseren Polizisten nicht daran, den Fahrer anzuhalten. Offenbar hatten alle Polizisten die Spezialausbildung genossen. Auch dieser unglückselige Fahrer, ein Sambier, erhielt eine Ermahnung. Er begann Zetermordio zu schreien, aber schließlich zückte er doch sein Portemonnaie.

„Gib mir mal fünf Dollar", sagte Christophe. „Es ist besser, wir verschwinden hier."

Er hatte Recht. Wenn der Polizist jetzt zurückkam und unsere Reifen sah, mussten wir richtig blechen.

Wir gingen zu ihm und drückten ihm einen Schein in die Hand.

Er lachte kindlich. „Thank you, my friends. Welcome to Sambia." Wir durften weiterfahren.

Die 1400 Kilometer zwischen Lilongwe und Livingstone legten wir in drei Tagen zurück. Unser Tagesablauf war immer derselbe: Wir fuhren von Sonnenaufgang bis kurz vor Sonnenuntergang. Dann suchten wir einen Campingplatz, bauten das Zelt auf und gingen schnurstracks in die Bar, wo wir junge Mädchen aus Australien und Neuseeland – die hier in großer Zahl mit Geländewagen von einer touristischen Attraktion zur anderen unterwegs waren – mit unseren Abenteuern der vergangenen Monate unterhielten.

Eines Abends entdeckten wir zwischen den großen Trucks einen seltsamen Wagen. Es war ein leicht umgebauter Iveco-Truck mit deutschem Nummernschild. Die ganze Seitenfront war voller Löcher. Einschusslöcher!

Michael, der Besitzer, kam gerade vom Duschen zurück. Wir kamen miteinander ins Gespräch. Er war mit seiner Frau von Bremen nach Kapstadt unterwegs. Er war 75 Jahre alt, sie zwei Jahre jünger. Sie hatten beide bis zu ihrem 65. Lebensjahr hart gearbeitet. Sie waren zuvor niemals verreist gewesen, doch auf einmal verspürten sie das Gefühl, im Leben etwas verpasst zu haben. Vor zwei Jahren hatte seine Frau eines Morgens einen merkwürdigen Traum gehabt. Sie hatte sich selbst als schöne junge Frau zwischen wilden Tieren gesehen. Wie Tarzans Jane. Einen Monat später hatten sie sich einen Truck gekauft. Sie hatten ein Jahr daran gearbeitet und waren dann zu einer Expedition quer durch Afrika aufgebrochen.

„Und die Einschusslöcher?", fragte ich neugierig.

„Marsabit-Isiolo", antwortete Michael trocken. „Die Schwarzen können nicht schießen! Sie hätten besser erst einmal einen Kurs bei der Bundeswehr absolvieren sollen, bevor sie ihre Karriere als Banditen begannen. Zwölf Löcher!" Er war stolz darauf.

„Welcome to Livingstone, the city of adventure!" Die große Reklametafel an der Zufahrtsstraße zur Stadt versprach nicht zu viel. Livingstone lag am Ufer des reißenden Sambesi; in seinem Hinterland befinden sich die gewaltigen Victoria-Wasserfälle. Hier gab es Rafting, Hydrospeed, Bungeejumping, Ultraleichtflugzeug- und Hubschrauberflüge … Kurz gesagt: Livingstone war das Walhalla der Adrenalinjunkies.

Mit drei abgefahrenen und überhitzten Reifen fuhren wir in die Stadt ein. Das rechte Vorderrad hatte aus unerklärlichen Gründen etwas länger durchgehalten. Wir hatten das Problem zwar immer noch nicht gelöst, aber wir entschieden uns dafür, die Sache erst mal ruhen zu lassen. Wir richteten uns in einem Hotel ein, das sich „Fawlty Towers" nannte, und vergaßen für vier Tage all unsere Schwierigkeiten. Wir gaben uns unserer Adrenalinsucht hin und rafteten auf dem Sambesi, einem der wildesten Flüsse der Welt.

Die gewaltigen Victoria-Fälle.

Der Besuch der Victoria Falls, Afrikas größten und spektakulärsten Wasserfällen, war überwältigend. Über eine Breite von fast einem Kilometer stürzt sich der Sambesi donnernd in die Tiefe. Ein magisches Schauspiel, das einen bleibenden Eindruck hinterließ. Da wir nicht nur von Wasser, sondern auch von anderen Flüssigkeiten nie genug bekommen konnten, besuchten wir die Bar des „Fawlty Towers". Die junge Besitzerin fragte uns, ob wir ein paar Abende lang die Bar übernehmen wollten. Ihr Barmann sei krank, und sie stecke bis über die Ohren in Arbeit.

Christophe als Barkeeper des Fawlty Towers Hotel.

Wir nickten.

Drei Tage lang sahen wir die Sonne über Livingstone aufgehen. Man muss ja auch mal ausspannen …

Wir amüsierten uns, und unsere Moral stieg exponentiell. Aber zu weiten Reisen gehört auch das Abschiednehmen und Weiterfahren. Und leider war das auch in Livingstone nicht anders. Botswana, Namibia und Südafrika standen noch auf unserem Programm, und uns blieben nur noch ein paar Wochen, um Kapstadt zu erreichen. Vorwärts, Ente!

Wir saßen genau zwei Minuten hinter dem Steuer, als uns ein schwerer Regenguss überraschte. Nach einer Minute hatten sich die Straßen von Livingstone in Schlammpfützen verwandelt. Die Räder drehten durch, und sofort rückte unser Reifenproblem wieder in den Vordergrund. In den beiden Reifenläden in Livingstone hatten man das Format, das wir brauchten, noch nie gesehen. Die Warnung eines britischen Immigranten, dass die Polizei in den drei nächsten Ländern nicht nur streng, sondern auch unbestechlich sei, klang nicht gerade wie Musik in unseren Ohren.

Vorsichtig fuhren wir weiter. Nach anderthalb Stunden standen wir am Ufer des Sambesi und warteten auf eine klapprige schwimmende Plattform, die die Einheimischen „Fähre" nannten; sie würde uns ans andere Ufer, nach Botswana, bringen.

Die Grenzstation bestand auf sambischer Seite nur aus einem Container, den man mitten in den schlammigen Dschungel gestellt hatte. Mit unseren profillosen Reifen waren wir eine leichte Beute für jeden Polizisten, der sich ein paar Dollar nebenher verdienen wollte. Wir parkten die Ente in 20 Metern Entfernung.

Die Leute, die sich im Umfeld eines Grenzpostens herumtreiben, sind nicht immer sehr vertrauenswürdig. Oft sind es Illegale, Geldwechsler, betrügerische Reiseführer, die einem mit der Bürokratie behilflich sein wollen, oder Schmuggler. Dieses Mal würde Christophe die Formalitäten regeln. Ich blieb beim Auto.

„Good Price for your remaining kwacha's!", klang es uns 15-stimmig entgegen. Einer von ihnen blieb stehen und starrte auf unsere Reifen.

„Not very good", sagte er in gebrochenem Englisch. „Problem for Botswana. Wait!" Er verschwand zwischen den Bäumen im Dschungel. Nach zwei Minuten kam er zurückgespurtet. Er rollte einen Reifen vor sich her. Keuchend blieb er bei der Ente stehen und lehnte den Reifen neben einen unserer Vorderräder.

Ich konnte das nicht verstehen, sah er denn nicht selbst, dass es ein anderes Format war? Der neue Reifen war sechs Zentimeter höher als unser Modell. Ich schüttelte den Kopf.

„No, higher okay", rief er. „Look." Er wies auf die Zahlen auf der Seite des Reifens. 155-R15. Nun verstand ich es. Es war Felge 15. Der Reifen würde auf unsere Felge passen.

Christophe kam gerade vom Zoll zurück. Er machte fast einen Luftsprung, als er sah, was vor sich ging.

„Und das Profil ist noch nagelneu!", rief er.

„Aber der Reifen ist viel breiter und viel höher als unserer", erwiderte ich. „Hat Wouter uns nicht gesagt, dass wir höchstens bis zu einer Breite von 145 gehen können?"

„Ja, das stimmt auch wieder. Mist!"

Plötzlich hatte ich eine Idee. Ich kramte mein Handy aus dem Kofferraum und schaltete es ein. Direkt hinter der Grenze lag eine ziemlich große Stadt. Botswana ist eins von Afrikas modernsten Ländern. Mit ein wenig Glück reichte der Empfang bis zu der Stelle, an der wir standen.

Es klappte.

Ich schickte eine SMS an John und Wouter, unsere beiden Fachmänner zu Hause, um unsere Chancen auszuloten. Nach einer Minute hatte ich von beiden eine Antwort: John sagte nein, Wouter war der Meinung, theoretisch müsse es gehen, aber wir könnten dann kaum noch lenken. Angesichts unserer Situation ein vertretbares Risiko.

Ich trat auf den Verkäufer zu. „Wie viel soll ein Reifen kosten?"

„25 Dollar", antwortete er.

Nun war es an uns, ein Gegenangebot zu machen. Das Argument, dass er den Reifen nie an jemand anderes verkaufen könne – Wagen mit Felge 15 sind sehr selten –, funktionierte. Er hatte ihn wahrscheinlich vor Jahren gefunden. Vielleicht war er von einem Laster gefallen oder am Ufer des Sambesi angespült worden.

„Hier sind drei Dollar." Ich hielt ihm die Scheine vor die Nase und schaute uninteressiert, jederzeit bereit wegzugehen, falls er sich nicht darauf einließ.

Er griff sich die Scheine, lachte, drehte sich um und verschwand im dichten Gestrüpp.

Wir lachten auch. Nach einer Stunde war der Reifen aufgezogen, durch den Höhenunterschied beider Räder hing Chuckie zwar ein bisschen schief, aber wen kümmerte das? Kapstadt war wieder ein Stück näher gerückt …

XVII. BOTSWANA
EIN BLITZBESUCH

Der direkte Weg von Livingstone in den umstrittenen Caprivit-Streifen – eine schmale Landenge, die zu Namibia gehört – war in einem schrecklichen Zustand. Erst umkurvten wir Unmengen von Schlaglöchern, dann versuchten wir die letzten Reste von Asphalt auf dieser Strecke ausfindig zu machen. Es ging entsetzlich langsam.

Nach fünf Kilometern machten wir kehrt. Auf der Karte hatte ich gesehen, dass es einen anderen Weg gab, einen Umweg von 65 Kilometern durch Botswana.

Christophe schlug in einem der Reiseführer nach und versuchte etwas über die neue Route herauszufinden.

„Es scheint eine gute Alternative zu sein", stellte er fest. „Und zwar aus drei Gründen." Erstens wäre die Straße in einem perfekten Zustand. Das hörte sich schon mal gut an, denn der Zustand der Straße war schließlich der wichtigste Grund für unseren Umweg. Zweitens brauche man für Botswana kein Visum. Das war gut zu wissen, wenn man vorhatte, nicht länger als eine Stunde zu bleiben. Und zu guter Letzt führe uns der Weg kostenlos durch einen Nationalpark. Bis auf ein paar Affen hatten wir bisher kaum wilde Tiere gesehen, und da das Ende unserer Afrikafahrt langsam näher rückte, war jede Abwechslung mehr als willkommen.

An dem Grenzübergang, an dem wir kurz zuvor den Reifen gekauft hatten, überquerten wir den Sambesi auf einem schwimmenden Ponton.

Botswana!

Auf einem schwimmenden Metallcontainer über den Sambesi.

Die Bürokratie war hier schnell und effizient, und doch hätten wir fast Schwierigkeiten bekommen.

„Vier Dollar Verwaltungsgebühr!", bat der Zöllner höflich.

Ich weigerte mich zu zahlen. Schon wieder so eine fingierte Abgabe, die nur das Sparschwein dieser korrupten Gaunerbande füttern sollte. Diesmal würde ich nicht darauf hereinfallen. Ich warf dem Zöllner Gemeinheit, Machtmissbrauch und Rassismus vor. Ich würde nur bezahlen, wenn er mir ein offizielles Dokument vorlegen konnte, in dem die Gebühren verzeichnet waren.

Unbeeindruckt öffnete er eine Schublade seines Schreibtisches, nahm ein Dokument heraus und legte es mir vor die Nase. Ich wurde rot, bezahlte die Gebühr und trollte mich. Wir befanden uns also nicht mehr im „Wilden Westen" Afrikas, an den wir uns inzwischen gewöhnt hatten.

Paviane bilden eine drollige Straßensperre.

Nach einer Viertelstunde erreichten wir den Chobe-Nationalpark. In der Hoffnung, ein paar wilde Tiere zu sehen, krochen wir im Schneckentempo von 40 Stundenkilometern vorwärts und hielten ständig nach beiden Seiten Ausschau.

Doch der erwartete Ausruf „Elefanten!" oder „Giraffen!" blieb aus. Ungefähr auf halbem Weg begegneten wir einer Büffelherde, die in einem Schlammloch ihre Siesta hielt, aber sonst blieb es bei Flora, von Fauna keine Spur.

Wir waren total frustriert. Fast jeder, der als Tourist nach Afrika reist, plant eine Safari ein, auf der er meist eine ganze Reihe wild lebender Tieren, vor allem aber die „Big Five“ zu sehen bekommt. Wir waren nun schon fünf Monate in Afrika und hatten nicht mehr als ein paar Nilpferde, eine Büffelherde und einige Affen gesehen. Das konnte doch nicht angehen!

Ich wollte – koste es, was es wolle – Großwild beobachten und zog unsere Reisebibel zu Rate.

„Etosha Nationalpark is one of Namibias top three highlights and one of the best places in Africa to see lots of animals.“

Das hörte sich gut an! Zudem konnte man durch den Etosha Nationalpark mit dem eigenen Wagen fahren, und der Eintritt betrug nur fünf Euro pro Person – ein Zehntel von dem, was für den Eintritt in einen durchschnittlichen Park in Kenia oder Tansania verlangt wurde.

Der Park lag mehr oder weniger auf unserer Route: es war nur ein Umweg von 250 Kilometern, und die Straße dorthin war gerade erst angelegt worden. Das konnte nur eins bedeuten: Auf nach Etosha!

XVII. NAMIBIA
AFRIKA À LA MARC SLEEN

BURENKIRMES

Fast nirgends auf der Welt sind die Unterschiede zwischen Nachbarländern so frappierend wie in Afrika. In einem Land fehlt jede Form von Infrastruktur, im nächsten geht sie weit über den europäischen Standard hinaus. Namibia ist ein Beispiel für Letzteres. Der Straßenbelag ist so plan, dass man darauf praktisch Billard spielen kann. Namibia steckt voller Bodenschätze, und der Ertrag daraus wurde von den Machthabern des Landes nicht – wie in den meisten afrikanischen Ländern – in die eigene Tasche gesteckt, sondern in eine perfekte Infrastruktur investiert.

Perfekte Asphaltstraßen – die Visitenkarte von Botswana und Namibia.

Das erscheint sehr nobel und war für uns günstig, aber es ist auch ein bisschen absurd und damit auch wieder typisch afrikanisch. Viele der Ureinwohner des Landes haben weder ein Haus noch Arbeit, kaum genug zu essen und erst recht kein Auto. Die wenigen vorhandenen Fahrzeuge gehören zu 90 Prozent einer weißen Minderheit, und fast immer sind es Geländewagen. Wenn man sich dann noch vor Augen führt, dass auf vielen dieser herrlichen Schnellstraßen nicht mehr als zehn

Wagen pro Tag fahren, beginnt man doch daran zu zweifeln, ob hier vernünftig mit dem nationalen Vermögen umgegangen wurde.

„Heute Abend findet ein Fest für alle Buren statt. Ihr kommt doch auch?"

Die Einladung kam von Gerold, dem Besitzer des Campingplatzes. Ihm gehören auch das Hotel, die Bar und das Restaurant. Mit seinen 150 Kilo, seinem drolligen Afrikaans und den Pauschalurteilen über die Unfähigkeit seiner schwarzen Angestellten entsprach er dem Prototyp eines Süd-Afrikaanders oder namibischen Buren, einer Volksgruppe, die von den holländischen Siedlern abstammt, die 1652 hier gelandet waren. Gerold war der Vorsitzende der örtlichen Handelskammer, der Herausgeber und Chefredakteur der Wirtschaftszeitung, und er hatte den Ehrgeiz, bald die Bürgermeisterschärpe durch Rundu zu tragen.

An diesem Abend gab er ein Fest für alle Buren. „Für ein paar namibische Dollar bekommt man zwei Würste und eine ganze Schüssel Pap, eine Art Maisbrei. Hast du Pap schon mal gekostet? Es schmeckt herrlich!" Er rieb sich den Bauch.

Das Fest begann um neun. Auf einer Wiese in der Nähe des Campingplatzes stand ein großes Zelt mit langen Tischen und Bänken. Schwere Jeeps fuhren vor, und langsam füllte sich das Zelt mit Buren. Es sah aus wie im Wilden Westen. Männer mit Cowboyhüten, spitzen Stiefeln und einem Schnürchen um den Hals, das von einer Metallspange oder einem kleinen Kuhschädel zusammengehalten wurde. Die meisten Frauen trugen lange weite Röcke; einige Trendsetter hatten sich an die Mode und die Frisuren der 1970er Jahre herangewagt.

Wir setzten uns an Gerolds Tisch.

„Hier, probier mal die Zahnpasta der Buren." Gerold schenkte uns einen Schnaps ein. Das Zeug hatte eine fast fluoreszierend grüne Farbe. Es war Pfefferminzlikör, und er schmeckte wirklich nach Zahnpasta.

Kurz darauf stand Gerold auf und wankte aufs Podium. Er dankte den nicht besonders zahlreich erschienenen Buren für ihr zahlreiches Erscheinen und kündigte den Hausmusiker mit folgendem

Scherz an: „Wenn meine beiden belgischen Freunde, die heute Abend hier sind, so gut singen könnten wie Helmut Lotty und Dana Winner, dann säßen sie jetzt nicht auf der Bank, sondern stünden hier auf dem Podium." Später hörte ich, dass die beiden flämischen Schlagersänger auch in Namibia Superstars sind.

Ein dicker Kerl erklomm das Podium, stimmte seine Gitarre und begann aus voller Brust „Country Roads" zu singen. Das ganze Zelt brüllte mit. Den ganzen Abend folgte ein Schlager dem anderen. Folkloretänze wurden aufgeführt, Bier, Whisky und Zahnpastalikör flossen in Strömen. Was für ein Schauspiel!

Und die Burenwurst mit Pap schmeckte.

Schlammschlacht mit Löwen

Etosha-Nationalpark. Die Dame am Schalter machte große Augen, als sie unsere Ente sah.

„Wie sind die Straßen im Park?" Ich hoffte auf eine beruhigende Antwort. Querfeldeinfahrten ließ Chuckies Zustand nicht mehr zu.

„Good gravel. Don't worry."

Wir bezahlten unseren Eintritt und bogen von der Asphaltstraße auf eine gute Sand- und Schotterpiste ab, die durch den riesigen Park führte. Mit seinen 20 000 Quadratkilometern war er fast so groß wie Belgien. In den ersten Minuten konzentrierten wir uns auf den Weg. Es gab keine großen Steine, keine Waschbrettpisten, keine Schlaglöcher. Es sah gut aus.

Eine Löwin behält misstrauisch die sonderbare *Ente* im Auge.

Wir waren noch keine fünf Minuten im Park, da rief Christophe: „Löwen!" Eine Gruppe von sechs Löwen lag unter einem Baum und hielt Siesta. Ein prachtvoller Anblick. Kurz spielte ich mit dem Gedanken auszusteigen. Die Löwen und unser 2 CV zusammen auf einem Foto, das wäre doch was. Aber die Anweisungen der Parkverwaltung waren klar und deutlich: Auf keinen Fall aussteigen!

Konformismus hatte mir noch nie gelegen, aber dieses eine Mal respektierte ich die Regel. Die Raubtiere sind nach Jahrzehnten kommerzieller Aktivität in ihrem Lebensraum an Fahrzeuge mit Touristen gewöhnt und betrachten sie nicht länger als Bedrohung. Aber sobald man aussteigt, ändern sich die Spielregeln. Der Tourist mit der Kamera wird plötzlich als möglicher Feind oder saftige Beute angesehen. Dann wollte ich doch lieber vom Wagen aus fotografieren.

In einiger Entfernung kam der Höhepunkt des Parks in Sicht. So weit das Auge reichte, erstreckte sich vor uns eine riesige Salzpfanne. Eine Art weißes, wasserloses Meer glänzte im hellen Sonnenlicht unter flirrender Hitze.

Auf der weiten Ebene, die die Salzpfanne umgab, bekamen wir endlich etwas zu sehen. Zebras, Giraffen, ein paar Elefanten, Springböcke, Gazellen, Kudus und viele andere Arten, deren Namen wir nicht kannten. Es wirkte wie ein Zoo. Zu Hunderten genossen sie das saftige Gras, das in der Regenzeit aus dem Boden spross.

Das war Afrika, das Afrika, das ich aus den Erzählungen Mark Sleens kannte, das Afrika, das ich sehen wollte. Endlich!

Drei Stunden lang bekamen wir vor Staunen kaum den Mund zu, und ständig drehten wir den Kopf von einer Seite zur anderen. Überall gab es etwas Neues zu sehen, neue Tiere, großartige Szenen. Wir achteten auf alles – außer auf die Straße.

Plötzlich steckten wir fest. Chuckies Räder vergruben sich in ein schlammiges Wegstück, dem wir leicht hätten ausweichen können, und wir kamen nicht mehr frei. Was wir auch versuchten, vorwärts, rückwärts, bei jeder Reifenumdrehung grub sich unsere Karre nur noch tiefer in den Schlamm. Als wir begriffen, dass es kein Fortkommen gab, schalteten wir den Motor aus.

Verdammt! Was sollten wir jetzt tun? In der Wüste hatten wir oft festgesteckt, aber mit verringertem Reifendruck, hatten wir uns durch Graben, Schieben und Ziehen immer wieder befreien können. Hier sah die Situation ganz anders aus. Ein Auto auszugraben, das in einem schlammigen Morast feststeckte, über dem fünf Zentimeter Wasser standen, war kein Pappenstiel.

Wir hatten also Zeit nachzudenken. Wir steckten uns eine Zigarette an.

Da wir wegen der Löwen nicht zu Fuß Hilfe holen konnten, blieben wir im Wagen sitzen. Warten, rauchen, noch mehr rauchen. Plötzlich kam Hilfe … und was für welche!

Ein großer, nagelneuer Toyota-Landcruiser, für Touristentouren durch den Park umgebaut, hielt neben Chuckie an. Hinter dem Steuer saß eine junge Blondine. Das Seitenfenster öffnete sich.

„Probleme, Jungs?“, fragte sie lachend. Wir nickten.

„Kein guter Platz, um die Nacht zu verbringen, nicht wahr?“ Sie sprang aus dem Wagen und inspizierte unsere Ente. „Was für ein verrücktes Auto. Wie seid ihr nur darauf gekommen, mit so etwas auf Safari zu gehen?“

„Auf Safari? Wir sind mit dieser Karre fast durch ganz Afrika gekurvt!“, antwortete ich und erzählte ihr, dass wir von Brüssel aus auf dem Weg nach Kapstadt waren.

Sie erklärte uns für vollkommen verrückt (sie war sicher nicht die Erste, die so dachte). „Also, ihr kommt aus Belgien? Mein Chef auch. Er hat hier in der Nähe gerade eine große Lodge eröffnet. Dort müsst ihr mal vorbeischauen.“

Sabine, unsere junge Heldin.

„Nette Idee, junge Frau. Aber dazu müssen wir hier erst einmal wegkommen. Könntest du uns vielleicht …?“

„Natürlich. Ich heiße übrigens Sabine.“

Sie klemmte sich wieder hinter das Lenkrad und manövrierte ihren schweren Geländewagen in aller Ruhe durch den tiefen Matsch, sodass er schließlich direkt vor Chuckie stand. Ihr schwarzer Assistent stieg aus. Er nahm ein Abschleppseil von der Pritsche und verband beide Fahrzeuge miteinander.

Schon fast gerettet aus dem tückischen Schlamm!

Nachdem wir kurz kontrolliert hatten, ob keine großen Katzen in der Nähe waren, stiegen wir auch aus, um das Gewicht zu verringern und beim Schieben zu helfen. Sabine startete den Toyota, trat aufs Gaspedal und jagte den Motor auf Hochtouren. Ihre Räder begannen durchzudrehen. Kurz dachten wir, sie würde sich nun auch eingraben, aber die tüchtige junge Frau hatte Erfahrung. Ihr Geländewagen rüttelte kräftig auf und ab, aber Stück für Stück geriet die ganze Sache in Bewegung.

Christophe und ich schoben und zerrten am Wagen, während unsere Schuhe immer tiefer im Morast versanken. Langsam, Zentimeter um Zentimeter, befreiten wir uns aus dem Schlamm. Nach zehn Metern hatten wir wieder festen Boden unter den Füßen.

Ich ging zum Toyota und dankte Sabine. Ein dicker Kuss ließ unsere junge Heldin erröten.

Epacha Game Lodge: Ein kleines Stück Belgien in Afrika

Sabine, die noch immer vor uns herfuhr, hielt an und stieg aus. „Fahrt ihr nun mit zur Lodge oder nicht?"

„Können wir dort zelten, was meinst du?" Die Sonne würde in zwei Stunden untergehen, und wir wussten noch nicht, wo wir übernachten sollten.

„Vielleicht. Mein Chef ist ein junger Typ, der ist für so was schon zu haben. Los, fahrt mir nach!", rief sie und brauste davon.

Eine halbe Stunde später erreichten wir die große Pforte der Lodge. Ein schwarzer Portier in tadellos gebügelter Uniform öffnete das gewaltige Gitter und notierte unser Autokennzeichen. „Wir sind fast da", antwortete Sabine auf unsere Frage, wo die Lodge stünde.

Das Privatgrundstück war gut 22 000 Hektar groß, und wir mussten noch einmal vier Kilometer fahren, bis wir den eigentlichen Gebäudekomplex erreichten.

Nach zehn Minuten kam die Privatresidenz in Sicht. Sie bestand aus einigen größeren Gebäuden und 30 Bungalows, die mit herrlicher Sicht auf das tiefer gelegene Tal an einem Berghang standen. Etwas verschämt parkten wir den Schlamm beschmierten 2 CV direkt neben dem Eingang des Hauptgebäudes zwischen glänzenden Golfmobilen und luxuriösen Geländewagen.

Christopher Van de Vijver, der junge Direktor von Epacha.

Der flämische Direktor, ein jovialer, gut aussehender Typ von 27 Jahren, erwartete uns schon. Der Portier hatte dem Empfang die Ankunft eines „fremdartigen" Wagens mit belgischem Nummernschild gemeldet.

„Ich fass es nicht! Ich fass es nicht! Seit Jahren habe ich so einen Wagen nicht mehr gesehen!", rief der junge Mann und lief mit ausgestreckter Hand auf uns zu. „Ich bin Christopher. Willkommen in Epacha! Seid ihr auf Rundreise in Südafrika und Namibia?"

Christopher fiel vor Überraschung fast um, als wir ihm erzählten, dass wir von Belgien aus bis hierher gefahren waren.

„Reception, please prepare two rooms for these gentlemen." Er wandte sich uns wieder zu und sagte: „Ihr seid meine Gäste!"

Christophe und ich wechselten einen einvernehmlichen Blick. Wir hatten es wieder einmal geschafft!

Christopher nahm uns mit zur Bar, und bei einem Bier erzählten wir ihm von unseren Abenteuern. Er wollte alles erfahren und hörte mit aufrichtiger Begeisterung zu. Später erzählte er seine eigene Geschichte.

Vor ein paar Jahren war er ernsthaft erkrankt. Krebs lautete die Diagnose der Ärzte. Es war eine bösartige Form, und die Chancen auf Heilung waren minimal. Eine gute Freundin habe ihm damals von der Schönheit Afrikas erzählt. Sie hatte es zwar ein wenig zu rosig ausgemalt, aber es tat seine Wirkung. Während der einsamen Abende im Krankenhaus träumte er von Afrika. Eine Lodge mitten in der Wildnis, das wurde sein Traum! Der Gedanke ergriff rasch von ihm Besitz.

Paul Van De Vijver, Christophers Vater, war ein erfolgreicher Geschäftsmann. „Mein Junge, wenn du wieder gesund wirst, dann bekommst du deine Lodge in Afrika", hatte er gesagt. Christopher traute seinen Ohren nicht. Er fühlte sich wie neu geboren, fand wieder Energie und Willenskraft, sich gegen die Krankheit zu wehren und wurde schließlich wieder gesund ...

Sein Vater hielt Wort.

Unser Gespräch wurde unterbrochen. Ein Bediensteter meldete, dass die Zimmer fertig seien. Auch Sabine tauchte wieder auf. Für die Dauer unseres Aufenthalts würde sie unser „Privatranger" sein, eine Gesellschaftsdame – im ehrbaren Sinn. Wir fanden die Idee prima.

„Sabine wird euch überall herumführen", sagte Christopher. „Ich muss kurz ein kleines Problem beheben. Bei mehr als 100 Angestellten ist hier immer etwas los." Zum Glück konnte er darüber immer noch lachen. „Bis heute Abend beim Dinner. Amüsiert euch gut!"

Sabine führte uns herum. Sie zeigte uns das Schwimmbad, den Massagesalon, die Sauna und das Dampfbad, einen Billardsaal, eine Bibliothek, die Präsidentensuit, die über drei Stockwerke ging, und ein herrlich ausgestattetes Restaurant unter freiem Himmel. Alles war mit antiken Möbeln aus der viktorianischen Kolonialzeit eingerichtet und zeugte von gutem Geschmack.

Wir kamen aus dem Staunen erst recht nicht mehr heraus, als Sabine uns zu unseren Zimmern brachte. Zum ersten Mal seit langer Zeit hatte jeder von uns einen eigenen Raum, 80 Quadratmeter purer Luxus. Ein Kingsize-Bett, antike Möbel, eine große Terrasse und ein Badezimmer mit Dusche, Badewanne, eine eigene Terrasse und eine zusätzliche Außendusche.

Ja, eigentlich war es reine Dekadenz, wenn man das mit den bettelarmen Dörfern in der Umgebung verglich. Aber dieses eine Mal stellte ich meine Kritik hintan. Wenn man mehr als fünf Monate in einem Zelt geschlafen hat, muss man sich erst an diesen Luxus gewöhnen – aber es fühlte sich gut an.

Wir blieben drei Tage in Epacha. Zweimal nahm uns Sabine mit auf eine Safari. Nicht im Etocha-Nationalpark, sondern auf dem hauseigenen Gelände. Wir bekamen ein paar starke „Quads" und brausten mit ihnen über die kurvigen Sandwege. Wegen der Lautstärke der flotten Geländemaschinen bekamen wir fast kein Wild zu sehen, aber wir hatten unseren Spaß.

Am letzten Abend genossen wir die kulinarischen Meisterleistungen des französischen Küchenchefs, die mal eine Abwechslung zu unserer täglichen Portion „Pasta al tonno" boten, und erlebten dabei ein Stück afrikanischer Authentizität.

Christophers Vater Paul, Martin, der Besitzer von All Travel, und einige Investoren waren kurz zuvor angekommen. Ganz spontan begannen ein paar schwarze Angestellte zu singen, zu tanzen und zu trommeln. Man sah überall nur noch wiegende Hüften und lachende Gesichter. Im Handumdrehen tanzten alle – selbst Paul – zu den heißen afrikanischen Rhythmen.

Christopher erzählte uns, dass hier die Arbeitslosigkeit unter der schwarzen Bevölkerung enorm hoch sei. Für die 106 Jobs hatte er 4000 Bewerbungen bekommen. 95 Prozent der Bewerber waren kaum oder gar nicht qualifiziert.

Chuckie an der Rezeption der Epacha Lodge.

Als er seinen Vater gefragt hatte: „Papa, wie soll ich hier um Himmels willen eine Auswahl treffen?", hatte Paul lachend geantwortet: „Frag sie, ob sie gern singen, tanzen und Feste feiern, und nimm das als Kriterium!"

Eines war deutlich zu erkennen. Die chaotische, aber spontane Reaktion des Personals war kein eingeübtes Touristentänzchen à la „Willkommen, großer weißer Jäger", sondern ein ehrlich gemeintes „Dankeschön" auf Afrikanisch.

Wehmütig nahmen wir am folgenden Morgen Abschied.

War das Kapstadt, dort am Horizont?

Auf der Zielgeraden nach Süden

Noch 1850 Kilometer. So lautete das exakte Ergebnis unserer Berechnungen, als wir kurz nach unserer Abfahrt aus der Epacha Lodge die Karte von Südafrika ausbreiteten.

Es war also nicht mehr weit. 23 000 Kilometer standen auf dem Tacho, mehr als 90 Prozent hatten wir schon hinter uns! Und die restlichen Kilometer würden wir über perfekten Asphalt fahren. Was konnte nun noch schief gehen? Ich verlor mich in Tagträume und bereitete in Gedanken unsere Ankunft am Kap der Guten Hoffnung vor. Tränen, Arme in die Luft werfen, emotionale Augenblicke und im Hintergrund das abgedroschene, aber passende „We are the champions“ von Queen. Mit einem Lächeln im Gesicht döste ich ein und träumte weiter.

Warum wird der Beifahrer in einem Wagen immer wach, sobald der Fahrer langsamer fährt? Er kann fahren wie ein Wahnsinniger, aggressiv durch die Kurven brettern oder über holpriges Terrain schaukeln, ohne seinen Beifahrer zu wecken. Aber wenn das Auto langsamer fährt, kommt meistens die Frage: „Was ist los?“ oder „Wo sind wir?“ Merkwürdig, nicht wahr?

Ich öffnete die Augen. Christophe fuhr an den Straßenrand und parkte im Schatten eines großen, einsamen Baumes. Er stieg aus und kontrollierte die Reifen.

„Stimmt was nicht?“, fragte ich noch im Halbschlaf.

„Die Reifen! Ich hab so ein Gefühl, dass das nicht gut geht. Die Vorderreifen sind beide bis aufs Metall abgefahren und glühend heiß. Wenn es so weitergeht, platzt uns in der nächsten Stunde der Reifen.“

Die Vorstellung jagte mir Schauer über den Rücken. Ein kaputtes Getriebe, ein Kolbenfresser, ja selbst eine gebrochene Achse konnten für unsere Fahrt das vorzeitige Aus bedeuten, aber sie waren nicht gefährlich. Aber wenn ein Reifen platzt, besteht die Gefahr, dass man die Kontrolle über das Fahrzeug verliert, und man kann nie wissen, was dann passiert.

Christophes Befürchtungen waren realistisch. Wir fuhren durch ein trockenes Gebiet, am Himmel war kein Wölkchen zu sehen, und die Quecksilbersäule kletterte im Eiltempo nach oben. Es war noch früh am Morgen, aber in ein paar Stunden würde sich die Temperatur des Asphalts mindestens verdoppelt haben.

Wir hatten keine Reservereifen mehr. Es gab nur die Möglichkeit, langsam zu fahren. Wir öffneten das Dach, legten die „Pulp Fiction"-CD ein und fuhren mit einer Geschwindigkeit von 60 Stundenkilometern. An Schlaf war nicht mehr zu denken. Dann eben Sightseeing.

Am auffälligsten waren die Weite und Leere des Landes. Die Entfernung zwischen den Städten beträgt meist mehrere 100 Kilometer, und dazwischen liegt gar nichts. Hier und da sah ich eine Tankstelle mit einem Selbstbedienungsladen; ein einzelner, wie ein Buschmann aussehender Tramper ließ mich vermuten, dass sich hier, irgendwo in der Nähe der Straße, eine Siedlung oder ein Dorf befinden musste.

In den großen Städten leben vor allem Weiße, und es scheint fast so, als würden sie die Mehrheit der namibischen Bevölkerung ausmachen, dabei beträgt ihr Anteil nur drei Prozent. Restaurants, Bars, große Supermärkte, alles scheint nur für Weiße da zu sein.

Windhuk, die Hauptstadt Namibias. Die Sonne war schon untergegangen, als wir Chuckies Motor vor dem Eingang des Campingplatzes abstellten. Ich klingelte. Die Pforte wurde per Fernbedienung geöffnet. Der Besitzer hatte uns mit einer versteckten Kamera erspäht.

Christophe versuchte den Wagen wieder zu starten.

Nichts! Wie konnte das sein?

Wir schoben ihn auf das Gelände. Neugierig darauf, was diesmal nicht stimmte, öffnete Christophe die Motorhaube. Alle Verkabelungen schienen noch in Ordnung zu sein. Er nahm den Multimeter zur Hand. Die Batterie zeigte acht Volt. Sie war also so gut wie leer!

Nach einer kurzen Untersuchung zeigte sich, dass der Stromverteiler hinüber war.

Fast ein halbes Jahr hatten wir einen Ersatzstromverteiler mitgeschleppt. Mindestens vier Mal hatten wir daran gedacht, das schwere Ding wegzuwerfen, um Gewicht einzusparen. Jetzt, ein paar Tage vor Kapstadt, brauchten wir ihn.

An diesem Abend kochten wir uns wieder selbst etwas. Windhuk war uns zu teuer. Monate lang hatten wir mit unseren zwölfeinhalb Euro pro Tag wie Fürsten gelebt, nun sollten wir plötzlich sechs Euro pro Person bezahlen, um in unserem eigenen Zelt schlafen zu dürfen, und acht Euro für eine Mahlzeit.

Wir blieben eine Nacht in Windhuk. Obwohl es die Hauptstadt Namibias war, hat sie nur 160 000 Einwohner. Wir langweilten uns dort. Außer „Jo's Beer House", einem „Biergarten" für die großenteils deutschsprachige Bevölkerung Windhuks, gab es nichts zu erleben.

Wieder fraßen wir Kilometer. Ohne Umweg fuhren wir weiter nach Keetmanshoop. Leider mussten wir unseren Plan aufgeben, die Skelleton Coast, die Strände von Swakopmund, den spektakulären Fish River Canyon und die legendären roten Dünen der Namibwüste zu besuchen. Chuckie war nicht mehr ganz der Alte.

Aber wir wollten nicht jammern oder klagen. Dazu waren wir zu nahe am Ziel. Wir tuckerten fröhlich weiter, genossen die Cabriofahrt, die gute Musik und eine atemberaubende Kulisse: schnurgerade Straßen und eine abwechslungsreiche Aussicht auf weite Ebenen, Berge und Wüstenlandschaften. Alles lief nach Wunsch, plötzlich … Peng! …Tak – tak – tak – tak – tak …

Ursache war ein 15 Zentimeter breiter Graben. Ich fluchte. In anderen Teilen Afrikas hätte ich so etwas erwartet, aber hier? Wir fuhren über die modernsten Straßen des ganzen Kontinents, und hier hatte irgendein Idiot ein Loch in den Asphalt gehackt!

Der Wagen hatte abermals einen schweren Schlag abbekommen und begann zu schlingern. Auf einer Strecke von 100 Metern blieb er unkontrollierbar; er schlingerte wie besoffen über die Straße und gab ein knirschendes Geräusch von sich. Das klang nicht gut.

Irgendetwas war gebrochen – aber was?

Während ich herumstand, fluchte und jammerte, suchte Christophe nach dem Wagenheber. Er hatte schon nach der Achse geschaut, aber die saß noch an Ort und Stelle. Die Räder reagierten noch auf das Drehen des Steuerrads, und auch die Kardanwellen schienen in Ordnung zu sein. Es war uns ein Rätsel.

„Vielleicht ist es ja eine dumme Frage, aber, äh … sitzen die Räder noch richtig fest?“ Ich hatte gerade gegen Chuckies linkes Vorderrad getreten, und das ganze Auto war darauf ins Wackeln geraten.

Christophe bockte den Wagen auf. Als das Rad vom Boden abhob, war das Rätsel gelöst. Bei beiden Vorderrädern waren die Kugellager gebrochen. Die Räder baumelten einfach an den Schwingarmen.

„Warum passieren solche Sachen nie in der Nähe einer Stadt?“ Auch diesmal befanden wir uns an einem verlassenen Ort, an der Ostgrenze der Namibwüste. Es war glühend heiß und wir hatten keine Ersatzkugellager dabei. Es blieb uns nichts anderes übrig, als mit geringer Geschwindigkeit weiterzufahren.

Christophe gab vorsichtig Gas. Wir behielten beide den Tacho im Auge. Wir schafften 25, manchmal 30 Stundenkilometer. Wenn wir schneller fuhren, begann der Wagen wie verrückt zu schlingern.

„Ruhig Chuckie!“, riefen wir dann im Chor, und Christophe ging vom Gas.

Noch 900 Kilometer.

XIX. SÜDAFRIKA
WER HÄLT UNS NOCH AUF?

The final Frontier

Seit unserer Abfahrt aus Brüssel hatten wir 19 Landesgrenzen passiert; 20 war eine schöne runde Zahl – ein perfekter Abschluss. Es war Samstagnachmittag, als wir Chuckie am Grenzposten von Nordoewer parkten.

Wir bekamen einen ganz schönen Schreck. Auch in Windhuk war es uns nicht gelungen, neue Reifen aufzutreiben, und jeder Werkstattbesitzer, Tankwart oder Namibier, der aus Neugier unsere Karre bewunderte, sagte es uns von Neuem: „Mit diesen Reifen lassen sie euch niemals nach Südafrika hinein. Es ist das Erste, was sie an der Grenze kontrollieren."

Ich konnte ihnen nicht widersprechen. In Keetmanshoop, einem Städtchen, das wir 300 Kilometer zuvor durchfahren hatten, war jemandem aufgefallen, dass die Metalleinlage der Reifen durch den Gummi stach. Ja, schlimmer noch, der Gummi war völlig abgerieben. Wir hatten den am meisten lädierten Vorderreifen gegen den besten Hinterreifen ausgetauscht und fuhren vorsichtig zur Grenzstation.

Unsere Strategie war folgende: Christophe würde so schnell wie möglich den Papierkram erledigen. Ich würde beim Wagen bleiben, um mit allen Mitteln zu verhindern, dass irgendein pflichtbewusster Zöllner den Zustand des Wagens inspizierte. Würde es klappen?

Der schwarze Zöllner hielt ein Schwätzchen mit dem Lastwagenfahrer vor uns. Er schien guter Laune zu sein und lachte immer wieder aus vollem Halse. Ein gutes Zeichen.

Nach fünf Minuten fuhr der Lastwagen weiter. Christophe war immer noch nicht zurück. Der Zöllner ging auf mich zu. Ich stellte mich zwischen ihn und Chuckie.

„Goeiemiddag“, sagte ich auf Niederländisch.

„Goeiedag“, antwortete er auf Afrikaans.

„Wie weit ist es noch bis Kapstadt?“, fragte ich und versuchte dabei Augenkontakt zu halten. „Nicht mehr weit, 700 Kilometer.“ Sein Blick wanderte zu unserem Wagen. „Ist das euer Fahrzeug?“

Ich nickte.

„Ist euch klar, dass das Fahren mit abgefahrenen Reifen nicht nur für euch, sondern auch für die anderen Verkehrsteilnehmer gefährlich ist?“

Er hatte es also schon bemerkt! Na ja, man musste schon blind sein …

In aller Ruhe ging er um den Wagen, versuchte die Namen unserer Sponsoren zu entziffern und schaute interessiert nach den beiden Ersatzkanistern, die auf dem Kofferraumdeckel hingen.

„Schöne Karre. Aber drei abgefahrene Reifen! Das ist zu viel. Das geht nicht in Südafrika.“

Verdammt! Das hatten wir nun davon! Aber so nah am Ziel? Mir kamen die verrücktesten Ideen. Einfach wegfahren? Ihn niederschlagen? Ihm erklären, dass es spezielle Rennreifen seien? Ihn bestechen?

Diese letzte Variante wäre in andern Ländern Afrikas die Standardlösung. Aber wir waren hier nicht in Afrika. Wir waren in Südafrika, einem fast europäischen Staat in schwarzem Gewand. Außerdem hatte man uns schon mehrfach auf das Pflichtbewusstsein und die Unbestechlichkeit südafrikanischer Polizisten hingewiesen. Ich dachte nach.

Ach, was soll’s, pflichtbewusst oder nicht, er musste für unser Problem einfach Verständnis haben. Im Übrigen konnte er uns zwar einen Strafzettel geben, aber das Sicherheitsproblem war damit auch nicht gelöst. Es war wieder einmal an der Zeit, ein bisschen Theater zu spielen.

„Mijnheer, ich kann Ihren Standpunkt völlig verstehen, aber erlauben Sie mir, Ihnen kurz unsere Situation zu schildern. Wir sind Teilnehmer einer Oldtimer-Ralley quer durch Afrika – wie sie an dem Logo unschwer erkennen können. Wir haben nicht nur mehr als 24 000 Kilometer hinter uns, sondern liegen auch noch in Führung. Unsere Verfolger werden sich hier wahrscheinlich in zwei Stunden melden."

Ich setzte noch einen drauf. „Am Kap der Guten Hoffnung erwartet uns die internationale Presse."

„Ist das wirklich wahr?", fragte er sichtlich beeindruckt.

Ich nickte. „Und von Kapstadt aus wird der Wagen sowieso wieder nach Europa verschickt, sodass wir dann auf den südafrikanischen Straßen ohnehin keine Gefahr mehr darstellen werden. Ich flehe Sie an, lassen Sie uns hier bitte keine kostbare Zeit verlieren."

Ich war nicht gerade stolz darauf, aber meine Notlüge funktionierte! Der gutgläubige Zöllner rief sogar seine Kollegen herbei, um den „Siegerwagen" zu bewundern. Zwei Minuten später wünschte er uns viel Erfolg für den Endspurt und gab uns grünes Licht. Wir winkten und bretterten davon ... mit 30 Stundenkilometer natürlich.

Zum Glück ist die Straße auf den letzten 1000 Kilometern in perfektem Zustand.

Den ganzen Nachmittag über fuhren wir nonstop. Die Straße war prima, die Landschaft etwas abwechslungsreicher als in Namibia, und es gab keinerlei Polizeikontrollen. Wir genossen es in vollen Zügen. Es könnte klappen. Langsam, aber sicher kamen wir voran. Die halbe Zeit stand ich im Wagen und genoss die herrliche Landschaft und den warmen Wind auf meinem Gesicht. Die Boxen mussten einiges aushalten.

Der Abend brach herein. Wir mussten uns nach einem Übernachtungsplatz umsehen. Ich nahm die Karte zur Hand. Wir hatten gerade Springbok passiert, und die nächste Stadt, Bitterfontein, lag

160 Kilometer entfernt; das war bei unserem gegenwärtigen Tempo eine Fahrt von fünf Stunden.

„Wie weit ist es noch bis Kapstadt?", wollte Christophe wissen.

„ Mhm ... ungefähr 500 Kilometer."

„Das sind mindestens 17 Stunden Fahrt."

Christophe machte sich Sorgen wegen weiterer Polizeikontrollen.

„Wenn wir diese Nacht durchfahren, sind wir morgen Mittag in Kapstadt."

Er hatte Recht. Die Gefahr, dass wir nachts kontrolliert würden, war gering, und die Gefahr, dass sie unsere Reifen überprüfen würden, ging gegen null. Morgen war Sonntag. Also auch ein ruhiger Tag. Wenn wir irgendwo übernachteten, konnten wir Kapstadt erst am Montagmorgen erreichen.

Nach fünf Minuten waren wir uns einig. Die Straßen waren gut. Es herrschte kaum Verkehr. Und bei unserer geringen Geschwindigkeit dürfte eine einmalige Nachtfahrt kein Problem sein. Was die Gefahren nächtlicher Straßensperren von Banditen anbetraf, konnten wir auf unseren Schutzengel bauen. Er hatte uns während der ganzen Reise begleitet und musste sich nun noch ein letztes Mal ins Zeug legen. Ab morgen hatte er Urlaub.

Wir gönnten uns noch eine kleine Pause. Am Straßenrand saßen ein paar Nachfahren der Buschmänner und bereiteten ihr Abendessen zu. Wir baten sie um etwas heißes Wasser, kochten uns eine Tasse starken Kaffee und stürzten uns in unser letztes nächtliches Abenteuer.

Die Stunden gingen dahin. Morgens um halb vier, nach 19 Stunden ununterbrochenen Fahrens, waren wir so müde, dass ein kurzes Nickerchen unumgänglich wurde. Christophe hielt auf dem Seitenstreifen. Wir stiegen aus, entrollten unseren Schlafsack und legten uns auf den – noch immer warmen – Asphalt. Zwei Stunden später vibrierte der Boden, als ein schwerer Lastwagen vorbeifuhr. Wir wachten auf und fuhren weiter.

Ich stand wieder aufrecht im Wagen. Trotz der frühen Stunde war der Wind immer noch warm; er hatte sich während der Nacht kaum abgekühlt. Links von uns sah ich die Sonne aufgehen. Es stimmte mich sentimental. Mangels Elektrizität war unser Leben fast ein halbes Jahr lang ihrem Rhythmus gefolgt. Dies war wahrscheinlich der letzte Sonnenaufgang unserer Reise.

Alles bekam an diesem Tag eine symbolische Bedeutung: das letzte Mal tanken, der letzte Kaffee, den wir auf unserem braven Gaskocher kochten.

Chuckie hatte sich schon während der ganzen Fahrt zu einer eigenständigen Persönlichkeit entwickelt. Wir redeten mit ihm, sprachen ihm Mut zu, entschuldigten uns sogar für zu schwierige Strecken. Aber heute wurden sogar die Reifen zu Persönlichkeiten. Während der kurzen Pausen strich ich darüber, gab ihnen einen Tritt und rief: „Kommt, Jungs, noch kurz durchhalten!“

Wir fuhren weiter. Die Landschaft war hügelig, und die Straße lag ein Stück höher als das umliegende Land. Unter uns erstreckten sich Flüsse, Täler, weite Felder und die viel gepriesenen südafrikanischen Weinberge. Der Himmel war bewölkt, aber die Sonne drang immer wieder mit einem vollkommenen Strahlenkreis durch die Wolkendecke. Ein göttliches Schauspiel. Ich war tief bewegt.

„Kapstadt 100 Kilometer“. Ich wollte das Schild fotografieren, aber Christophe weigerte sich anzuhalten. Er hatte schon eine ganze Weile kein Wort mehr gesagt, aber sein Blick verriet seine innere Anspannung. 100 Kilometer! Nun begann wirklich der Countdown. Wir behielten beide den Tacho im Blick. Es wurde kein Wort gewechselt, aber alle zehn Kilometer riefen wir im Chor „Neunzig!“ ... „Achtzig!“... „Siebzig!“

Für zehn Kilometer brauchten wir im Durchschnitt 20 lange Minuten. Die Spannung wurde unerträglich. Ich musste mich mit irgendetwas anderem beschäftigen und dachte an die schönsten und aufregendsten Momente der Tour zurück: an die Fahrt mit den Menschenschmugglern durch die Sahara, an den Militärkonvoi und den Moment, als uns das Benzin ausging; an den Umweg durch Nigeria mit seinen korrupten Polizisten, Gangstern und den auf der Straße liegenden Leichen, an die gebrochene Achse in der Wildnis des Tschad, an unseren abenteuerlichen dreiwöchigen Aufenthalt in Khartum, an Äthiopien, das Rebellengebiet von Nordkenia, den Kilimandscharo und Sansibar ... Während der Reise hatte ich kaum innegehalten. Erst jetzt wurde mir klar, was für ein Abenteuer wir hinter uns hatten. Ich strahlte. Ich fühlte mich gut.

Die letzten Kilometer.

„Noch 30 Kilometer!“, riefen wir beide. Unsere Stimme wurde alle zehn Kilometer lauter. Wir mussten selbst darüber lachen.

„Ist das vielleicht der Tafelberg?“, fragte Christophe. Ich war gerade dabei, das Radio einzustellen und schaute auf.

„Ist er es …?“ Ich richtete mich auf und steckte meinen Kopf durch das offene Dach nach draußen.

„Verdammt noch mal, das ist Kapstadt!“, schrie ich. „Ich sehe Kapstadt! Und den Ozean! Guck mal, da unten!“

Am Horizont zeichneten sich drei Schichten ab: zuoberst der majestätische Tafelberg, in seinem Schatten die Hochhäuser und der Hafen von Kapstadt, gesäumt vom tiefblauen Ozean. Ich konnte es kaum fassen! Wir hatten es geschafft! Endlich konnte unser triumphaler Einzug beginnen.

Ein Fest in Kapstadt: Duvel & Stoofvlees mit Fritten

Eine Stunde später fuhren wir über die breiten Avenuen von Kapstadt. Aus den Boxen unserer Ente erschallte in ohrenbetäubender Lautstärke Queens „We are the champions“, der Song, von dem wir schon bei der Abfahrt gewusst hatten, dass wir ihn bei unserer Ankunft spielen würden. Es war klischeehaft und fast lächerlich, aber das kümmerte uns nicht die Bohne. Wir waren jenseits von Gut und Böse. Laute „Juhu“-Rufe waren das Einzige, was wir hervorbrachten. Wir fühlten uns wie die Gewinner eines sechs Monate dauernden Marathons und fuhren nun unsere Ehrenrunde im Sportstadion.

Unsere Begeisterung wurde geteilt. Fahrer, die an unseren Logos erkannten, warum wir die Arme in die Luft warfen und die Musik laut aufdrehten, als wir durch die Stadt fuhren, hupten, winkten oder streckten ihren Daumen hoch. „Well done, guys! Congratulations!“, riefen andere.

Wir posieren vor dem belgischen Restaurant Den Anker.

Wie im Rausch fuhren wir weiter zu „The Waterfront", einem restaurierten Hafengebiet, in dem es zahlreiche Restaurants gab. Duvel, einer unserer Sponsoren, hatte versprochen, dort im belgischen Café-Restaurant „Den Anker" eine Kiste Bier bereitzustellen. „The Waterfront" war eine Fußgängerzone, aber ein verständnisvoller Polizist öffnete den Schlagbaum. Direkt vor dem Eingang des Restaurants schalteten wir den Motor aus.

Der VIP-Empfang war herzlich und das Duvel göttlich. Es folgte ein Fototermin; wir verunzierten eine Seite des Gästebuchs – in dem vor allem Mitglieder der belgischen Regierung unterzeichnet hatten –, unterschrieben auf der „Wall of fame" des Restaurants und bekamen, als Empfehlung des Hauses, eine Schüssel Stoofvlees (Gulasch auf belgische Art) mit Fritten für Christophe und Muscheln mit Fritten für mich.

Ob es geschmeckt hat?

Eine Stunde und ein paar Duvel später klemmten wir uns wieder hinters Steuer.

„Noch eine letzte Anstrengung, Chuckie!"

Das Kap der Guten Hoffnung, ein legendärer Name; dieser südwestlichste Punkt Afrikas sollte der perfekte Abschluss unseres Abenteuers werden.

Das Kap lag 40 Kilometer vom Zentrum entfernt. Wim, ein sympathischer junger Flame, den wir hier kennen gelernt hatten, würde uns mit seinem VW-Käfer eskortieren.

An einer prächtigen Felsenküste entlang fuhren wir Richtung Süden; die allerletzte Fahrt zu unserem absoluten Endziel – und selbst sie war nicht frei von Zwischenfällen. Närrisch vor Begeisterung hatten wir zu tanken vergessen. Ein paar Kilometer vor Kap Horn blieb der Motor stehen. Zum Glück war Wim da.

Mit abgefahrenen Reifen auf der Ziellinie.

Abermals kam es zu einem ähnlichen Szenario wie bei der Einfahrt nach Kapstadt. Lautstarke Musik, Christophe mit einem Grinsen bis zu den Ohren am Steuer und ich aufrecht und mit den Armen in der Luft.

Beim offiziellen Schild „Cape Point" hielten wir an, und fast symbolisch stellte Christophe Chuckies Motor ab. Den Umstehenden, die sich um den Wagen geschart hatten, rief ich mit einem Kloß in der Kehle zu: „Sechs Monate, 24 800 Kilometer, sechs gebrochene Achsen, ein kaputtes Getriebe, fünf Brüche im Chassis und unglaubliche viel Abzocke – aber hier stehen wir.

Nur wenige haben daran geglaubt. Aber sie waren im Unrecht. Die Afrikadurchquerung mit einem 2 CV ist Wirklichkeit geworden!"

Ronny und Johnny auf dem Dach.

Ein spontaner Applaus folgte, und der Champagner, den wir über uns ausschütteten, verbarg unsere feuchten Augen.

„We did it, Gertchen!" Er streckte einen Arm in die Luft und legte den anderen um meine Schulter.

„Ich weiß es, Kumpel, aber es ist vorbei!" Ich seufzte, dachte kurz nach und sagte: „Weißt du was, ich werde ein Buch darüber schreiben."

Gesagt, getan! – Bis auf weiteres.

PS: Der Comiczeichner, Hergé, der geistige Vater von Tim und Struppi, hatte Recht: „By believing in his dreams, a man turns them in reality!"

NACHWORT
TRÄUMEREIEN AM LAGERFEUER

Afrika. Schon als Kind und später als Teenager hatte ich die wunderlichsten Geschichten über den schwarzen Kontinent gehört. Zunächst von Roland, dem ich dieses Buch gewidmet habe, später von den Karmeliterpatres, bei denen ich zur Schule ging. Sie alle hatten jahrelang im „Kongo“ gearbeitet, Roland als weltlicher Lehrer, die anderen als Missionare. Stundenlang konnte ich ihren Erzählungen lauschen, den Geschichten von geheimnisvollen Medizinmännern mit ihren großartigen Masken, vom rituellen Trommeln und Tanzen an nächtlichen Lagerfeuern, von brüllenden Löwen im Dschungel und von Priestern, die sich mit einer Machete tapfer einen Weg durch die Wildnis bahnten, um im nächsten Dorf Seelen zu retten. Ich fand es herrlich und wollte es natürlich auch selbst erleben. Vom Reisevirus infiziert, zog es mich zunächst nach Marokko, Mauretanien und in den Senegal, später dann für kurze Zeit nach Kenia und Guinea. In meiner Traumwelt war ich ein junger Stanley oder ein Doktor Livingstone. Einerseits suchte ich das wahre Abenteuer, andererseits aber auch idealisierend eine Art primitiven Zusammenlebens.

Nun, nach einer sechsmonatigen Reise quer durch Afrika, ist einiges von dem Glanz verblichen. Afrika ist ein fantastischer Kontinent, in dem es noch echte Wildnis gibt; ein Kontinent mit einer überwältigenden Natur, einer großen Weite, seltenen wilden Tieren, faszinierenden Stämmen und Kulturen. Aber Afrika hat auch eine andere Seite. Ich habe viel Armut gesehen, Misswirtschaft mit den Entwicklungshilfegeldern der großen internationalen Hilfsorganisationen, Mangel an jeglicher Form industrieller Entwicklung, gelegentlich eine bedenkliche Ausbeutung weißer Touristen, die z. B. für die gleiche Bootsfahrt 30-mal mehr bezahlen mussten, und Korruption überall und auf allen Ebenen.

Ich habe noch wenig begriffen von diesem Kontinent, dessen Länder so unterschiedlich sind, dass sie sich nur schwer vergleichen lassen. Es fällt mir schwer, all die Armut zu sehen und zu verstehen – vor allem Äthiopien, das laut Statistik eins der ärmsten Länder ist, in dem ich bisher gewesen bin, zugleich aber auch eins der fruchtbarsten.

Von meinen niederländischen Freunden Frank und Loes, mit denen ich viele dieser Gedanken besprochen habe, habe ich erfahren, dass die Afrikaner schon seit Jahrhunderten mit Trockenheit und Hungersnöten zu kämpfen hatten und daher im Lauf der Zeit gewisse Überlebensstrategien für solche Situationen entwickelt haben. Ich weiß nicht, wie sie funktionieren, aber wir haben überall gehört, dass immer etwas zu essen aufgetrieben werden konnte. In Extremsituationen gab es dann immer noch die Entwicklungshilfe.

So war die Situation früher. Heute liegen die Dinge anders. Die Ursache: Aids. Immer mehr Menschen sterben aufgrund von Aids einen frühzeitigen Tod. Oft sind es die Ernährer der Familien. Die Hinterbliebenen werden vom Stamm abhängig, und die Last für die Stämme wächst. Jahrhundertealtes Wissen und tradierte Überlebenskünste werden nicht mehr an die kommenden Generationen weitergegeben, weil die Zeit dazu fehlt.

Man erzählte uns von einem Schwarzafrikaner mit einem gut gehenden Betrieb in Malawi, der gegenwärtig so viele Familienangehörige und Stammesmitglieder mit Geld und Nahrung versorgen muss, dass es sein Unternehmen in den Ruin zu treiben droht. Ein anderer Geschäftsmann klagte, dass seine Angestellten jeden zweiten Tag nicht zur Arbeit erscheinen könnten, weil sie ein Familienmitglied zu begraben hätten.

Aids droht den gesamten afrikanischen Kontinent aus den Angeln zu heben. Nie gekannte Hungersnöte scheinen bevorzustehen, und die Situation verschlimmert sich weiterhin – man braucht sich nur den Prozentsatz der HIV-Positiven anzusehen.

Und was soll man von der Entwicklungshilfe halten? Ebenfalls ein komplexes Thema, über das unterschiedlichste Einschätzungen kursieren. Bevor wir nach Äthiopien gekommen waren, hatten wir im Radio gehört, dort sei eine gewaltige Hungersnot ausgebrochen. Doch die Hilfsgüter lagen verlassen im Straßengraben, und im ganzen Land sahen wir nichts als fruchtbare Landschaften und intensiven Landbau. Mir ist das unbegreiflich.

Negativberichte über die Hilfsleistungen selbst gibt es zur Genüge. Einerseits von den Entwicklungshelfern „an der Front", die beklagen, dass ein großer Teil der Spenden westlicher Länder unterwegs hängen bleibt und manchmal bis zu 80 Prozent der Gelder ihren Bestimmungsort gar nicht erreichen. Andererseits haben wir auch selbst Missstände wahrgenommen: überbezahlte Entwicklungshelfer, die mit den allerneusten Toyota-Landcruisers – manche mit drei eingebauten Fernsehschirmen, DVD-Playern und einer PlayStation – herumfahren und Privatparties in teuren Hotels veranstalten. Mit einem guten Bericht und den richtigen Beziehungen stellt man hier in geringer Zeit ein nettes Projekt auf die Beine – und wer kontrolliert schon, was wirklich mit dem Geld passiert, sagte ein entrüsteter Entwicklungshelfer …

Aber ach … wer will so etwas schon hören? In den Monaten nach meiner Rückkehr habe ich erkennen müssen, dass man solche Berichte besser verschweigt. Manche fanden sie lächerlich, andere zogen sie öffentlich in Zweifel, weil sie mit ihrer eigenen idealistischen, aber manchmal auch naiven Ansicht nicht in Einklang standen … einer Ansicht, die ich früher mit ihnen teilte.

Ich bin froh, dass ich mir von den Geschehnissen in diesem Teil der Welt mit eigenen Augen ein Bild machen konnte. Der Beiname „dunkler Kontinent" scheint mir passender als je zuvor. Denn anno 2003 sieht es in Afrika nicht rosig aus.

… Doch das nur nebenbei.

Bibliographie

Else, David; Anglin, Kevin; Blond, Becca: *Africa on a Shoestring.* 9th Edition. Lonely Planet Publications Pty Ltd, Victoria (Australia) 2001.

Jenkins, Mark D.: *Reise nach Timbuktu. Auf dem Niger durch das Herz Afrikas.* Frederking und Thaler, München 2001. Originaltitel: To Timbuktu. A Journey Down the Niger.

Jones, Tristan: *Die unglaubliche Seereise.* Pietsch, Stuttgart 2000. Originaltitel: The Incredible Voyage.

Langewiesche, William: *Sahara. Reise durch eine unerbittliche Landschaft.* Kindler, München 1998. Originaltitel: Sahara Unveiled: A Journey Across the Desert.

Shackell, Charlie & Bracht, Illya: *Africa by Road.* 3rd Edition. Bradt Travel Guides, Chalfont St. Peter (England) 2001.

Wray, John: *South Sea Vagabonds.* Herbert Jenkins Ltd., Grafton Books, London 1988.

Titel der belgischen Originalausgabe:
Een vreemde eend in Afrika

Innere Wiener Straße 13, 81667 München
Telefon +49.89.45 80 20-0, Fax +49.89.45 80 20-21
www.kunth-verlag.de

Übersetzung: Bärbel Jänicke
Kartografie: Dirk Billen
Layout: Studio Lannoo
Satz: Filmsatz Schröter GmbH, München
Druck: GGP Media GmbH, Pößneck
Printed in Germany

ISBN 3-89944-144-3